项目资助：2018年中央支持地方高校发展专项资金

U0593261

城镇化进程中的古村落文化保护与传承利用研究

梁海艳◎著

Study on the Protection and Inherit of Ancient Village Culture in the Process of Urbanization

经济管理出版社

ECONOMY & MANAGEMENT PUBLISHING HOUSE

图书在版编目（CIP）数据

城镇化进程中的古村落文化保护与传承利用研究/梁海艳著.—北京：经济管理出版社，2019.5

ISBN 978-7-5096-6477-3

Ⅰ.①城… Ⅱ.①梁 Ⅲ.①村落—文化遗产—保护—研究—中国 Ⅳ.①K928.5

中国版本图书馆 CIP 数据核字（2019）第 058248 号

组稿编辑：赵亚荣
责任编辑：赵亚荣
责任印制：黄章平
责任校对：陈 颖

出版发行：经济管理出版社
　　　　　（北京市海淀区北蜂窝 8 号中雅大厦 A 座 11 层　100038）
网　　址：www. E-mp. com. cn
电　　话：(010) 51915602
印　　刷：三河市延风印装有限公司
经　　销：新华书店
开　　本：720mm×1000mm/16
印　　张：24.5
字　　数：502 千字
版　　次：2019 年 8 月第 1 版　2019 年 8 月第 1 次印刷
书　　号：ISBN 978-7-5096-6477-3
定　　价：98.00 元

　　村落是相对于大城市（或大都市）的人类生活共同体。与城市的非农业经济不同，村落主要以农业、畜牧业等为主，村落发展变迁与土地有着重要的联系，村民具有浓厚的乡土情结。古村落在现代化进程中不断消失已成为不争的事实，这种变化的根本原因是社会生产力的大幅度提高，直接原因是社会经济变化，尤其是生产方式的变革。在城镇化过程中，大量的农村劳动力人口向城市迁徙，自然而然地导致村落人烟稀少，甚至出现了整个村落集体搬迁的情况，村落物质形态的变化必将对村落承载的意识文化形态产生影响。近年来，随着人口大规模的迁移流动和城市化发展，许多古村落发展面临着严峻的挑战，人口外出流动导致村落空心化。古村落居民迁入城市后往往放弃原有的文化传统，适应城市现代生活方式。青壮年人口大量外迁，留下的老年人由于文化水平较低、身体健康素质差、家务负担重等，在古村落文化传承的过程中将会遇到更多的障碍，因此有可能导致文化传递中断。目前，中国的许多古村落正走向衰退，并且与这些古村落相关联的传统文化也将濒临灭绝。古村落具有较高的历史、文化、科学、艺术、社会、经济价值，是中国农耕文明留下的宝贵遗产，蕴藏着丰富的历史信息和文化景观，保护古村落其实就是保护中国历史文化精髓，对古村落以及文化的保护已经上升到国家的层面。

　　云南省昭通市盐津县豆沙关古镇文化历史深厚且开发时间较早，先秦僰道、秦朝五尺道、汉武南夷道、隋唐石门道均沿县境南伸，虽然历经沧桑变化，但仍存留了大量的珍贵文物。该地区族群文化互动频繁，文化积淀深厚。在现代化进程中，豆沙关古镇在物质生活、社会结构、思想文化建设等方面都经历着不同程度的变迁，这种变迁并不是传统文化及其内涵逐步退出历史舞台的一个过程，而是传统与现代的相互渗透、相互摩擦、相互融合的解构与重构的过程。自古以来，昭通市盐津县豆沙关就是滇川商贸通道上的重要驿站，它不仅是南丝绸之路

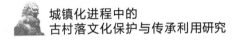
的重要路段，也是中原地区进入云南、贵州等地的交通要隘。公元前四世纪南丝绸之路就从这里经过，尤其是先秦开僰道、秦开五尺道、汉武开南夷道、隋唐开石门道以来，更加速了这里的开发进程，人口迁移流动特征异常明显，不论人口流出还是流入都对豆沙关古镇的传统文化产生了重要的影响。

农村人口大量外出流动，一方面导致村落空心化和空巢化的趋势非常明显，青年人口外迁，留下的老年人由于文化水平较低，在传承文化的过程中会遇到更多的障碍，导致文化传递可能出现中断，近年来许多村落由于全村人口外出导致一部分村落已经名存实亡；另一方面，村落居民流入城市通常会遇到文化适应和社会融入的问题，农村居民进入城市会逐渐放弃原有文化，逐渐被城市新文化同化和替代，即便这些外出青年返乡回迁之后仍然会受到城市文化影响。豆沙关古镇人口外迁趋势也在不断加强，人口大量外出还会促使古镇原本的血缘、地缘等村民间的基本人际关系遭到局部瓦解，而社区结构在重组的过程中又没有形成一个有效的社区发展机制，当村民面临的一些现实困难没有得到及时帮助和妥善解决，尤其是在村民的住房短缺问题得不到及时解决的情况下，村民们便开始对古村落传统民居产生抵触情绪，进而怀疑古村落保护的意义，这将导致古村落本地居民在村落保护过程中失去主体性和自觉性。

本书以云南省昭通市盐津县豆沙关古镇为研究对象，采用实地调研与文献分析等方法对古村落文化的保护与利用进行研究。本书首先分析了豆沙关古镇的基本概况，然后对豆沙关古镇的文化内涵及其传承进行深入的解析，接着从城镇化与现代化的角度分析了古村落传统文化与现代化的冲突与融合关系，并指出古村落文化保护中存在的重要问题，最后从古村落区划保护的角度，提出了古村落文化资源保护与合理利用的思路与具体措施，深入地探讨了古村落保护与开发之间的动态平衡关系，为我国日益走向衰落的古村落保护提供了借鉴，具有重要的古村落保护参考价值。

目 录

第一章 · 引　言

一、 选题缘由

（一）选题背景

自党的十八届三中全会以来，国家政府开始重视对古村落的保护和利用，并相继出台了一系列的古村落保护政策。党的十六届五中全会也要求要突出乡村特色，并且在党的十八大报告中再次强调文化强国战略，文化是一个国家国民生存的根基，各地区越来越重视对古村落传统文化的保护与传承问题。党的十八大提出文化强国发展战略，习近平总书记提到"一个国家、一个民族的强盛，总是以文化兴盛为支撑，中华民族伟大复兴需要以中华文化发展繁荣为条件"。古镇古村及其文化是人类智慧的结晶，属于中国历史文化遗产的重要组成元素，具有较高的科研、经济、历史和艺术价值。党的十八大以来，中国逐步进入社会经济发展新常态，以习近平同志为核心的党中央高度重视文化遗产事业发展，把文化遗产作为国家新常态的特殊构成。在社会经济发展新常态的背景之下，古村落文化遗产保护也必须有新认知、新价值、新目标，古村落的保护与发展之路不是单纯的传统建筑及风貌的保护，也不是跟风而上地增加旅游设施和项目，而是一个需要政府管理者积极引导、居民自觉参与，并从物质、非物质到文化建设和经济带动多方位的社会发展之路。2012 年，中华人民共和国住房和城乡建设部（以下简称住建部）、文化部、国家文物局联合财政部对全国古村落展开了调查工作，并于同年 12 月公布了第一批中国传统村落名录（一共有 646 个村落入选）。2013年，习总书记在"对农村工作的指示"和"中央城镇化工作会议"中分别提出，要实现城乡一体化、建设美丽乡村，特别是要把古村落保护好，要保护好村落的原始风貌，尽可能在原有村落空间格局的基础上改善居民的生活条件。① 2014 年住建部、文化部、国家文物局、财政部联合印发了《关于切实加强中国传统村落保护的指导意见》，指出"传统村落传承着中华民族的历史记忆、生产生活智慧、文化艺术结晶和民族地域特色，维系着中华文明的根，寄托着中华各族儿女的乡愁"。因此，保护古村落并促进其发展，使居民"望得见山，看得见水，记得住乡愁"成为当下中国社会发展的重要议题。习总书记对中国未来的城市化发展充满诗意的寄语，道出了无数中国人对传统田园乡村生活的眷恋。② 2015 年初，习总书记赴云南考察时指出："新农村建设一定要走符合农村实际的路子，遵循乡村自身发展规律，充分体现农村特点，注意乡土味道，保留乡村风貌，留得住青山绿水，记得住乡愁。"③ 随着国家新型城镇化的逐渐推进，不仅注重城镇化发展的速度和数量，更加关注城镇化发展的质量，即以人的发展为核心的新型城镇化，因此对古村落文化的保护也备受关注，如何在新型城镇化进程中进一步对我国古村落及其文化遗产进行有效的保护和整治迫在眉睫。党的十九大明确将乡村振兴战略列为决胜全面建成小康社会的七大战略之一。乡村社会经济持续健康发展是中国全面建成小康社会不可或缺的一部分。近年来，许多农村劳动力人口大规模地外出流动，致使许多村落面临着严峻的挑战，如土地抛荒、村落空心化、村落文化传递断代等。当前，我国许多古村落正走向衰退，与这些村落相关的村落文化也濒临灭绝。而传统村落具有较高的历史文化、科学艺术和社会经济价值，是中国农耕文明留下的宝贵遗产，蕴藏着丰富的历史信息和文化景观。

农村人口外出流动导致村落空心化。古村落居民迁入城市往往放弃原有的文化传统，适应城市现代生活方式，即便返乡回迁之后仍然会受到新的城市文化影响。青年人口外迁留下的老年人由于文化水平较低，在传承文化的过程中会遇到更多的障碍，导致文化传递可能中断。虽然中国五千年的文明造就了无数不同气质的古村落，据有关数据统计，我国的古村落总数在 5000 个左右。④ 但是，近年来许多村落由于全村人口外出导致村落消失，2000~2010 年十年间消失的自然村落高达 90 万个，从 360 万个村落数量递减到 270 万个，相当于每天有 300 个村落消失。⑤

---

① 董雷. 传统村落保护与利用对策研究——以杭州为例 [D]. 杭州师范大学硕士学位论文，2016.
② 徐飞. 让传统村落留住文化之根 [J]. 北京观察，2015 (4)：22-25.
③ 新华社. 习近平在云南考察工作时强调：坚决打好扶贫开发攻坚战，加快民族地区经济社会发展 [N]. 人民日报，2015-01-22.
④ 荣盼盼. 太原市店头古村落的保护与利用模式探析 [D]. 太原理工大学硕士学位论文，2011.
⑤ 林艺，王笛. 一份关于云南传统村落的调研报告 [J]. 学术探索，2015 (2)：106-114.

住建部《全国村庄调查报告》数据显示，1978～2012 年中国行政村总数从 69 万个减少到 58.8 万个，年均减少 3152 个；自然村的数量从 1984 年的 420 万个减少到 2012 年的 267 万个，年均减少约 5.5 万个。湖南大学《中国村落文化研究中心》课题组对我国（长）江（黄）河流域以及西北、西南 17 个省 113 个县（市）中的 902 个乡镇的古村落进行实地考察发现，古村落从 2004 年的 9707 个减少到 2010 年的 5709 个，平均每年递减 7.3%，相当于每天消亡 1.6 个古村落，发达地区的古村落消亡速度比这个还要快。[①] 有学者预言，"在不久的将来，也许我们只能从照片和影像上去找寻古村落的回忆"。[②] 可以说，中国的村落正在日益走向衰退，并且与这些古村落相关联的村落文化也将濒临灭绝，多年以后我们将如何寻根？古村落具有较高的历史、文化、科学、艺术、社会、经济价值，是中国农耕文明留下的宝贵遗产，蕴藏着丰富的历史信息和文化景观。保护古村落其实就是保护中国的历史文化精髓。对于古村落的保护，不能只从经济发展的角度片面看待，还需从历史和文化的角度进行思考，快速城市化导致千城一面的同质化现象是对传统文化的一种藐视。古村落是中国农耕文明代代相传保存下来的智慧结晶，保护古村落就是留住中华民族的根。对古村落的保护，从中央到地方已经达成共识。国家鼓励地方各级财政加大投入力度，引导社会力量通过捐资捐赠、投资、入股、租赁等方式参与保护。2012 年起国家住建部、文化部、财政部启动了古村落保护发展工作，古村落保护是国家高度重视的一个问题。

现代化和快速城市化对古村落生存和文化传承影响颇深。每个村落都是一个巨大的文化库，储藏着丰富的精神文化遗产，包括生产生活民俗、商贸民俗、节日民俗、婚丧嫁娶、信仰民俗、民间戏剧、音乐舞蹈以及各种手工技艺等大量的文化。非物质文化遗产是口传心授的，主要通过"父授子传，婆领媳做"的形式一代代传递下来，如果下一代人到城市中打工，文化就面临着断绝威胁，这是当前中国传统文化日渐减少的主要原因，保护古村落就是要保护这些无形的精神文明。[③] 总体上，可以从两个方面来考察：一方面，旅游业的兴起发展使古村落传统文化被现代经济冲蚀；另一方面，片面追求地域空间的城镇化，导致大量的古村落建筑消失，古村落失去传统特色，城镇化加剧了古村落的空心化。旅游业对古村落的深度开发带来的诸如原生态环境破坏、古镇商业化特色鲜明、外来游

---

① 吕莎. 古村落：学术研究不可忽略的角落 [N]. 中国社会科学报，2011-09-27（006）.

② 张富利. 在破与立中新生——传统古村落整体保护的实践与反思 [J]. 西安财经学院学报，2017（2）：98-104.

③ 冯骥才. 保护古村落是文化遗产抢救的重中之重 [J]. 中国地产市场，2006（6）：14-25.

客与本地居民之间的矛盾冲突等问题都在古村落的开发中显得尤为尖锐，对古村落的良性发展造成恶劣影响。如何处理好城镇化进程中的古镇资源开发与经济发展，实现古村落文化与经济良性协调发展，是一个值得深入探究的问题。古村落是一个民族的文化之根，其形成发展的过程，正是居住在村落的族群体人们生产生活、习俗礼仪、文学艺术、崇拜与信仰等文化内涵形成与发展的进程。随着我国经济的发展和城镇步伐的加快，村落的存在空间越来越狭窄，村落文化越来越快地发生流变，古村落开始遭到不同程度的破坏，甚至逐渐消失。不少村落在进行经济发展和大规模建设的过程中，忽略了对历史人文的科学保护，或一味采取拆旧建新、营造仿古建筑的做法，或单纯将遗产保护活动与社会发展、自然环境、人文环境割裂对待，这些做法都不同程度地对古村落的传统风貌造成破坏，将很多遗产变成了遗憾。因此，保护古村落迫在眉睫。

盐津是云南省昭通市文化历史深厚且开发较早的边远县，先秦僰道、秦朝五尺道、汉武南夷道、隋唐石门道均沿县境南伸，虽然历经沧桑变化，但仍存留了大量的珍贵文物。豆沙关古镇，位于盐津县西南 20 千米，是四川盆地向云贵高原过渡的起伏地带，乌蒙山脉关河（朱提江）深谷的中段，自古以来就是中原入滇的要隘之地。2006 年，昭通市盐津县豆沙镇先后遭受了 "7·22" "8·25" "8·29" 三次破坏性严重的地震重创，造成全县 5000 余户 2 万余人不同程度受灾，导致 17 人死亡、145 人受伤，直接经济损失高达数亿元。处于震中的豆沙关古镇，更是遭到毁灭性的重创。然而经过十多年的连续努力，豆沙镇取得了重建家园与恢复经济社会发展的双丰收。① 现在的豆沙关古镇，是在 2006 年地震之后重新修建的古镇，2008 年开放旅游。虽是重建，却不失古韵。维新而不篡改，使得这个崭新的千年古镇依旧弥漫着浓厚的历史文化内涵，著名的 "五尺道" 遗迹、唐袁滋摩岩、"僰人悬棺" 等著名的景点被列入了国家级重点文物。该地区族群文化互动频繁，文化积淀深厚，是云南地域文化的集中表现地，具有重要的历史文化价值、科学价值和美学价值。在现代化进程中，豆沙关古镇在物质生活、社会结构、思想文化建设等方面都经历着不同程度的变迁，这种变迁并不是传统文化及其内涵逐步退出历史舞台的一个过程，而是传统与现代的相互渗透、相互摩擦、相互融合的解构与重构的过程。目前学术界对豆沙关古镇的村落文化研究还非常少，深入研究豆沙关古镇村落文化有助于填补中国古村落文化研究的一个空白，如何对豆沙关古镇古村落文化遗产进行有效保护与合理开发，对豆沙

---

① 汪波. 千年豆沙浴 "火" 重生 [N]. 云南法制报，2015-01-23（001）.

关古镇的经济社会发展具有重要的指导意义。本书以云南省昭通市盐津县豆沙关古镇为研究对象，探讨古村落的保护研究是基于小的地理环境与人文视角提出的地理概念，既可以探讨古村落保护与开发之间的动态平衡关系，又可以为我国当前日益衰落的村落保护提供借鉴和参考，在一定程度上还可以为中国乃至世界文化遗产的管理提供借鉴，具有重要的古村落保护参考价值。

本书之所以选取昭通市盐津县豆沙关古镇为例来研究古村落文化的保护，主要是因为前期的实地调研发现，豆沙关古镇自古以来就是中原入滇的要隘之地，也是先民村寨和古道驿站，有古老神秘的僰人悬棺，保留完好的秦开五尺道，隋代的古城堡，唐代袁滋题记摩崖，明末清初建筑观音阁，清代三观楼塔，清乾隆年间的铁钟、大鼓等。在清朝乾隆时期，居住着八省移民，移民的迁入带来了先进的思想、文化和技术，特别是建筑文化大放异彩，现存民居建筑 123 间，在现存房屋中最早的房屋建于清康熙三十六年，距今已有 307 年的历史。五尺道是古丝绸之路，是古代中国与缅甸、印度、阿富汗等国家进行经济文化交流的一条重要通道，是古代中国与东南亚、南亚和西亚相联系的一条最早的陆上"贸易交通线"，并且它是历代中央王朝对"西南夷"地区进行开边与统治所凭借的"战略要道"，甚至用于战争讨伐或推进社会变革，使中原与"蛮夷"地区的联系日趋密切。因而，从更广泛的意义上来说，五尺道这条古丝绸之路是一条与西南地区发展紧密相关，与东南亚、南亚和西亚友好往来的文化交流、民族迁徙、宗教传播、使节过往、民俗濡染的"人文廊道"。豆沙关是中原文化、荆楚文化、巴蜀文化和滇文化融汇形成朱提文化的交汇点。目前，学术界关于古村落的研究主要归结于个案的研究上，研究范围较小，研究内容较侧重于现象学与历史学方面，缺乏具有普遍意义的基础理论研究。古村落的保护，多限于对古建筑等实体的保护，而忽略了乡村多元复合体的事实，忽略了"人"与文化因素的重要性。保护方法陷入"静态"保护的误区，而忽略了"动态"发展的要求，以至于产生了许多不恰当的决策，甚至对古村落造成永久性的伤害。保护古村落就是保护中国乡土文化、农耕文明、农民的乡土田园和农村经济社会可持续发展的珍贵资源。随着社会转型期的到来，处理好古村落保护与发展的关系变得更加迫切，本书通过对盐津豆沙关古村落保护的研究，力争建立相应的实施与管理措施以保证古村落保护规划落到实处，不但涉及古村落的形成演变、结构布局、空间形态、建筑类型研究等微观层面，还对村落的保护与发展、旅游转型、聚落间区域联动发展等宏观的层面进行了探讨，并提出了古村落保护规划管理及实施保障措施，切实解决和防止古村落的建设性破坏、开发性破坏、旅游性破坏等重大问题，促进地方政府科学、合理、有效地保护、开发、利用、管理好祖宗留下的文化与自然遗产，对真正保护好、发展好、建设好有历史文化价值、有中国特色的古村落具有重大现实意义。

（二）选题意义

古村落是人类文明的结晶，具有丰富的文化底蕴，经历朝代的更替，见证历史的变迁，反映独特的民风民俗，传承着当地的文化，是不可再生和不可代替的历史文化遗产。随着经济的不断增长和城市化进程的不断扩张，越来越多的古村古镇消失在历史的长河中，如何保证在现代化进程中古村落的延续是一个亟须解决的问题。随着国家新型城镇化的逐渐推进，不仅注重城镇化发展的速度和数量，更加关注城镇化发展的质量，即以人的发展为核心的新型城镇化，因此对古村落文化的保护也备受关注，如何在新型城镇化进程中进一步对我国古村落及其文化遗产进行有效的保护和整治迫在眉睫。

（1）理论意义。古村落作为人类的物质文化遗产，是人类智慧结晶的主要体现。由于研究对象的特殊性，研究昭通市盐津县豆沙关古镇村落文化的有效保护与合理开发，厘清古村落文化保护与开发、村落文化与旅游活动、村落文化保护与人口迁移流动等之间的关系，有助于对其他地方古村落文化的保护和开发提供参考，具有较强的理论启示，同时可以为中国新型城镇化和人口流动、旅游管理等方面的理论有所建树。随着人们生活质量的迅速提高，人们对精神生活的需求越来越强烈，旅游是人们放松快节奏生活压力的一种主要方式，在来势凶猛的旅游经济刺激下，作为主要旅游资源的古村落文化遗产保护、开发等问题成为社会各界高度关注的焦点问题，学术界对此的研究也越来越热。古村落是人类祖先创造的财富，具有不可再生性，对古村落文化的保护与传承必须依靠科学理论的指导才能更好地落到实处。学术界关于古村落问题的相关研究，国内的研究起步较晚，最早是从社会学领域进行的相关研究，到了1980年以后，中国古村落研究开始转向了建筑学领域，1990年以后，部分学者又开始将注意力转向了旅游开发方面，研究目的在于处理好旅游资源的开发与古村落文化保护之间的平衡关系。进入21世纪以后，人们对古村落的历史文化遗产的关注度有所提高，许多专家学者开始对个别历史文化名村进行个案研究。我国的古村落保护与传承问题需要社会学、人类学、民俗学等多门学科的交叉综合研究，需要不同学科的理论进行指导。目前，国内学者对古村落文化保护与传承的相关研究，有的从文化遗产的角度出发，也有的从古村落历史社会背景、古村落空间结构特征、古村落旅游开发以及古村落保护政策制度等方面进行研究。但我国古村落的研究比较局限在个别领域，并且针对个别村镇进行个别领域的研究较多，而对于个别古村落全面系统的研究较少，当前的研究不利于古村落整体性研究，且把主要目光投向知名的、规模较大的古村落，而对于那些规模小的、外表朴实无华甚至有些"简陋"但依然具有研究和保护价值的一般性古村落很少关注。本书试图对昭通市盐津县豆沙关古镇村落文化的保护和利用进行研究，并以现代化和新型城镇化发展作为背景，探寻一条古村落文化在保护和传承过程中的发展道路，有助于为我国其他地方古村落文化保护与发展提供一定的理论指导，为豆沙关古镇村落文化的保护与开发寻求良性发展路径，在指导我国新型城镇化发展道路方面具有较强的理论意义。

（2）实践意义。古村落是人类祖先一代一代遗留下来的智慧结晶，不仅具有特殊的自然景观、人文景观特征，也具有特殊的地域文化特征和民族文化特征。对即将消退的古村落进行保护本质上就是对人类历史文化的保存，同时也有利于地域文化的代际传承。豆沙关古镇文化是云南地域文化的一个体现，具有重要的文化价值和科考价值。当前社会经济快速发展，旅游业对古村落旅游资源的依托越来越强，加之城镇化发展导致的村落人口外迁引发的村落空心化、人口老龄化等问题日渐突出，如何保护历史古迹并发展古镇经济，提升村落居民生活质量已经成为许多学者研究的焦点领域。在这种社会背景下，探讨豆沙关古镇村落文化中存在的主要问题，并深入思考如何将即将消失的村落传统文化进行有效的保护和利用，运用科学发展观的思想促进古村落文化持续发展，并提出一些操作性较强的对策建议，具有重要的社会现实意义。传统村落是中国农耕文明代代相传保存下来的智慧结晶，具有较高的历史、文化、科学、艺术、社会、经济价值。可是，随着农村人口大规模的外出流动，农村传统聚落正在日益走向衰退，并且与这些传统村落相关联的村落文化也濒临灭绝，多年以后我们将如何寻根？为了分析城镇化进程对乡村聚落及其文化变迁的影响，本书选取了云南省曲靖市麒麟区的部分典型村落进行实证分析，这些村落的人口外出流动非常普遍，通过对几个典型农业村落的深入分析，可以映射出人口城镇化对农村聚落与文化的影响，可以为国家乡村振兴战略提供一定的参考和建议。

我国古村落聚居年代久远、数量众多、形式丰富多彩，具有巨大的历史、文化、科学、艺术、社会、经济价值。它不仅拥有丰厚的物质和非物质文化遗产，而且具有丰富多彩的自然生态景观遗产，是我国农耕文明的根基、精粹和各个民族的"DNA 博物馆"，也是我国不可再生的文化资源和富有利用价值的旅游资源，更是优秀传统文化的重要载体和中华民族的精神家园。保护好古村落，一方面是世界文化多样性的需要，另一方面对于建设美丽中国，建设文化强国，传承中华传统文化，增强民族自豪感和心灵归属感，提升国家文化软实力和国际竞争力，都具有重要的现实价值和深远的历史意义。近年来，随着我国城镇化的快速推进，全国各地都越来越重视对古村落的保护，有关古村落文化的保护与传承更是成为学术界日益关注的重点问题，这也说明了古村落文化的保护与传承迎来了更多的机会，但是因为现代化、城市化过程中的一些过度开发而产生了诸多问题，这些问题如何解决也成为了一项重大的挑战。豆沙关古镇古村落保护工作起步较早，经过几十年的发展，制定了合理的方针政策，以政府为主导组织实施了保护修复工程，取得了较为明显的成效。而且豆沙关古镇作为一般性古村落的代表，具有较高的科学研究价值，对豆沙关古镇村落文化下一步的保护与传承工作进行深入分析研究对我国其他古村落保护具有一定的启示意义。

古村落源远流长，是中华民族在历史演变中由"聚族而居"这一基本模式发展起来的稳定的社会单元。著名社会学家费孝通曾在《乡土中国》一书中指出："乡土中国的基层社区单位便是聚族而居的村落。"中国传统文化源自农耕文明。中华民族在数千年漫长的历史进程中，在辽阔的国土上聚族而居，形成以族群血缘关系组建起来的传统村落，具有家族血缘性和区域地缘性特点。村落里有创业始祖的传说、族谱族规家训家规、民俗节庆和缅怀先祖的祭祀活动等，蕴含着丰富而又深邃的历史文化信息。可以说，古村落是乡土文化的"活化石"和"博物馆"。时至今日，古村落依然保存着大量原汁原味的中国传统文化和中国人的生产生活方式，保护古村落意义深远，责任重大。一个地方古村落所包含的生态文化、民俗文化、建筑文化、祠堂文化、家居文化等，可以反映一个地域、一个族群乃至一个民族的精神气质、文化特色和心灵历史。相较于经典文献和出土的古物史料，传统村落所承载的历史文化信息更具鲜活性，是我们国家每个民族、每个族群文明发展和文化渊源的"实证""活证"。保护好这些传统村落，其意义不仅仅在于保护那些老旧民居，更是在于保护地方传统文化的根。

二、 国内外研究综述

（一）国外研究现状

国外没有专门对"传统村落""古村落"概念进行界定，一般将其纳入乡村、村庄、历史地区或遗产地研究之中，是从文物建筑和历史纪念物的保护发展演变过来的，但是出台了一系列的国际宪章、宣言和决议。比如在 19 世纪 30 年代，法国颁布了《风景名胜地保护法》，可以作为历史文化村镇保护最早的法律雏形，明确把村镇保护列入其中。① 古村落研究属于人文地理学的研究范畴，从 19 世纪 40 年代开始，乡村地理学研究始于西方国家，最初的思想基础可追溯到拉采尔和近代的法国学派。拉氏在《人类地理学》中系统地研究了人地关系，分析了人类行为活动对地理环境的影响。近代法国地理学家对乡村聚落的研究和乡村人地关系的探究做出了重要的贡献。维达尔·白兰士（Paul Vidal dela Blache）创建的近代地理学派掀起了乡村研究的浪潮。法国学者阿·德芒戎在《法国的农村住宅》中对法国的农村居住形态进行了深入的研究，从此将乡村地理研究推向更高的台阶。到了 19 世纪 60 年代，欧洲建筑和遗产保护专业的学者们开始对居住功能、居住环境、乡土建筑以及工业用地进行关注，在 1964 年正式颁布的《国际古迹保护与修复宪章》中，明确将村镇和城市纳入了保护的领域，同时制定了古迹保护的多种措施，保护内容涉及物质、精神、文化和生态等多个方面，并形成了"政府推动、立法规范和社会参与"三者良性互动模式。②

进入 20 世纪以后，农业地理学中派生出农业景观学派，该学派更加关注乡村景观的研究，而不再局限于农业活动的研究，开始对村落道路、乡村公共基础设施建设有所关注。③ 从第二次世界大战结束以后，一直到 20 世纪 60 年代是乡村地理学研究的衰退期，主要是因为经济发展引起的城市化高涨大大推进了对城市地理学的研究，而乡村地理学的研究则出现了衰退。④ 直到 20 世纪 70 年代，乡村地理学研究开始复苏，这一时期的乡村地理学研究范围不断延伸，与村落经济和社会活动相关的一切活动都有涉及，如旅游休闲业、健康娱乐、健身等活动。⑤ 社会、情感和象征维度相关的经验是影响传统村落旅游满意度的重要因素。目前国内对传统村落的研究主要集中在传统村落空间形态、传统村落景观意象、传统村落价值评价、传统村落保护、传统村落旅游开发及影响等方面。

---

① 朱雪梅，林垚广，范建红，王国光. 广东省古村落现状与保护利用模式研究 [J]. 华南理工大学学报（社会科学版），2016（6）：105-113.

② 阿兰·马利诺斯. 法国"建筑、城市和景观遗产保护区"的特征与保护方法——兼论对中国历史文化名镇名村保护的借鉴 [J]. 国际城市规划，2011（5）：78-84.

③ Gauthiez B. The History of Urban Mophology [J]. Urban Morphology, 2004, 8（2）：72.

④ [法] 阿·德芒戎. 人文地理学问题 [M]. 葛以德译. 北京：商务印书馆，1999.

⑤ Sauer. O. The Morphology of Landscape [J]. University of California Publication in Geography, 1925（2）：19-54.

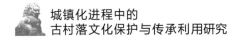

1. 村落文化保护研究

针对村落文化保护和传承的研究大致经历了两个阶段：第一个阶段是 20 世纪 60 年代以前，主要是对文物以及单体建筑的文化保护；第二个阶段是 20 世纪 60 年代以后，对文化的保护则延伸到了具有一定历史意义的城镇、古村落的文化保护方面。在 1964 年国际文化财产保护与修复中心通过的《威尼斯宪章》中明确指出，文物古迹 "不仅包括单个建筑，还包括城市或乡村环境"①。自 20 世纪 60 年代以来，除了英国的乡村社区运动以外，"老欧盟" 的 9 个国家中，乡村社区中最具有标志性的建筑仍然是教堂。欧洲人非常注重历史文化的保护，他们把自然资源和传统文化资源进行了资本化运作，发挥了资金在文化保护方面所不可代替的作用。可是美国与欧洲却有着显著的不同，私人、公共部门和地方政府在历史文化保护与传承过程中分别扮演着不同的角色，文化传承分为地方政府主导型、民间非营利型和市场营利型三种类型，在一定程度上解决了文化资源的重新整合问题，同时解决了文化遗产保护过程中的资金不足问题。美国政府通过担保贷款、区位首选、建设标准等方面的政策鼓励引导中产阶级在小城镇建房，形成了一批具有美国特色的乡村田园式建筑。德国比较注重采用发展的视角对待传统建筑的修复，尽可能采用历史重构的方式，不断通过古建筑使用功能的调整保持其活力。英国的历史文化遗产保护则侧重于文化的整体性保护，1967 年颁布的《城市文明》中规定要保护历史建筑艺术和历史特征，更加强调的是文化的群体价值，包括建筑群体、空间、历史街区以及历史文化遗存等，在保护的同时，强调其使用价值的再现。日本的历史文化遗产保护更多的是源自于国民的自发性，形成自下而上的保护制度。对于文化遗产的保护不仅注重建筑，其历史文化环境的价值也列入保护范围。对于历史建筑和街区环境治理资金，一般由中央政府和地方政府共同承担，使得历史文化遗产保护的资金有所保障，进而落实文化传承工作。

2. 村落保护相关立法现状研究

国际上，对历史地区、历史城镇或乡土建筑保护颁布了一系列的法律法规，表 1-1 列举了法国、英国、美国和日本文物保护的相关法律法规与条例。

---

① International Charter for the Conservation and Restoration of Monuments and Sites（The Venice Charter），1964.

表1-1 国际上古村落保护相关法律法规（条例/会议）

时间	法国	时间	英国
1887	历史建筑法	1882	古纪念物保护法
1906	历史文物建筑及具有艺术价值的自然景区保护法	1947	城乡规划法
1913	保护历史古迹法	1953	历史建筑和古纪念物法
1930	风景名胜地保护法	1967	城市文明法
1943	文物建筑周边环境保护法	1979	文物建筑和考古地区条例
1960	国家公园法	1983	国家遗产法
1962	马尔罗法	1990	规划法（登录建筑和保护区）
1972	行政区改革法		
1976	自然保护法	时间	日本
1983	建筑和城市遗产保护法	1897	古迹名胜天然纪念物保存法
1993	建筑、城市和风景遗产保护法	1919	古迹名胜天然纪念物保存法
		1929	国宝保存法
时间	美国	1950	文物财保护法
1906	古物保护法	1854	文化财保护法（修订）
1935	历史古迹和建筑法	1966	古都保存法
1966	国家历史保护法	1968	文化财保护法（修订）
1977	国家邻里政策法	1975	文化财保护法（修订）
1979	国家考古资源保护法	1980	明日乡村保存法
1991	文物保护法修改	1996	文化财保护法（修订）

资料来源：詹景强.山西太谷县上安村村落保护研究［D］.山西农业大学硕士学位论文，2016//荣盼盼.太原市店头古村落的保护与利用模式探析［D］.太原理工大学硕士学位论文，2011.

3. 历史文化村落及文化遗产保护研究

国外学者对历史文化村落及文化遗产的保护研究成果较为丰富，例如Rapoport（1979）对世界上一些小聚居群落调查后，认为社会文化因子是决定聚落形态的根本元素，对聚落形态的保护首先是要对社会文化进行保护。①Pendlebury（1999）则认为历史文化村镇的保护应当从传统建筑保护、聚落历史

---

① Rapoport. 住屋的形式与文化［M］.张玫玫译.台北：镜与象出版社，1979.

格局保护和视觉管理三个方面来研究。① Larkham（2003）对英国 1942～1952 年间历史文化村落保护进行研究，探讨了历史文化村落中"保存"与"保护"的差异，认为"保存"意味着保持结构的完整性，而"保护"则意味着更宽泛的含义，包括保护利用、再利用、改造等。② Kozlowski 和 Vass-Bowen（1997）从区域规划角度进行思考，认为通过缓冲区建设规划可以有效解决建筑文化遗产保护的问题。③ 历史文化名镇（村）方面的研究工作比较成熟，从乡村风貌保护到乡村文化延续均有成熟的做法。日本是较早将古城镇的保护工作转变为保护与开发并举的一个国家。Saleh（2001）对沙特阿拉伯村落形态变迁进行了研究，认为古村落存在着乡土建筑与现代建筑的剧烈冲突，由于现代化和外来文化的冲击，导致原有的村落格局和建筑风貌都出现了不同程度的衰败，应在对古建筑改造和新建筑的建设以及村落形态的发展中，充分利用当地的文化特色，将地方生态、经济、社会和文化因素进行融合。④ Peggy 和 Shirlena（1995）对新加坡古村镇中的本地人和来往游客进行调查，结果显示仅通过"博物馆"式的保护并不能真正地保护当地的遗产，应当将文化遗产以现代生活的方式加以利用，才能更好地进行村落文化保护。⑤ 国外对古村落文化的保护，主要是通过开发生态旅游等方式来实现，生态旅游是对古村落文化保护的一种及时抢救措施，国外许多国家实践证明这种方式是比较成功的。以法国为例，在利用古村落建筑文化开发旅游方面，当地政府将古村落中的古建筑作为文化资源纳入法制的轨道，对其文化价值、产权及开发利用都有严格的法律措施，政府通过投入或筹措大量的资金以及推行政策保障古建筑文化的旅游开发利用，通过完善服务设施，提高服务质量和服务效率，形成现代化、一体化的文化旅游品牌，从而既保护了当地文化，又提高了社会经济效益。

总之，国外对古村落文化的利用，要厘清保护与开发的正确关系，首先要在

① Pendlebury. The Conservation of Historic Areas in the UK: A Case Study of "Grainger Town", Newcastle upon Tyne [J]. Citys, 1999 (16): 22-34.

② Larkham. The Place of Urban Conservation in the UK Reconstruction Plans of 1942-1952 [J]. Planning Perspectives, 2003 (18): 101-112.

③ Kozlowski, Vass-Bowen. Buffering External Threats to Heritage Conservation Areas: A Planner's Perspective [J]. Landscape and Urban Planning, 1997 (3): 45-67.

④ Saleh M A E. The Decline vs the Rise of Architectural and Urban Forms in the Vernacular Villages of Southwest Saudi Arabia [J]. Building and Environment, 2001 (4): 88-93.

⑤ Peggy T, Shirlena H. Tourism and Heritage Conservation in Singapore [J]. Annals of Tourism Research, 1995 (6): 67-78.

保护的基础上进行合理利用，不能为了保护而不敢开发利用，也不能为了利用而大肆破坏古村落文化，正确认识保护与利用之间的辩证关系，通过找到保护与利用之间的平衡点，对古村落文化加以开发利用。对文化的利用本质上是对文化资源的开发利用，文化保护要与现代化发展相接轨，既要体现古村落传统的古香古色之特征，又能够在文化的保护中最大限度地满足现代人的生活需要，以实现村落文化保护与开发利用良性循环。传统村落作为历史的见证和文化传承的载体，是传统文化遗产的重要组成部分，具有较强的历史、文化、美学、旅游等价值。传统村落是指具有一定发展历史、延存至今，且保留较为完整的乡村聚落形式，同时也是地域传统文化、民俗风情的重要载体，在反映传统文化遗产方面具有很强的代表性和典型性，因此对传统村落进行研究具有重要的理论和现实意义。国外对传统村落的相关研究较早，且主要从传统村落文化、传统村落可持续发展、传统村落景观等方面开展研究。近年来，很多国外学者对传统村落旅游开发与文化保护的研究更加重视，而且在研究内容上更具深度。

（二）国内研究现状

2013年中央城镇化工作会议上，习近平总书记指出："……让居民望得见山，看得见水，记得住乡愁。"按照中国特色的政治经济学规律，"领导是第一生产力"，中央领导人对中国传统村落保护的高度重视，促发了一系列上行下效的行动。国家住建部、文化部、文物局、财政部对列入传统村落名单的地方都有专项基金拨放和保护，而且现在也开始放开政策，鼓励各级财政加大补助力度，引导社会资金、社会力量以多种方式去保护开发。但是目前我国古村落的保护仍然存在很多问题，大概归结出四点：第一，保护方式单一，费用只用于修复文保建筑，其他的建筑或传统民居只能任其自生自灭了。第二，保护经费仍显不足，虽然已经有国家专项资金，也要求省里配套，但资金短缺的问题仍然很突出，保护与生活难以兼顾。第三，保护的持续性不够。目前文物界、文化界、旅游界，包括实业界，大家都在探索怎样进行持续性保护，现在很多的共识就是开发就是最好的保护，当然是在保护的基础上开发。第四，村落保护的外部性力量不足。村落保护必须要用长效保护机制，必须要引入力量来保护，靠村民自己、靠乡镇自己是不够的，现在最重要的、有效的、主流的一种开发就是通过文化旅游来开发。

有形无神，我们的修复仅仅是保护建筑的外形，对"神"的保护欠缺，非物质文化遗产消亡得很快，村里人一搬出去、老人一去世，非物质文化遗产传承就没有了，另外环境保护也是个问题，大量新老建筑混居，周边村庄环境被破坏。古村落积淀的丰富历史文化底蕴是中华民族传统文化的根基所在，是中华民族的灵魂。可是，快速城市化引发的时代前进与环境剧变，给具有中国历史文化价值的古村落带来了强烈的冲击，加速了古村落文化消失的速度。为了抢救历史文化遗产，国内出现了一大批著名学者对乡土建筑与文化进行保护和研究。总体来说，国内外学者较多地从历史学、景观学、建筑学、旅游学等角度对传统村落展开研究，从地理学的角度对传统村落进行系统性研究尚显不足，特别是从宏观尺度对全国传统村落空间分布特征及其规律的研究并不多见。

1. 传统村落/古村落研究成果数量及分布

本书把"传统村落"和"古村落"作为文献搜索的主题词，基于CNKI数据库平台中的中国学术期刊网络出版总库、中国博士学位论文全文数据库、中国优秀硕士学位论文全文数据库、中国重要会议论文全文数据库、国际会议论文全文数据库五个主要数据库作为查询对象，并以"篇名"方向进行查询。截至2017年8月，从CNKI数据库中共检索到6028篇相关文献，其中篇名中包含"传统村落"的文献数量是3326篇，篇名中包含"古村落"的文献数量为近3000篇。本书将上述文献按时间系列分布进行排列（见图1-1）进行分析，从图1-1中可以看出，20世纪90年代末是中国古村落研究的一个转折点，2000年以后逐渐掀起了研究热潮，从数量上看，出现了逐年递增的情况，2017年出现下降趋势主要是因为搜索时间只到8月，还没有到12月，如果搜索时间也到整年的话，实际上相关研究成果并没有减少，仍然在不断递增。

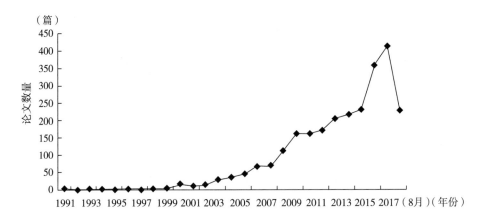

图1-1　1991~2017年中国传统村落/古村落相关研究成果时间分布

目前，我国古村落相关研究成果归纳起来主要涉及以下三个方面：第一，古村落的价值研究问题；第二，古村落的开发与保护关系问题；第三，古村落的空间布局问题。① 到 2000 年以后，中国古村落相关研究引起了学术界的高度重视，成为地理学者、旅游学者和规划学者等多学科共同关注的焦点问题，他们主要从四个方面对古村落进行研究：一是关于历史文化村镇的保护研究②③④；二是关于村落空间结构的研究⑤⑥⑦⑧⑨；三是关于古村落空间分布规划研究⑩⑪⑫；四是关于典型区域古村落的分布特征以及演化机理研究⑬⑭⑮⑯。李蕊蕊等（2017）从研究内容、研究方法和研究尺度等方面系统地梳理了目前有关古村落的研究，发现现有的成果多集中于村落形态结构、保护与开发面临的挑战等；研究尺度既有全国性的，也有区域性的个体村落分析；从研究方法上看，既有定性的分析，也有

①⑮　李伯华，尹莎，刘沛林等 . 湖南省传统村落空间分布特征及影响因素分析 [J]. 经济地理，2015（2）：189-194.

②　赵勇，张捷，章锦河 . 我国历史文化村镇保护的内容与方法研究 [J]. 人文地理，2005，20（1）：68-74.

③　赵勇，张捷，李娜等 . 历史文化村镇保护评价体系及方法研究——以中国首批历史文化名镇（村）为例 [J]. 地理科学，2006，26（4）：497-505.

④　刘沛林 . 新型城镇化建设中"留住乡愁"的理论与实践探索 [J]. 地理研究，2015，34（7）：1205-1212.

⑤　胡海胜，王林 . 中国历史文化名镇名村空间结构分析 [J]. 地理与地理信息科学，2008，24（3）：109-112.

⑥　吴必虎，肖金玉 . 中国历史文化村镇空间结构与相关性研究 [J]. 经济地理，2012，32（7）：6-11.

⑦　陈征，徐莹，何峰等 . 我国历史文化村镇的空间分布特征研究 [J]. 建筑学报，2013（9）：14-17.

⑧　刘沛林，刘春腊，邓运员等 . 中国传统聚落景观区划及景观基因识别要素研究 [J]. 地理学报，2010，65（12）：1496-1506.

⑨　杨立国，刘沛林，林琳 . 传统村落景观基因在地方认同建构中的作用效应——以侗族村寨为例 [J]. 地理科学，2015，35（5）：593-598.

⑩　李亚娟，陈田，王婧等 . 中国历史文化名村的时空分布特征及成因 [J]. 地理研究，2013，32（8）：1477-1485.

⑪　佟玉权 . 基于 GIS 的中国传统村落空间分异研究 [J]. 人文地理，2014，29（4）：44-51.

⑫　刘大均，胡静，陈君子等 . 中国传统村落的空间分布格局研究 [J]. 中国人口·资源与环境，2014，24（4）：157-162.

⑬　陆林，凌善金，焦华富等 . 徽州古村落的演化过程及其机理 [J]. 地理研究，2004，23（5）：686-694.

⑭　陆林，凌善金，焦华富等 . 徽州古村落的景观特征及机理研究 [J]. 地理科学，2004，24（6）：660-665.

⑯　佟玉权，龙花楼 . 贵州民族传统村落的空间分异因素 [J]. 经济地理，2015，35（3）：133-137.

定量的分析，定量分析方法主要使用集中指数、叠置分析和莫兰指数等空间分析方法。① 本书将从古村落的价值研究、开发与保护关系问题研究、空间布局和特定区域（豆沙关古镇）区域村落及其文化研究四个方面进行文献综述。

2. 古村落的价值研究

古村落作为一种传统的人居空间，有着悠久的历史、璀璨的地域文化，是历史的微缩景观，在历史、艺术、美学、建筑、科考、人类学等许多方面都具有重要的价值，是一种珍贵的历史遗存，应加以保护性地利用。因此，不同的学者也从古村落的不同方面展开研究，阐述其价值以及文化内涵。刘沛林等（1998）对中国古村落景观的空间意象进行了深入研究，认为中国古村落景观具有山水意象、生态意象、宗族意象和趋吉意象等共性，这些基本意象揭示了中国传统文化中有关村落选址、布局、形态及规划的思想理念，同时中国古村落在空间意象上存在着显著差异②。陆林等（2007）从地理环境的角度对徽州古村落形成与发展进行了研究，认为地形对古村落的形成与发展具有基础性作用，在保持、延续古村落方面都具有巨大的作用③。一方面，地形为古村落的形成、发展提供了长期稳定的环境，古村落与生存环境之间建立了长期、稳定、和谐的关系；另一方面，地形在保持古村落文化的相对稳定性方面也有重要的作用。王纪武（2004）以重庆市偏岩镇为例，分析了古村落的选址、总体布局和空间特色，从传统小城镇形态角度探讨了中国传统民居中"真、善、美"的文化精髓④。陈汉波（2003）从物质文化和精神文化两个角度分析了江南古镇的水文化特征，阐述了江南古镇文化的成因：深厚的文化积淀是江南古镇文化产生的背景条件，温润的气候、发达的内水空间影响到人的精神世界，发达的商业经济是江南古镇文化产生、发展的物质基础⑤。金勇兴（2002）认为温州楠溪江古村落民居数量多而且保存完整，具有独特的文化价值。他从文化功能和价值角度，对楠溪江古村落民居的人文资源进行分析，来揭示古村落民居的文化价值⑥。黄成林（1993）从文化地理学角度对徽州古村落的历史文化价值和特点进行深入研究：从文化整合角

---

① 李蕊蕊，苏桂霞，赵伟，李子蓉，毛茹茹. 新型城镇化背景下传统村落的"死"与"生"——以泉州市蟳埔村为例 [J]. 泉州师范学院学报，2017（2）：87-92.

② 刘沛林，董双双. 中国古村落景观的空间意象研究 [J]. 地理研究，1998（3）：88-94.

③ 陆林，葛敬炳. 徽州古村落形成与发展的地理环境研究 [J]. 安徽师范大学学报（自然科学版），2007（4）：45-56.

④ 王纪武. 传统小城镇形态的真、善、美——偏岩印象 [J]. 旅游规划，2002（4）：34-50.

⑤ 陈汉波. 加强文化遗产的保护 [J]. 资料通讯，2003（1）：15-16.

⑥ 金勇兴. 温州楠溪江古村落民居的文化价值 [J]. 中共杭州市委党校学报，2002（3）：21-30.

度看，认为徽州古村落是徽州人经济实力和思想观念的外在表现①。王云才等（2006）认为，中国古村落是历史文化的积淀和人地作用关系的综合体现，包含着深刻的文化内涵。首先，就社会基础说，中国古村落追求一种具有农业社会特点的理想环境；其次，中国古村落崇尚一种寓意深刻的文化环境，代表着特定环境中和谐的人类聚居空间，有着悠久的历史，承载着璀璨的地域文化②。卢松等（2003）从村落选址和设计、聚落形态、民居建筑、祠堂和牌坊、徽州古典园林、乡土文化、风土人情等方面对皖南古村落旅游资源特征展开了分析③。古村落的建筑特色方面，徽州地区与浙江金华、衢州、严州地区之间联系十分紧密，相互间的影响也十分显著。不管是在建筑风格还是文化方面，都延续和保留了徽派建筑村落的外在特征和人文内蕴以及这种独特的地域特色，并分析了徽州村落徽派建筑的文化含量，村落中的徽派建筑体现了明清时期以徽商为代表的徽州人的思想情感、文化属性和社会价值④。邱国锋（2001）总结了闽粤赣边客家古民居的基本风格和特点：类型多样、风格独特，高大雄伟、气势恢宏，建筑构思奇巧科学、防卫功能突出，有深厚的文化内涵⑤。金勇兴（2002）分析了徽州村落徽派建筑的文化含量，认为村落中的徽派建筑体现了明清时期以徽商为代表的徽州人的思想情感、文化属性和社会价值⑥。20世纪80年代，我国古镇旅游开发也迎来了发展热潮。旅游产品开发的纵深发展和媒体的宣传推介，使古镇的巨大魅力逐渐被人们了解。由此，诸多学者开始从不同的方面来探讨历史古镇旅游开发的方方面面。从早期的社会调查到近年来对历史古镇的旅游开发的研究，主要是从研究范式和学科观察两种研究视角来进行。

　　古村落不但具有较高的历史文化价值和社会价值，而且具很高的经济价值，尤其是在当前市场经济迅速发展的背景下，古村落的经济价值还出现不断上涨的现象。⑦田化（2009）对彭家寨的土家族村落文化形成与发展进行了简要的回顾，接着介绍了土家村落发展过程中的村落文化内涵，并总结了土家村落文化在历史发展中的变迁特点，探讨了在现代化进程背景下如何有效保护村落文化和合

① 黄成林. 试论徽州地理环境对徽商和徽派民居的影响 [J]. 人文地理，1993 (5)：10-16.
② 王云才，郭焕成，徐辉林. 乡村旅游规划原理与方法 [M]. 北京：科学出版社，2006.
③ 卢松，陆林等. 皖南古村落旅游开发的初步研究 [J]. 国土与自然资源研究，2003 (4)：71-72.
④ 沈小翌. 浙江近皖地区徽派建筑古村落群研究 [J]. 浙江建筑，2012 (6)：80-95.
⑤ 邱国锋. 闽粤赣边客家古民居旅游开发研究 [J]. 经济地理，2001 (6)：757-760.
⑥ 金勇兴. 温州楠溪江古村落民居的文化价值 [J]. 中共杭州市委党校学报，2002 (3)：46-50.
⑦ 张晓桐. 新型城镇化背景下的古村落保护与开发研究——以皖南西递古村落为例 [D]. 云南大学硕士学位论文，2016.

理开发利用土家族村落文化经济价值。① 文化是人们对自然环境改造的结果和产物，不同的民族与其长期生活环境的相互作用过程中会产生不同的文化模式，包括衣食住行等物质文化和人们的观念、思维等非物质文化。不同的民族有不同的生活习俗和文化认同。以具体某一民族群体为依托对古村落的研究，是古村落研究的一种主要方式。通过文献搜索发现，现有从民族的角度对古村落文化的研究成果如下。杨晓（2017）以大理白族为例进行研究，认为大理白族古村落文化遗产内容涵盖广泛，既包括物质层面的传统民居、宗教建筑、戏台、魁阁等建筑文化，也包括传统手工艺、白族传统节日、民歌、民曲、口承文学、古籍家谱等非物质文化，如何对白族古村落文化遗产进行有效保护与合理开发，对少数民族地区经济社会的发展具有重要的指导意义。② 在中国大力推进新农村建设的社会背景下，通过挖掘蕴藏在古村镇中的历史文化信息，可以解决古老村镇如何保护与传承文化的矛盾问题，既能实现古镇可持续性发展，又能为社区居民提供良好居住环境。③ 目前中国的古村落在中国历史文化中占有十分重要的地位，而且古村落不仅数量众多，地域分布也比较广泛，具有极高的历史文化价值，被赞誉为"中国传统文化的明珠"和"民间收藏的国宝"等④。古村落本身具备较高的生态价值、经济价值和历史文化价值，古村落文化既是经济发展的重要资源，也是人们生存和发展的重要空间，尤其是大部分的古村落都还保留着传统的独特风貌以及较为完整的风俗习惯，进而丰富了古村落的文化内涵。⑤ 现存的古村落大多形成于农耕社会，是中国农耕文明的典型代表，不仅具有很高的历史文化价值、科学研究价值、社会价值以及艺术美学价值，而且古村落的选址和布局规律可以为当代新农村建设提供参考，因而被誉为中华民族传统文化的"活化石"和"博物馆"。⑥

① 田化. 土家村落文化的传承与保护——以彭家寨为例 [J]. 中南民族大学硕士学位论文，2009.

② 杨晓. 大理白族传统村落文化遗产保护开发对策浅析 [J]. 今日民族，2017（1）：50-51.

③ 江芳，郑燕宁. 岭南古老村镇传统文化的传承性研究——以佛山为例 [J]. 城市建设理论研究，2017（10）：69-71.

④ 刘沛林. 论"中国历史文化名村"保护制度的建立 [J]. 北京大学学报（哲学社会科学版），1998（1）：81-88.

⑤ 张引等. 浅析河北传统村落文化的发展路径 [J]. 经营管理者，2017（4）：355-356.

⑥ 王全康，冯维波. 人居环境科学视角下传统村落的保护与发展——以重庆市龙塘村为例 [J]. 重庆第二师范学院学报，2017（2）：16-19.

3. 古村落的开发与保护关系研究

古村落的保护与开发之间是一个相辅相成的促进关系。一方面,村落及其文化的保护是区域开发的前提基础,为区域经济开发提供了坚实的物质基础和丰富的精神文化内涵;另一方面,区域开发应当以村落建筑和文化的保护为首要目标,为古建筑文化保护提供经济保障。① 保护与开发两者之间看似是一个相互对立的矛盾,但仍然可以有机地结合在一起,其关键在于能否把握住尺度,我们绝对不能为了保护而停止发展,同样也不能打着开发的旗号去肆意破坏古建筑。② 关于古村落及其文化的保护,刘沛林(1998)从保护原则、保护方式和保护措施三个层面提出了思考,保护原则应当坚持整体性、多样性和展示性,保护方式可以采取就地保护、异地搬迁和集锦仿制式(复制建筑风格),保护措施有立法保护、居民环境意识培养、保护性开发和科学的规划管理。③ 冯骥才(2006)将我国目前各地比较好的村落古建筑保护模式归纳为以下五种:一是分区式保护,老区为原生态的古村落区,新区为现代化的都市繁华区,如云南丽江模式;二是民居博物馆式,将重要价值的古建筑集中保护起来;三是生态式,把现代化的管网埋在地下,村落居民与民众生活保持原生态,如浙江西塘;四是景观式,注重景观的历史个性,村民盖新房必须从固定的房型中选择,如江西婺源;五是景点式的保护,该模式基本上是按照旅游业的发展需求来进行维修和建造,如浙江乌镇。④ 但是各地实际情况差异较大,古村落保护模式需要根据保护对象和社区生活的具体情况来定,按照某种固定的模式来进行保护必定会破坏村落原始风貌。⑤ 现有的这些保护模式虽然能够有效地将古村落保护与所在社区经济发展衔接起来,为社区居民增收,可是现有的这五种保护模式还是存在一些不足的地方。古村落的物质文化、精神文化与村民的生产生活息息相关,不可分离,它体现的是集体创造性和动态的文化发展脉络。⑥ 可是,现有的这五种模式均没有把

① 肖宝军,张群.乡村传统民居的保护与开发策略探析——以万州区罗田镇、太安镇为例[J].美术大观,2016(11):116-118.

② 李军,李贵阳.自贡釜溪河流域古镇名村保护与发展研究[J].中华文化论坛,2017(5):72-76.

③ 刘沛林.论"中国历史文化名村"保护制度的建立[J].北京大学学报(哲学社会科学版),1998(1):81-88.

④ 冯骥才.文化遗产日的意义[N].光明日报,2006-06-15(6-7).

⑤ 张甲娜,李明华.我国古村落保护的困境及出路[J].中共济南市委党校学报,2013(4):61-64.

⑥ 王敬超.基于社会资本重构视角的内蒙古黄河流域传统村落保护研究——以呼和浩特市清水河县入选村落为例[J].内蒙古大学学报(哲学社会科学版),2016(6):21-26.

物质文化遗存与非物质文化相互结合起来，仅侧重于物质文化层面的保护，而对古村落所在社区的非物质文化遗产重视度远远不够，换句话说，现有的保护模式并没有把古村落当作物质文化与非物质文化的综合体来整体保护，也不是最佳的保护思路。① 目前，国家也开始高度关注古村落的发展变迁，在资金方面给予大力支持，但是很多地方的古村落保护是否体现了可持续性原则还值得探究，很多保护行动在国家政策出台初期执行较好，可是保护效果和后续跟踪与反馈并没有及时跟上，需建立动态的反馈机制进行反馈。②

当传统方法在保护古村落文化中面临着新的挑战，难以满足新的社会发展形势需求的时候，探索如何运用新技术、新手段、新思路来解决古村落保护中遇到的问题便成了当务之急。中国文化遗产数字化管理最早是从故宫和敦煌的保护开始的。2003 年陕西省文物局开始对秦始皇陵区进行 GIS 在文化遗产地资源管理中的应用研究，2005 年秦兵马俑博物馆与西安四维航测遥感中心合作，对正在发掘中的 2 号坑进行数字化三维建模管理，2006 年初步完成了 GIS 在秦始皇陵区资源管理的研究。③ 随着古村落研究的不断深入，很多新方法和新理论也被引入进来，尤其是地理信息系统技术在人文科学中得到了广泛运用，为古村落文化保护提供了契机。1992 年，联合国教科文组织开始推行"世界的记忆"项目，目的在于利用现代信息技术永久保存文化遗产，以最大限度地使公众享有文化遗产，于是计算机辅助遗产保护的方法在田野研究中迈出了重要的一步，本项目活动同时也是现代信息技术与传统文化遗产相结合的最早领域。④ 此后，越来越多的新科技被应用到古村落文化的保护之中，尤其是利用现代 GIS 技术保护村落文化可以大大提高规划工作的科学性、合理性和技术性，为古村落保护规划提出新方法和新思路。⑤ 将 GIS 技术应用到古村落文化的保护和规划工作中，可以解决一些传统方法难以完成的操作。⑥ 余汝艺等（2013）用生态学中的生态位理论、物种入侵等生物学理论解读了古村落社区中因旅游种群的入侵而引发的空间社会秩序

① 黄涛 . 古村落的文化遗产保护与社区发展——以浙江省楠溪江流域苍坡古村为个案 [J]. 温州大学学报（社会科学版），2009（5）：46-54.
② 白聪霞，陈晓键 . 传统村落保护的研究回顾与展望 [J]. 华中建筑，2016（12）：15-18.
③ 邬伦 . 地理信息系统、原理、方法和应用 [M]. 北京：科学出版社，2000.
④ 王超 . 信息技术在古村落保护研究中的应用 [D]. 西安建筑科技大学硕士学位论文，2007.
⑤ 张泉 . GIS 技术在徽州古村落保护规划中的应用研究——以安徽省祁门县桃源历史文化名村保护规划为例 [J]. 城市发展研究，2014（2）：1-4.
⑥ 胡明星，邹兵，方必辉 . 基于 GIS 宏村世界文化遗产地保护规划修编中应用研究 [J]. 安徽建筑，2010（2）：31-35.

重组过程,① 交叉学科理论的引入对古村落研究具有较高的理论价值。古村落文化是历史与现实的统一体,在这种关系中会内生出一种自发的保护机制,古村落居民和社区都会从自身的发展需要出发进行保护。② 黄明月和童正容(2017)认为,拓宽劳动力人口的就业渠道,提升古村落村民的生活质量,想方设法调动居民在古村落保护中的积极主动性,鼓励多元化的融资模式,并最终通过有效的制度来保障,是实现我国古村落可持续发展的重要途径。③ 在保护古村落及其文化的过程中,不能就某个单一古村落的保护而保护,而要坚持系统论和相互联系的原则,从古村落集群的角度出发,加强古村落彼此之间的学习和交流。实际上古村落之间的文化交流过程也是文化传播的过程,借此可以扩大古村落文化的影响范围,促进文化走向更大的舞台,具体操作上,地方有关政府部门可以牵头,定期在不同古村落间举办村落文化联谊会,并邀请知名专家出席活动并给予指导,活动内容可以灵活多样。④ 在古村落及其文化的保护和展示过程中,绝对不能忽视和损害村落主人的(村民)生存和发展利益,而是应该合理传承、完整展示与古建筑有关的传统文化,但是政府与群众必须认清自己的角色定位,古村落的保护工作应该以当地村民作为主要实施者,政府管理部门需要承担的仅仅是指导与资助的责任,而不能全权包办或者是代替村民成为保护工作主体。⑤ 建档式保护也是当前古村落文化保护的一种新的方式,有学者对目前中国古村落保护工作基本现状进行调查分析,并结合古村落文化建档工作开展情况,提出了"互联网+"背景下古村落文化建档工作基本策略。陈阳(2017)认为在"互联网+"时代背景下,国家文化部门可以借助信息网络技术,建立全国联网的古村落文化档案信息共享平台,将各类村落文化遗产信息录入系统,实现数字化管理,有利于实现信息之间的互联和古村落文化档案的互通。⑥ 陈阳(2017)从档案学的角度,提出了古村落文化实施建档式保护的基本思路,运用文献计量研究方法,以

① 余汝艺,梁留科,李德明等.旅游种群的入侵、继替与古村落空间秩序重组研究——以徽州古村落宏村为例[J].经济地理,2013(8):165-170.
② 胡庆龙,吴文浩.不完全契约下的我国古村落文化生态保护与开发研究[J].财经理论研究,2017(4):59-65.
③ 黄明月、童正容.传统村落保护存在的问题与对策研究——以"闽安村"为例[J].新西部,2017(6):33-34.
④ 潘兵青,何泽盛,赵旖.传统古村落保护与有机发展的策略研究[J].现代园艺,2017(7):94-95.
⑤ 黄涛.古村落的文化遗产保护与社区发展——以浙江省楠溪江流域苍坡古村为个案[J].温州大学学报(社会科学版),2009(5):46-54.
⑥ 陈阳.对我国传统村落文化建档式保护问题的思考[J].兰台世界,2017(7):18-22.

CiteSpace V 为文献分析工具，绘制了知识图谱，勾勒出我国古村落文化建档保护研究的概貌，并指出现阶段古村落文化建档保护存在的主要问题。①

中国古村落研究始于 20 世纪 80 年代初，研究初期主要是将中国一批村落中的古建筑群列为全国重点文物保护单位进行物质文化保存。早在 20 世纪 80 年代初，阮仪三（1996）开展了中国江南水乡古村镇的调查研究工作，包括对古村镇的保护规划与开发编制，从此开创了中国历史文化名村保护开发工作研究先河，为中国古村落保护研究奠定了坚实的基础。② 到了 20 世纪 90 年代之后，古村落研究引起了国内许多规划学者的注意，他们开始深入研究中国历史文化古村镇，如欧阳奎等（1993）对中国乡村古聚落文化旅游资源进行了研究③，彭一刚（1994）开展的传统村镇聚落景观的研究④，陈志华（1999）对楠溪江古村落进行了调查研究⑤。古村落破坏与快速消失，毁掉的远远不仅仅是古民居、古塔、古桥、古建筑等建筑视觉景观，更为严重的是这些景观背后蕴含的历史信息和民俗文化。如果我们失去了自己的民族文化记忆，就会让我们找不到"回家的路"。21 世纪后，对古村落的保护提高到了政治的高度，当前国家政府已经意识到了传统文化保护的重要性，启动了有关古村落保护和乡村旅游等项目，这些活动的目的在于保护古老的村落历史文化。古村落保护不能简单地仿古建造，而必须注重对村落的原生态和真实性进行保护，平衡好文化保护与经济发展之间的矛盾关系，绝对不能一味地为了刺激旅游和发展经济而忽视了村落蕴藏的历史文化内涵式保护。⑥

中国古村落随着现代化发展的快速消失，必须从立法的角度给予整治。以往的法律、政策和相关部门调查实践工作为古村落的保护工作立法提供了很多经验，但是古村落保护立法必须注意平衡各部门之间的利益分配关系，坚持保护优先、合理利用、整体保护、社会参与四大基本原则，而立法内容则可以从认定制度、编制规划制度和保护利用三大基本制度出发进行尝试和探索。⑦ 中国历史文化村镇的保护立法出现相对较晚，中华人民共和国成立以后才有相关立法和条例

---

① 陈阳. 基于知识图谱的我国传统村落文化建档保护研究述评 [J]. 北京档案，2017 (5)：14-18.

② 阮仪三，黄海晨，程俐聪. 江南水乡巧镇保护与规划 [J]. 建筑学报，1996 (9)：22-25.

③ 欧阳奎，杨载田. 试论中国的乡村古聚落文化旅游资源 [J]. 人文地理，1993 (3)：48-53.

④ 彭一刚. 传统村镇聚落景观分析 [M]. 北京：中国建筑工业出版社，1994.

⑤ 陈志华. 楠溪江中游古村落 [M]. 北京：生活·读书·新知三联书店，1999.

⑥ 殷俊峰，白瑞. 西口移民影响下的内蒙古中部地区村落研究——以呼和浩特市托克托县河口村为例 [J]. 中国名城，2017 (4)：77-82.

⑦ 吴纪树. 我国传统村落保护立法自议 [J]. 牡丹江大学学报，2016，25 (12)：16-18.

的颁布。如1961年出台的《文物保护管理暂行条例》和1991年出台的《文物保护法修改》都没有明确对古村古镇进行保护，一直到2002年《中华人民共和国文物保护法》才出台了最早关于古村落保护的有关法律条文。该法律条文作了如下规定："文物现存数量巨大且拥有深刻历史或革命教育意义的村落、街巷、城镇等，经直辖市政府或自治区或省查定核实，公布其为历史文化街区或历史文化村镇，同时呈报国务院备案。"并规定"县级以上政府应组织编制专门的历史文化名城和历史文化街区、村镇保护规划，并将其归入城市总体规划"。在《中华人民共和国文物保护法》中第一次明确提出，要保护既丰富又具有重大革命纪念意义、历史价值的村庄和城镇及街道。紧接着，2004年又出台了《中国历史文化名镇（名村）评价指标体系（试行）》，为中国的古村镇主体特色及特点评价提供了科学的理论依据。2005年9月，《中国古村镇保护与发展碛口宣言》中也明确了城市现代化与古村落保护之间的关系，古村落持续发展的前提，一是完善古村落保护的法律法规，二是编制科学的保护与发展规划。2008年4月正式颁布了《历史文化名城名镇名村保护条例》，该条例对名镇名村的申报过程和保护方法等一系列的内容做出了详细的规定。① 自中华人民共和国成立以来，具体的古村落保护相关法规条例如表1-2所示。

表1-2　中国古村落保护相关法律法规（条例/会议）

出台时间	法律法规（条例/相关）名称
1961年	文物保护管理暂行条例
1982年	文物保护法
1986年	国务院公布了第二批历史文化名城名单
1991年	文物保护法修改
2002年	中华人民共和国文物保护法
2003年	中国历史文化名镇和中国历史文化名村制度实施
2004年	中国历史文化名镇（名村）评价指标体系（试行）
2005年	历史文化名城保护规划规范
2005年	中国古村古镇保护与发展碛口宣言
2007年	历史文化名城名镇名村保护条例（草案）（征求意见稿）

---

① 朱雪梅，林垚广，范建红，王国光.广东省古村落现状与保护利用模式研究［J］.华南理工大学学报（社会科学版），2016（6）：105-113.

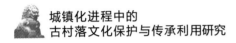

续表

出台时间	法律法规（条例/相关）名称
2007 年	中国文化遗产保护无锡论坛——乡土建筑保护会议
2008 年	历史文化名城名镇名村保护条例

资料来源：詹景强．山西太谷县上安村村落保护研究［D］．山西农业大学硕士学位论文，2016//荣盼盼．太原市店头古村落的保护与利用模式探析［D］．太原理工大学硕士学位论文，2011.

2012 年 4 月，国家住建部、文化部、国家文物局和财政部四部联合发出了关于开展传统村落调查的通知，并在同年 12 月联合公布了第一批中国传统村落名录。[①] 截至 2015 年底，国家已评选公布了三个批次的中国传统村落。李连璞（2013）以古村落的保护和旅游发展面临的问题为研究背景，以世界文化遗产型的古村落为例，分析不同古村落处的不同发展阶段以及存在的主要问题，并提出了不同发展阶段的古村落发展模式。[②] 其实，古村落旅游热发展是一把双刃剑，从近期的经济利益来看，利大于弊，因为旅游业发展了可以为居民增收，快速提高生活水平，古村落旅游资源开放以后，相应的配套基础设施也会紧跟其上；但是如果从长久的发展战略来看，或者说撇开经济利益因素而从文化的角度来看，古村落旅游业开发会对当地的历史文化资源造成严重的破坏，导致古村落的民风民俗、文化遗产等人文资源面临威胁甚至不断流失。[③] 苑利（2008）对黔东南的雷山、格江、从江、黎平等县古村落文化进行深入的考察研究，结果发现旅游开发活动中，许多古村落保护存在很多问题。[④] 束晨阳（2008）以安徽绩溪龙川村为例，认为古村落发展乡村旅游具有两面性，一方面是积极作用，另一方面是明显的消极影响，两者同时并存。[⑤] 皮桂梅（2012）以江西省婺源古村落为例，阐述了在当前新农村建设的社会背景下，保护与开发古村落的重要意义，此外还分析了在新农村建设过程中，古村落发展面临的新挑战，最后提出了系统化

① 仇保兴．对历史文化名城名镇名村保护的思考［J］．中国名城，2010（1）：4-9.
② 李连璞．基于多维属性整合的古村落旅游发展模式研究——以历史文化名村为例［J］．人文地理，2013（4）：155-160.
③ 宋佳蓉，刘扬庆，许利芳，吴秋云，陈耀，范贤坤．六盘水地区传统村落旅游开发应用研究［J］．西部皮革，2017（8）：99-101.
④ 苑利．黔东南古村落保护中常见的几个问题及对策［J］．凯里学院学报，2008（2）：1-9.
⑤ 束晨阳．基于古村落保护的乡村旅游规划——以安徽绩溪龙川村为例［J］．中国园林，2008（8）：9-15.

的保护机制这一良策。① 张雅琳（2017）以河北省邯郸市宋家村为例，分析了古建筑被拆除的主要原因，并从建筑使用、分区保护和因地制宜三个角度阐述了宋家村保护与利用原则，这在一定程度上为其他古村落的保护提供了参考。② 王科和屈小爽（2016）根据河北省太行古村落的现存形态及开发现状，提出了四种开发模式：文化体验型的"原生态"开发模式、民俗文化型的"博物馆"开发模式、文化创意型的"村落产业"发展模式和山水生态型的"休闲度假"模式。③ 曹保明（2011）针对吉林省古村落文化保护与发展现状，研究认为应该采取"保护与开发并举""保护古村落不能简单地就保护古村落而保护，还应当保护其周围那些不成片的建筑和街区"和"保护古村落文化载体"的措施。④

4. 古村落的空间布局研究

古村落空间形态结构特征的形成是各种自然因素与人文因素综合作用后的必然结果，通过对村落空间形态结构的研究，可以找出影响村落布局的多种驱动力。有学者分别从气候、地形、自然资源等因素方面分析了古村落空间布局特征；反之，则可以从村落的空间结构和形态反映村民对自然环境的改造。⑤ 无论是古建筑，还是古村落，它们存在的真正意义在于一个整体价值体系，古建筑或古村落一旦离开了它们所依托的自然地理区域，那么其内在的文化价值、审美价值等一切价值都将烟消云散，即便是古建筑的整体搬迁，也必将产生一些无法弥补的巨大损失，如果是用现代审美标准故意去修复传统建筑，那更是不可逆转的毁灭。⑥ 随着我国社会经济的发展变迁，古村落的空间结构形态也发生了较大的变化，但是村落中空间形态的保护和延续往往被忽视。夏鹏飞（2009）以雅庄村为例，强调了保护村落原有空间形态以及建筑形式、保留和传承村落居民原有生活方式、改善古村落基础设施等措施，以实现村落保护与开发相互协调发展的目的。⑦ 卢武策（2017）以北海市水车村的布局规划为例，从村落的功能、空间布

---

① 皮桂梅. 古村落系统化保护问题研究——以江西婺源古村落为例 [J]. 江西社会科学, 2012 (5)：249-251.

② 张雅琳. 邯郸宋家村古村落的保护与研究 [J]. 山西建筑, 2017 (6)：14-15.

③ 王科, 屈小爽. 河北省太行古村落旅游开发模式研究 [J]. 中南林业科技大学学报（社会科学版）, 2016 (5)：85-89.

④ 曹保明. 吉林古村落文化保护与发展现状 [N]. 吉林日报, 2011-10-20 (013).

⑤ 张浩龙, 陈静, 周春山. 中国传统村落研究评述与展望 [J]. 城市规划, 2017 (4)：74-80.

⑥ 张富利. 在破与立中新生——传统古村落整体保护的实践与反思 [J]. 西安财经学院学报, 2017 (2)：98-104.

⑦ 夏鹏飞, 刘杰. 从雅庄村开发谈传统村落的保护与发展 [J]. 华中建筑, 2009 (10)：67-69.

局、建筑整治模式等方面对古村落未来空间形态进行了探讨。① 古村落的空间格
局是民俗文化、村落居民和周边环境融合的结果，保护好了古村落的基本骨架和
空间格局，就保住了古村落中的文化根本。② 文化固然与创造文化的主体——人
离不开，但是文化的产生也和特定的地域环境有关，不同地域有不同的文化。古
村落既是各地历史文化的体现，也是文化发展过程中的产物，具有明显的地域特
征，村落的传统文化、建筑艺术和地理空间布局，也可以反映出村落和周围环境
之间的关系。③ 古村落的形成和发展需要以良好的自然地理环境为基础，不同的
村落布局要因地制宜，形成独具地方特色的古村落，不同地方的古村落的空间布
局和建筑结构都会存在显著的差异。④研究发现，山西古村落的空间分布具有三
个特征：一是低地性。95.71%的古村落分布在海拔 1500 米以下的区域，山西省
303 个古村落的平均海拔为 919 米，比全省平均海拔（1609 米）低 690 米。二是
近水性。67.66%的古村落分布于距河流 10 千米以内的范围，35.31%的古村落分
布于距河 3 千米以内的范围，聚落分布与河流之间存在密切的关系⑤，城市分布
如此，村落的分布也大致相似。三是沿边性。一半以上的古村落分布于边缘区，
其中 36%的古村落分布在东部边缘的太行山区。⑥ 自然生态和人文生态都对古村
落文化的产生具有重要的影响，正因为这些要素的不同组合排列，造就了不同的
文化，最终形成文化的多样性。⑦

　　从最大的地域空间来说，即文化模式的差异。文化模式（Culture Pattern）
是指一个社会所有文化内容组合在一起的特殊形式和结构，各种特殊的文化模
式受到国家、民族、地区、阶层等多种因素的影响，其中既有物质环境的影
响，包括一个地区的气候、自然地理条件、资源环境以及人口等，也有社会环境
的影响，如科学技术发展水平、社会制度特征、国家的意识形态、外来文化入侵

---

　　① 卢武策. 传统村落空间形态更新与保护——以北海市水车村为例 [J]. 建材与装饰，2017（6）:
87-90.

　　②④ 肖丽萍. 古村落的保护发展与规划设计 [J]. 建材与装饰，2017（6）：62-63.

　　③ 程新宇. 传统村落保护实践活动调研报告——以威海东楮岛村为例 [J]. 科技经济导刊，2017
（12）：116-117.

　　⑤ 陆玉麒，董平. 流域核心—边缘结构模式探讨——以赣江流域为例 [J]. 长江流域资源与环境，
2005，14（1）：19-23.

　　⑥ 龚胜生，李孜沫，胡娟，魏幼红. 山西省古村落的空间分布与演化研究 [J]. 地理科学，2017，
37（3）：416-425.

　　⑦ 庚钟银，赵功博. 辽宁村落文化遗产保护与开发利用 [J]. 美术大观，2014（8）：134-135.

等。① 全世界有东西方文化模式的差异。例如在社会与生活方面，西方国家不是很懂东方国家的"孝"文化。他们对家庭成员之间的联系（血缘关系）看得不是很重，但这不是说他们不孝，而是期望孩子尽快具有独立生存的能力，相比之下，东方国家的文化更加强调尊老爱老，中国自古以来就发扬孝文化。除了社会与生活，在政治、经济、宗教等方面东西方国家都具有显著的差异。比文化模式较低一个层次的地域文化是文化区域。文化区域是指地理空间上不同区域中分布的特殊文化现象，在不同的区域可以发现集中、成片分布着的某些文化特质。考古学家在研究中国的古文化时，往往用地理名词来命名，比如"河姆渡文化"（20 世纪 70 年代在中国浙江余姚河姆渡发现的文明），再如 1921 年在河南省渑池县发掘的著名仰韶文化（新石器时代彩陶文化），该文化分布在黄河流域中游地区，区域比较广泛。比文化区域更低一个层次的地域文化是文化丛。所谓的文化丛是指在功能上相互联系的一组文化特质，往往与人们的某种特定活动有关，而且是物质文化与非物质文化的组合。比如中国的春节文化，包括贴窗花、放鞭炮、吃饺子、走亲戚等一系列在功能上相互联系的文化特质。最后是文化特质。文化特质是组成文化的最小单位，一个区域的文化就是由各种不同的文化特质按照一定的结构顺序排列组成的。文化特质在形式上可以表现为物质文化的形式，也可以表现为非物质文化的形式。在考察一个相对复杂文化的构成时，常常可以将其分解为相互联系的文化特质进行研究。

现有村落地域文化研究，主要以某一省（直辖市、自治区）为例较多。目前几乎涉及全国 20 多个省份的村落文化研究。李凌（2015）对北京传统文化村落进行研究，发现北京市有些文化村落长期以来没有得到重视，导致村里的房屋破旧，人烟稀少，缺乏有效的保护，村落基础设施条件很差，缺乏必要的排水设施，道路狭窄，缺乏管理，经济发展比较困难。② 卢国能（2016）对福建漳州的村落文化进行研究，认为古村落是优秀传统文化的重要载体，寄托着全国各族儿女的乡愁，中国五千年的农耕文明留下的最大遗产就是古村落中蕴藏的历史文化景观。③ 广西壮族自治区是我国少数民族人口最多的省区之一，广西的村落文化丰富，对古村落文化的保护既有利于乡村旅游服务业经济的发展，同时也是文化保护与传承的需要。当前部分文化工作者不懂民俗，对村落特色文化挖掘不到

① 郑杭生. 社会学概论新修（第四版）[M]. 北京：中国人民大学出版社，2013.
② 李凌. 北京传统文化村落的保护与开发研究 [J]. 北京农业职业学院学报，2015（3）：68-72.
③ 卢国能. 传统村落及其文化遗存的保护与开发研究——以漳州市为例 [J]. 福建省社会主义学院学报，2016（4）：65-70.

位，广西部分村落文化在硬件设施上下的功夫不小，可是文化内涵等软件建设远
远不足。① 随着城市化和经济市场化的发展，古村落承载的传统文化正面临着日
益消逝的危险，对古村落文化的保护与利用研究迫在眉睫，苏州古村落群历史悠
久，文化资源丰富，沿太湖集群分布，具有较高的研究价值。② 柯睿（2015）对
江西省乐安县流坑村进行研究，发现当前中国大多数农村普遍存在人口结构畸形
的严重问题，大量的农村青壮年外出务工，而农村仅留守着一些文化程度较低、
体力较弱的老人、孩子和妇女，除春节期间以外，很少可见青壮年劳动力人口，
人口结构畸形可能存在多方面的隐患，加上村里组织管理较为松散，农村群众性
的文化传播活动难以展开，长此以往，将会对古村文化开发产生较大阻力，从而
破坏文化发掘的群众基础。③ 古村落作为一种重要的历史文化资源越来越受到社
会的高度关注，相应的"古村落旅游热"愈加升温，当人们在城市生活与工作
太久，被城市的水泥建筑挡住了天际线时，渴望田园式的院落乡村就成了许多游
客巨大的心灵寄托。④ 可是，由于古村落的保护与开发工作不是很理想，从而导
致古村落旅游资源在不断消亡。⑤ 人们对中国乡村的遗忘是城市化进程速度太快
带来的结果，在中国新型城镇化的推动作用下，古村落被挤到了现代与历史的交
界地带，同时外来文化侵蚀着村落传统文化，世代生活在其中的居民对于自身文
化的不自信，更加速了古村落文化和实物的衰落和消亡过程。⑥

5. 古村落旅游研究

做好传统村落的保护工作，促进农村经济、社会、文化的发展，已经刻不容
缓。传统村落是古村落的典型代表，因为是新提出的概念，保护与发展的实践和
相关研究都刚刚起步，但在以往的古村落、乡村、文化遗产地等保护与发展过程
中，旅游业一直是最重要的选项之一，相关研究也比较多。旅游发展可以在一定
程度上改善村落居民的生活质量，但同时也对生活环境、生活习惯、传统习俗等

① 杨军. 广西传统村落文化保护路径新探 [J]. 广西民族大学学报（哲学社会科学版），2017（2）：
49-55.
② 张玉柱. 苏州古村落群吴文化保护与利用研究 [D]. 苏州科技学院硕士学位论文，2014.
③ 柯睿. 中国历史文化名村的保护与开发——以江西省乐安县流坑村为例 [D]. 华中师范大学硕士
学位论文，2015.
④ 武淑莲. 城市化进程中的传统村落——以宁夏古村落现状和保护为例 [J]. 宁夏师范学院学报
（社会科学），2016（5）：110-112.
⑤ 王玉，尹欣馨. 山东省古村落文化资源的保护与开发——以朱家峪为例 [J]. 山东社会科学，
2015（6）：188-192.
⑥ 王笛. 云南传统村落保护与开发研究——以昆明乐居村和大理诺邓村为例 [D]. 云南大学硕士
学位论文，2016.

带来冲击。旅游发展提高了当地的经济收入，村民建设现代化的房子，满足了对传统生活用品的需求，使村落传统生活方式受到影响。但是旅游开发带来的废物排放、火灾、犯罪、原真性的缺失，以及旅游服务的信息和设施匮乏等缺陷，也影响了文化永续发展和当地生活的正常延续。旅游发展降低了当地传统文化的价值，并破坏了其环境质量，从而导致政府、投资者和当地居民之间的矛盾。国外学者较早意识到了旅游商业化问题，并就其发展模式、影响和解决途径进行了深入研究。将旅游商业化发展分为五个阶段，即早期商业化、高级商业化、破坏前期、高级破坏和破坏后期，这一旅游开发模式虽然能创造经济利益，但过度开发和不合理的投资会破坏当地的原真环境。

古村落作为旅游资源进入研究者的视野最早见于 20 世纪 90 年代初期，但是古村落旅游真正作为旅游研究的主题却是在 20 世纪 90 年代后期。古村落旅游研究历程大致可分为三个不同阶段。初始阶段（1990~1996 年）：古村落的旅游资源价值已得到肯定，但没有成为旅游研究主题。起步阶段（1997~2001 年）：古村落旅游开始成为旅游研究的主题，但是研究方向分化较少。发展阶段（2002~2007 年）：古村落旅游研究全面展开。目前古村落旅游研究方向主要有旅游资源、旅游开发、旅游影响与旅游可持续发展、旅游经营管理等。需要指出的是，在古村落旅游研究历程中，其发展受到不同学科发展的影响。乡土建筑学家较早关注古村落传统建筑研究成果，对古村落旅游研究与保护起到了很大的促进作用。随着古村落旅游实践的发展，这一旅游现象引起有不同学科背景的研究者的广泛兴趣，研究者的学科背景由原来的以地理学、建筑学为主体演变成目前的以旅游、地理、建筑、历史等学科为主体。

古村落旅游开发研究主要包括古村落旅游开发模式、旅游产品开发、旅游客源市场等方面。在不同的视角下，古村落旅游开发模式有多个不同的组合。从投资主体看，有外部介入性开发与内生性开发模式，内生性开发由于自觉或不自觉地利用其内部社会资本，在古村落旅游开发过程中能够较外部介入性开发取得更好的效果；从区位来看，古村落旅游开发主要有以大中城市为依托的开发模式、以风景名胜区为依托的开发模式和以品牌旅游线路为依托的开发模式三种类型。古村落旅游产品开发由于古村落历史建筑的可识别性，观光旅游产品最早被研究者关注。古村落旅游特别适宜以家庭、亲友为单位进行组团采取自助游、半自助游方式，并设计出不同产品类型；方志远和冯淑华（2005）从江西省区域角度提出古村落除应开发各自特色观光型产品外，还应打造新的亮点和卖点，注重原始风貌的观光、原始民俗民风体验。有学者针对古村落旅游客源市场进行了专项研究，认为在不同阶段古村落的开发程度不同，古村落的客源市场的远近也不相同。在开发的初期，客源地市场主要以周边地区为主，同时要做好市场的宣传及景区的推介工作。在开发中期要不断地提高景区的服务及做好景区的形象定位，同时做好较远市场客源的开发①。旅游开发是把双刃剑，既可以促进古村落发展，又可能破坏其脆弱的自然与文化生态。在旅游开发的前提下如何搞好古村落保护正成为越来越多学者关注的问题。许多研究者提出，应摸清古村落资源家底，挖掘文化内涵，从而在旅游开发前提下搞好古村落保护。针对古村落旅游开发与保护的关系，指出了游开发并不妨碍保护，有效的管理才是加强保护的根本途径②。只有利用与保护相互推进，才能获得真正的发展。综上，古村落旅游研究成果较为丰富，除了古村落旅游开发模式、旅游产品开发、旅游客源市场等方面的研究外，还有学者的研究涉及古村落旅游资源、旅游感知、旅游形象定位、社区参与等方面。与此同时，在古村落特色产品开发及特色文化的展示和对外宣传方面有待深入研究。③关于历史古镇旅游开发的研究，笔者通过文献阅读，发现中外多数学者主要是从社会调查、个案及对比几个角度进行研究的。

玛丽亚（María，2002）采用经验主义方法及计量经济学的有关模型，研究古村镇旅游者的特征，由此计算出古镇旅游市场在西班牙某地区旅游市场中所占的比例④。威廉姆斯等（Williams et al.，2001）揭示了新西兰10个村镇居民对旅游发展社区影响的感知区别，通过聚类分析法将其分为四类人群，并指出在调查居民感知的过程中应注重被调查者的个人价值观，而非人口学特征⑤。田喜洲（2002）通过调查指出，不论是江浙沪地区古镇主打的"小桥、流水、人家"，还是西南地区凸显民族风情的古镇旅游，都存在主题雷同的问题⑥。李苏宁（2007）对此问题做出了进一步的阐述，将其表达为"发展模式克隆"。他特别指出，江南六大古镇虽然分别形成了商业古镇、居住古镇、宗教古镇和生活西塘等特色发展模式，但在景观、旅游项目上仍存在较强的替代性，各自的旅游主题也不能

① 方志远，冯淑华.古村落旅游客源地市场开发探讨 [J].商业研究，2005（8）：101-114.
② 朱良文.从箐口村旅游开发谈传统村落的发展与保护 [J].新建筑，2006（4）：56-70.
③ 冯淑华，方志远.乡村聚落景观的旅游价值研究及开发模式探讨 [J].江西社会科学，2004（12）：55-59.
④ María R Y P. Rural Tourism in Spain [J]. Annals of Tourism Research, 2002 (4): 1101-1110.
⑤ Williams J, Lawson R. Community Issues and Resident Opinions of Tourism [J]. Annals of Tourism Research, 2001 (2): 269-290.
⑥ 田喜洲.巴渝古镇旅游开发与保护探讨 [J].重庆建筑大学学报，2002（6）：17-20.

清晰地反映出经营上的差异化，缺乏亮点与特色①。伯恩斯等（Burns，et al.，2003）对西班牙内陆传统古镇古莱亚（Culellar）的调查表明，政府对新兴旅游地、旅游活动开发的引导，有利于传统古镇旅游的可持续发展②。华尔普等（Walpole，et al.，2000）也通过案例分析，揭示了旅游发展所引起的文化传统、社会经济等方面的转变③。张建（2008）分析了成都平乐古镇大、中、小尺度旅游流结构现状和问题，并探讨了古镇旅游流引导规划的路径和总体思路：通过古镇内部和周边旅游空间结构的重构，扩展旅游容量，实现综合开发的统筹与协调④。刘炳献等（2005）通过对广西扬美古镇的个案研究，发现不同性别的居民对旅游所带来的影响有相似的认知，而与旅游业相关的人群对旅游所带来的积极影响的感知明显强于非相关组⑤。

关于历史古镇旅游开发的比较研究方面，王云才（2006）进行了江南六镇旅游开发利用模式的对比研究，提出了古镇景观持续利用的过滤与分离机制、适度与协调机制、保护与维护机制、培育与参与机制⑥。李东和等（2007）对苏州部分水乡古镇的宣传口号和旅游形象进行对比分析，确定了苏州水乡古镇旅游形象定位的原则，即"尊重地方历史文脉、易识别、表达顺应时代、突出个性"，并针对各个古镇的具体情况提出个性化建议⑦。孙洪刚等（1996）对比了古镇旅游中的周庄模式、乌镇模式和丽江模式，指出了居民参与在古镇旅游开发中的重要性，提出加强居民教育、组织由居民成立"旅游发展管理委员会"等方式，提高居民的自觉保护意识和参与积极性⑧。劳里（Laurie，2003）研究了因旅游而

---

① 李苏宁. 江南古镇保护与开发的博弈思考 [J]. 小城镇建设，2007（3）：73-76.

② Burns P M，Mónica M S. Local Perceptions of Tourism Planning—The Case of Cuéllar，Spain [J]. Tourism Management，2003（3）：331-339.

③ Walpole M J，Goodwin H J. Local Economic Impacts of Dragon Tourism in Indonesia [J]. Annals of Tourism Research，2000（3）：559-576.

④ 张建. 论古镇旅游流引导规划的路径——以成都市平乐古镇为例 [J]. 旅游论坛，2008（8）：49-54.

⑤ 刘炳献，潘夏宁，周永博. 旅游地居民对旅游影响的感知——广西扬美古镇的个案研究 [J]. 社会科学家，2005（4）：131-133.

⑥ 王云才. 江南六镇旅游发展模式的比较及持续利用对策 [J]. 华中师范大学学报（自然科学版），2006（1）：104-109.

⑦ 李东和，张捷，卢松. 苏州水乡古镇旅游形象定位研究——以部分水乡古镇为例 [J]. 地域研究与开发，2007（2）：81-85.

⑧ 孙洪刚，严为. 江南水乡文化意境浅析 [J]. 华中建筑，1996（2）：26-30.

产生的文化商业化现象对玛雅古村落文化传统形式的影响①。戴尔（Dyer）和安倍登（Aberdeen）等（2003）对墨西哥瓦哈卡（Oaxaca）的四个萨巴特克语村镇的旅游研究显示，本土化管理模式通常为当地一些经营者带来经济效益，然而，一部分人的经济获益却有可能加剧整个社区经济的不平衡②。华尔普等（Walpole et al.，2000）也都通过案例分析，揭示了旅游发展所引起的文化传统、社会经济等方面的转变③。卢松等（2005）肯定了对古镇进行的旅游开发，认为这是市场经济条件下传统村镇的一种有效转型方式，不但可以为当地人提供生机，还能复兴地方的传统文化，进而增强民族自豪感④。以李倩、吴小根和汤澍（2006）为代表的学者强调应区分"商业化"和"过度商业化"。他们认为适度的商业化是古镇社会文化资本向经济资本转移的过程，"过度商业化"则会对古镇产生不良影响，积极的做法是要探寻商业化与保持传统文化的平衡点，树立具有本土特色的高品位商业文化，通过振兴"老字号"、开发特色旅游商品等方式，在商业活动中融入古镇特有的文化氛围⑤。阮仪三等（1996）指出，古镇旅游业的迅速发展导致游客流量的猛增和外来人口的大量进入，原住人口逐步外迁，部分传统民居变成旅游商业用房，使原有的人文环境发生了变化⑥。李健等（2005）以四川罗城古镇为例，分析了当地建筑、艺术、民俗和遗存的特色，并对其旅游形象和市场定位进行了探讨⑦。陈勤建（2002）以朱家角民俗文化旅游为例，提出文化旅游开发必须拒绝伪民俗、开掘真民俗⑧。崔进（1999）分析了石牌古镇丰富的自然资源和人文景观，从地理优势、区位优势、历史和现实作用等方面阐述了石牌文化的旅游开发价值⑨。俞琪（2008）以西塘古镇为例，提出设计体验型古镇旅游产

① Laurie K M. Commoditizing Culture：Tourism and Maya Identity，Annals of Tourism Research，2003（2）：353-368.

② Dyer P，Aberdeen L，Schuler S. Tourism Impacts on An Australian Indigenous Community：A Djabugay Case Study [J]. Tourism Management，2003（1）：83-95.

③ Walpole M J，Goodwin H J. Local Economic Impacts of Dragon Tourism in Indonesia [J]. Annals of Tourism Research，2000（3）：559-576.

④ 卢松，陆林，徐茗. 我国传统村镇旅游研究进展 [J]. 人文地理，2005（5）：70-74.

⑤ 李倩，吴小根，汤澍. 古镇旅游开发及其商业化现象初探 [J]. 旅游学刊，2006（12）：52-57.

⑥ 阮仪三，邵甬. 江南水乡古镇的特色与保护 [J]. 同济大学学报（社会科学版），1996（1）：21-28.

⑦ 李健，曾绍伦，杨方琳. 罗城历史文化名镇旅游资源特色与可持续发展探讨 [J]. 生态经济，2005（5）：103-105.

⑧ 陈勤建. 文化旅游：摒除伪民俗，开掘真民俗 [J]. 民俗研究，2002（2）：5-9.

⑨ 崔进. 论"石牌文化"及其旅游开发价值 [J]. 四川三峡学院学报，1999（增刊）：18-21.

品的"感官化、主题化、意象化、参与性"原则，并就一些具体项目提出了落实措施①。蔡家成（2006）也系统阐述了古镇旅游产品体验化设计的方法和途径②。王莉（2004）以西递、宏村、屯溪老街以及乌镇为例，进行了旅游开发的利益主体分析，指出应鼓励社区公众参与对古镇的开发管理，加强游客教育，对旅游影响进行监督和评估，促进各利益主体间的协调与合作③。刘莉（2005）全面分析了同里古镇旅游者和居民的感知，总结出旅游者与居民的感知差异及其与旅游保护及开发的关系④。

从研究内容来看，国外的相关研究起步较早，主要包括旅游目的地形象与营销、旅游对古村落的影响、旅游商业化、旅游感知与态度以及旅游社区参与五个方面。大部分研究都强调以自然生态与人文生态的保护为基础，谋求当地旅游的可持续发展。研究对象不仅涉及旅游地的自然资源、物质文化遗产与非物质文化遗产等旅游经济要素，而且有些研究从文化人类学、社会学、社会心理学的角度出发，比较深入地探讨了旅游利益相关者的社会结构、相互作用机制以及制度安排等问题。国内对传统村落旅游发展的直接研究最近两年刚刚开始，但是在以往的古村落、民族村寨、乡村、文化遗产地等旅游研究中，包含了很多与传统村落旅游有关的研究内容。研究早期比较关注旅游开发与资源保护、旅游资源评价、旅游市场等方面的问题，针对具有不同资源禀赋的旅游地，提出旅游规划、开发、保护、营销等方面的对策建议。近年来的研究，受社会经济发展、国家政策与国外研究的影响，开始重视旅游发展中人的问题，旅游感知与态度、旅游社区参与、旅游利益相关者的关系、旅游政策与制度安排等已经成为研究的热点。

6. 古村落的规划与保护研究

区域规划是指在区域系统发展现状调查评价的基础上，结合社会、经济和文化的发展趋势，以优化总体布局、完善功能结构以及推进社会和谐发展为目的的战略设计和实施的动态过程。结合不同地区的社会、经济和文化的差异，不同区域所做的规划发展战略也不尽相同。在对古村落的规划发展探索的过程中，很多学者提出了不同的规划方案，其中最主要的就是保护与开发两个方面：一是古村落的开发。朱光亚（2002）针对传统古村落存在的旅游过程生活化与村镇设施功

① 俞琪. 从体验经济视角探求古镇旅游产品的深度开发［J］. 江西科技师范学院学报，2008（2）：41-43.
② 蔡家成. 古镇旅游——由浅入深看体验［J］. 小城镇建设，2006（7）：40-55.
③ 王莉. 传统村镇旅游地居民态度与开发策略研究［J］. 安徽师范大学硕士学位论文，2004.
④ 刘莉. 同里古镇旅游感知调查及旅游保护与开发研究［J］. 安徽师范大学硕士学位论文，2005.

能实用性、景区面积有限性与旅游人数增长和传统村镇景区面积局限性与旅游人数增长之间的三大矛盾①。朱桃杏等（2007）结合西递古村落实际提出一种独特的古村落规划与开发规划构想，即认为传统古村落旅游地在发展中应坚持"修旧如旧"的原则，对少部分村落内居民进行迁居，同时坚持景区分区、建筑分类、游览分线、服务建区等规划与开发构想，考虑资源本体特征和游客需求等要素，合理开发②。李蕾蕾（1999）在总结我国 20 世纪 80 年代以来主要的资源导向的旅游规划和市场导向的旅游规划后，从旅游地理学的角度提出一种新的以旅游地形象为导向的规划思想③。她提出，区域旅游规划应当首先解决规划地区的形象定位问题，研究旅游者对规划地的认知状态，设计一套有效地传播旅游地形象的方案④。此外，欧阳奎等（1993）在分析了中国乡村古聚落文化特点和优势的基础上，提出了乡村古聚落文化旅游资源开发利用的原则⑤。刘德谦（2005）也提出了古镇保护与旅游利用的良性互动，认为古镇旅游开发是古镇保护的一种最佳方式，保护古镇必须保护它的原生性、完整性、真实性、多样性，注意古镇的空间布局保护，提倡古镇的保护应先编制概念性规划并不断完善管理体制⑥。在古村落开发研究区域位置方面，冯淑华（2002）基于流域、地貌、文化等方面对江西省赣派、徽派及客家三大类型古村落的旅游开发模式进行了比较分析，把古村落旅游开发分为以大中城市为依托的开发模式、以风景名胜区为依托的开发模式和以品牌旅游线路为依托的开发模式三种类型⑦。在开发战略方面，朱桃杏和陆林（2006）认为，古村落旅游开发应坚持差异性开发战略，应在现状发展的基础上，以古村落的不同特色价值、空间构成、标志性景观等差异性特征为基础，并论证了惠州古村落的差异化开发战略双剑合璧⑧。吴文智（2002）通过构建旅游保护状况指数与开发状况指数，运用 PE 状况分析矩阵分析了在不同开发经营理念下，古村落旅游开发和保护关系的演进模式⑨。刘沛林（1998）认为，旅游业

① 朱光亚. 古村镇保护规划若干问题讨论 [J]. 小城镇建设, 2002 (2)：66-71.

② 朱桃杏, 陆林. 传统村镇旅游规划与开发模式探讨 [J]. 石家庄铁道学院学报, 2007 (1)：90-99.

③④ 李蕾蕾. 从区域旅游开发的演变探讨一种新的规划理念 [J]. 城市规划汇刊, 1999 (2)：67-78.

⑤ 欧阳奎, 杨载田. 试论中国的乡村古聚落文化旅游资源 [J]. 人文地理, 1993 (8)：48-53.

⑥ 刘德谦. 古镇保护与旅游利用的良性互动 [J]. 旅游学刊, 2005 (3)：56-77.

⑦ 冯淑华. 古村旅游模式初探 [J]. 北京第二外国语学院学报, 2002 (4)：32-34, 60.

⑧ 朱桃杏, 陆林. 徽州古村落群旅游差异性开发的竞合分析 [J]. 人文地理, 2006 (6)：57-61.

⑨ 吴文智. 旅游地的保护和开发研究——安徽古村落（宏村、西递）实证分析 [J]. 旅游学刊, 2002 (7)：49-53.

是古村落保护性开发的重要途径，并提出保护"历史文化名村"的具体措施①。二是古村落的保护。深厚的文化内涵是古镇最大的吸引力，古村落的持续发展建立在保护、挖掘和展示古村落文化内涵的基础之上。作为一种重要的文化遗产，古村落的保护具有深远而重大的意义。近年来，国内有关古村落保护与开发利用的理论研究与实践工作已普遍展开。但古村落保护研究侧重于技术层面，例如：探讨旧城改造过程中历史遗存的保护办法对古村落景观格局的政策和技术层面研究②；基于"愈合"理念的古村落传统风貌的保护方法，以保护历史地标、再生民俗场景来提升古村文化价值和延续传统生活方式的研究③，古村落特色空间格局保护与产业发展研究④等。古村落利用研究则集中在保护与旅游开发的关系方面，如通过改造、更新及功能置换来实现古村落保护和旅游开发的协调发展⑤、古村落景观资源的保护利用措施、古村落旅游开发与居民参与的关系、基于"体验经济"概念的历史街区再利用等。此外，有关古村落开发利用的产权问题、土地利用问题、原居民态度、经济学分析等方面的研究也在不断地深入。此外，针对古村落保护面临的问题，许冰镔（2010）提出了博物馆式的保护、旅游利用式的保护、街区及院落群的保护、集散为整的保护四种古村落保护方式⑥。

区域旅游规划在指导区域旅游产业发展中发挥着十分重要的作用，然而受各种因素的影响，区域旅游规划中的一些方面已经显得不合时宜，正面临着诸多挑战。这些问题也开始影响区域旅游规划对地区旅游产业指导作用的发挥。因此，对区域旅游规划的创新研究显得迫在眉睫。在区域旅游规划的创新途径研究方面，陈传康（1997）从理念创新的角度进行了有益的探索⑦。刘锋（2001）则从理论创新、内容创新、技术创新、人才创新和组织创新五个角度对旅游规划的创新提出了自己的思考⑧。针对区域旅游规划存在的问题并结合其主要发展趋势，马勇等（2001）认为区域旅游规划的创新应从规划理念、内容体系、方法技术、

---

① 刘沛林. 论"中国历史文化名村"保护制度的建立［J］. 北京大学学报（哲学社会科学版），1998（35）：81-88.

② 张艳华，卫明. 体验经济与历史街区（建筑）再利用［J］. 城市规划汇刊，2002（3）：450.

③ 李艳英. 福建南靖县石桥古村落保护和发展策略研究［J］. 建筑学报，2004（6）：89-94.

④ 刘华领，莫鑫，杨辉. 古村落的保护与开发策略研究［J］. 规划师，2004（12）：90-98.

⑤ 游小文，边克克. 古村落的保护与发展问题研究［J］. 规划师，2007（增刊）：56-60.

⑥ 许冰镔. 中国古村落保护方式探索［J］. 中国商界，2010（6）：88-94.

⑦ 陈传康. 区域持续发展与行业开发［J］. 地理学报，1997（6）：518-527.

⑧ 刘锋. 新时期中国旅游规划创新［J］. 旅游学刊，2001（5）：49-54.

过程管理、规划主体和政策保障六个方面着手①。规划理念、内容体系以及技术方法的创新主要是编制过程中的创新，是基础核心层次的创新途径；过程管理创新覆盖了规划的编制与实施，是拓展层次的创新途径；规划主体以及政法保障创新则是辅助支撑层次的创新途径②。通过对历史古镇、古村落、经济转型及区域规划等方面文献的阅读，可以很清楚地了解到当前国内外学者对于历史古镇古村落的研究方向以及对于区域规划的不同观点。在此基础上，结合岭南古村落特色和沙湾镇当地实际情况，通过理论与实际的结合，分析比较岭南古村落在经济转型前后的不同之处，从而得出经济转型时期旅游开发对岭南古村落的影响，可以为岭南古村落的开发与发展提供有意义的参考性建议。

7. 豆沙关古镇及其文化相关研究

就云南省昭通市盐津县豆沙关古镇的研究，目前还没有全面涉及上述四个方面系统性研究，仅有一些零散的描述分析。本书通过中国知网搜索有关豆沙关古镇的研究成果发现，仅有 11 篇文章对此进行分析。豆沙关古镇位于四川盆地向云贵高原过渡的起伏地带，自古以来就是自中原进入云南的要隘之地，是一个文化历史深厚且开发极早的边远小镇，虽然历经沧桑变化，依然存留了大量的珍贵文物。③ 2006 年豆沙关先后遭受了三次强烈的地震重创，从而造成全县 5000 多户 2 万余人不同程度受灾，导致 17 人死亡、145 人受伤，直接经济损失高达数亿元。处于震中的豆沙关古镇，更是遭受到毁灭性的重创。经过多年的努力，豆沙镇已渐渐恢复了原样，现在的豆沙镇古朴典雅、新姿焕发，正向着"云南第一镇"、滇东北地区旅游精品小镇和 4A 级旅游景区目标迈进。④ 由于豆沙关古镇和四川省紧紧相邻，人们的声腔语调、穿着打扮、饮食口味等都溢荡着浓浓的"三川半"特征。这里的小吃桐子粑、猪儿粑、草粑、燃面、苦荞茶、石缸贡茶、庙坝酒，出行的滑竿、轿子等既带四川风情，又具当地特色。此处还有中原文化与地方文化的交融结合。⑤ 至今长达 2200 多年历史的盐津豆沙关古镇是一个让人向往的旅游境地，镇内有中原入滇的第一关——石门关，此外还有唐代袁滋题记摩崖、古城堡、僰人悬棺等历史、文化古迹，特别是先秦古道、朱提水路、内昆铁

① 马勇，肖智磊，卢桂芳. 区域旅游规划的创新思考 [J]. 旅游，2001（4）：56-64.

② 刘沛林. 论"中国历史文化名村"保护制度的建立 [J]. 北京大学学报（哲学社会科学版），1998（35）：81-88.

③ 张玉春，江雨. 豆沙关古镇——滇川线上的璀璨明珠 [J]. 经营与管理，2012（1）：79-80.

④ 汪波. 千年豆沙浴"火"重生 [N]. 云南法制日报，2015-01-23（001）.

⑤ 周文华，徐桦. 豆沙关：川滇五尺道上的关隘古镇 [J]. 寻根，2014（5）：64-67.

路、滇川公路、水麻高速公路在此"五道并行",更是天下独有的交通奇观。①
豆沙关古镇作为省级历史文化名镇,拥有独特的历史文化特色与价值,对豆沙关
古镇的旅游资源的评价,挖掘历史文化名镇的发展内涵,有助于引导豆沙关古镇
走可持续发展之路。② 谭鑫和朱要龙(2013)研究认为,盐津县豆沙镇遵照云南
省委"一年打基础、两年求发展、三年树品牌"的总体发展要求,创造出了一
体两翼三建设的"123城镇化发展模式",经过政府和当地居民的多年努力,豆
沙关镇已经建成了人民安居乐业的特色古镇。③ 为把恢复重建与旅游开发相结
合,再现千年古镇风貌,省委、省政府明确提出"豆沙关古镇的恢复重建一定要
科学合理地规划,一定要高起点、高标准、高效益地建设,一定要实现'一年打
基础、两年求发展、三年树品牌'的目标",省委、省政府曾召开豆沙关古镇恢
复建设工作专题会议,确立了古镇建设的思路。④ 昭通文学作家曾令云(2005)
作诗《豆沙关》,该诗生动形象、贴生活、接地气,既让人耳目一新,又令人回
味无穷,不仅呈现了昭通的风俗人情,也体现了昭通人独特的思维习惯。⑤ 此外,
赵克清(2008)也以诗的体裁,对盐津豆沙关进行了生动的描述,诗的内容为
"秦劈五尺道,高速山头过。千年蹄印深,铁路穿涧深。川滇第一关,关隘变坦途。
多少赶路人,古镇逢新春"⑥。古道上的每一级石阶梯,都可以看作是历史滚动的
链条,经历了千年的历史磨砺,在石阶上刻下了深刻的印迹,在至今还保存完整
的350米古道上,还清晰可见马蹄印,印深者可达十厘米以上,历千年风雨冲
刷,晶莹剔透并闪闪发光,一旦遇上下雨天,就像一个装满水的小碗。这些留在
石梯上的印迹,是金戈铁马的明镜,是商贸往来的眼睛,由此可想到唐诗中的刀
剑,宋词中的花朵,元曲中的柔情。⑦ 顺着青石铺砌的道继续一路走到坡顶,就可
以看到始建于隋朝时期的古城堡——石门关。石门关可以用"一夫当关,万夫莫
开"来形容其磅礴的气势,石门关是利用五尺道雄奇险峻的地势,用巨大的石条砌
成了这座军事城堡,"石门关"三个大字刻于城堡的门额上。征战纷扰的岁月已经

① 耀辉. 千年豆沙关古镇开关迎客 [N]. 云南经济日报,2008-09-26(001).
② 王倩,杨叶昆,王婧. 豆沙关古镇旅游资源开发优势研究 [J]. 旅游管理研究,2012(11):38-42.
③ 谭鑫,朱要龙. 文化为基,文明为力,打造经典古镇——云南省盐津县豆沙镇调研报告 [J]. 创造,2013(8):66-69.
④ 张天春,谭晶纯. 豆沙关 [N]. 云南日报,2007-12-03(001).
⑤ 曾令云. 豆沙关(诗) [M]. 北京:作家出版社,2005.
⑥ 赵克清. 盐津——豆沙关(诗) [J]. 云南林业,2008(6):59-60.
⑦ 王海军. 豆沙关 [J]. 中国公路,1999(13):24-25.

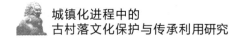
远去了，但是屹立于咽喉要地的石门关依然矗立于此，记录着一段逝去的历史。①

古村落因其独特的历史、文化和经济价值，成为研究热点。本书探讨了古村落的认定标准、古村落的价值体系和古村落的空间布局特征，对古村落目前的研究进行了点评，并指出了古村落研究的发展方向。古村落是历史文化遗产的重要组成部分，它反映了不同时期、不同地域、不同经济社会发展阶段形成和演变的历史过程，真实记录了传统建筑风貌、优秀建筑艺术、传统民俗民风和原始空间形态，是中华民族文化的源头与根基。独特的建筑风貌、重要的历史价值、深厚的文化积淀和特有的古韵氛围使古村落成为人类"传统文化的明珠"和"民间收藏的国宝"，成为研究的热点。人们对古村落的关注始于20世纪80年代，真正重视古村落的研究则是90年代的事，特别是城市化进程的加快、社会主义新农村建设的崛起和古村落旅游的快速发展下，大批古村落遭到破坏后，引起了政府和学术界广泛的关注，短短几年间涌现了一批优秀成果。

国内文献综述发现，随着我国城镇化的快速发展，近年来传统村落/古村落的相关研究成果日益增多。古村落研究增长趋势明显，成果逐年增加，但是整体而言，古村落研究尚未形成系统的理论体系，还处于探索阶段，具体体现在"三个不平衡"：首先，古村落研究体系的不平衡。目前，学者对古村落的研究主要集中于古村落风貌的分析，或空间布局，或历史文化，或历史演变等单一特征的分析，没有形成古村落系统而全面的研究。其次，古村落研究区域的不平衡。古村落是最能体现地理学区域差异性的载体，不同区域的古村落有不同的时空特征，为此，古村落的研究必须充分考虑区域差异。目前，古村落的研究主要集中于南方，北方古村落研究相对较少，造成古村落研究理论的区域不平衡。最后，古村落保护与开发研究的不平衡。古村落必须保护，在保护的基础上进行开发，以开发促进古村落保护的理念已得到世人的公认。但是，目前古村落的研究主要集中于开发研究，特别是古村落的旅游开发仍然是以实现古村落经济的最大化为目标，对古村落的保护关注很少；或者单纯地关注古村落的保护，对保护基础上的合理开发研究仍然很少，造成古村落保护与开发研究的不协调。

未来的研究方向，除了要克服上述"三个不平衡"外，为了使古村落的研究更能适应社会的需求，以下几个问题是值得注意的：①如何因地制宜地选择产业实现古村落的持续发展。目前，很多学者对古村落的研究都集中于古村落的旅游开发，有些学者还认为，旅游是古村落发展的战略产业。但是，旅游并不一定是古村

---

① 西南风. 古道雄关豆沙镇［J］. 民族论坛, 2005 (5)：51-52.

落发展的最佳选择,更不是唯一选择。古村落传统民族产业的重组与整合也是古村落保护与发展的有效途径。②如何发掘古村落自身的优势所在,努力将自己纳入国家古村落保护体系中,如申报国家历史文化名村、申请国家保护资金等,在政府主导下,多方式、多渠道筹集保护资金,逐步实现古村落保护与发展从"输血"到"造血"功能的转化。③如何将古村落有效保护和乡村文化合理利用相结合,村域资源整合与新农村建设协调发展。

城镇化、旅游业、打工潮等人类经济活动对古村落文化的影响越来越大。古村落研究大致经历了起步期(20世纪80年代末至2000年)、发展期(2001~2010年)和活跃期(2011年至今)三个阶段,中国的古村落研究进展很快,研究视角逐渐由单一学科向多学科扩展,研究方法从起初的描述性研究发展到量化与定性相结合。研究内容也实现了从最初的科学价值、文化价值到经济价值的转变,研究外延不断扩大,但文化价值依然是当前的研究重点。对古村落空间研究不足,在古村落的开发保护模式研究中主要集于旅游学和规划学领域。针对中国古村落研究的不足,本书将从以下几个方面深入分析:研究内容进一步细化,从宏观的分析细化到个案研究;研究对象从古村落"重物质空间形态、轻文化内涵"向"物质与文化并存"转变,注重古村落的文化内涵以及生产和生活方式的研究;研究方法更注重多学科的交叉应用,包括地理学、人口学、社会学、经济学等学科的方法与技术的应用。

昭通市盐津县豆沙关古镇作为云南古镇的一个典型村镇,目前学术界对其研究虽有涉及,但是研究成果不仅数量远远偏少,有关豆沙关古镇的学术研究不到20篇,而且还有一部分是简短的新闻报道和诗歌描写,这些成果多以定性的描述性分析为主,理论深度不够,学术研究性不强,而且还没有出现研究豆沙关古镇的学位论文,本书力图全方位地对盐津豆沙关古镇村落文化进行深度剖析,不仅具有定性的描述,同时还从中国城镇化和人口迁移流动有关理论进行思考,以期在村落文化保护方面提出一定的理论思考。

三、 基本概念与理论

(一) 基本概念

1. 聚落

聚落原本是指人类的居住行为方式,"聚落"的英文单词"Settlement"可以直接理解为人类居住的场所和环境。随着社会的发展演变，聚落的含义也发生了较大的变化，总体上体现为居住地理环境的外延，泛指一切人类的居住场所，主要包括乡村、集镇、城市等在内的人类生活环境。聚落形态的变化是人地关系的一种直接表现，一个地区的聚落空间结构和地理分布会受到人口密度、人口分布、人口迁徙等因素的影响。因为聚落是满足人类最基本的居住和休息的需要，按照马斯洛的需求层次理论来看，这属于较低层次的需求，每个人都需要得到这方面的满足。在《辞海》中，聚落被定义为"人类聚居和生活的生存环境，是人类有目的、有计划地利用和改造自然环境的产物，与人类的生产生活密切相关"。根据聚落的性质、功能和规模，可以将其分为院落环境、村落环境和城市环境。[1] 随着人口规模的迅速增长，人类的聚落形态也随之发生了明显的变化，聚落通常可以分为村落、城市和集镇三种形态。[2]

2. 村落与古村落

村落是聚落的一种基本形态。在聚落刚出现的时候，聚落和村落的含义基本相同，农村聚落称为村落。村落文化有广义和狭义之分：广义的村落文化是指一定的村落共同体在社会实践中创造的物质文明和精神文明的总和；而狭义的村落文化不包括物质文明，仅指精神文明，即一定的村落共同体精神生产和精神生活的总和。[3] 李银河（2003）认为村落文化不是抽象的概括，而是一种切实存在的社会群体及其所拥有的文化形式，村落文化概念是以村落内部的信息共享为主要特征。村落文化的其他主要特征有：第一，村落规模比较小，以相互熟知的人际圈子为范围；第二，村落成员的社会流动性和地理空间流动性都不大，这为村民间的相互熟悉提供了极大的方便；第三，村落中的人有相互竞争的倾向，人们总要竭力超过村内的其他成员，获得较高的社会经济地位；第四，村落中的成员在生活的各个方面有趋同的压力，村落文化是一个造就从众行为的典型环境。[4] 在本研究中，古村落的概念与历史文化村落、古村落基本一致，均指现存的具有较高历史文化、科学艺术、经济社会价值的古代村落，虽然豆沙关古镇是地震之后重建起来的新古镇，但是由于在建筑风格上力图模仿古镇设计，仍将其看作是一个特殊的古镇，虽然从建镇历史来看不属于古镇的范畴，但是其中蕴藏的文化内涵却具有丰富的历史

---

① 杨锋梅．基于保护与利用视角的山西传统村落空间结构及价值评价研究 [D]．西北大学博士学位论文，2014.

② 夏征农，陈至立．辞海 [M]．上海：上海辞书出版社，2009.

③ 卢荣轩．试论村落文化的基本特征及历史性变革 [J]．社会主义研究，1993（1）：58-61.

④ 李银河．生育与村落文化·一爷之孙 [M]．北京：文化艺术出版社，2003.

意义。

从产生的时间来看，村落要比城市出现得更早。[①] 自人类出现聚居行为以后，就出现了村落，村落属于聚落的一种形态，是按照一定的生产关系和社会关系（在史前主要表现为血缘关系）所组成的共同体。村落最早在《史记·五帝本纪》中有所谓"一年而所居成聚，二年成邑，三年成都"；《汉书》有所谓"或久无害，稍筑室宅，遂成聚落"。《三国志·魏志·郑浑传》中就有"入魏郡界，村落齐整如一"的记述，后来张乔《归旧山》诗中有"昔年山下结茅茨，村落重来野径移"，陆游《西村》诗中也有"数家临水自成村"的诗句。这些诗句虽然简略，但从一个侧面描绘了村落分布的自然属性和所具有的个性的和区域的文化特征。"聚落"的本义是指人类居住的场所（Settlement），后来扩展为人类聚居的场所，聚居人口增多，聚落形态发生变化，聚落因都市的出现而分为村落和城市，以及介于两者之间的集镇。村落成为农村聚落的简称，成为长期生活、聚居、繁衍在一个边缘清楚的固定地域的农业人群所组成的空间单元。

与一般村落不同，古村落具有其独特的内涵与特征，主要表现在以下三个方面：①历史性。古村落历史悠久，积淀了深厚的传统文化，选址和布局中都体现了先人的智慧。古村落形成的过程记录了我国文明发展的历史，又蕴含着丰富的乡土文化，具有很高的历史、文化、艺术、科学价值。②完整性。古村落是一个整体的观念，它代表的是整个村落，而非单体的民居建筑。虽然一个古村落形象的组成离不开每幢古建筑和古民居，但古村落的形象更注重某种综合性的特质，它是"古建民居+自然环境+历史氛围"的多元统一构成的某种具有乡土特色的地域景观。③文化的独特性。古村落因其地理位置相对偏僻，远离城市，在长期的历史发展进程中形成了独具特色的建筑艺术、民俗风情、宗教文化、饮食服饰文化等传统文化特征。古村落旅游开发的价值主要体现在：一是有助于提高当地社区居民的实际收入，提高生活水平，带动当地居民脱贫致富，有利于实现农业、农村、农民的和谐协调发展。二是有助于满足广大游客的旅游需求，紧张的工作节奏、残酷的生存竞争使人们渴望回归自然，返璞归真，寻找人与人之间的朴素与真诚，寻找生活的闲适温馨，丰富多彩。古村落旅游富有浓郁的人情味和生活气息，能够使人们感受到生活的真谛。三是有助于弘扬中国的传统文化。古村落旅游资源，如古建筑、民俗服饰、字画楹联、精美的雕刻和绘画等是中华民族传统文化中的重要组成部分，对古村落旅游资源的开发，可以让更多的人了解

---

① 李智更. 王路：帽子下的秘密 [N]. 中国房地产报，2006-01-02（023）.

中国的传统文化，也有利于传统文化的保护与传承。

古村落具有文化遗产的属性，同时又是众多遗存单体的有机共生，因此决定了古村落在人类的遗产财富中远胜于其他单体文物或遗址的价值，又基于古村落是现代居民实际使用的活文物，具有比文化遗产更深的内涵和更高的价值①。从物质形态而言，古村落包括物质文化遗产和非物质文化遗产两类。物质文化遗产是指具有历史、艺术和科学价值的文物，是乡村传统文化的重要载体，包括500～600年历史的村寨部落，300年以上的古树，传统的建筑和文物古迹，重大历史事件发生地或名人生活居住地，集中反映地方建筑特色的宅院府第、祠堂、驿站、书院等，体现地方特色、典型特征的古迹（指城墙、牌坊、古塔、园林、古桥、古井等）、历史街区等。非物质文化遗产是指各种以非物质形态存在的与群众生活密切相关、世代相承的传统文化表现形式，包括口头传统、传统表演艺术、民俗活动和礼仪与节庆、有关自然界和宇宙的民间传统知识和实践、传统手工艺技能和源于本地并广为流传的诗歌、传说、戏曲、歌赋等，以及与上述传统文化表现形式相关的文化空间。从实体对象而言，古村落包括古村落单体和古村落整体环境两类。古村落单体包括村口、古井、宗祠、古街、古楼、古桥、风雨桥、古民居、文昌阁等聚落空间的部分②。古村落整体环境指有意义的建筑物、遗迹或标志性景观，与周围自然环境融为一体，具体体现古村落传统和地区文化风貌③。

关于古村落的概念定义目前尚无统一的口径，众多学者只是从不同的视角对古村落进行研究，从而形成不同的古村落认定标准。中国古村落保护与发展委员会认为，古村落就是那些上溯源头在明清之前、至今已有五六百年历史的村寨聚落。刘沛林（1997）认为，古村落是古代保存下来，村落地域基本未变，村落环境、建筑、历史文脉、传统氛围等均保存较好的村落④。方志远等（2004）从旅游学角度阐述古村落的含义及其特点，并从流域、地貌、文化等方面分析了江西省古村落的空间分布状况。他认为审视古村落的含义，应从历史文化性和乡村景观性来理解，且古村落的旅游特点主要集中在其独特的景观资源和具有浓郁的乡土特色⑤。

如果村落的历史发展脉络、建筑风格、周围环境和传统风味等均保存完整，村落的地域结构形态也没有发生过大的变化，这样的村落可以被称为"古村

① 洪树林. 社会主义新农村建设与古村落保护 [J]. 徽州社会科学，2007（5）：8-13.

② 金其铭. 农村聚落地理 [M]. 北京：科学出版社，1988.

③④ 刘沛林. 古村落：和谐的人居空间 [M]. 上海：上海三联书店，1997.

⑤ 方志远，冯淑华. 江西古村落的空间分析及旅游开发比较 [J]. 江西社会科学，2004（5）：34-56.

落"，即便如此，也不可能让所有的古代村落保存至今，所谓的"古村落"是随着旅游业的迅速发展，到20世纪80年代以后才出现的新词汇，主要体现古村落深厚的历史文化特征。由于古村落的数量众多、种类繁多，不论政府部门还是学术界有关古村落的界定目前都尚未得出统一的认定。余英等（1996）是对古村落研究比较早的学者，他认为"古村落是那些特定区域保存下来的，村落空间格局、历史建筑、风貌环境以及历史文脉均保存较完善的村落"①。刘沛林（1997）也同意余英的观点，认为古村落是现代社会环境中能够见到的古代村落，村落覆盖的地域范围至今未变，而且村落格局、周围的环境、传统氛围均保存得较为完好②。丁怀堂（2007）则认为古村落需满足四个条件：第一，古村落的存续有一定的历史年代，且被记忆在这个村落里面；第二，有丰富的历史文化遗存，包括物质文化和非物质文化；第三，基本保留了村落原有的体系；第四，古村落具有鲜明地域特色，与其他古村落有显著的差别③。朱晓明（2001）认为"古村落"是指建立时间在民国以前，并在历史沿革中村落选址、村落环境以及建筑风貌均未有较大变动，并具有特色的且至今仍为村民服务的村落④。

中国几千年的农耕文明，使农村在不断的发展过程中深深地打上了时代和历史的烙印，逐步成为窥探中国历史和古代文化的一个窗口，其悠久的历史、独特的自然环境、淳朴自然的民风民俗，使其在千百年的发展过程中积淀了深厚的文化内涵。尽管这些村落都各有特色，但这些村庄不能都称为古村落，真正意义上的古村落是指那些具有自身文化特质、形成完整的文化体系、有自己独特和丰富的物质与非物质文化遗产等特征、有几百年历史的村落。由此，我们可以总结出一个村庄要成为古村落必须具备的几个典型特征：第一，地理位置必须特殊，有鲜明的地域特点；第二，建筑要有特色，建筑保存必须完整；第三，物质和非物质的文化遗产较为丰富。只有同时具备这几个典型特征的村庄，才能称得上古村落，否则不能称为古村落。2012年，传统村落保护和发展专家委员会第一次会议决定将"传统村落"改成"古村落"⑤。到底什么是"古村落"？《国家住建部、文化部、财政部关于加强村落保护发展古镇的指导意见》中指出，"古村落是指拥有物质形态和非物质形态的文化遗产，具有较高的历史文化、科学艺术和

---

① 余英，陆元鼎. 东南传统聚落研究——人类聚落学的架构 [J]. 华中建筑，1996（4）：42-47.
② 刘沛林. 古村落：和谐的人聚空间 [J]. 上海：上海三联书店，1997.
③ 丁怀堂. 新农村建设中加强古村落保护的思考 [J]. 徽州社会科学，2007（6）：34-42.
④ 朱晓明. 试论古村落的评价标准 [J]. 古建园林技术，2001（4）：53-55.
⑤ 2012年9月，国家传统村落保护和发展专家委员会第一次会议上把"传统村落"更名为"古村落"。

社会经济价值的村落"，学术上对古村落的界定最早可以追溯到费孝通先生的《乡土中国》中的阐释，"古村落与传统城市是构成中国传统聚落的两大体系，主要是从事农业生产的人群所组成的地理空间单元"。① 古村落名称的修改，不仅仅是外在的称呼改变，同时还标志着中国对古村落的认识发生了重要的转折，由注重村落的悠久历史转至注重村落文化及其传承。"古村落"是集建筑、民俗、文化、环境、生态文明为一体，并具有历史文化、民俗风情、艺术审美、游憩休闲、科学研究等诸多价值属性的综合体，是中华文化的瑰宝。② 实际上，传统村落就是古村落，只是两者在内涵方面有所差异，修改后的古村落比原来的传统村落更能突显村落的文化价值及传承意义。③ 也有学者将传统村落与古村落等同起来，认为传统村落就是古村落，是指形成较早而且拥有诸如建筑、庙宇、祠堂、亭台楼阁等丰富的物质形态文化遗产，具有一定的历史、科学、文化及考古价值，并与周边的自然环境相协调，承载了一定的非物质文化遗产的村落。④ 截至目前，学术界有关"古村落"还没有达成共识，不同学者表述不一，但是在界定古村落时，须遵循三个评价指标：第一，建筑评价指标；第二，选址和建筑格局评价指标；第三，村落承载的非物质文化遗产评价指标。⑤ 学术界对于古村落的定义尚未形成一个统一的标准，有的学者认为，当这个村子具备了非常珍贵的物质以及精神遗产、传承和保存下来了原有村庄体系及个性化的地域特色时，可以将其认定为古村落。言外之意，我们所说的古村落就是经过历史沧桑与时代变迁仍能将古代地域范围、整体环境、古老建筑、文化传统较为出色地留存下来的历史村落，是现实环境里所能见到的具有历史风貌遗存的村落。朱晓明教授认为："所谓古村落是指民国以前建村，保留了较大的历史沿革，即建筑环境、建筑风貌、村落选址未有大的变动，具有独特民俗民风，虽经历久远年代，但至今仍为人们服务的村落。"作为完整的生活单元，它们由于历史发展中偶然兴衰因素的影响，至今空间结构保存完整，留有众多传统建筑遗迹，且包含了丰富的传统生活方式，成为新型的活文物。综上所述，古村落的核心内涵应该是指更具载体和传承意义的村落，其承载着物质文化遗产、非物质文化遗产，如传统空间布

① 费孝通. 乡土中国 [M]. 北京：生活·读书·新知三联书店，1985.

② 冯骥才. 传统村落的困境与出路——兼谈古村落是另一类文化遗产 [J]. 民间文化论坛，2013 (1)：7-12.

③ 董雷. 传统村落保护与利用对策研究——以杭州为例 [D]. 杭州师范大学硕士学位论文，2016.

④ 陈阳. 基于知识图谱的我国传统村落文化建档保护研究述评 [J]. 北京档案，2017 (5)：14-18.

⑤ 胡燕，陈晨，曹玮，曹昌智. 传统村落的概念和文化内涵 [J]. 城市发展研究，2014 (1)：10-13.

局、古民居、街巷肌理、环境要素以及抽象化的民俗、民风、生活方式等内容。

3. 文化

"文化"一词起源于拉丁语"Culture",意指耕耘、耕作。最初的含义是与农业文明有着直接的联系,对于文化的定义学界有着悠久的历史。人们将农业、手工业、商业、教育等活动都归入了文化的范畴,与自然状态相对应的都属于文化现象。总之,文化是与自然现象不同的人类全部活动成果,包括物质的和非物质的文化。文化是人类对自然环境改造的产物,文化的形成与自然环境有关,不同的环境对应着不同的文化。文化的概念就更加复杂多样,美国学者 A. K. 克罗伯和 K. 克鲁克洪合著的《文化:关于概念和定义的探讨》一书中仅仅汇总了1871~1951年间关于文化的概念就多达160多种,目前国内外学者对文化的概念界定已经超过200多个,但是在这些众多的概念中引用较多的主要有以下几个:英国人类学家 E. B. 泰勒在1871年出版的《原始文化》中指出:文化是包括全部的知识、信仰、艺术、道德、法律、风俗,以及人所掌握和接受的任何其他才能和习惯的复合体。① 在泰勒的文化定义基础上,英国人类学家马林诺夫斯基(2002)做了进一步的发展,并在《文化论》中正式提出文化的概念,马氏认为文化是指一群传统的器物、货品、技术、思想、习惯及价值存在。② 国内学者也有对文化的界定,最为著名的是梁漱溟先生对文化的定义,他在《东西文化及其哲学》中曾把文化界定为"一个民族生活的种种方面",其中既有精神生活方面,诸如宗教、哲学、科学、艺术等,也有社会生活方面,如饮食、起居等。③纵观文化的诸多定义不难发现,尽管不同专家学者对文化的界定千差万别,但归根结底都可以将文化作如下理解:文化是与自然现象相对立的人类全部活动成果,从形态上来看可以分为有形可见的物质文化和隐形的非物质文化,文化是人类区别于动物界的最根本标志,只有人类才可以创造文化,动物界只有本能而没有文化。总体上,文化大概具备以下几个方面的特征,即文化的超生理性、超个人性、符号象征性、整体性、传递性与变迁性。

4. 村落文化

村落文化从人类脱离狩猎生活,开始稳定的定居生活之后开始产生,有记载的中国最早村落出现在公元前五千年至公元前三千年(仰韶文化),距离今天已

---

① [英] E. B. 泰勒. 原始文化 [M]. 桂林:广西师范大学出版社,2005.
② [英] B. K. 马林诺夫斯基. 文化论 [M]. 北京:华夏出版社,2002.
③ 罗荣渠. 从"西化"到现代化 [M]. 北京:北京大学出版社,1990.

经有超过 7000 年的历史了，可是由于中国大部分自然村落的地理位置都远离繁华的都市城镇，山区村落更是交通闭塞、信息不畅通，生产力发展水平低下，几千年来形成的以封建家族血缘关系为纽带的村落文化，一直以来主导着农民的价值观念、思维方式、行为准则和处世原则，是村民安身立命的精神支柱。[①] 村落文化是人类在村落中长期生活所形成的一系列认知，村落文化是传统文化形成与发展的基础，而当前的农业现代化、新农村建设、乡村旅游开发及城镇化速度加快，古村落文化生态环境遭到了严重的侵蚀，给古村落文化的保护和传承带来了严峻的挑战。

5. 村落保护

中文"保护"一词在文化遗产领域的运用较为广泛。在国外被翻译为"Conservation"或者"Safeguarding"，《关于历史地区的保护及其当代作用的建议》中对"保护"做了较为全面系统的界定，"即对历史或传统地区以及其周围相关联环境的识别（Identitfication）、防护（Protection）、保存（Conservation）、修复（Restoration）、更新（Renovation）、维持（Maintence）和再生（Revitaliza-tion）等一系列的过程"，包括所有的保护活动程序。[②] 冯骥才（2015）认为，传统村落保护主要有两种新的方式，其中的"名录保护"对传统村落保护来说，无疑是最重要也是最主要的，然而，这种方式无法"包打天下"，寻找更全面、更有效的解决良策和保护方式已经成为共识。把相邻与相关的大大小小的村落作为一个整体对待，有助于村落人文的相互支持以及历史记忆的传承与传统生命力的保持。相反，一刀切地将所有村落孤立地"保护"起来，难免会走向标本化和景点化。露天博物馆，是把散落乡野的零散又珍贵的民居收集起来，集中保护与展示，它的意义是将最难保存的人类遗产——历史民居及生活细节保存下来。必须强调的是，历史建筑只有原址保护才最有价值。当然，如果无法在原地保存，我们不能让它们"坐以待毙"。在此背景下，采用露天博物馆方式集中保护并加以利用，确实是最佳的选择之一。

目前，我国对传统村落的保护是采用名录制，即名录保护，就是将传统形态完整、遗存丰富、具有较高历史文化价值的村落，一个个甄选和认定下来，列入名录，加以保护。这种方式对传统村落保护来说，无疑是最重要也是最主要的。

---

① 田化. 土家村落文化的传承与保护——以彭家寨为例［D］. 中南民族大学硕士学位论文，2009.
② 杨锋梅. 基于保护与利用视角的山西传统村落——空间结构及价值评价研究［D］. 西北大学博士学位论文，2014.

然而，这种方式是否可以"包打天下"？还有没有名录保护涉及不到的领域，需要其他方式来辅助？随着整个社会文化自觉意识的不断提升，对传统村落价值认识的日益提高，人们努力根据实际情况，积极寻找更全面、更有效的解决良策，一些新的保护方式已经悄然出现。值得关注的有两种方式：一是古村落保护区；二是露天博物馆。推行古村落保护区，避免标本化和景点化。古村落保护区是指将一个区域内形态相同、人文相关的一些村落（古村落群）整体地保护起来。这些村落有的已经列入国家传统村落名录，有的没有列入，但它们是一个家园化的历史群落，通常称为"古村落群"。非群落的传统村落适宜单体保护，古村落群则可采取保护区方式。虽然，每个村落看上去都是个体，但实际上，村落之间的历史生命彼此相关。在一些地域内，往往相邻的村落在创建及发展的过程中有着千丝万缕的联系。在共同的历史命运、自然变迁、族群演化中或分或合；在相同的气候条件、自然环境、民族背景和生活方式中，共享着一致的民俗文化。对这种古村落群，如果采用单一的个体化保护会割断它们的历史脉络，使其人文变得孤立而单薄。相反，如果把这些相邻又相关的大大小小的村落作为一个整体对待，则有助于村落人文的相互支持以及历史记忆的传承与传统生命力的保持。我国非遗保护就确定了一些文化生态保护区，效果很好，避免了单一的名录保护把非遗与其文化土壤割裂开来的问题。就难免会走向标本化和景点化。

当然，绝不是所有的传统村落都要设保护区，这是有条件的。保护区所指的"古村落群"，必须包含两大元素：首先，必须有列入国家名录的传统村落，无论一个还是多个，这是重点。其次，周围尚有一些村落，虽然未列入名录，但与列入保护名录的传统村落在历史人文上相互依存，文化生态保持较好。这样的古村落群才适宜建立保护区。这些年，有些地方虽然没有使用保护区的概念，但对这种古村落群已采取整体或连片保护的方式，比如江西的婺源地区、浙江的松阳地区和黔东南的一些苗寨、侗寨等。这些地区通过对一个个古村落群集体的人文力量进行自我凝聚、互补与强化，都取得了显著成效，是古村落保护的成功典范。在河北省邢台市召开的全国传统村落立档调查会议上，沙河地区政府起草的一份"沙河古村落保护区"的计划书引起了笔者的兴趣。沙河地处太行西麓，依山建村，叠石为屋，民风质朴、淳厚，20世纪中期又是著名的抗战红色革命根据地。沙河已有5个古村落列入国家保护名录，还有一些村落虽未列入名录，却是这个农耕群落的重要成员，村落之间的环境、历史文化互相映衬，命运攸关，所以连片和整体保护非常必要。河北省保存较好的古村落群不只沙河，还有涉县、井陉、蔚县等地，也同样适合采用"保护区"的方式。当然，这样的古村落群在我国其他省份与地区也有一些，而且有些地方政府已经主动提出要建立古村落保护区了。可以说，古村落保护区是地方政府的一种主动创造，是文化自觉的表现，也是符合传统村落自身特点的科学的保护方式，应得到各界的支持。

另外，加快建立露天博物馆以利于集中保护与展示。露天博物馆是一种收藏和展示历史民居建筑及其生活方式的博物馆。它最早出现在欧洲工业革命纵深发展的时代。那时人们的生活环境和生产方式急剧变化，城市与乡村不断翻新，历史建筑被抛弃，民居更是首当其冲。有历史文化眼光的人们开始搜集这些"行将灭亡"的老屋，作为先人的人文见证与历史财富，辟地重建，集中保护，称之为"露天博物馆"。

最早的露天博物馆建于100多年前（1891年）瑞典斯德哥尔摩的吉尔卡登岛。近百座由各地迁移来的古代民居被错落有致地陈放在一片草木茂盛的坡地上，在今天看来很像一个古老的村镇，房舍、教堂、粮仓、杂货店、作坊、磨坊、畜舍、马厩应有尽有，室内还有昔日特有的生活物品，反映着那时的生活细节。经过了一个多世纪，这里所有的树木都成了古木，深郁的光影里也有了历史的气息。一些建筑里还安排了古代手艺的活态演示，如陶艺、织布、木刻、食品制作等，以展示他们祖先的生活情景。这种露天博物馆的出现，立即唤起了人们保护传统民居的文化自觉。数年之后，丹麦人在其北部的奥胡斯、荷兰人在阿纳姆的郊区相继建成了展示自己先人生活方式与场景的露天博物馆。如今，世界上这种露天博物馆越来越多，从欧美到日韩，从俄罗斯苏兹达里的老木屋博物馆到泰国的老屋博物馆。这种露天博物馆的意义是将最难保存的人类遗产——历史民居及生活细节保存下来。这种保护方式对于我国来说显得非常迫切和必需。为什么这么说呢？因为我国自2012年启动的传统村落名录认定对各地农耕家园的保护具有决定性意义，但这项工作只是对历史遗存整体保存较好的村落而言，对于整体保存不好的村落，名录不收，也就不在保护之列。如果一个村落大部分民居都已翻新，却还残留着一座祠堂、一座戏台、两三座民居，很经典，又很有历史文化价值，怎么办？在一个已经"改天换地"的环境里，孤零零的一两座老民居很难保存，最适合的方式就是露天博物馆，也就是把这些散落乡野的零散又珍贵的民居收集起来，加以集中地保护与展示。20世纪以来，这种尝试已经开始。比如山西晋中的王家大院和常家庄园，就是利用已经残缺的古代庄园为骨架，将周边地区零散的历史民居移入，集中而整体地加以保护。再比如私人出资建造的西安关中民居博物馆和安徽蚌埠的民居博览园等，都是将散落四方、无人理睬甚至危在旦夕的民居收集起来，易地重建，精心修缮，达到了很好的保存效果，同时又能供人欣赏传统和认识历史。当然，易地重建的原则有如文物的"落架重修"，必须坚持历史的原真性。虽然露天博物馆有很高的旅游价值，但不能只为旅游效益而妄加改造，其最终目的还是要以保护文物为主。还必须强调的是，历史建筑只有在它的原址上才最有价值，不能为搜集它而搬走它。可是，如果无法在原地保存，我们当然不能让它"坐以待毙"。采用露天博物馆的方式来集中保护，并加以利用，确实是最佳的选择之一，在加紧对传统村落实施整体保护的同时，也希望地方政府和社会各界有识之士关注那些有历史文化价值、零散的历史民居的保护工作。我们既不能失去一只只从历史飞来的美丽的大鸟，也不能丢掉从大鸟身上遗落的每一片珍贵的羽毛。

6. 历史文化名村

目前，"古村落"的概念在学术界还没有一个统一的界定。但学术上普遍比较认可的观点是："古村落是历史上形成的，保持了原有格局和风貌特色，蕴含着丰富传统文化，至今还有人生活的村落。"① 结合是否形成完整的建筑布局、是否继续作为生活系统使用等因素综合来看，古村落的选址、布局等要保持原始风貌，并且要延续传统文化。历史文化名村是古村落中的精品，被评为历史文化名村是一种荣誉，特别是被评为国家历史文化名村，更是如此。历史文化名村的提出是为了更好地保护、弘扬民族传统和地方特色，由建设部和国家文物局在全国选择一批能够较完整地反映一些历史时期的传统风貌和地方特色的村，分期分批公布为中国历史文化名村。②

7. 古村落旅游与乡村旅游

国内学术界对乡村旅游概念的认识在不断地发展变化。广义的乡村旅游认为，乡村旅游是"发生在乡村地区，以乡村的自然田园风光或乡村特点的民俗文化、农业文化、聚群文化、民居文化等作为旅游吸引物吸引游客的旅游形式"③，它更加注重乡村旅游的文化内涵。学术界普遍认为古村落旅游是乡村旅游开发的重要内容，从广义的乡村旅游的概念来说，古村落旅游属于乡村旅游，乡村传统文化和民风民俗将成为乡村旅游发展的重要方向之一。

---

① 刘沛林. 徽州古村落的特点及其保护性开发 [J]. 衡阳师专学报（社会科学），1997，18（1）：60-70.

② 建设部，国家文物局. 关于公布中国历史文化名镇（村）（第一批）的通知（建村〔2003〕199号）.

③ 王秀红. 我国乡村旅游研究述评 [J]. 重庆工学院学报，2007，20（3）：66-69.

（二）理论基础

1. 文化堕距理论

在研究文化的变迁过程及其特性时，著名的美国社会学家奥格本（W. F. Og-burn，1989）提出了"文化堕距"（Culture Lag）理论，传入中国后也被翻译为文化滞后理论。① 该理论提出了两个重要的观点：第一，由相互依赖的各部分所组成的文化在其变迁的过程中，各个部分的变迁速度不一致，有的部分变化速度非常快，而有的部分变化速度非常慢，结果就是各个组成部分之间不平衡、不协调、存在一定的差距和文化错位，很多社会问题正是因为文化的错位造成；第二，因为文化从形态上来分可以分为物质文化和非物质文化，但是该理论认为两者的变迁速度也是不一致的，通常情况下，物质文化的变迁速度总是先于非物质文化的变迁，奥格本将其称为"文化适应"的现象，而且物质文化的变迁速度还快于非物质文化。物质文化和非物质文化不同步发展就产生了文化差距。就非物质文化的变迁来看，其各个组成部分的变迁速度也不一致，一般来说总是制度首先发生变迁，或者是变迁速度较快，其次是风俗、民德变迁，最后才是价值观念的变迁。

现阶段，古村落正处于重大的社会变革之中，因此文化各个部分失调或产生文化堕距的现象就会比较突出。古村落引入先进的技术设备，但是人的素质和观念滞后限制了物质文化和社会经济的进一步发展，关于古村落文化与现代技术之间的冲突可用文化堕距理论进行解释。

2. 城镇化理论

城镇化是当今世界社会经济发展的必然趋势，但是有关城镇化的理解存在一定的分歧。埃尔德里奇较早提出城镇化思想，认为城镇化在地理空间上表现为人口向城市集中的过程。后来，兰帕德、麦基、弗里德曼和沃尔夫等人认为，城镇化是人类社会发展的缩影，是物质、空间、经济、人口、体制以及社会特征的多维现象反映。当代城市化的实质含义在于，人类进入工业社会时代，社会经济发展开始了，从事农业活动的人口比重逐渐下降，而从事非农业活动人口的比重逐步上升。与这种经济结构的变动相适应，出现了乡村人口比重逐渐降低，城镇人口比重稳步上升，居民点的景观面貌和人类生活方式逐渐向城镇性质转化和强化

---

① ［美］威廉·菲尔丁·奥格本. 社会变迁——关于文化和先天的本质［M］. 王晓毅，陈育国译. 杭州：浙江人民出版社，1989.

的过程。也就是说，城市化不仅包括城市人口和城市数量的增加，还包括既有城市经济社会的进一步社会化、现代化和集约化。英国帕乔内从三个方面对城镇化进行定义：一是人口城镇化，即城市人口占总人口比重逐渐增加的过程；二是城市增长，包括城镇的人口和城镇用地规模增加；三是城市生活方式的转变，城市生活的社会和行为特征在整个社会的扩展，逐渐蔓延到乡村地区，促使乡村地区的生活方式发生集聚转变并出现与城市趋同的过程。

从世界城镇化的发展过程来看，城镇化主要存在两种截然不同的过程：一是发达国家的城镇化过程；二是发展中国家的城镇化过程。两者的城镇化过程由于经济发展水平、社会制度以及历史文化差异存在着显著的不同。发达国家城镇化过程以英国的工业革命和法国大革命为主要推动源泉。实际上，发达国家的城镇化过程可以用"剩余产品"理论来解释，发达国家的城镇化是一个逐步的人口转移和经济结构变化相适应的平滑过程，这就是经典的戴维斯城市化曲线。但是发展中国家经济普遍落后，城镇化发展速度明显较慢，在时间上也滞后于发达国家，主要是在第二次世界大战结束以后才出现的城镇化过程，而且整个过程与西方发达国家的城市化也不相符，人口城镇化速度较快，而工业化普遍落后，是"虚假城镇化"。发展中国家的城镇化过程可以用"推—拉理论"解释。由于我国城镇化进程处于逻辑斯蒂曲线的直线阶段，未来城市化进程将进一步加快，中国人口城乡分布已经出现了历史性的转折，城市人口多于农村人口。根据有关预测，到2030年世界人口的69%以上将居住在城市，这些国家当中以发展中国家为主。到2020年，发展中国家的城市人口会超过农村人口，农业人口保持稳定甚至开始缓慢下降，而城市人口还将会继续增长。[①]

中国的城镇化过程主要是人口迁移流动在起主要作用，人口迁移城镇化是中国城镇化的主要力量，实际上，城镇化同时牵连着农村与城市之间的变动，两者犹如"跷跷板"一样，城市人口增长过快，农村人口就会相对减少（有可能是绝对规模的减少，也有可能是相对比例的减少）。农村人口的大规模外出必将给农村社会经济带来一系列的影响，而古村落作为中国历史文化的载体，具有重要的历史文化价值，不论人口的外迁还是返乡必将对古村落的物质文化和非物质文化产生重要的影响。物质文化方面，既有积极作用，也有消极影响：积极方面比如增加家庭收入、改善居住环境、提高生活水平等；消极作用比如留守人口无人照顾，导致留守老人、留守儿童的人身安全受到威胁，还有留守儿童的身心发展

---

① 顾朝林. 国外城镇化主要经验启示［J］. 城市，2010（10）：6-8.

会受到扭曲等。非物质文化方面，比如村民的思想观念发生了重大的转变。当前中国的外出务工者多为年轻人，他们容易适应新环境，接受城市的新思想和新观念，在城市打工一段时间会潜移默化地受到城市文化的熏陶，并受生活压力所迫，他们的生育观念与老家的父母一辈相比发生了明显变化，不再有多子多福的传统生育观，而接受城市的现代生育观，认为孩子重在质量不在数量，男孩和女孩一样平等。外出务工的年轻人除了生育观念和父母一代存在较大的差异以外，消费观念也不一样。通常情况，老一代受生活环境所迫，多经历过"饥饿"的岁月，生活非常俭朴，而且没有超前意识和风险投资意识，大多安于现状。可是，年轻的一代却大有不同，他们具有超前意识和风险投资意识，一部分有经济头脑的年轻人在外面自己闯事业，发了财并努力在城市扎根，赚到钱财以后考虑长远发展，投资孩子的教育事业，而不像老一代花在建房等上面。城镇化对村落居民的影响远不止这些，在此并不可能——列举出来，仅略选一二作为代表进行说明。中国的人口迁移城镇化也可以被视为古村落文化变迁的一个重要原因。

3. 可持续发展理论

"可持续发展"（Sustainable Development）概念最先是在 1972 年在斯德哥尔摩举行的联合国人类环境研讨会上被正式讨论提出来的，其思想渊源是生态学研究。1964 年，美国生物学家蕾切尔·卡逊在其著作《寂静的春天》①中，针对美国大量使用杀虫剂造成的环境污染与生态破坏问题，提出了"要保持自然资源及其开发利用的平衡"这一论断，引起了全球范围对环境问题的关注。1983 年世界环境与发展委员会在《我们共同的未来》②这一报告中首次阐述了"可持续发展"概念，认为"可持续发展"是指既满足当代人的需要，又不损害后代人满足其需求的能力的发展。

经过 30 多年的实践应用，可持续发展理论已经远远超出了生态学领域，扩展到经济、社会、政治和文化领域。古村落属于中国历史文化的一个主要构件，也是城镇化进程中的一个重要环节，可持续发展思想仍然可以运用于古村落的研究中。古村落的可持续发展，主要涉及四个方面的内涵：第一，应保持文化资源的可持续性利用。文化是古村落存在的精髓，文化断裂必将对村落的存续带来危机。第二，生态的可持续性发展。古村落属于聚落的一种形态，与地理环境密不可分，保护村落还需要保护村落周围的生态环境，生态环境的破坏同样会危及村

---

① [美] 蕾切尔·卡逊. 寂静的春天 [M]. 恽如强，曹一林译. 北京：中国青年出版社，2015.
② 世界环境与发展委员会. 我们共同的未来 [R]. 北京：世界知识出版社，1989.

落的发展。我们可以从古村落的选址特征和规律中看出古人对生存环境的一种追求，应当保持原有人地关系的平衡性。第三，社会的可持续发展，也就是居民的基本需求要得到满足，并在资源利用上达到可持续。第四，经济的可持续发展。经济发展是目的，但是要注意实现经济目的的手段，应当在合理利用古村落自然和人文资源的同时去追求经济的可持续发展，极端地为了保护古村落文化而不能实现经济增长，不是可持续发展。

上述理论在古村落的保护中具有重要的指导意义。城镇化理论可以解释古村落衰落的一个主要原因是人口大量由农村向城市迁移流动，导致农村空心化，实际上这违背了新型城镇化以人为核心的城镇化基本原则，城市的发展不能以牺牲农村为代价，城市发展固然无可厚非，但是不能以牺牲农村为代价来推进城镇化发展。文化堕距理论则可以在村落文化保护方面提供指导，文化可以分为物质文化和非物质文化，但是物质文化变迁往往在先，而非物质文化变迁在后，因此在保护古村落文化的过程中，必须将村落古建筑等物质文化保护和村落习俗、规章制度、伦理道德等非物质文化区分开来。可持续发展理论同样可以在文化保护方面具有指导意义，为了实现文化资源的可持续利用，必须将村落文化进行延续不断的代际传承，一旦文化传承链条断裂，将会导致文化消失，不能实现可持续的利用。

4. 文化结构理论

考古学从时空的角度对文化进行理解，认为文化是在某一特定时间、特定空间下的、一个具有明显特征的人类物质文化的遗存。马克思主义理论认为，人是社会性动物，具有群居性特征。人与人之间不能完全孤立地独立生活，而是相互联系的，社群与社群之间都存在着某种必然的联系。人类社会的科学技术、文化艺术、宗教信仰、社会制度等方面不可能全都属于某个人独自发明和创造的，都有其他作为基础，许多文化和技术都是从其他社群引入的，因此某个族群或某个地区的物质文化遗存的构成也自然而然地包含了不同文化的因素。考古学家通过对某一自然地理区域或一个经济文化区域的文化遗存进行排序、分期、断代，继而建立起每个区域的文化演进序列，当多个不同区域的文化序列建立起来就组成了特定范围的文化谱系（文化结构）。有了这个文化结构，就可以对文化进行比较分析，识别哪些文化属于自我文化，哪些文化是从其他群体引进来的，从而为重新建立该文化体的社会结构创造条件。

文化结构理论认为，还没有完全被城市化侵蚀的乡村，其文化构成也是复杂多样的，正是因为存在文化结构的差异，才出现了丰富多彩的民族文化和地域文化。不同民族、不同地区、不同时代的村落，其文化构成也不是单一的，只是主体文化可能与其他村落不同而已，最终形成了不同村落文化景观，即使同一个民族的村落，在不同的空间也具有明显的差异，村落中心地与边缘地区的文化结构也可能会存在很大的差异。中国传统聚落景观因受地理环境的复杂性和民族文化的多样性等因素共同作用，表现出异常丰富的区域景观特点，因此有学者提出在遵循传统地理区划理论的基础上，借助考古学"地区类型学"理论、文化人类学的"特征文化区"理论以及文化生态学的"文化区系"理论等，来对中国传统聚落景观进行类型整理和区系划分，这些理论对古村落保护研究具有重要的指导意义。

四、 研究方法与技术路线

（一）研究方法

（1）静态描述与动态分析相结合。在对豆沙关古镇村落文化进行分析时，首先是对调查时点进行静态描述，然后从不同时间点对文化变迁进行动态分析，做到静态描述与动态分析相结合，通过对村落文化的动态分析可以看出文化变迁的历史过程。

（2）定性与定量相结合。在研究过程中，首先，以文献资料、实地调查过程为依据对研究对象做出基本判断，通过实地考察进行定性分析；其次，通过数据资料分析，以分析得出的结论为依据做出事实判断。

（3）实地调查与资料文献相结合的研究方法。一方面，广泛收集研究区域关于研究对象经济、文化、民族、宗教等方面有关的资料、文献、数据，查阅大量文献资料。另一方面，在此基础上进行访谈和问卷调查，对研究区域进行广泛的实地调查，采取调查问卷、访谈等形式收集所需数据并对资料进行分析，掌握豆沙关古镇村落的发展脉络，把实地调查的资料数据与从网络、文献中收集的资料数据进行对比，并根据本书研究需要进行适当的选择。

（4）多学科的交叉分析。本书对豆沙关古镇文化的分析属于交叉学科的研究内容，涉及地理学、人口学、社会学、经济学、生态学等学科的方法与理论的应用，比如社会学中的文化堕距理论和城镇化理论、生态学中的可持续发展理论。本书运用上述学科的不同理论结合豆沙关古镇实际情况进行分析，以期为村落文化的保护提出一定的理论参考和建议。

（二）技术路线

本书的研究技术路线如图 1-2 所示。首先，对国内外有关古村落的研究成果进行梳理。文献梳理的目的有两个：其一，了解现有的研究现状和不足，以找到本书

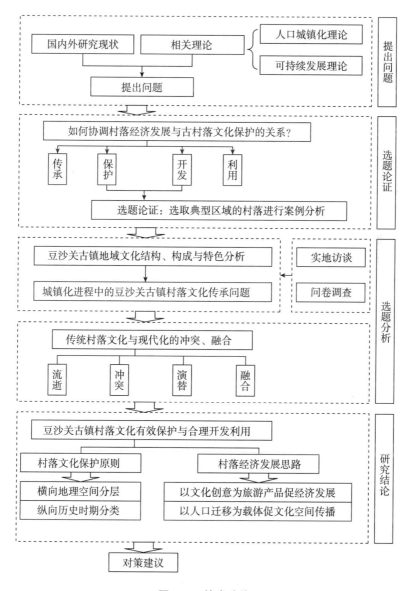

图 1-2　技术路线

的研究立足点。其二，通过对已有文献的研究和深入分析，可以为本书提出一些思考，具有一定的理论指导意义。其次，文献分析后，提出本书的研究问题——古村落及其文化的保护与发展之间的关系问题，以及如何从中找到两者之间的平衡点。关于保护与开发之间的关系问题，以往众多研究均表明，为了开发而肆意破坏古村落和为了文化保护而束手束脚的极端思想都是不可取的，但是问题的关键在于：如何找到保护与开发之间的平衡点？为了回答这个问题，本书选取了云南省昭通市盐津县豆沙关古镇为研究区域，以豆沙关古镇村落文化为研究对象进行分析，具体研究主要从四个方面进行分析。

第一，基础研究部分，主要是做文献分析。这一部分的数据来源于中国期刊数据库，研究方法主要是文献分析法，研究目的在于找出现有研究的不足，提出研究问题，立下本书的论点，这是本书的最基础性工作。

第二，选定研究区域。在第一部分文献研究的基础上，明确了研究问题，但是还需要具体的实证分析来做验证和说明。为此，带着研究问题选定研究区域，本书选择云南省昭通市盐津县豆沙关古镇作为研究区域的主要原因有以下几个方面：其一，现有的古村落研究区域大多选择中国古村落名单中的村镇，就昭通市而言，豆沙关古镇在过去五批中国古村落名单中虽然均没有被列入，但是其具有重要的历史文化价值。其二，从自然地理的因素来看，豆沙关古镇位于地震活跃地带。2006年，豆沙镇先后就遭受了"7·22""8·25""8·29"三次地震重创，导致古镇村落文化保护面临着非常严峻的危机，对于这样一个具有深厚历史文化底蕴的古镇需要特别关注，进行合理的保护，以避免中国传统文化的消逝。豆沙镇经历了强烈地震之后，当时的古镇老街80%的房屋倒塌或不同程度受损，之后老街被翻修并改名为古镇一街，在此基础上按照一街整体布局和风格又复制修建了古镇二街。统一的二层小楼、白墙、灰瓦还有悬挂在瓦岩边一排排醒目的红色灯笼，每一处细节都散发着豆沙关古镇独特的魅力。虽然古镇的建筑风格可以被模仿和重建，但是古镇背后的文化却不能被复制下来，需要对历史文化古镇村落文化进行有效的保护，以实现文化的可持续发展。

第三，实地调研与资料分析，这是本书的核心工作。笔者利用假期时间多次到研究区域进行实地调研，主要通过发放问卷和召开部门座谈会的方式尽可能地收集大量有关豆沙关古镇村落文化的数据和资料，并从文化内涵、文化传承和文化交融三个方面进行分析。

第四，从文化保护与经济协调发展的关系分析豆沙关古镇的开发模式，力图在保护与开发之间找到一个恰当的平衡点，以实现文化保护最完整和经济利益最大化的双重目标，或者说在古镇村落文化损害最低的前提下实现社会经济利益的最大化。

五、 创新之处

（一）理论方面

目前专门针对豆沙关古镇村落文化的研究成果比较少，本书深入分析盐津县豆沙关古镇村落文化特质与构成，拟将豆沙关古镇文化从文化分层的角度分成四个层次，依次为文化特质—文化丛—文化区域—文化模式。虽然文化分层的概念早在1923年已经由人类学家克拉克·威斯勒（Clark Wissleer）提出，但是目前还没有学者将文化分层理论运用到古村落的文化研究当中，本书将在古村落文化构成理论方面做一个新的探索。

（二）研究内容方面

本书从显性文化和隐性文化两个方面，对豆沙关古镇村落文化进行分析，从而提炼出豆沙关古镇的村落文化内涵，突出文化的核心价值，为豆沙关古镇文化的有效保护与合理利用奠定基础。

（三）研究方法方面

本书的研究方法更注重多学科的交叉应用，包括地理学、人口学、社会学、经济学等学科的方法与技术的应用。

（四）实践方面

本书在豆沙关古镇村落文化内涵提炼的基础上，辩证地分析古村落文化保护与利用之间的平衡关系，分别从保护和利用两个角度对豆沙关古镇村落文化进行探究，以文化保护为基础，以文化资源的合理利用为手段，继而促进豆沙关古镇村落文化的保护与利用平衡发展，实现古村落文化资源开发与文化保护的良性循环，为其他地方的古村落文化保护提供借鉴和参考。

第二章 · 豆沙关古镇的地理区位与社会经济发展

一、 地理位置

豆沙关古镇位于盐津县西部关河南北两岸，东接盐井镇，南靠柿子乡，西邻大关县吉利镇，北与中和镇接壤，海拔 584 米，距离县城有 23 千米；地处川南滇北交界处，处于川、渝、滇、黔四地腹心地带，具有特殊的地理区位；距重庆、成都、昆明、贵阳四大中心城市约 400 千米；渝昆高速、内昆铁路完善古镇交通，成为川渝连通云南重要道路节点，交通条件突出，具备良好的向外辐射能力，区位交通优势为加快豆沙镇旅游业发展和创建历史文化特色小镇提供了良好条件。

豆沙关古镇位于滇东北云川交界处的盐津县豆沙关，大自然的鬼斧神工劈就了锁滇扼蜀的雄关天堑，为四川进入云南的交通要道、秦、汉"五尺道"的要隘。因其对岸壁立千仞的石岩，被关河一劈为二，形成一道巨大的石门，锁住了古代滇川要道，故又称"石门关"。石门关（关隘建筑）始建于隋朝，以前有一尺二厚的两扇门，门一关，门杠一顶，中原和边疆两面就隔绝了。特别在唐朝的时候，天宝年间战争爆发，南诏叛唐后，石门关就关闭了，一关就是 40 多年。到了袁滋受命赴南诏去册封异牟寻，才重新打开了石门关。对于石门关，《蛮书》是这样记载的："石门东崖石壁，直上万仞；下临朱提江流，又下入地数百尺，惟闻水声，人不可到，西崖亦是石壁，傍崖亦有阁路，横阔一步，斜亘三十余里。半壁架空，欹危虚险。"其险无比。如今"石门关"三字，出自云南著名书法家楚图南之手，极拙朴耐品，意味绵长。

豆沙关处在五尺道的咽喉位置，城门上题刻的仍然是古时的"石门关"三字，这是通往古南滇的第一关，关内为中原地界，关外则为蛮夷之地。古时的关门为一尺二厚的木门，除有人值守关门外，楼上也驻有重兵，可谓"一夫当关，万夫莫开"，今人将石门关称为"险关"。古时，每逢将士出征，家人便会守候在石门关，翘望着亲人归来，石门关又被人们称为"情关"。相传，盐津普洱一带出美女，清代曾先后7次有美女被选入宫，故而，石门关又有"美人关"之称。当地也流传着这样一句话：不到石门非好汉，英雄要过豆沙关。

豆沙镇下辖村庄数量一共有7个，分别是摩崖、石门、长胜、黑喜、石缸、万古、银厂，1个居委会、6个村委会、161个村民小组、5个居民小组，地处东经104°1′53″—104°11′29″，北纬27°57′50″—28°7′2″。古镇土地面积146.74平方千米，镇区建成区面积0.9平方千米，建设用地面积2.63平方千米，人口达24000多人。全镇耕地18790亩，林地98697.8亩，森林覆盖率达到了44.3%。全镇GDP 3.83亿元，农村居民人均纯收入0.81万元，公共财政收入1080万元，经济收入以旅游业为主，依托国家级文物"唐袁滋题记摩崖"、石门关、五尺道、僰人悬棺等历史文化古迹，以及观音阁、僰人回音、天外飞泉、老君祝福、长胜溶洞等天造奇观，现为国家AAA级旅游景区。2008年以来的旅游统计数据显示，豆沙关古镇景区年平均游客量超过60万人次，游客量呈稳步增长的发展趋势，有效地带动了豆沙镇的餐饮、酒店以及农特产业等服务业和农业的快速发展。2015年至2017年一季度累计接待游客228.46万人次，实现旅游收入1.62亿元，旅游业逐渐成为引领豆沙镇发展的第一大产业，占据豆沙镇GDP总量的近2/3。旅游业的突飞猛进，也带动了当地各商贸企业的发展和就业人数的提高，2015年至2017年一季度全镇旅游经营单位促进直接就业2000余人，间接拉动就业3000余人。

二、 地质地貌与灾害

豆沙关古镇景区属于云南盐津乌蒙峡谷省级地质公园的一部分，属于典型的喀斯特地貌，自然景观奇特、险峻。境内山峦起伏，山高坡陡，河谷纵横，因关河的深切，形成南北向的条状侵蚀山地，多呈"V"字地形。最高海拔万古黎山1984米，最低海拔黑眼溪沟口460米。一般海拔为750～1100米。海拔高差大，地势险峻。豆沙关所在的县城为盐津县。境内滑坡、崩塌、泥石流、危岩、地面裂缝、潜在不稳定斜坡等多种地质灾害并存，其形成原因主要与大气降水强度、河水淹没和侵蚀作用、地形地貌、岩土类型、地质结构、地震及人类不合理工程活动等相关。针对该县目前地质灾害形势，提出了"以防为主、防治结合、全面规划、综合治理"的防治对策。云南省盐津县是全国地质灾害的多发县，由于地质环境条件复杂，地质灾害发生频繁，成为云南省地质灾害重点防治县之一。在地质灾害的防治过程中，盐津县政府、各级职能部门及广大人民群众开展了大量工作，也取得了一定的成效，但由于各种原因，特别是近年来，随着全球气候的进一步恶化，人类工程活动的日益频繁，地质灾害有着发展并蔓延的趋势，已成为威胁人民生命安全、制约当地经济发展的重要因素之一。

（一）盐津县地质灾害现状及成因

1. 盐津县地质灾害现状

盐津县位于云南省东北部，境内地势起伏较大，最高海拔2263米，最低海拔330米，山势以中高山为主，呈南高北低状，地形险峻，山势陡峭，沟壑纵横，地形地貌、地质条件复杂多样，特殊的地理环境形成了"一山有四季，十里不同天"的立体性地理气候，夏季炎热，冬季湿润偏暖。由于全县人多地少，森林覆盖率比较低，山高坡陡，水土流失十分严重，地质环境非常复杂。随着工农业生产、城镇建设、交通建设和其他经济建设的加速发展，以及人口的不断增长，人类工程活动日益频繁，对生态环境与地质环境的破坏日趋严重，特别是横江和白水江两岸斜坡岩土体处于超荷载或重荷载状态，不合理的开挖以及沿江地带洪水的淹没与冲刷作用，导致了多处斜坡变形、建筑物开裂等，地质灾害尤为突出。

盐津县境内共有地质灾害点90个（条），主要分布在盐井、普洱、豆沙、庙坝等乡镇，豆沙关古镇是盐津县地质灾害比较频繁的区域之一。地质灾害类型主要为滑坡、崩塌、泥石流、危岩、地面裂缝、潜在不稳定斜坡等，多种地质灾害并存。近几年来，在盐津县10个乡镇，共发现地质灾害隐患点298个，其中滑坡114个，不稳定斜坡123个，危岩崩塌43个，泥石流沟15条，地面塌陷2个，地面裂缝1条。其中，具有一定规模、稳定性差、危险性高、危害程度大的重要地质灾害点有90个（条），含滑坡30个、不稳定斜坡33个、危岩崩塌19个、泥石流沟8条，较为严重的有县城滑坡群、庙坝乡滑坡群、柿子乡滑坡群、中和镇滑坡群、普洱镇滑坡群等。

地质灾害的频繁发生、地质环境的日益恶化，严重影响了全县经济社会持续健康发展，危及人民生命财产的安全。1987年12月12日，由于连降暴雨，普洱欧家扁村发生山体滑坡，造成6人死亡；1988年8月7日，盐井镇由于连降暴雨产生山体滑坡造成经济损失250万元；2001年9月13日，中和乡中堡村茶园一、三社由于连降暴雨产生山体滑坡，并引发泥石流，造成6.3亩耕地及35间房屋被毁；2002年8月12日，由于连降暴雨，庙坝乡民政村皮匠沟产生山体滑坡，造成 7 户 13 间房屋被毁、22 人死亡、7 人失踪、4 人受伤，摧毁桥梁 1 座，损坏省道 1000 余米，直接经济损失达 200 余万元；2002 年 8 月 8 日，原艾田乡仁和村高洞子社由于连降暴雨，加之人类工程活动加剧，产生山体滑坡，造成 4 间房屋被毁、5 人死亡。由于地质灾害，造成直接经济损失达 3849.34 万元，受威胁资产 43116.4 万元。

2. 盐津县地质灾害成因

盐津县地质灾害类型多、分布广、危害大的原因主要与大气降水强度、河水淹没和侵蚀作用、地形地貌、岩土类型、地质结构、地震及人类不合理工程活动等相关。①县境内滑坡地层为中生代"红层"，岩性以泥岩、页岩和砂岩为主，岩层节理裂隙发育，岩体破碎遇水易软化，风化比较严重，地层倾向大致与坡向相反，形成逆向结构斜坡，主滑方向与岩层倾向相反，属基岩切层滑坡。②县境内山谷和斜坡地形绝大多数位于软岩斜坡地带，斜坡原始坡度较陡（近 45°），斜坡临空条件好，为滑坡的发生提供了有利的地形条件。而软质岩体抗风化能力弱，表层岩体风化强烈，在其表部形成较厚的松散土体，其透水性大于底部泥页岩，在接触部位易形成软弱带，从而导致滑坡。③暴雨或长时间连续高强度降雨后，造成岩土体饱水，物质容重增大，抗剪强度降低，在重力作用下发生地质蠕变从而导致滑坡。④河水对边岸淹没或冲刷，造成斜坡受浮托力和动、静水压力的严重影响，斜坡易失稳下滑。⑤人类不合理工程活动使环境条件更加恶化，森林的乱砍滥伐、矿山的乱开滥采和基础设施建设没有充分进行地质灾害危险性评估等，致使地质灾害频有发生。如庙坝乡境内 5 家石灰厂在生产过程中管理松懈，监督不到位，把石灰渣长期堆放、存储在白水江、乌撒溪和干沟等河岸最高水位线以下斜坡地段，在 2006 年 8 月 28 日和 9 月 7 日晚，由于天降大雨，石灰厂垮塌，河水暴涨，大量石灰渣冲入河中，导致大量鱼被毒死，造成白水江水污染事故。⑥盐津县是地震多发地区，2006 年发生两次 5.1 级、一次 4.7 级地震以及频繁连续不断的小震。三次较大的地震和无数次余震，加剧了岩土体的破坏，形成一系列地质构造，成为诱发各类地质灾害的重要因素。

（二）盐津县地质灾害防治工作中存在的问题

长期以来，盐津县地质灾害的频繁发生，给全县国民经济和社会发展造成了严重的影响，尽管政府部门已引起高度重视，有的放矢地编制了防治规划，开展地质灾害防治知识教育，制定防灾预案，有效地降低了地质灾害的发生，收到了一定的效果，但由于地质灾害的复杂多样，当地经济技术条件落后，加之对地质灾害认识不足，地质灾害仍成为威胁人民群众生命安全、制约当地经济发展的重要因素，地质灾害防治形势仍不乐观，防治工作尚存在一些问题：①对地质灾害重视不够。区内地质灾害点多面广。各职能部门、部分乡镇和基层组织对地质灾害的危害性、重要性和紧迫性认识不足，重视程度不够，防治措施不到位。②地方财力匮乏，严重缺乏治理经费。由于地方财力匮乏，治理经费不足，专项治理地质灾害的配套资金难以落实到位等。③地质灾害防治相关专业技术人员严重缺乏。由于每年的突发性地质灾害多，加之地质灾害隐患点量多面广，有经验的专业技术人员严重缺乏，致使地质灾害点的调查不到位，对很多隐患点无法深入调查和进行预防，致使地质灾害仍然频繁发生。④地质灾害防御宣传不到位。人民群众对地质灾害防治意识淡薄，人为因素引发的地质灾害时有发生，如森林的乱砍滥伐、矿山的乱开滥采和基础设施建设没有充分进行地质灾害危险性评估，不按操作程序施工等不规范、不安全生产引起的地质灾害和工程事故频繁发生，致使自然生态环境遭受污染破坏的事件屡有发生。

（三）盐津县地质灾害防治对策与措施

针对全县地质灾害存在的问题和所面临的严峻形势，盐津地质灾害的防治应本着"以防为主、防治结合、全面规划、综合治理"的方针，以期最大限度地避免和减少地质灾害的危害。加强组织领导，明确防治工作指导思想。全县地质灾害隐患点量多面广，成灾因素复杂，突发性强，形势十分严峻。建立政府分管、领导负责、国土资源部门承办、有关部门配合、广大群众参与的地质灾害防治机制，把自然因素引发的地质灾害防治工作纳入国民经济和社会发展计划，纳入日常安全管理。把防治工作落实到具体单位，落实到乡镇长、村组干部和灾害隐患点村民。切实做到职能部门主动抓，干部群众联合抓，群防群治，形成齐抓共管的格局。确保领导认识到位，责任明确到位，措施落实到位，资金投入到位。为确保地质灾害防治工作全面到位，进一步健全和完善地质灾害群测群防体系，制定地质灾害防御预案，建立健全隐患点的防灾责任制，健全完善灾情速报制度、险情巡查制度和通信保障体系建设，建立全县地质灾害预警预报系统，做好雨情水情、地质灾害预测预报。利用现代科技手段指导地质灾害防治，建立全县地质灾害信息系统，对重点地段的危险性做出判断，采取科学的应急防范措施，作为监控现有地质灾害点的依据。有条件的地区，对重大滑坡、崩塌隐患点设立适当的自动或几何变形监测点，做到一旦发生地质灾害，能在第一时间采取应急措施。建立医疗救护组、秩序维护组、搬迁安置组和抢险救灾调度组，分别承担灾害发生后的伤病员施救、维护灾民的正常生活秩序，避免造成进一步的损失，确保灾害发生后抢险救灾工作的有序进行。加强地质灾害防治宣传。全县地质灾害绝大部分与人类工程活动息息相关，"天灾"难测，"人祸"可防，坚持"以防为主，标本兼治"的方针。围绕以人为本，避让与治理相结合的原则，普及预防地质灾害基本知识。帮助广大农村地区尤其是受地质灾害威胁的人民群众了解地质灾害的危害，掌握地质灾害监测、撤离避灾的基本常识，提高农村基层防御地质灾害的意识和群测群防水平。减少地质灾害特别是人为活动引发地质灾害的发生，使灾害多发区群众了解和掌握灾害突发前的主要征兆和发生时的紧急处置办法及全民防灾减灾意识和自我保护能力。加强山区和居民点建设管理，帮助山区农村进行房屋选址、建设，避免把房屋修建在山洪及地质灾害易发区，切实减轻灾害损失。规范工程开发建设行为，使其纳入法制化轨道。对人为因素引发的地质灾害，应遵循"谁破坏谁治理"的原则。对在工程建设中不按规划设计方案操作、不做灾害危险性评估、不做地质勘查的施工队伍或个人，违章作业、冒险蛮干引发地质灾害的，要依照有关法律法规从严从重处理。对破坏环境或擅自在松散岩土体或建筑物体上增加荷重的行为，要予以制止和处罚。在今后城市规划和建设中，要将地质灾害防治考虑其中。特别是要重点整治大关河和白水江岸边的滥挖乱建和危岩附近的开山取石现象。对矿山存在的地质灾害、安全生产隐患、生态环境等问题，县国土资源局、煤炭工业局、建设环保局等部门要相互配合，组织专业人员进行调查、检查督促并监督采矿权人认真制定防灾减灾方案和整治措施。加强对矿山地质灾害防治的监督管理工作，切实做好矿山自然生态环境恢复工作。建立群防群治网络，制定地质灾害防治预案群防群治要重点。发挥乡（镇）国土资源所工作人员的纽带作用，做好上传下达信息反馈工作，按地质灾害易发区防灾预案做好地质灾害群测群防工作。对预报的地质灾害易发区内的地质灾害隐患点、高陡斜坡、陡崖、古泥石流沟（堆积区）做好巡查、监测，遇临灾险情时采取紧急避让措施，避免人员伤亡。暴雨期间要结合当地的天气预报，并按群防群治网络的责任区落实到乡镇、单位和监测人。直接涉及人民生命财产安全的要直接将地质灾害防灾避险明白卡送达到受威胁人员手中，将防灾措施落实清楚。凡有地质灾害隐患的乡镇，应立足于本辖区地质灾害的实际，有的放矢地制定出防灾减灾预案。明确辖区内地质灾害易发区和多灾区，进行分类管理，监测信息工作要做到灾害易发区日测日报，定人定岗监测。随时洞察灾害变化发展态势，保持上下左右的信息联系，为灾害防治工作提供宝贵的第一手资料，便于灾害调查组及时对辖区内险情明显的区域或已发生灾害的范围、成因、危害程度及发展态势展开全面的调查，以有利于产生突发性地质灾害时人员、物资的转移、避让及撤离疏散到安全地带。地质灾害防治是一项长期艰苦的任务，在防治灾害的过程中，要不断完善运作机制，总结经验教训，提高地质灾害防治工作水平，降低因地质灾害传播作用而造成的人员伤亡和财产损失，减少地质灾害给人民生命财产造成的损失，改善生存环境，促进生存环境与经济建设、文化传承保护相互协调发展。

三、 气　候

盐津地处滇池东北高原乌蒙山脉北部斜坡地带，西南高，东北低。县境山脉属乌蒙山脉北支，以关河为界，可分为河东、河西两大山脉。东部朝天马山脉从彝良县由庙坝乡流场村南入县境，向西部经庙坝乡、柿子乡，境内有著名的12高峰；朝天马分支经四川筠连县境卧牛山山脉入牛寨乡的大东山，又分为两支：一支向东北入川，另一支沿西北经兴隆盖顶山、一把伞入川。西部为乌蒙山北支，经昭通、大关从豆沙乡入境，在县境凸起一峰，名叫大黎山，由大黎山分支沿关河曲折而下，经艾田乡的肖家山、花山、东瓜山、陇布山，中和乡的大宝顶大佛山、大雪槽，普洱镇的鸡狗山，滩头乡的坪头山，直插水富县的烂坝山到中嘴终止。此外，南面有来自彝良县的朝天马山系，在庙坝乡境内由东向西延至九个包峰为止。县境内最高为中和乡大雪槽梁子，海拔2263米，最低是滩头乡北甲村油厂，海拔330米，相对高差1933米，平均海拔1160米。

盐津属中亚热带与温带共存的季风立体气候，夏季炎热，冬季偏暖，雨量充沛，气候湿润，干雨季分明（干季为11月至次年4月，雨季为5月至10月），无霜期长、云雾多、日照少。县城极端最高气温41.8℃，最低气温 −2.5℃；多年平均气温17℃（最高17.9℃，最低16.3℃），无霜期328天，多年平均日照966小时（最高年1296小时，最少年652小时），日照率22%。豆沙关古镇气候属于亚热带、暖温带共存的高原季风立体气候，四季明显，具有"一山有四季，十里不同天"的独特气候现象，此外还具有雨热同季、干湿分明等特点，年平均气温达到15.8℃，全年日照1080小时，年降雨量800~1200毫米。

四、 自然资源

豆沙关丰富多样的气候带造就了五彩缤纷的物种类型，拥有丰富多样的生物资源。生物资源种类繁多，森林资源主要树种有杉、松、栋、楸、杨、桦、桤、榕、桐、桢楠等，经济林果有茶叶、蚕桑、五倍子、竹类、黄柏、杜仲、天麻、干果等，粮食作物主产玉米、水稻、小麦及薯类，经济作物有油菜籽、大豆、花生等，畜牧业以猪、牛、羊、鸡为主，尤其是优质的乌骨鸡享有"肉之首、药之冠"的盛名，是一项极具开发价值的特色产业。丰富的生物资源优势，不仅为豆沙镇生物产业的开发提供了良好的条件，而且为农业产业的多样性开发和农民加快致富步伐奠定了基础。

豆沙关除了具有大量的生物资源以外，还有经济价值极高的旅游资源，如著名的五尺道、长胜溶洞、老黎山原始森林自然保护区等比较出名的旅游景区。豆沙关古镇还有无烟煤、铜矿、银矿、铁矿和硫黄等矿产资源。因地势高差较大，水资源丰富，还有丰富的水利资源，建有三个包水库、响水洞泉水和丰收大堰。截至 2015 年，盐津县探明矿产资源有煤、铁、铅、锌、硫黄、铜、盐、银、硅等十多种。其中，高灰特低硫优质无烟煤探明储量达 6.5 亿吨，年产量达 100 万吨；铜矿已探明 49 个点，D 级储量 585 万吨，E 级储量 7972 吨，矿层厚度为 0.23~1.98 米，矿石品位 2.73%~40%，含量为 1.92%~3.2%；铅锌矿点 8 个，D 级储量 502 万吨，铁锌含量 6.24%，锌含量 12.5%；重晶石矿 D 级储量 4288 万吨；硅石矿 D 级储量 2866 万吨；绿石岩矿 D 级储量 56360 吨；陶瓷原料矿 D 级储量 95570 吨。还有储量达 20 亿吨的优质石灰石资源，另外，还有方解石、膨润土、石英砂等也具有可观的开发价值。生物资源方面，粮食作物主要有玉米、稻谷、小麦、豆类、洋芋、红薯等。经济作物主要有烤烟、油菜籽、蚕桑、茶叶、花生、麻类、魔芋、芝麻等。水能资源方面，盐津县河流众多，其中长年不断流的有 78 条，主要河流有关河（朱堤江）、牛街河（白水江）、温沼河、上清河等，流域面积在 30 平方千米以上的河流 17 条，水能资源极为丰富，流量稳定。盐津县水资源总量 17.83 亿立方米，水能蕴藏量 65 万千瓦。林业资源方面，截至 2015 年，盐津县林业面积 120 多万亩，可利用的荒坡荒地 80 多万亩。有用材林、经济林 140 多万亩，植被覆盖率 41.1%，森林蓄积量 56.2 万立方米。用材林以杉木为主，主要树种有松、栎、楸、杨、桦、桤木、榕树、泡桐等。较为珍贵的树种有植物王国中"活化石"美称的桫椤树和红豆杉，还有银杏、香樟、珍楠、鹅掌杉等。经济林果有油桐、枧子、木漆、柑橘、李子、板栗、枳壳、柿子等。

五、 高程与坡度

　　高程是指地面上某一点到水平面的垂直距离，分为绝对高程（即海拔）和假定高程（即距离假定水平面的垂直距离，也称作相对高度），本书分析的是绝对高程。高程的计算原理比较简单，但是计算每一个点的高程相对比较复杂，本书基于 Arcgis 软件生成高程分析图（见图 2-1）。在等高线上，根据等高线的不同弯曲程度和形态，可以判断出地表的一般状况。等高线封闭时，高度是外低内高，表示地形凸起，如山峰、山地、丘陵等。若等高线外高内低则表示为盆地和洼地。豆沙关古镇整个地块坡度较大，大部分地块的坡度都在 30° 以上，土地利用条件困难，改造工程较大，可以直接利用的土地资源比较有限，大多需要工程加固处理。

　　若等高线是曲线形状，则等高线向高处弯曲的部分是山谷，向低处凸起的是山脊，当多条高程不同的等高线相交于一处时，该处的地形为陡崖。同时，等高线还可以反映出地形的坡度信息，等高线密集的地方表示该处的坡度较陡，等高线稀疏的地方表示该处的坡度较小，豆沙关古镇的高程图与坡度图如图 2-1 所示。

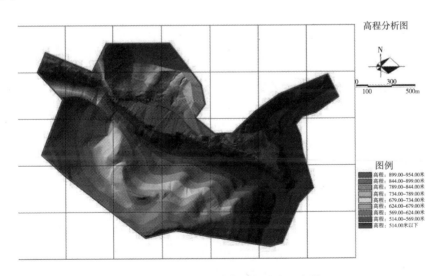

图 2-1　豆沙关古镇高程与坡度示意图

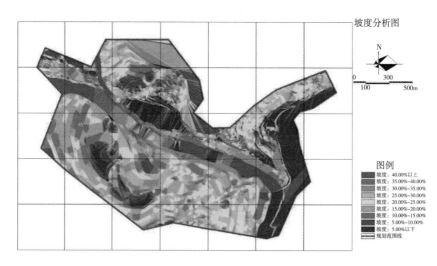

图 2-1　豆沙关古镇高程与坡度示意图（续图）

六、 豆沙关古镇的空间布局

结构决定功能，不同结构具有不同的功能。村落的空间结构在很大程度上决定了村落的功能。综合豆沙镇旅游资源禀赋、产品定位、空间分布、市场区位和交通条件等因素，通过不同层次中心服务地的培育和交通系统的完善，形成"一心两翼七片区"的基本空间结构（见图 2-2），构筑多层次、多功能、网络化的空间格局。"一心"指的是豆沙关南丝路古镇核心；"两翼"指的是以关河为分界，在区域南北两侧的汪家湾子和牛滚凼片区；"七片区"分别是指南丝路文化体验区、旅游综合服务区、古村落文化体验区、云药种植观赏区、云岭山寨僰乡风情体验区、乌蒙地质科普区、乌蒙古道历奇区。

豆沙关南丝路古镇核心位于豆沙镇的腹部，是南丝路上最重要的交通节点，先秦至今的文化、商贸交融集聚地，展现出特色鲜明的南丝路文化。豆沙关南丝路古镇文化是整个旅游景区的精髓。豆沙关古镇经历了 2006 年三次 5 级左右的地震，虽然震级不大，但破坏性却极大，带来了毁灭性的经济与文化损失。经修复后，豆沙镇遵循以文化旅游促开发的原则，再现古镇风貌，使古建筑得以保护的同时，在其周围又兴建了许多仿古建筑，古镇面积不断扩展，现在古镇主要有三条街道，呈一个"川"字，最下面的是一街，是原来古镇的老街，保留了古

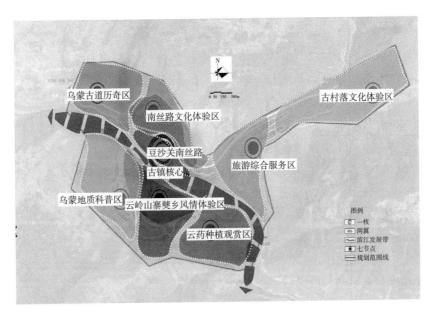

图2-2　豆沙关古镇空间结构示意图

镇原生态的韵味，依次往上是二街和三街，这两条街以前是当地老百姓的菜地，是地震以后恢复扩建的。古镇大多数房屋建筑是按原貌重建的，都是仿民清建筑风格，最高楼层只有三层楼，这里基本上都是当地私人房屋，一家一幢房，因此有"家家住别墅"之称。古镇文化分区如图2-3所示。

在原有古镇（一街）的基础上，以不改变古镇原有风貌的原则提升改造，建成了四个功能不一却相互联系的街区，并以街区分化进行旅游项目的设置。在整个旅游项目的设置中，均以古镇文化为核心，通过文化包装植入特色业态和文化展示平台，丰富古镇的文化普及性。古镇的功能定位是综合性的服务，包括饮食、住宿、观光游览等。每个街区设定不同主题进行业态植入，通过对古镇本地特色美食、商品的整体包装，让古镇变得真正可游、可观、可玩，丰富古镇文化内容。古镇一街——摩崖街（休闲区），主要规划思路为：第一，增加临崖空间和观赏性；第二，改造高层建筑的风格，充分利用好摩崖街的地理位置优势，增加住宿服务功能；第三，增加休闲娱乐服务业，摩崖街主要是一条休闲娱乐街，酒吧、KTV、茶室、娱乐等服务业是必须的。二街——袁滋街（核心主题），规划思路为：袁滋街作为古镇核心街区，是目前发展最好、业态最完全的街区。整体对袁滋街进行产业上的包装，主要满足游客的饮食、住宿等服务以及本地农副产品、特产的售卖；主要产业布局为：饮食（马帮菜、本地小吃）住宿（马

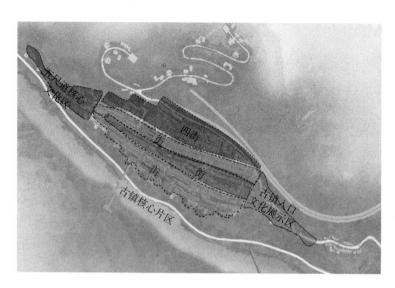

图 2-3　古镇文化分区示意图

店驿站）；空间布局思路体现为"一出一进"，"一出"即迁出古镇现有不合理的
生产业态，"一进"即引进文化型业态和旅游产业，具体可以包括餐饮、休闲娱
乐、公益性文化展览、匠铺店等；还原马帮过站、换马鞍、剪马鬃、修马蹄、钉
马掌等马帮文化场景；恢复古镇戏楼，为今后进行非物质文化活动表演提供场
所，进行文化活动的传承和扩散；修建古镇学堂，结合豆沙镇的中小学学校分
布，设置孔子学府，打造豆沙镇国学教育基地和传统文化体验。三街——汉唐文
化街（汉唐风韵），反映的是中国汉代和唐朝时期的历史文化，以展现汉唐风韵
为目的，包括汉唐时期的服饰、风俗及文化。整个街区进行风貌改造，风格形式
全部统一，换成仿古形式的商户和店铺。四街——行政教育街区（行政教育），
主要是镇政府所在地，是全镇的教育核心区，属于政治与文化氛围比较浓厚的
街区。

　　豆沙关古镇文化保护可以旅游开发带动文化保护的原则，分功能区划进行修
复和保护（见图 2-4）。西北片区包括关隘历险游乐区、南丝路马帮文化体验区
和商贸文化体验区。东北片区包括古村落文化休闲体验区、综合接待服务区。南
片区主要是部落风情体验区，建筑风格以僰人文化为主题，突出野趣性、部落
感，将游客从现代快节奏生活带到传统的部落生活之中，体验穿越时光的一次神
秘旅行。建筑总体风格将传统的街道式布局改为部落单元式布局，这样就可以摆
脱单一的"闲逛"式参观，而增强了单元功能的神秘感，各单元间用街道串联，

增强其间的相互联系。从整体布局上来看，建筑由东到西长向布置，南北向由高到低层层跌落，依山而建，主景观朝向关河，与豆沙关古镇遥相呼应。建筑材料遵循"原生态"的原则，采用一些原始的材料，例如茅草顶、石材堆砌、夯土墙、木材、竹子等材料，将传统的原始部落文化融入古镇建筑的每一个细节中，让游客真实地体验到"原始生活"的感觉。

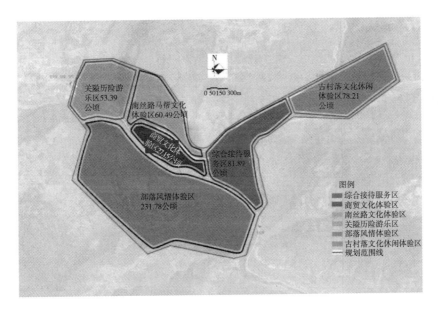

图 2-4 古镇文化功能分区示意图

七、 豆沙关古镇历史演变过程

随着古村落的社会生产力发展水平的不断提高，古村落人口容量也因此而发生变化，从而导致豆沙关古镇的居住空间出现不断扩展的趋势，村落空间扩展是村落发展演变的一条重要轨迹。由于豆沙关地理区位重要，具有重要的战略意义和经济通道，因此豆沙关古镇的村落空间形态演变与经济和战争有着重要的联系。自古以来，豆沙关就是滇川商贸通道的重要驿站，它不仅是南丝绸之路的重要路段，也是中原地区进入云南、贵州等地的交通要隘。公元前四世纪南丝绸之路就从这里经过，尤其是先秦开僰道、秦开五尺道、汉武开南夷道、隋唐开石门道以来，更加速了这里的开发进程。由于豆沙关处于特殊的交通枢纽，因此也成了兵家必争之地，不论哪个朝代，这里都是非常重要的地方。

关于"豆沙关"名称的由来有两种说法。一种说法是，由诸葛亮率兵历经豆沙关的时候所命名的。秦始皇统一中国以后，命令修建五尺道以便做到车同轨，秦五尺道修建线路从石门关西边的关口岩上经过，自上而下，曲折蜿蜒，向北通向四川的宜宾，五尺道刚上岩口的地方修筑了一座城堡，唐宋李赵王朝定名为石门关，石门关地形特殊，易守难攻，有人形容为"一夫当关，万夫莫开"。诸葛亮领兵来到关下安营扎寨，守军的将领说："丞相南征，一路所向披靡，势如破竹，我等也不敢不让丞相通过，久闻丞相大智大慧，先略备问题向丞相请教请教。丞相如果能在三日的期限内，把关河周围堆积的在河沙中的豌豆拣出来，小将便让大人通过此关，并备薄酒致谢道别。"诸葛亮听后便带人到河边一观，沙滩上的河沙一堆连着一堆，而且每一堆河沙里面都均匀地掺杂着不少豌豆颗粒。这就麻烦了，如果下令让士兵们用手一颗一颗地从河沙中把豌豆淘出来，不要说三天，给七天的时间也不可能完成这个任务。因此诸葛亮陷入了沉思中，在军中的帐内背着手走来走去，始终没有找到解决的办法。等到天快黑了，诸葛亮走出军帐，便看到漫山遍野的翠竹，心中便有了想法。成了！赶快传令下去，提着火把去砍竹子，编织成网状就可以滤沙了，豌豆和沙子便分开了。等天快亮的时候，守关小将爬上城堡惊呆了，没有想到诸葛亮仅用了一个晚上就把河滩上的沙子和豌豆分开了。小将遵守先前的诺言，立即开关，让蜀军顺利通过，诸葛亮通过关口的时候，守关小将对诸葛亮毕恭毕敬。后来，人们为了表示对诸葛亮智慧的敬崇，石门关就改为了"豆沙关"。当时能把河沙与豌豆分开来的网状物演变成了至今仍在许多农村使用的竹筛。另外一种说法是，到了元代，朝廷派一个叫窦勺的将领来守关，于是他就用自己的名字取而代之，把关名改为窦勺关。因"窦勺"与当地方言"豆沙"一词谐音，就一直沿用至今。① 豆沙关是先设关后建镇，豆沙镇因关而得名。从唐摩岩至三官楼这一段古巷道称豆沙街。古街上，腾龙坊、虎踞坊形如船头船尾；三皇阁、魁星阁形如船的桅杆，而三皇阁还兼有岗堡的作用。古镇历史上曾有八馆八庙（川主庙、黑神庙、江西庙、湖广庙、关爷庙、水古庙、张银庙、神皇庙）、老马店（陈家马店、管家马店、华家马店、土家马店等）、客栈（安银栈、灵和栈），非常热闹。

豆沙关的关隘建筑最初建成于隋朝时期，当时被叫作石门关。曾经石门关装

---

① 张玉春，江雨. 豆沙关古镇——滇川线上的璀璨明珠 [J]. 经济与管理，2012（1）：79-80.

有一尺二（40 厘米）厚的两扇大门，其中一扇大门开着，另一扇大门关闭，还有一顶门杠，此关设立后便将中原地区和边疆地区分隔开来，因此关口两边的人口交往也因此被隔绝。特别是到了唐朝的天宝年间，唐王朝大力扶持南诏，原本只想借助南诏的势力来遏制吐蕃的势力发展，可是当南诏的军队势力逐渐庞大以后，唐王朝又十分畏惧南诏的强大势力，因此企图对之加以打压。及皮逻阁死了以后，双方又在王位的继承上产生了激烈的矛盾，最终导致南诏叛唐，双方反目为仇。唐王朝此后发动了两次大规模的战争，目的在于一举消灭南诏，但是南诏却联合吐蕃军队，在西洱河两次击败唐军，因战争发生在唐朝的天宝年间（公元742~756 年），在中国历史上称为天宝战争。战争结束以后，南诏归顺吐蕃，唐王朝因此失去了对云南的控制。南诏叛唐后，石门关就闭关了，这一关就关闭了长达了 40 多年。① 唐王朝十分重视这个问题，授命御史忠诚袁滋去云南册封南诏国王，双方关系才缓和，袁滋贞元十年元月由长安出发，九月由川入滇受命去册封异牟寻石门关才被重新开启，袁滋在豆沙关摩崖刻石留念。这段历史就被记录在唐碑亭内的摩崖石刻之上，就是今天的《唐袁滋题记摩崖》，距今已超过 1200多年。这块石头刻字面积很小，字迹也不太大，甚至有些字迹历经多年已经变得模糊不清了，很多字迹需要近距离仔细审阅才可看清楚，但是其文物价值非常大，1965 年被列为云南省重点保护单位，1988 年被列为国家级的重点文物保护单位。目前整个昭通发现的国家级的文物只有两件，一件是昭通白泥井出土的"孟孝据碑"（汉代），另一件就是袁滋石刻（唐代）。

袁滋石刻全文 122 个字，共八行，前七行为楷书，末行"袁滋题"三字为小篆，每行 3~21 字。石刻内容记载了袁滋等 8 人奉命一行从京城长安出发前往云南册蒙异牟寻为南诏王，途经此地，为记此行，特摩崖题记。内容简单明要，但历史意义重大。

其一，它是我们祖国领土完整的石刻见证之一。在公元 794 年，袁滋奉命一行前往南诏册封异牟寻为南诏王，这一史实就得到了证实，它和云南大理德化碑堪称"姐妹篇"，而大理德化碑记载的是南诏叛唐的史实，虽然德化碑残缺不全，但还是可以清晰地看见"不得已而叛唐"几个字，意思就是南诏不是自己愿意叛唐的，是大唐逼南诏叛唐。当然，南诏叛唐到归唐这一史实有大理德化碑和豆沙关古镇袁滋题记这两块一前一后的石刻作为见证，足以证明云南早在一千多年前甚至更早就是中国不可分割的国土。

---

① 豆沙关的由来 [EB/OL]. http://www.doc88.com/p-990239999527.html.

其二，它是民族团结的象征。袁滋题记摩崖石刻出现以后（公元 750 年），标志着天宝战争一系列的战乱告终。天宝战争是唐天宝九年（公元 750 年）在云南爆发的，而天宝战争的导火索来自大唐驻云南太守姚州都督府的都督张虔驼，张虔驼在云南做太守期间和阁罗凤发生很多矛盾，并和阁罗凤的妻子有不寻常的关系，一心不想让阁罗凤继承王位，但是在公元 748 年，阁罗凤如愿以偿继承王位，摆筵席请宾客，张虔驼酒后乱性，将阁罗凤的妻子和女儿一并侮辱了，阁罗凤为之大怒，上奏朝廷，但当时的唐玄宗正和杨贵妃如胶似漆，不理政权，所有政权都交给了国舅杨国忠，杨国忠为包庇属下处理此事欠妥，阁罗凤在家等了两年都没有结果，终于在天宝九年（公元 750 年）忍不下去了，一为尊严，二为红颜，怒发带兵攻打姚州都督府杀死张虔驼，天宝战争大幕自此拉开，杨国忠知道此事意味着南诏要叛唐，必须派军队进入南诏实施镇压，于是派剑南节度使鲜于仲通率领三万大军进入南诏实施镇压，但是南诏少数民族多，骁勇善战，而且南诏还联合吐蕃轻而易举就把大唐三万大军消灭了，唐军全军覆没，杨国忠掩盖了唐军的惨败，但心里咽不下这口气，一直想找机会再次派军进入南诏实施镇压，在天宝十三年（公元 754 年），杨国忠派手下李密将军父子带七万大军进入南诏实施镇压，但由于士兵水土不服，疾病困扰，到达南诏时兵力下降，结果经过两军激烈交战，在西尔河（今大理洱海）唐军全军覆没，血染西尔河，李密两父子也拔剑自刎。此时的大唐再也没有能力管治南诏，把自己的势力退到了"石门关"，石门关一过就不属于大唐的管辖范围了。公元 766 年，阁罗凤立德化碑，主要是想澄清背叛大唐的真实情况，不想后人辱骂他是叛臣，其实他一心想要归唐。事隔 42 年后，阁罗凤的孙子异牟寻执政，由于吐蕃的欺压，同时也想完成阁罗凤的心愿，于公元 793 年异牟寻派三批使者安全抵达京城长安，要求重新回归大唐，并交出吐蕃所给的金印，请求恢复"南诏"名号。这也是大唐多年的愿望，唐德宗对此事非常重视，在贞元九年（公元 793 年）派遣差巡官崔佐时与异牟寻会盟于大理点苍山，第二年便派袁滋带着一行人到南诏去册封异牟寻为南诏王。当走到这里时袁滋有感而发，为纪念此事，于石刻记之，象征着大唐与南诏和好，关闭 40 多年的"石门关"也因此而打开，再次证实了领土的统一，象征了民族的大团结。

其三，石刻具有极高的书法鉴赏价值。袁滋是唐朝非常有名的大篆书家，是三大篆书之一。目前在全国只有三处有袁滋真迹，豆沙关这里是其中之一。

过了石门关，就到了"五尺道"遗址，五尺道现仅存遗迹 350 米，由一级一级的青石接头铺砌而成。这条道有 2400 多年的历史，是原汁原味的老道，至今老百姓依然还行走在这条道上，是迄今全国保留最长、最完整、马蹄印最多（243 个）的古驿道（见图 2-5）。

图 2-5　五尺道遗址

"五尺道"始建于秦朝，是由四川入云南，再到缅甸、印度的"蜀身之道"，是古代南方丝绸之路的重要通道。公元前 250 年，秦始皇刚刚统一天下，秦蜀郡太守李冰，授命于秦王朝，采用积薪烧石的办法，修筑了从僰道（今宜宾）经石门关到千顷池（今昭通）的第一条内地入滇通道——"僰道"。秦朝建立后，常頞在僰道基础上将道又修建到了建宁（曲靖），道宽仅五尺，故称"五尺道"，现在计算宽约 1.7 米。从此，五尺道成为内地入滇的一条大通道，石门关也成了内地通往云南的重要门户。到了汉武帝的时候，国家势力强盛，因此继续派人续修，经过多年的努力，终于在公元前 112 年竣工，被称为穿越秦汉之际、滇川之间、"栈道千里，无所不通"的交通枢纽。这条"五尺道"上，记载了 2200 多年的金戈铁马的历史，杜宇率领他的部下从朱提出发一直北上，向成都平原进军建立了蜀国；诸葛亮挥师南下，经此入滇征服了各个小部落民族，上演了"七擒孟获"① 的千古传奇；"元跨革囊"的忽必烈实施迂回包抄战术，经过此道用兵突袭南宋后院，使其猝不及防，最终土崩瓦解，因此而建功立业；明太祖为了平定云南，率领了数十万精兵战将浩浩荡荡从此南下，开拓了南方的疆土。到了近代，护

---

① 七擒孟获的故事是三国时诸葛亮出兵南方，将当地酋长孟获捉住七次，放了七次，使他真正服输，不再为敌。比喻运用策略，使对方心服。

国军北上、云南王龙云的崛起，都没有避开此道。这条古道的确经历了中国古代到近代的风风雨雨，同时还承担着云南和四川的商贸、文化交往的重任，滇川两地的马帮驮着布匹、食盐、大米、药材、茶叶等物品，络绎不绝地往返于这条古道。

豆沙关镇文物古迹与"五尺道"并列称奇的还有"僰人悬棺"（见图2-6），这也是古人留下的千古之谜，至今仍不能理解其中的奥妙。有研究资料表明，这是汉代留下的文化杰作，关于僰人的历史可以追溯到夏商时期，那时候其实本地并无人烟，只是因为中原地区屡次遭战火焚烧，民不聊生，胜者建立了自己的王朝，不断向外扩张领土，于是才有了移民。到了周朝，僰人才逐渐扩展为一个民族，他们参加周武王伐纣建功，首领就被封为僰侯，并在四川宜宾地区建立了僰侯国。再到明朝时期，僰侯民族为了保护自己的利益，曾与明王朝发生了十几场大大小小的战争，死伤无数，结果元气大伤，于是该民族消失在中国的历史长河之中，并融入了民族大家庭中，至今唯一留下来的便是石缝中的神秘"悬棺"了。

图2-6 僰人悬棺

目睹过"僰人悬棺"的游客无一不会提出这样一个疑问：在那个远古的年代，科技水平非常落后，没有任何现代工具，古人们是如何将这些棺材放置于石缝之中的？对上述疑问的回答有五种版本：第一种说法是，将棺木抬到悬崖顶上，用绳子拴好了再慢慢往下移动，然后再放置于石缝之中；第二种说法是，《岭表纪蛮》中的猜疑，认为僰人"筑土为台，运棺其中，事后台卸土落，而棺乃独标岩际"；第三种说法是，从山崖的一侧架设栈道，再将棺木运到石缝中；

第四种说法是，把棺木抬到悬崖底下，在山崖上面安装绞车，垂直拉上去；第五种说法是，在江流水位上升时，放置上去。虽然目前关于"僰人悬棺"的方法、步骤、技巧有很多说法，但是到底哪一种更有科学依据，还是都没有科学依据至今尚无定论，上述这些说法还都属于猜测，没有科学的依据。这是一个千古之谜，也许是后人的文化炒作，为了增强悬棺的神秘感和旅游价值，吸引更多的游客前来观赏。其实，悬棺仅仅是我国古代一种奇特的丧葬习俗而已，曾分布在中国南方的许多地区，金沙江流域、白水江流域都比较多。现今已发现的地区有台湾、福建、江西、广东、广西、湖南、湖北、贵州、四川等13个省份，内蒙古阿尔山市也被传出存在悬棺，此外，在东南亚及太平洋南部岛屿上也有发现。可是因其年代久远，又都在壁立千仞的悬崖上放置棺木，可参考的文献基本没有，所以至今很多悬棺的放置方法还是一个千古之谜。悬棺丧葬习俗本身不足为奇，只是豆沙关的"僰人悬棺"刚好处于历史文化交汇处，因此吸引了众多游客慕名而来。

八、 人口规模、结构及其变动

豆沙镇居住着汉族、回族、苗族、白族四个民族，以汉族为主，2017年常住人口24109人[1]，其中少数民族人口总数576人。豆沙镇的人口与计划生育工作比较扎实，计划生育工作始终坚持一把手负责制，实行"一票否决"和"黄牌警告"的制度，严格控制全镇人口数量，提高人口素质，以优化人口结构为工作目标，及时落实育龄人群的避孕节育措施，禁止计划外（包括婚内计划外）生育，尤其是育龄妇女的多孩生育坚决杜绝。该镇目前正朝无多孩生育小镇的目标迈进，缓解人地关系矛盾，努力实现人口数量、素质、结构、分布等人口内部均衡发展，同时人口与资源、环境、经济和社会外部协调发展。近十年来，豆沙关全镇人口增长速度较为缓慢，十年间人口净增长2227人，年均人口增长率为1.09%，整个盐津县在第五次全国人口普查到第六次全国人口普查期间，总人口增长了46021人，年均人口增长率为1.42%。2000年第五次全国人口普查时总人口20345人，其中男性人口10707人，女性人口9638人（见表2-1），家庭户户数4863户，家庭户总人口数19914人。

---

① 云南省昭通市盐津县人民政府，2017年6月。

表2-1 盐津县各乡镇总人口及其性别结构

地区	总人口	排序	男性人口	女性人口	总人口性别比	排序
2000 年						
盐津县	323860	—	168620	155240	108.62	—
盐井镇	41831	1	22077	19754	111.76	3
普洱镇	37598	3	19349	18249	106.03	8
艾田乡	19934	11	10426	9508	109.66	6
中和乡	20080	10	10475	9605	109.06	7
兴隆乡	31140	4	15927	15213	104.69	11
串丝乡	14466	12	7595	6871	110.54	5
落雁乡	21963	7	11287	10676	105.72	9
滩头乡	25116	6	12872	12244	105.13	10
牛寨乡	28777	5	14696	14081	104.37	12
庙坝乡	41655	2	22085	19570	112.85	2
豆沙乡	20345	9	10707	9638	111.09	4
柿子乡	20955	8	11124	9831	113.15	1
2010 年						
盐津县	369881	—	194185	175696	110.52	—
盐井镇	63050	1	32654	30396	107.43	9
普洱镇	61303	2	32409	28894	112.17	4
豆沙镇	22572	10	12025	10547	114.01	2
中和镇	32521	5	17183	15338	112.03	5
兴隆乡	34443	4	17899	16544	108.19	8
落雁乡	24830	8	12960	11870	109.18	6
滩头乡	28350	7	14526	13824	105.08	10
牛寨乡	31678	6	16487	15191	108.53	7
庙坝乡	46391	3	24674	21717	113.62	3
柿子乡	24743	9	13368	11375	117.52	1

资料来源：2000 年第五次全国人口普查数据；2010 年第六次全国人口普查数据。

豆沙镇（2000 年是豆沙乡）总人口在全县属于人口较少的乡镇，第五次全国人口普查数据显示总人口在盐津县排第九位，2010 年第六次全国人口普查已经降至最后一位，总人口仅有 22572 人，据此说明豆沙镇是全县人口增长速度最慢的乡镇。但是其总人口性别比结构却在上升（性别比的计算法为：男性人口数除以女性人口数，再乘以 100），2000 年的总人口性别比为 111.09，在盐津县排名第四，但是 2010 年第六次全国人口普查的时候，总人口性别比升至 114.01，在全县排名第二，仅次于柿子乡。从人口学的角度来看，造成豆沙镇总人口性别比上升的原因主要有两个：第一，人口金字塔底端人口性别比尤其是出生人口性别比的升高。当前我国许多农村地区受传统"重男轻女"性别不平等思想的影响，导致出生人口性别比已经出现普遍性、长期性的升高趋势，对于一个山区乡镇而言，经济水平比较落后，对男性劳动力人口的需求更加强烈，男权主义比较盛行，人们具有强烈的男孩生育偏好，这是导致出生人口性别比偏高的根本原因。第二，人口金字塔结构中段的劳动力人口，这是人口结构的主体部分，也是人口迁移流动比较活跃的群体。豆沙镇正向着世界级的旅游景区目标发展，前期大量的景区基础设施建设吸引了大量的男性劳动力人口，大量的男性外来人口在本地就业也在一定程度上增加了男性人口的"可见度"。虽然处于人口金字塔顶端的老年人口也会影响总人口的性别结构，但不是增加性别比，而是会促使人口性别比降低。众多人口学研究结果已经发现了人口死亡率性别差异随年龄的变化规律：一般情况下，男性老年人口的死亡率高于女性老年人口，而且年龄越大，死亡率的性别差异越明显，所以随着人口平均预期寿命的延长，女性老年人口存活的概率越大，平均寿命越长，人口性别结构越趋于降低。

豆沙镇的人口年龄构成如表 2-2 所示，0~14 岁少年儿童人口数 7218 人，其中男性 3898 人，女性 3383 人；15~64 岁劳动力人口 11788 人，其中男性 6201 人，女性 5587 人；65 岁及以上老年人口 1276 人，其中男性 608 人，女性 668 人；本地人口 19414 人。2010 年第六次全国人口普查，豆沙镇全镇总人口 22572 人，其中男性人口 12025 人，女性人口 10547 人，家庭户数 5080 户，家庭户人口数中男性人口 11719 人，女性人口 10406 人，0~14 岁少年儿童人口数 5148 人，15~64 岁劳动力人口数 15660 人，65 岁及以上老年人口数 1764 人，本地人口 21221 人。

表 2-2　盐津县各乡镇人口年龄构成及变化　　　　　　　单位：%

地区	0~14 岁	15~64 岁	65 岁及以上
2000 年			
盐津县	36.48	57.57	5.96

地区	0～14 岁	15～64 岁	65 岁及以上
2000 年			
盐井镇	31.01	63.15	5.85
普洱镇	36.81	56.97	6.23
艾田乡	36.97	56.86	6.17
中和乡	36.23	57.43	6.34
兴隆乡	38.97	55.42	5.61
串丝乡	36.93	56.26	6.81
落雁乡	40.07	54.37	5.56
滩头乡	39.70	54.55	5.75
牛寨乡	38.54	55.84	5.62
庙坝乡	36.20	58.16	5.64
豆沙乡	35.79	57.94	6.27
柿子乡	33.30	60.22	6.47
2010 年			
盐津县	24.79	68.08	7.13
盐井镇	20.94	72.17	6.89
普洱镇	26.74	66.20	7.06
豆沙镇	22.81	69.38	7.81
中和镇	25.90	66.39	7.71
兴隆乡	26.75	66.29	6.96
落雁乡	27.52	65.76	6.72
滩头乡	25.20	68.23	6.56
牛寨乡	23.49	69.07	7.45
庙坝乡	26.03	66.88	7.09
柿子乡	23.49	69.03	7.49

资料来源：2000 年第五次全国人口普查数据；2010 年第六次全国人口普查数据。

从表 2-2 中可以看出，豆沙镇从 2000 年到 2010 年人口年龄结构发生了明显的变化。少年儿童人口比例大幅度下降，2000 年第五次全国人口普查的时候，豆沙镇 0～14 岁少年儿童人口比例为 35.79%，到了 2010 年第六次全国人口普查的时候，该比例只有 22.81%，十年间降低了约 13 个百分点。少年儿童人口比例下降的主要原因有两个：一是出生人口数量的急剧下降；二是老年人口的寿命随着医疗科学技术的改进和生活水平的改善而迅速提高，导致少年儿童人口在总人口中的比例逐渐降低。

豆沙镇人口老龄化问题逐渐凸显出来。2000年第五次全国人口普查数据显示，盐津县12个乡镇均未进入老龄化的行列〔国际上，对一个国家或地区人口老龄化的界定标准是65岁及以上老年人口占总人口比例超过7%（多数发达国家采用的标准），或者60岁及以上的老年人占10%以上（多数发展中国家采用的标准），但中国在学术研究中大多采用65岁及以上的标准来衡量〕。但是根据2010年第六次全国人口普查数据计算发现，豆沙镇65岁及以上的老年人口比例增长到7.81%，而且为全县老龄化水平最高的乡镇，人口结构逐渐老化对于古村落的文化保护具有一定的障碍作用。虽然老年人对古村落的历史文化了解更多，更熟悉村落的历史发展变迁，但是由于老年人的知识水平和身体健康状况日益下降，在进行文化传播的过程中必然有一些不利的因素。

实际上，豆沙镇的人口正处于人口红利期，从劳动力人口的结构变化来看，15~54岁的劳动力人比例口大大增加。2000年第五次全国人口普查显示，15~64岁的劳动力人口比例为57.94%，2010年第六次全国人口普查显示，15~64岁劳动力人口的比重增加到69.38%，劳动力人口的增加为豆沙镇经济起飞提供了有利的人口基础，有助于古镇发展劳动力密集型产业。劳动力人口是经济生产活动的重要组成部分，无论是在原始的传统经济还是在现代的网络经济中，劳动力人口永远不可替代，即便劳动力人口的需求可以逐渐减少，但是永远不可能被完全替代，劳动力人口准确地说是具有劳动能力的劳动力人口，是经济增长的重要源泉。不仅如此，劳动力人口在古村落的文化教育、文化传承、文化保护等方面也具有不可替代的重要作用。

豆沙镇的人口迁移流动状况方面，2000年第五次全国人口普查数据显示，豆沙镇外来人口（不包括旅游、出差等短期逗留人口）931人，占本乡镇总人口的4.58%，占盐津县全部外来人口的8.68%。2010年第六次全国人口普查显示，豆沙镇外来人口增加到1351人，占本乡镇总人口的5.99%，比2000年增加了1.41个百分点，占盐津县全部外来人口的4.61%，比2000年降低了4.07个百分点。豆沙镇及盐津县人口迁移流动情况如表2-3所示。

表2-3 盐津县各乡镇人口迁移流动情况

地区	总人口（人）	本地人口（人）	外来人口（人）	外来人口比例（%）
2000 年				
盐津县	323860	313137	10723	3.31
盐井镇	41831	38925	2906	6.95
普洱镇	37598	35066	2532	6.73
艾田乡	19934	19746	188	0.94
中和乡	20080	19943	137	0.68
兴隆乡	31140	29707	1433	4.60
串丝乡	14466	14282	184	1.27
落雁乡	21963	21569	394	1.79
滩头乡	25116	24382	734	2.92
牛寨乡	28777	28089	688	2.39
庙坝乡	41655	41404	251	0.60
豆沙乡	20345	19414	931	4.58
柿子乡	20955	20610	345	1.65
2010 年				
盐津县	369881	340611	29270	7.91
盐井镇	63050	53098	9952	15.78
普洱镇	61303	57814	3489	5.69
豆沙镇	22572	21221	1351	5.99
中和镇	32521	31022	1499	4.61
兴隆乡	34443	33159	1284	3.73
落雁乡	24830	23461	1369	5.51
滩头乡	28350	26279	2071	7.31
牛寨乡	31678	29704	1974	6.23
庙坝乡	46391	42976	3415	7.36
柿子乡	24743	21877	2866	11.58

资料来源：2000 年第五次全国人口普查数据；2010 年第六次全国人口普查数据。

　　人口迁移流动对文化的影响方面，人们往往习惯于研究人口迁移流动行为对文化传播及文化变迁的影响，而忽略了另外一个非常重要的影响。实际上，人口迁移流动不仅对既有文化会产生影响，同时对新文化的形成也有着深刻而广泛的影响。人口迁移流动要么形成了新的文化特质，或是形成了新的文化丛，或是形成了新的文化模式。一般来说，对新文化模式形成的影响更为普遍一些。对古村落文化的影响也是如此，人口迁移流动不仅可以对已有文化进行传播，当某个特殊的移民群体迁入新的环境时还会对原有文化模式进行改进和修正，因此产生了新的文化。人口迁移流动行为对新文化形成的影响，包括迁入地和迁出地的影响，但是最典型、最显著的还是对迁入地新文化形成的影响。通常情况下，文化的发展变迁动力主要由两个方面的因素引发：一是内生性的原动力，具体是指存在于某种文化类型内部的矛盾；二是外生性的环境因素，不同区域的不同文化类型相互传播交流会导致各种文化形态增生出许多新的文化因子，促进了文化的解构与重构。具有不同文化主体的人口迁移流动是导致不同文化类型交流的基本原因之一，尤其是来自不同地区、拥有不同文化的人口集中前往一个地区，就会对迁入地的新文化形成产生重要的影响。

人口外出流动对豆沙关古镇的影响方面，豆沙关古镇与当代中国其他传统农村地区一样，正在经历着一场波澜壮阔的迁移浪潮。虽然豆沙关旅游经济相对发达，但是当地的许多年轻人仍然对外面的世界充满希望，渴望有一天能够走出农村，到外地去发展甚至安家落户。乡村人口自发的城乡社会流动，必然会对流出地（豆沙镇）的人口结构和生活方式带来翻天覆地的变化。豆沙关古镇的经济发展水平明显比沿海发达地区落后，古村落每年都有大量的年轻人外出打工、经商等。当他们在大城市居住了一段时间之后，慢慢地开始适应城市新环境，喜欢城市喧嚣的生活方式，其中一部分有经济头脑的年轻人开始考虑在城市创业，结婚成家，因此开始出现了大量人口外出流动或者长久搬离古村落，很多村落已是"人去房空"。留守老人、留守儿童、留守妇女等已成为现今豆沙关古镇的一个主要人口特征，社区日常生活和交流需要常住人口来维系，大量的人口外出将导致村落的日常活动维护不足。此外，人口大量迁移也会促使古镇原本的血缘、地缘等村民间的基本关系遭到局部瓦解，而社区结构在重组的过程中又没有形成一个有效的社区发展机制，当村民面临的一些现实困难没有得到及时帮助和妥善解决，尤其是在村民的住房短缺问题得不到及时解决的情况下，村民们便开始对古村落传统民居产生抵触情绪，进而怀疑古村落保护的意义，这将导致古村落本地居民在村落保护过程中失去主体性和自觉性。① 人口迁移流动对文化的影响，不仅包括本地人口的大规模迁出会对古镇文化产生影响，也包括外地人口的迁入对古镇文化的冲击。比如，外来移民和游客对古村落建筑的破坏、外来人口对本地风俗习惯的不遵守等，甚至导致古村落部分文化消失、瓦解。

---

① 陈秋. 从婚姻、养老、人口的变迁谈古民居保护与古村落社区发展 [J]. 温州大学学报（社会科学版），2013, 26（5）：23-29.

　　古村落既是传统村落社区的遗存形态，也是当代社会农村社区的构成类型之一。近年来，随着我国古村落保护实践与研究的逐步深入，国内学者基本厘定了古村落的物质文化遗产保护和非物质文化遗产保护并重、以民众为古村落保护的主体、强调民众自觉保护意识等基本观点，并逐步关注古村落保护与民众现实生活条件改善的关系、与当地民众生活意愿的关系、与新农村建设和现代社区发展的关系等问题。但鲜有人研究古村落保护过程中民众由于面临实际生活需求和住房困难而离弃、破坏古民居的现象。20世纪80年代末90年代初全国掀起古村落旅游开发保护热潮，当旅游成为实现古村落当地社区经济复苏和文化遗产保护最为常用，也几乎是唯一可行的一种手段时，豆沙关古镇当时作为旅游景点对外展示，曾吸引大批游客前来观赏，成为云南省名噪一时的文化旅游古村落。村内三个标志性的古建筑被改建成吸引旅游观光的小型民俗博物馆。然而，近年来村中新式高层现代民居日增，现存古民居数量日益减少，大量古民居的破坏也直接导致豆沙关古镇原来独特的庙宇、宗祠、古宅院等整体村落风貌严重受损。除了村民建新式民居破坏古民居以外，古民居遭受大面积破损、毁坏的背后，是村民普遍失去了对古民居的居住兴趣，民众普遍希望居住拥有现代化居住条件的新式住宅。近年来，村中拆除古民居兴建新式楼房的现象日益加剧，村民无视古村落保护规约擅自拆除古民居、建新式现代民居的行为和当地政府强制捣毁村民所建新居的事件屡有发生。此外，受古村落政策限制，加上征地修高速公路，耕地面积骤减，人均耕地面积低于全国水平，村内大批剩余农村劳动力向外转移，外出打工、就业成为苍坡村青壮年人口的主要选择，也有少部分年轻人通过考学、经商、婚嫁等途径迁出村落。村内常住人口主要由老人和孩子构成，年轻人在清明、春节两个节日返乡祭祖看望老人，其他传统节日如端午、中秋、重阳节等较少回来，村中许多传统民俗节日氛围越来越淡，许多年轻人对豆沙关古镇的历史和传统也开始逐渐陌生。我国古村落旅游发展中普遍存在旅游开发与古村落保护之间、古民居保护与居民生活条件的改善之间的尖锐矛盾，如何正确处理这些矛盾关系成为古村落保护开发的关键。古村落的村民能够"安居""乐居"，才会有保护古村落的主体意识，并自觉参与到古村落文化的传承和保护中去。不能靠自上而下的简单行政命令强制村民保留古民居、拆除新式民宅，这样容易导致基层政府和民众发生冲突。保护古村落也绝不是"原生态"地保护一个村落社区的贫困与落后，古村落居民对现代生活的追求和向往必须得到理解和尊重。现代生活不可缺少的居住装备，在古村落居住的人也是向往的，因为他们不是活在古村落的历史中，而是活在当下社会，古村落是和我们的生活同在的当代中国农村社区。如果为保护古村落而限制民众对现代化生活条件的追求，一定会在客观上对民众的正常生活造成阻碍。

九、 豆沙镇的产业结构

产业结构是指各产业的构成及各产业之间的联系和比例关系。在经济发展过程中，由于分工越来越细，因而产生了越来越多的生产部门。这些不同的生产部门，受到各种因素的影响和制约，会在增长速度、就业人数、在经济总量中的比重、对经济增长的推动作用等方面表现出很大的差异。因此，在一个经济实体当中（一般以国家和地区为单位），在每个具体的经济发展阶段、发展时点上，组成国民经济的产业部门是大不一样的。各产业部门的构成及相互之间的联系、比例关系不尽相同，对经济增长的贡献大小也不同。因此，把包括产业的构成、各产业之间的相互关系在内的结构特征概括为产业结构。

豆沙镇是南丝路上最重要的节点，旅游业、现代服务业、文化产业和特色农业优势突出。豆沙关南丝路特色小镇的创建将依托南丝路文化的国际影响力、小镇自身民俗文化的独特魅力。以豆沙关南丝路文化为核心载体，围绕南丝路文化发展特色文化旅游产业，形成了旅游+民俗文化（南丝路文化）为核心的文化产业，打造南丝路文化特色小镇；形成"以游促农、以游带工、游农托服、三产联动"的产业格局，促进一、二、三产业的系统发展，提升了区域经济发展水平，形成一核多元的产业链发展模式。豆沙镇的第一产业主要包括贡茶、竹笋、中药、乌鸡等现代化农业产业项目。贡茶在中国已经具有上千年的发展历史，它在整个茶叶生产中的地位、影响以及对中国茶叶文化的影响都是非常深刻的。

关于贡茶来历，最早可以追溯到封建社会，贡茶与中国封建社会制度的建立存在着密切的联系。实际上，贡茶和其他贡品一样，作为封建社会制度下君主对地方有效统治的一种维系象征。而贡茶制度则成了中国封建礼教的象征，是封建社会商品经济不发达的产物，贡茶顾名思义是古代朝廷专用茶，仅供皇宫享用的茶叶。

虽然当今中国的贡茶制度早已经被废除，但是贡茶制度的影响可谓深远。现如今，在健康生活方式的导向下，茶叶成为民间亲友馈赠礼品的主要对象之一，经常喝茶有利于身心健康，会喝茶成了一种高质量的生活品位，茶叶的大量需求带动了地方经济的发展。

豆沙镇的第一产业中除了茶叶，还有最具特色的乌骨鸡（简称"乌鸡"）饲养。乌鸡俗称"山鸡"，是一种杂食家禽动物，最早源自中国江西省泰和县的武山，有超过 2000 年的历史。云南昭通市盐津县盛产乌鸡，乌鸡不仅在营养价值方面远远高于普通鸡，吃起来口感也非常好，还具有较高的药用价值，被人们称作"名贵食疗珍禽"。自古以来，乌骨鸡在中国就被用作名贵中药药材，明朝李时珍《本草纲目·禽二·鸡》中说道："乌骨鸡有白毛乌骨者，黑毛乌骨者，斑毛乌骨者，有骨肉俱乌者，肉白骨乌者。但观鸡舌黑者，则肉骨俱乌，入药更良……肝肾血分之病宜用之，男用雌，女用雄。"①

豆沙镇的第二产业主要包括白酒、农产品加工业以及旅游商品生产。第三产业中，豆沙镇旅游业相对发达，因此与旅游活动相关的第三产业也比较多（见图 2-7），涵盖了食、住、行、游、购、娱多个方面。商业配套的服务业有南丝路度

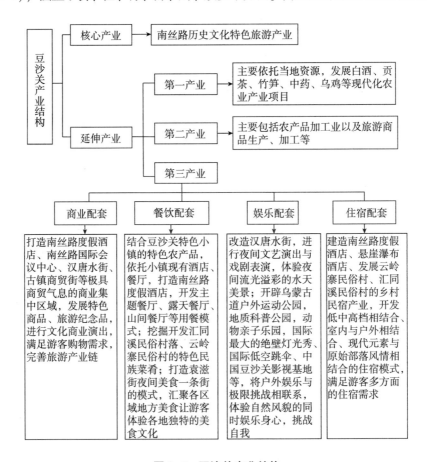

图 2-7　豆沙关产业结构

---

①　https://baike.baidu.com/item/乌骨鸡/4916225? fr=aladdin.

假酒店、南丝路国际会议中心、汉唐水街、古镇商贸街等极具商贸气息的商业集中区域，发展特色商品、旅游纪念品，进行文化商业演出等。餐饮方面的配套服务业，结合豆沙关特色小镇开发主题餐厅、露天餐厅、山间餐厅等用餐模式，汇同溪民俗村落、云岭寨民俗村的特色民族菜肴；打造袁滋街夜间美食一条街的模式，汇聚各区域地方美食让游客体验各地独特的美食文化。娱乐方面的配套服务，改造汉唐水街，进行夜间文艺演出与戏剧表演，体验夜间流光溢彩的水天美景；开辟乌蒙古道户外运动公园、地质科普公园、动物亲子乐园、国际最大的绝壁灯光秀、国际低空跳伞、中国豆沙关影视基地等，将户外娱乐与极限挑战相联系，在体验自然风貌的同时娱乐身心、挑战自我等。其他旅游产业方面，打造"旅游+论坛、会展""旅游+科普""旅游+农业""旅游+乡村""旅游+度假""旅游+运动"等旅游项目为延伸旅游产业。

十、 古镇交通运输网络发达

豆沙镇隶属于云南省昭通市盐津县，距离盐津县县城 23 千米；地处于川南滇北交界处，处于川、渝、滇、黔四地腹心地带，地理位置价值突出；距重庆、成都、昆明、贵阳四大中心城市约 400 千米；渝昆高速、内昆铁路完善古镇交通，成为川渝连通云南重要道路节点，交通条件突出，具备对外辐射能力；区位交通优势为加快豆沙镇旅游业发展和创建历史文化特色小镇提供了良好条件。不断完善的交通运输网络，形成了涵盖航空、高铁、公路、水路的立体交通新格局，为豆沙镇加快发展提供了良好的基础支撑：①航空。距昭通机场、宜宾菜坝机场均在 100 千米左右；距县内通用机场 30 千米左右，且豆沙关特色小镇已规划直升机起降点。②高铁。内昆铁路纵贯全境，并设豆沙关站，距渝昆高铁盐津南站 10 千米，豆沙关至水田的轨道交通已委托中铁二院开展前期工作。③公路。G85 渝昆高速穿越境内，并设有豆沙关收费站，水青高速穿境而过，国道 G247 贯穿全境。④水路。距宜宾水富港 80 千米、宜宾港 100 千米、泸州港 230 千米。

十一、 豆沙关的社会经济发展

豆沙镇人民政府在县委、县政府和镇党委的正确领导下，在镇人大的监督下，团结带领一班人，紧紧围绕第三届政府提出的奋斗目标和工作任务，坚定信心谋发展、克难攻坚求突破、齐心协力抓落实，圆满完成各项目标任务。坚持不懈地调整社会经济结构、提高发展质量，促进经济平稳增长。积极应对经济下行压力，坚持调结构、重统筹、提质量，经济总体平稳增长。2016 年，实现生产总值 3.065 亿元，较 2012 年增长 1.76 亿元，年均增长 24%，其中第一产业 1.69 亿元，第二产业 850 万元，第三产业 1.29 亿元，分别较 2012 年增长 0.87 亿元、680 万元、0.88 亿元，年均增长 20%、50%、33%；预计完成财政总收入 1893.58 万元，地方一般公共预算收入 240.7 万元，分别较 2012 年增长 915.42 万元、129.93 万元，年均增长 20%、18%；农村、城镇居民人均可支配收入分别为 6435.1 元、27225 元，分别较 2012 年增长 2735.1 元、9625 元，年均增长 14.8%、11.5%；完成规模以上固定资产投资 6862 万元，较 2012 年增长 3402 万元，年均增长 25.6%；城镇登记失业率为 4.5%。

（一）坚持不懈夯基础、促增收，农村经济稳步发展

坚持不懈夯基础、壮产业，不断巩固农业基础地位，累计发展方竹 7066 亩、天麻 2100 亩、李子 2500 亩、核桃 7350 亩、魔芋 600 亩，培训致富带头人 180 名，实施农业产业项目 5 个；完成石漠化、陡坡地治理 4670 亩。积极帮扶竹银华山、远卓魔芋等本土农特企业发展壮大。巩固畜牧业养殖业发展，2016 年，生猪存栏 3.78 万头，出栏 4.12 万头；家禽存栏 4.15 万只，出栏 4.32 万只；大牲畜存栏 2953 头；肉蛋产量达 3220 吨。完成 495 头母猪投保，建成疫情监测点6 个，完成生猪疫苗注射 7 万头次、牛 1830 头次、羊 353 只次、鸡 5.34 万只次；加大肉类检验检疫，确保食品安全。强化辖区农用车辆、机械不定期检查、检验，确保农业安全生产。注册成立专业合作社 26 个，组织开展各类农技培训 32 场次，受训 4800 人次，农民组织化、知识化水平不断提升。有序启动并稳步推进第三次农业普查工作。继续巩固退耕还林成果，完成退耕还林任务 2393 亩；中央财政补贴造林任务 2722 亩；补植补造 1200 亩；义务植树 60 亩，全力打造"绿色生态长廊"。护林防火井然有序，未发生连片森林火灾；完成林改整改工作，林业执法力度不断加强。

（二）坚持不懈聚靶心、强精准，脱贫攻坚扎实开展

紧扣国家实施新一轮脱贫攻坚战略，严格按照上级部署，扎实开展"挂包帮、转走访"，按照"五查五看""三评四定"确定建档立卡贫困户 1466 户 5434

人；制定镇、村脱贫规划，全面实行挂星摘帽，对照"五个一批"要求为每户贫困户制定脱贫措施。按照县委提出的"三进一建一改造"思路，全力推进易地搬迁、农危改工程建设，引导群众进县城、集镇购房；快速推进汇同溪、银厂柏果坪两个安置点建设。结合退耕还林、还草，面山绿化等生态保护工程，加大产业规划发展力度，拟发展花卉、竹笋、魔芋、中药材、蜜蜂、乌鸡、茶叶等产业，促进贫困群众增收致富；用活上级各类帮扶政策，帮助境内企业、农户协调申请贷款，助推产业快速发展。争取上级教育培训机构支持，搭建平台、用活资源，持续加大对农村劳动力转移培训力度；加强与周边地区用工市场对接，根据用工需求，不断丰富、完善培训内容，让受训人员学有所用。加大对丧失劳动力的特殊贫困群众实施社会政策兜底，采取集中供养五保老人、低保、养老保险、新型农村合作医疗等政策，解决贫困群众生活难问题。

（三）坚持不懈优环境、壮实业，旅游产业迅猛发展

致力文化旅游产业发展，加大对文化旅游的宣传推介；完善旅游六要素，提升旅游从业人员素质，加大对餐饮、住宿、零售行业的监管，促进市场规范化，为游客提供服务周到、消费合理的旅游环境；通过深度挖掘、有效整合，集古镇历史文化、自然景观、民俗风情为一体的旅游格局日趋成熟，先后被授予全国特色景观旅游名镇、省级风景名胜区、历史文化名镇、旅游小集镇、文明小城镇、特色旅游小城镇等称号。累计接待游客 510 余万人次，实现旅游总收入逾 3.5 亿元。同时，依托资源优势，按照县委、县政府推进全域旅游思路，大力实施旅游扶贫新举措，全力构筑"一心两翼六片区"旅游新格局，加快 5A 级景区申报创建，力促豆沙旅游产业步入发展快车道。

（四）坚持不懈抓规划、强建管，城乡建设快速发展

近几年来，豆沙关始终坚持"招大引强"，积极改善投融资环境，努力营造"亲清"政商关系，不断加大招商引资力度，先后引进了万泰旅游开发公司、牛栏沟电站、神龙乌天麻、物化酒业、路宏集团等企业落户豆沙关。加强项目建设服务和跟踪督查，抓实项目建设管理、质量、效益；持续推进悬崖瀑布酒店、唐风文化街建设，累计完成投资 8500 万元；投资 2300 万元建成林家渡、老母城大桥；加快中成燃气管引工程豆沙段建设进程；坚持统筹城乡一体化发展，投资300 余万元完成高速公路出口至林豆公路段路灯光、集镇排污管网升级改造，集镇景观灯更换，安置区街面硬化等；整合群众参与预算及其他项目资金近 4000 万

元，新建岔河、姚花、悔母、磨石膏等公路 27 条 80 千米，硬化公路 45 千米；投资 260 余万元，建成管饮工程 15 件，解决 876 户 3507 人饮水安全；投资 496 万元对石门向阳、灯台，黑喜大华一社、长胜东风新农村建设点提升打造；实施危房改造及新农村房屋亮化 500 余户，有效改善人居环境；全力开展城乡环境综合整治，完成乡村规划，启动农村环境两污治理项目，健全整治与管理相结合机制，推动城乡环境面貌焕然一新。

（五）坚持不懈重统筹、惠民生，社会事业全面进步

坚持统筹兼顾，确保民生优先，促进社会事业全面进步。卫生计生工作不断强化，全面推行计划生育村（居）民自治，提升管理水平，加强服务，强化"奖优免补""全面二孩"政策落实，人口自然增长率控制在 3.06‰以内，医学监护率达到应监护对象的 100%，计划生育率达 95.38%，计划生育合格村创建稳步推进，县级下达的各项任务指标圆满完成。严格落实国家基本药物制度，不断提升公共卫生服务水平，新建医务用房面积 2300 平方米；加强新型农村合作医疗政策执行，参合率达 100%，强化政策执行监管，四年来，共 10 万余人次看病吃药享受到减免政策。民生保障不断强化，城乡一体的社会救助体系逐步建立，低保覆盖范围逐年扩大，医疗救助补助标准不断提高，优抚安置政策得到全面落实，新型城乡居民养老保险全面铺开，民生保障进一步加强。教育事业不断发展，坚持推行教育综合改革，强化学校管理，抓实控辍保学，适龄儿童入学率及初中毛入学率分别达 100%、99%；加大扶贫助学力度，全面实施"两免一补"和"营养餐"工程；加强校园安全及周边环境整治，严防校园安全事件和恶性案件的发生；加大投入力度，全面夯实教育发展基础，累计新增校舍面积 8094 平方米。文化事业进一步发展，以"送戏下乡，送影下乡"为契机，邀请五尺道艺术团等团队进行文艺演出，引导群众开展文化娱乐活动，丰富群众精神文化生活；举办"唐风文化杯"篮球运动会、"迎新春·送春联"文化乐民活动、"唱响扶贫之歌"比赛、"党恩永远记在心"等活动；每年国庆期间高标准举办美食文化节；民间文艺团队、协会不断壮大，群众文体活动广泛开展。

（六）坚持不懈强改革、稳增长，财税工作不断完善

抓实财源稳固工作，重视和发展纳税户，为其提供支持和服务；积极争取财政政策，培育新的财政增长点，促进税收规模的扩大和增加。同时，通过强化税

收征管、争取上级支持等方式，增加镇级财政的保障能力。在抓好财政收入的同时，优化财政支出结构，坚持"保工资、保运转、保稳定、促发展"的方针，强化增收节支，推进县乡财政体制改革和村级委托代理服务。全面推行群众参与预算改革，推行公共预算编制改革，强化政府收支预算编制的审查和监督，提升基层民主参与意识，提高基层人代会审查预算能力，促进镇财政预算编制制度化、程序化和规范化。

（七）坚持不懈建机制、控源头，社会大局和谐稳定

积极探索新形势下群众工作方法，创新社会治理机制，推行社管综治重心下移，社会政治和谐稳定。不断健全完善有效、长效的监管机制，加大对道路交通、民爆物品、烟花爆竹、危险化学品的安全管理，加大打非治违力度，确保非法生产零状态；强力推进安全生产达标建设，狠抓隐患排查整改，安全生产形势持续好转。坚持以人为本，创新社会治理方式，着力提升人民群众安全感；认真落实信访联席会议制度，扎实开展社会矛盾大排查调解活动，确保社会稳定，先后成功化解唐风文化街建设矛盾纠纷、牛栏沟电站建设纠纷等重大信访问题；充分发挥人民调解作用，开展矛盾纠纷排查400余次，排查调解纠纷386件，化解上访67件。受理治安案件286起、查处237起，刑事立案116起、破案48起。认真组织各类宣传活动，制作法制专栏110期、张贴宣传标语200条、发放宣传材料3000份、开设法制课60班、受教育6万余人次。

（八）坚持不懈转作风、优服务，自身建设不断提高

深入推进法治政府、责任政府、阳光政府和效能政府建设，有力地促进行政效能提高和服务环境改善。一是坚持以发展为纲，提升运作水平。把握发展大势，提高政策、项目、资金运作能力，在变化中抢抓机遇，在逆境中赢得空间；更加注重具体工作落实，依靠团队力量，发扬协作精神，确保各项工作有序推进。二是坚持以服务为责，转变政府职能。按照建设服务型政府要求，把政府职能转变到社会管理和公共服务上，建设行为规范、运转协调、公正透明、廉洁高效的行政管理体制，推行"三务"公开，实现政府工作阳光化、透明化。三是坚持以创新为魂，激发干事活力。将改革创新精神贯穿于工作各环节，通过创新体制机制破解制约发展的难题；严格落实目标管理绩效考核，真正让想干事的有机会、能干事的有平台、干成事的有地位。四是坚持以民生为本，促进成果共享。围绕群众现实需求，办好群众受益的事、办好群众急需的事、办好起长远作

用的事；落实各项惠民政策，提高群众收入和生活质量。认真执行人代会及人大主席团的决定、决议，主动接受县、镇人大代表监督，认真办理人大代表议案，充分采纳人民群众的意见和建议。同时，切实做好统战和民族宗教工作，工会、共青团、妇联等群团组织的桥梁纽带作用充分体现，武装工作取得新成效。全镇上下形成了聚精会神搞建设、群策群力谋发展的强大合力。

豆沙镇近几年来取得的优异成绩是县委、县政府和镇党委正确领导的结果，是全镇上下团结一心、奋力拼搏的结果，是社会各界关心支持、鼎力相助的结果。只有坚持以加快发展为要务、以产业培育为重点、以项目建设为支撑、以改善民生为根本、以狠抓落实为保障，才能壮大经济实力、破解发展难题、改善基础条件、凝聚各方力量、促进和谐稳定。在看到成绩的同时，我们也看到存在的差距：一是全镇经济总量小、结构层次低、经济下行压力大，实体经济运营困难，产业业态有待提升，产业结构调整任重道远。二是发展基础薄弱，基础设施建设任重道远；财政增收渠道单一、增收困难。三是脱贫摘帽任务艰巨，农村经济支柱产业单一，农民增收渠道仍然狭窄，新的经济增长活力还需进一步挖掘。四是社会转型、利益分割、工程建设等引发的社会矛盾较多，安全生产、维护稳定任务繁重。五是少数干部思想观念、能力水平跟不上形势发展的要求，群众整体素质不高，大局意识、全局观念不强。为此，豆沙镇将在今后的工作中逐步加以解决。理清思路，突出重点，未来几年，是豆沙镇脱贫摘帽的攻坚期、全面建成小康的关键期，也是站在新起点，打好翻身仗的重要时期。当前，周边乡镇经济发展呈千帆竞发态势，豆沙镇要想有所作为，打赢这场竞争激烈的脱贫攻坚战，不但要增强"等不起"的紧迫感、"慢不得"的危机感、"坐不住"的责任感，更要以"开局就是决战、起步就是冲刺"的决心，拧成一股绳、撸起袖子、甩开膀子拼命干的勇气，以敢为人先的精神推动发展，以永不满足的精神引领发展，以只争朝夕的精神率先发展。

"十三五"时期，经济社会发展总体指导思想和思路是：以马列主义、毛泽东思想、邓小平理论、"三个代表"重要思想和科学发展观为指导，以习近平总书记系列重要讲话精神为引领，认真践行五大发展理念，全面贯彻落实"六大战略"和"三县"要求，紧扣"山上兴产业、山下建新村、全镇搞旅游、脱贫奔小康"这一思路，大力实施"党建带镇、农业稳镇、产业强镇、科教兴镇、旅游富镇"五大战略，突出抓好精准扶贫、古镇新貌、全民小康三大主题，统筹推进经济建设、产业调整、民生保障、社会管理，全力构筑"山上靠产业增收、山下靠服务赚钱、务工靠技能增薪、能人靠创业致富"的发展格局，努力将豆沙镇建设成为渝昆高速公路上的一个精品旅游小镇。

未来几年豆沙镇的经济社会发展预期目标为：到 2021 年，生产总值年均增长 11% 以上；地方一般公共预算收入年均增长 10% 以上；农民人均可支配收入年均增长 11% 以上；城镇居民人均可支配收入年均增长 10% 以上，群众生活水平全面实现小康。为实现上述目标，我们必须全力以赴抓好以下七项工作：聚焦脱贫攻坚，力促全面小康迈开新步伐。严格按照上级部署要求，立足实际，将靶心聚焦于贫困人口，健全工作机制、创新工作理念、强化工作举措，着重在"精准"上深下功夫、下深功夫，用活上级各类帮扶政策措施，调动群众积极性，着力推进人居环境改善、基础设施建设、主体产业培育、人口素质提升等，有效改善贫困群众生产生活条件，提高贫困人口收入，确保到 2017 年实现脱贫摘帽，2020 年全面建成小康。坚持产业兴镇，推动特色产业呈现新亮点。把培育旅游产业、发展特色旅游经济作为富民兴镇的主攻方向，重点以打造旅游精品景点、夯实旅游基础设施、推进"旅游+"、完善配套体系为抓手，全力抓好"旅游扶贫示范区"及"农文旅示范区"建设，搞好产业规划，鼓励全民创业，力求特色旅游产品发展有重大突破。以实施旅游扶贫为契机，全力围绕旅游产业提档升级配套发展花卉、苗木、茶园、观光等其他产业；抢抓机遇，加速推进古镇提质改造，汇同溪片区旅游景点开发，牛滚凼、汪家湾子旅游板块打造，为豆沙镇 5A 级景区建设筑牢保障，促进旅游产业深度开发，打造豆沙旅游新名片。同时，全力巩固提升竹笋、魔芋、乌鸡、生猪养殖等传统产业，奠定群众增收基础。坚持科学发展，确保主要指标实现新增长。把巩固农业、招商引资、借力发展作为提高经济增量、促进财政增收的主战略。重点是突出以农稳镇，狠抓科技样板不放松，加大涉农投入，完善强农惠农措施，加大农业基础设施的建设力度，不断提高农业抗风险和抵御各种自然灾害的能力，确保粮食生产稳步增长。加大招商引资力度，认真落实服务企业责任制，把更多的精力放到为企业服务上，切实加强境内旅游、农业企业的协调服务力度。加强服务支持，促进传统产业技能提升，整合境内特色产业，培育新兴产业。坚持项目带动，推动基础设施跃上新台阶。牢牢把握中央省市投入重点，加大项目储备和协调能力，促使更多的项目落户豆沙镇。加大农村道路交通设施建设，提高交通通畅能力，推进现有镇村公路升级改造；提高农村公路管理养护水平，推进农村公路安保工程，全力提升交通水平。加快推进"一水两污"治理项目建设，加大饮水水源地保护，全力确保人畜饮水安全。坚持统筹兼顾，推动城乡建设取得新发展。统筹发展，加快推进城镇化建设，加快构筑镇村联动、错位发展、优势互补的体系，使集镇规划更加合理、建设更加规范、功能更加健全。同时，以开展"四城同创"为契机，不断加大城乡人居环境整治力度，以"七改三清""四治三改一拆两增"等为抓手，强化"两违"整治，加大小康示范村、人居环境提升示范村等建设力度；进一步完善乡村规划，坚持绿色发展理念，持续推进生态文明建设，守住绿水青山，推动城乡面貌焕然一新。坚持以人为本，推动社会事业取得新成效。统筹兼顾发展经济与改善民生，把解决好群众关切的问题放在优先位置，落实各项惠民利民举措，充分保障群众的合法权益。坚持把促进就业作为社会发展的优先目标，继续推动创业带动就业，着力构建和谐劳动关系。加大社会保障投入力度，加快建设覆盖城乡居民的社会保障体系。以巩固义务教育为重点，合理配置教育资源，不断提高办学水平。全面推进新型农村合作医疗制度，加强医疗卫生基础设施建设，完善医疗设施设备，确保广大人民群众有病可医、有病能医。坚持计划生育基本国策，全力推行优生优育政策，促进人口均衡发展。坚持维护稳定，推动社会管理再上新水平。努力探索和正确把握新时期人民内部矛盾的特点和规律，积极适应经济社会发展新常态，在加快经济发展的同时，强化社会管理体制和能力建设，发挥群众和社会组织作用，形成良好的社会管理和服务合力。不断拓宽人民群众诉求渠道和完善社会矛盾调处机制。加强基层基础工作，切实加强对各类遗留矛盾、纠纷调处力度，着力解决影响稳定的源头性、根本性、基础性问题。严格落实安全生产责任制，完善重大危险源监控和重大隐患排查消除机制。加强社会治安综合治理，严厉打击各类违法犯罪活动，切实维护社会和谐稳定。为了实现上述目标，未来豆沙关镇将着力抓好以下六方面工作：

（1）围绕一条主线。紧紧围绕脱贫摘帽、同步小康这一主线，全力以赴抓实脱贫攻坚工作，实行挂图作战、倒逼进度、动态管理，进一步明确目标、强化措施、压实责任，全面完成汇同溪、银厂柏果安置点建设及 580 户农危改项目实施。实施好汇同溪安置点周边地区栀子花、三角梅配套产业项目；依托扶贫产业项目将产业帮扶措施精准到户，石门村、石缸村、长胜村贫困户户均养猪 3 头以上，长胜村贫困户户均种植魔芋 3 亩以上，石缸村、万古村、黑喜村贫困户户均养殖乌骨鸡 100 只以上，银厂村重点发展养牛、养蜂和竹笋产业。扎实开展好实用技术培训和劳动力转移，引导农民向第二、第三产业转移，力争实现新型劳动力培训转移就业 6000 人次；积极争取更多项目资金支持，加大水、电、路、通信等基础公共服务设施建设力度，强化教育、医疗和社会保障体系的建设，确保 2017 年如期脱贫摘帽。

（2）加快两个进程。一是抓牢旅游产业发展，加快推进古镇提质改造进程，并以景区建设为中心，加快周边旅游点打造，积极培育和发展文化旅游业，加速推进5A级景区创建，构筑旅游发展新格局。二是以开展"四城同创"为契机，强化"四治三改一拆两增""七改三清"力度，加快城乡环境综合治理进程，推动环境质量持续改善；加快"一水两污"项目建设进度，加大集镇秩序治理，着力解决交通秩序、市容市貌、环境卫生等方面存在的突出问题；继续保持"两违"整治高压态势，严厉打击集镇规划区、基本农田保护区、交通主干道沿线、重点项目覆盖区域"两违"乱象，营造干净有序的发展环境。

（3）加强三项建设。一是加强生态建设。大力实施封山育林，深入推进退耕还林、还草工程及人工造林、陡坡生态治理、义务植树等，着力抓好境内公路主干线周边绿化、美化力度，完成国家级生态乡镇创建，筑牢绿色发展理念。二是加强基础建设。争取资金投入，完善镇域道路交通系统，提升道路等级，建立便捷高效的路网；整合资金提高人饮解困项目覆盖面，建立安全可靠的水网；继续推进农村电力网络改造，建立保障有力的电网；依托"光网城市"建设，建立新型便捷的互联网。三是加强稳定建设。探索新形势下的群众工作思路，创新群众工作方法，提升群众工作水平；强化信访信息化建设，畅通和规范群众诉求表达、利益协调、权益保障渠道，及时化解各类矛盾，正确处理好维稳和维权、打击和保护的关系，公平、公正地维护好群众利益；加强社会治安管控，全力营造和谐发展环境。

（4）突出四个重点。一是持续推进财税改革。积极扶持和培育效益好、税收大的企业，深入挖掘税源，不断扩大财政增收空间，进一步筑牢增收基础。全力支持配合税务部门严格依法征收，加强税收征管，保持财税收入快速均衡增长。认真完善公共财政体系，牢固树立过紧日子的思想，调整优化支出结构，巩固群众参与预算改革成果，把有限的资金用于基础建设和国计民生上。二是全力抓好殡葬改革。认真落实中央《关于党员干部带头推动殡葬改革的意见》，党员干部要带头文明节俭办丧事，树立时代风尚；带头火葬和生态安葬，保护生态环境；带头宣传倡导殡葬改革，弘扬新风正气。要严肃纪律，加强监督，依纪依法严肃查处丧葬活动中的违纪违法行为；积极做好舆论引导，严厉打击乱建"活人墓"行为，确保殡葬改革取得实效。三是保障农业稳步增收。落实各项支农惠农政策，统筹农业综合开发、农田水利、土地整治等项目建设，夯实农业发展基础。推进科技示范样板建设，抓实农业生产，减少土地撂荒，加大良种良法推广，确保粮食产量稳步增长。推广"村两委+理事会+合作社+群众"的运行模式，完善产业化利益联结机制，大力推进农村集体经济组织和五好标准化合作社建设。四是优化发展内部环境。认真践行市委提出的"优化发展环境年"行动，认真落实服务机制，苦练内功、筑巢引凤，不断优化发展内在环境；同时充分调查研究，征求民愿，结合实际，规划储备一批涉及旅游发展、基础设施建设、资源开发、环境保护等方面的项目，为未来发展重点指明方向。

（5）落实五个保障。一是强化社会保障，确保民生优先。严格按照应保尽保、按标施保，应退尽退、动态管理的要求，进一步提升城乡低保规范化管理水平，严肃查处骗取、套取低保资金的违规行为；加大对留守儿童、流浪未成年人、空巢老人、孤残人员的关心、救助。扩大社会养老保险覆盖范围，实现贫困人口新农保参保率达100%。二是统筹社会事业，确保发展立本。认真抓好人口计生工作，强化政策执行，稳定低生育水平，全面落实二孩政策。狠抓教育内涵发展，全面实行小学课堂教学改革，提升教育教学质量；加大教育基础设施建设力度，夯实教育基础。强化新农合管理，确保贫困人口参合率达100%，推进突发公共卫生事件应急体系建设，抓好疾病防控、妇幼保健等工作。深入挖掘文化精髓，强化文化市场整顿，推动文化事业跨上新台阶。三是推进国土优化，确保环境强基。以国土优化为抓手，抓规划、快建设，重管理、强保护，切实把环境优先的理念贯穿于发展全过程。进一步完善土地利用总体规划、林地规划和环境保护规划的衔接工作，留足生态绿线，严守耕地红线。加大地质灾害治理，加强防灾减灾体系建设，完善地质灾害、山洪灾害等各类应急预案；加强监测预警，强化应急演练，提高快速反应和紧急救援能力。在大力招商引资的同时，做到对资源开发实行最严格的产业和环保准入政策。建立和完善资源环境承载能力监测预警机制，对水土资源、环境容量实行限制性措施。四是加强队伍管理，确保服务至上。加快政府职能转变，深化制度改革，加强干部队伍管理，强化为民服务大厅建设，不断提高服务质量和水平。继续实行干部直接联系群众制度，提高新形势下做好群众工作的能力，着力解决群众反映强烈的突出问题。认真落实中央"八项规定"，坚持察实情、出实招、办实事、求实效，不图虚名、不务虚功，勇于担当、敢于负责，切实解决行政不作为、工作不落实等问题，推动工作运转更加规范协调、办事更加公正透明、服务更加高效快捷。五是深化廉洁建设，确保清廉为纲。全面推行依法行政，建设法治政府。全面推进党风廉政建设，严格执行廉洁自律各项规定，严肃查处各类违纪违法案件。强化对重要工作、重点领域、关键岗位的监督。大力弘扬艰苦奋斗的优良作风，坚持勤俭办事，反对铺张浪费，严格控制行政成本，确保"三公"经费零增长。

（6）办理十件实事。积极争取，认真落实，确保完成十件实事办理。一是硬化银厂青龙公路 2.5 千米；二是硬化石缸虾蟆公路 1.8 千米；三是硬化黑喜雕湾至姚家田公路 3 千米；四是硬化石门村委会至华坪公路 2.8 千米；五是新建银厂后山至海子公路；六是新建长胜、石门、石缸、黑喜村级卫生室；七是新建石缸村委会；八是新建社区公厕；九是新建万古狗钻洞过河桥；十是启动古镇"两污"治理工程。

第三章 · 豆沙关古镇村落文化要素

村落首先是一个物质实体，它包括村落的地理环境、建筑实体等有形物质，同时村落又包含它自身的历史形态、经济形态、文化形态、民俗形态等无形构成，即村落是由物质形态和精神形态两个构成要素组成的。两者都不能独立地对村落产生影响，而是相互渗透着起作用。文化是一个群体（这个群体可以大到一个国家或者是某个具体的民族，也可以小到某个单位或家庭）在某一特定时期所形成的思想道德、理想信念、社交行为、风俗习惯、法律制度等，以及由这个群体整体意识所辐射出来的一切活动。我们日常生活中所讲的一个人有没有"文化"，是指他有没有受过教育，受过何等层次的教育，读的书越多，往往就认为懂得的知识文化越多，这是对文化狭义的理解。本书所阐述的文化是从广义角度来理解和分析，即人类在社会历史发展过程中所创造的物质财富和精神财富的总和。广义层次的文化构成从其内容构成层次的角度可以分成四个层次，如图 3-1 所示。

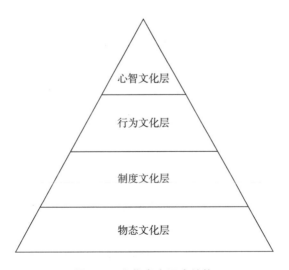

图 3-1　文化内容层次结构

第一个层次是物态文化层，处于文化的最基层，是人类的物质生产活动及其产品的总和。该文化层可以通过人体五官直接感觉，是具体的物质形态文化，比如古城堡、观音阁、五尺道等属于人们直接可以用肉眼观察得到的物质文化。第二个层次是制度文化层，它由人类在社会实践中建立的各种社会规范构成，无规矩不成方圆，任何国家和民族都有自己的社会规范，目的在于约束人们的行为活动，奖励有利于人类发展的行为，惩罚阻碍社会进步、破坏社会秩序的各种行为，禁止人们做出各种越轨行为。具体而言，制度文化层又包括社会经济制度、婚姻制度、家族制度、法律制度、教育制度、医疗卫生制度等。第三个层次是行为文化层，以民风民俗的形态出现，常见于人们的日常起居动作之中，具有鲜明的民族特色和地域特色，比如僰人舞蹈、朱提文化。第四个层次是心智文化层，位于文化层次结构的顶层，居于文化的核心部分，主要由人类社会实践和意识活动中经过长期孕育而形成的价值观念、审美情趣、思维方式等构成。物质形态主要包括村落的地理环境、气候特征、自然资源、水系、街巷、建筑遗产等，是村落形成和发展最直接的物质基础，是古村落体现其地方性特征的根源所在。在物质形态中，对于水系、街巷、建筑遗产的保护是重点。村落水系构成复杂，大致可分为自然水系和人工水系。自然水系包括河、湖、塘、溪、泉等；人工水系包括井、水库等。豆沙关最为典型的形态文化如豆沙关古镇景区的 Logo（见图 3-2），该标志反映的就是豆沙关的心智文化。

苗族头饰、图纹：
1.代表苗疆文化，富有山寨特色
2.又似官帽，寓意升官发财

关口形态：
突出地域特色，寓意官运亨通

紫色/红色：
寓意富贵吉祥，由紫到红的渐变也寓意鸿运当头

古字"门"：
1.通关大门，寓意节节高升
2.表现豆沙关历史悠久，古意盎然

祥云：
1.通云南的"云"代表地域，寓意平步青云
2.其形态又似一把如意，寓意万事如意

图 3-2　豆沙关古镇景区 Logo 及其分解

　　豆沙关古镇景区 Logo 可以分解为五个文化元素：①整个 Logo 的总体结构是按照关口的形态设计而成的，突出了关口所处的地域特色，其含义为官运亨通。②整体颜色为紫色和红色，寓意着富贵吉祥，由紫色渐变为红色，寓意着鸿运当头。③苗族（豆沙关古镇的四个民族之一）头饰和图纹具有两层文化含义，一方面，代表了苗疆文化，富有山寨特色和民族特色；另一方面，形似官帽，寓意着升官发财。④下面的古字"門"字也具有两层含义，一方面指通关的大门，寓意着节节高升；另一方面突显了豆沙关的悠久历史，古意盎然。⑤"門"字里边的祥云，指通向云南之处，代表了地域，寓意平步青云，其形态又似一把如意，寓意着万事如意。通过一个简单却极为精致的景区 Logo 就可以把豆沙关古镇的民族文化、地域文化和历史显示出来，在一定程度上对古镇文化进行了宣传和传播，以使更多的人了解豆沙关古镇文化，不仅达到了文化传承和保护的目的，也可以通过旅游活动带来较高的社会经济价值。

　　2013 年 9 月和 10 月，习近平总书记曾先后提出了建设"丝绸之路经济带"和"21 世纪海上丝绸之路"的构想，简称"一带一路"倡议。该倡议一经提出便成为国内外高度关注的热门经济话题之一，这是一种完全崭新的发展理念，利用中国现行已有的双边和多边合作机制，通过扩建基础设施、搭建融资平台、发展信息通信技术等措施，实现沿线亚洲国家的资源共享、经济融合与文化交流。豆沙关应借助"一带一路"，开启深挖历史基因、寻求发展机遇的征程，以五尺道文化为依托，以豆沙关古镇现存景区为起点，踏上豆沙关 5A 景区创建之路。豆沙关既是一个商贸往来的经济关隘，茶盐百货、青铜珠宝的运转百态，并形成"挑老担""背生意"等独特的经济运输方式，更是一个世界性的历史文化交融节点，充满了古意浓情与人文情怀，数过往马蹄、痕迹历历在目，寻昔日歌舞、琴瑟声声在耳。它亦奇趣横生，与域外诸多民族、文化碰撞辉映，舞乐传奇、异域来服；文化交融、朱提博深。它不仅是崖边河岸的险难关口，如居处龙脉之上的僰人需能飞善舞，方能把生死悬棺置于青天之外；它亦野味十足，古老部民披荆斩棘，具有原汁原味的部落风情；更是一个具备了古史、奇遇、险要与野味的边塞。南丝路，五尺道的灵魂；五尺道，豆沙关的延伸；豆沙关，复原中国历史记忆、寻求发展机遇的新起点……

　　关于文化内涵的理解，还可以从其文化形成的地域范围大小及其组成相互联系的角度来理解，也可以分为四个层次，按影响地域范围从小到大分别是文化特质→文化丛→文化区→文化模式，如图 3-3 所示。

　　第一个层次是文化特质。文化特质是组成文化的最小单位元素，一个国家或地区的文化就是各种文化特质构成的总和。文化特质在形式上可以表现为物质文化的

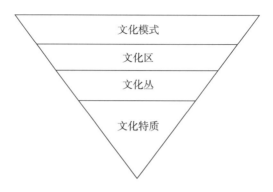

图 3-3　文化地域层次结构

形式，也可以表现为非物质文化的形式。在考察一个相对复杂文化的构成时，常常可以将其分解为相互联系的文化特质进行研究，豆沙关古镇文化特质有五尺道、马帮文化、石门关、观音阁等。豆沙关古镇是南丝绸之路的重要驿站，五尺道是中原进入云南边疆的重要通道，自古就商贾云集，马帮穿梭，直到今天，马帮驮运仍然是边远地区的重要运输方式。豆沙镇的进出关口、中心广场分别有青铜做的马帮塑像，再现了五尺道马出关、进镇、小憩的鲜活情景，马匹、人物神态各异、栩栩如生，特别是人物形象，或坐或蹲，或站或走，生动逼真，如图 3-4 所示。

图 3-4　豆沙关文化特质之马帮文化

第二个层次是文化丛。所谓的文化丛就是指在功能上相互联系的一组文化特质，往往与人们的某种特定活动有关，而且是物质文化与非物质文化的组合。比如，自秦开五尺道以来，中原文化、荆楚文化、巴蜀文化、僰人文化和古滇文化在这里交汇融合，形成了独具特色、独领风骚的朱提文化——"三川半"文化，就属于文化丛。

第三个层次是文化区，文化区是指地理空间上不同区域中分布的特殊文化现象，在不同的区域可以发现集中、成片分布着的某些文化特质。比如僰人悬棺，考古学家在研究僰人悬棺文化时发现，"僰人悬棺"主要分布在中国南方的四川省宜宾市地区，这是我国古代一种奇特的丧葬习俗，在中国的南方许多地区，金沙江流域、白水江流域比较多。四川省宜宾市的珙县、兴文、筠连等县境内均有僰人悬棺丧葬习俗分布，我国古代的南方民族中，百越、干越、僚人、僰人等民族都有这种习俗，但最有名的就是川南地区的僰人悬棺和福建的船形悬棺。僰人悬棺习俗被称为世界之最、巴蜀一绝。僰人悬棺习俗在中国南方不同地区集中、连片的分布现象就属于文化区。

第四个层次是文化模式，属于文化地域范围最大的文化层。文化模式（Culture Pattern）是指一个社会所有文化内容组合在一起的特殊形式和结构。美国著名的人类学家 C. 威斯勒尔认为，文化模式主要由以下九个部分组成：①语言；②物质特质；③美术；④神话与科学知识；⑤宗教习惯；⑥家庭与社会体制；⑦财产；⑧政府；⑨战争。[①] 各种特殊的文化模式会受到国家、民族、地区、阶层等多种因素的影响，其中既有物质环境的影响，包括一个地区的气候、自然地理条件、资源环境以及人口等，也有社会环境的影响，如科学技术发展水平、社会制度特征、国家的意识形态、外来文化入侵等。就文化模式来看，整个豆沙关古镇文化都属于中国的传统文化。

豆沙镇作为南丝绸之路上最重要的节点，南方丝绸之路所经过地方的文化、商贸融为一体形成了独特的千年南丝路文化，这是豆沙关古镇文化的主要脉络之一。而由五尺道、古驿站和石门关所组成的关隘文化，是一种集自然与人文为一体的边关文化，这是豆沙关古镇文化的主要脉络之二。另外，还有一条比较清晰的文化副脉络，即自秦开五尺道，在中原文化、荆楚文化、巴蜀文化、夜郎文化、滇文化融合基础上演绎出来的朱提文化。此外，还有一些独具特色的文化，如僰人文化、苗族文化、回族文化、白族文化等少数民族文化，古镇建筑文化、美食文化等人文现

---

① https：//baike.baidu.com/item/文化模式/10965890？fr=aladdin.

象，以及独特的喀斯特地貌奇观、红土地奇观、关河等山水峡谷文化。先秦古道、
朱提水道、内昆铁路、滇川公路、水麻高速公路在此"五道并行"形成的"交通
活化石"也是天下绝有的奇观。此外，还有绚丽多彩的民族服饰，古朴独特的僰人
舞蹈，独具匠心的牛灯艺术，气壮山河的关河号子，脸谱新颖、舞蹈粗犷的宗教文
化——傩戏等民族风情，还有王清烙画、金丽剪纸艺术等现代文化（见图3-5）。

图 3-5　豆沙关文化特质

豆沙关早在新石器时代就有人类居住，公元前 4 世纪南丝绸之路从这里经
过。自从那时起，这块闭塞落后的荒凉之地，就进入了喧嚣沸腾的开发时期，因
而演绎出各种深厚的历史文化，这些文化涵盖了人们的衣、食、住、行、游、
购、乐等生产生活现象。

一、　古镇建筑文化

在世界建筑发展历史中，中国的传统建筑具有独特的地位，传统建筑思想博

大精深，而住宅的基本形式、构造、设计思想又是建筑文化的精髓，是不同地域、不同气候等自然因素影响下的个性表现。每个时代的住宅选址、建造上都能体现当时的思想内涵和建筑技艺，并且住宅的使用会随着朝代的更替、审美价值观的变化，以及民族间的交流融合、人口迁徙流动等因素而发生潜移默化的改变，而且一个地方的建筑不仅受当地自然地理条件和气候的影响，同时也会受到外地建筑文化的影响，所以研究一个地方的建筑，更能体现出中国文化的发展历程。中国传统民居历史源远流长，是传统文化传承的载体之一，不仅代表着一个时代的建筑技艺，同时也是社会学的"活化石"。

建筑文化是社会总体文化的组成部分，建筑物是建筑文化的载体，它承载着人类、社会、自然与建筑之间相互运动的信息，这些信息的综合就是建筑文化。建筑文化本身是广义文化中的一个分支，同时建筑也是其他文化的容器，是其他文化的综合反映。文化的多元性、地域性、时代性和层次性不可避免地会对建筑的发展产生深刻的影响。建筑文化既是社会总体文化在建筑活动中的体现，同时也是建筑活动对社会文化的反馈，两者是相互促动、同时发生的。建筑文化是人类文化的重要组成部分。"建筑文化"是对"文化"这个属概念的限定，是一个比"文化"的外延更窄而内涵更丰富的一种概念。建筑文化是人类文化的重要组成部分，是物质文化、制度文化、精神文化、符号文化的综合反映。它随着人类的产生而产生，也随着人类社会的发展而发展，具有历史性、民族性、地方性等特性。运用天然材料，"就地取材"，这是不同地域建筑的最初选择，且由此构成了当地建筑文化的主要特征。以高寒气候特征为主的地区，主要采用蓄热量高的材料，如泥土、土坯、石块等。在湿热地区，如中国云南的傣家民居主要采用竹子作建材。闽西山区，采石用土方便，因此采用红褐卵石砌筑墙基作为维护结构。还有西藏的石屋碉楼、东北的井干式木屋、大西北的窑洞等，各自富有地域特色的材料成为地域建筑文化的肌理要素。在建筑环境控制技术的地理空间分异方面，建筑技术的地理空间分异是随着自然环境的变化而变化的，这一点主要表现在对环境的适应而产生的地域环境控制技术上。地域环境控制技术是指当地居民根据长期积累的经验而传承下来的，巧妙改善居住环境的热工环境的方法。由于各地的自然气候千差万别，自然资源、地貌特征各不相同，因此为适应环境而努力做出的尝试也是种类繁多，这是世界各地建筑千差万别、形态各异的主要原因。

古建筑是中国文化的"活化石"，凝聚着中国人文思想的精髓。继承和发展中国古建筑文化，关键在于弃之糟粕、扬其精华，重在"神似"，而非"形似"。

要将古建筑文化的物质特征和精神特征有机地结合，才能真正做到继承与创新。任何一个国家、一个民族的文化，在其发展过程中，都经常出现这样一种现象：一方面，它要维护自己的民族传统，保持自身文化的特色；另一方面，它又要吸收外来的文化以壮大自己。这种矛盾运动，在文化学上称为"认同"与"适应"。中国几千年的文化是这么发展的，今后也不会违反这个矛盾的法则。对于建筑设计艺术来说，就是要继承传统、面向现代化。扬与弃是一对矛盾，在建筑设计中成功地解决矛盾是创造理想环境气氛的途径，扬其精华、弃之糟粕，既要尊重传统又要正视现实，既要树立民族自信心又要跟上时代的脉搏，既搞新建筑又不破坏老环境，既要保留有传统特色的建筑形式又要适应当代人们的生活与心理需求，这些问题在当下引起了建筑设计者的广泛讨论和关注。我们认为，继承传统建筑文化，不应狭义地模仿诸如建筑形式、营造法式、格局、装饰、材料等，达到"形似"，而是应该理解传统建筑与自然融合的文化精髓，也就是传统建筑的思想。文化的发展是整体的各领域的相互作用的过程，总是同一定的社会学、哲学、美学艺术的发展以及技术、材料的发展相联系。任何一个时代必然有它自己的文化印记，必然有新与旧的交替和融合。一个有历史的村落，新与旧的建筑并存是不可避免的。强调地方风格和乡土气息，发掘历史和文化根源，运用传统建筑的元素是协调新与旧之间的主要桥梁。从传统建筑的形体、空间、色彩或材料运用中选取具有代表性的元素、构件，经过凝练形成新建筑的有机部分，使这个新旧结合的建筑环境协调统一，才能使传统建筑文化得到有效的继承和发展。传统建筑文化既包括建筑的物质特征，又包括建筑的精神特征。对传统建筑文化在建筑设计中的继承与发展上，有两条成功的道路：一条是传统建筑物质特征的现代化道路，以贝聿铭先生为代表；另一条是传统建筑文化所包含的精神特征现代化道路，以日本的安藤忠雄先生为代表。这两条路都是在研究历史背景的前提下完成了"视觉融合"。因此，对建筑文化在现代设计中的继承与发展研究，必然涉及三个方面：历史背景——传统建筑文化的历史背景与现代建筑历史文化，它决定了建筑文化的表现形式及其内涵；物质特征——建筑文化的物质表现形式，它是建筑文化特征所表现的一个方面；精神特征——传统建筑文化背后的精神特质，从文化基因的角度看，它是遗传密码。以传统建筑物质特征为现代化建筑发展道路的代表人物是贝聿铭先生，他以现代的视觉，通过对传统形式的提取，用现代的技术手段表现出来，赋予了传统建筑形式以新的生命。他借鉴许多中国传统建筑元素设计的一系列作品创出承前启后的建筑风格，探索现代中国建筑民族化，创造出具有中国特色的现代建筑。贝聿铭通过他的设计提醒人们，中国传统中宝贵的建筑风格与工艺，需要被我们保存和延续，他希望新生代中国建筑设计师能够形成自己的一套建筑设计语言——玉立的亭台、精美的屏风、曲折的回廊、掩映的花木，这些中国人擅长的空间处理方式，相比西方的钢筋混凝土和玻璃更具有东方情感。以传统建筑精神特征为现代化建筑发展道路的代表人物是安藤忠雄先生，他在《安藤忠雄论建筑》一书中就如何继承传统阐述了他的观点：继承非形态的精神。他指出，对传统的继承，不应该是继承传统的具体形态，而是继承其根本的精神的东西，将其传承到下一个时代。关于文化传承，他强调"顿悟"，他的观点是以东方的非逻辑的思维为前提的。同时，他继承了"地域主义批判"的重要思想：在批判现代主义的同时，发扬现代建筑的进步之处，将其运用在实际建筑实践中。根植于建筑场所，充分尊重其风土性、结构上合理、使五官都能感受到的建筑，不是将地域性无批判地直接引入形态，而是在现代主义的实践中重新解释地域性。中国的古村落体现了天人合一的理念，在创造最佳人居环境时，努力实现人与大自然和谐相处的精构巧思和杰出智慧。我们对许多古村落、古民居考察时发现，与天地、自然相通和谐的观念，整体协调的观念，与人为善、邻里和睦的观念，重功能、讲艺术的观念，崇儒尚文重教的观念等都是徽派建筑文化之精华。豆沙关古镇不仅把人类居住的功能通过建筑技术解决得很好，最主要的是将人类居住文化在地域上发挥到了很高的水平，其以宗族理念、风水理念、人文理念作为整体设计建构的宗旨。

对传承古建筑文化只有思想理念是不够的，贵在有可行的方法与实践。传统建筑物质特征和精神特征应该两者兼顾，因为精神特征必须由某种物质和形式再现，而物质特征也必然由某种精神作支撑，只有两者的融合才可能是完整和完美的。当然我们今天研究和探讨古建筑，也并不是一味地认为古建筑都是好的，也应当承认其存在与现代文明对立的一面。古建筑作为封建社会文化的产物也存在着很多自身的局限性，诸如在雄伟的高墙背后上体现出其对女性的思想禁锢、封建等级制度的思想，很多建筑在功能设计上存在室内采光不足、某些建筑内空间阴暗狭小等问题。所以应整体地、本质地把握建筑的特色，从内质上而不是表面上体会古建筑之妙之美。因此，在继承和发扬传统建筑文化时应从以下几个方面多思考：形式取决于功能的需求，由功能决定形式。在建筑设计时，加强对大环境的考虑，因地制宜、就地取材，空间性质调整到人与环境和谐、互利互生，使人对环境的负面影响减至最小，而环境对人的正面影响增至最大。强调人文关怀，装饰形式与部件都具有积极意义，不是为了装饰而装饰以及无意义的物的堆砌。古建筑的内部装饰形式与部件的出现都具有积极意义。室内装饰风格朴拙典雅、亲近自然，采用砖、木、石、竹等当地天然材料，营造自然氛围，给居住者安定、敦实的生活感受，不要刻意造作，脱离生活，营造华而不实的空间，给居住者以消极、虚幻的影响。注重空间的精神塑造功能，增加空间文化内涵，如空间中木雕、石雕、砖雕、彩绘、书法、图画等文化传达元素的丰富运用，使空间本身就如一本内涵深厚的书籍，空间主体长期浸于其中，身心必然得到熏陶。传承和发展我国传统的建筑文化是中国当代建筑设计者的责任，我们应该身体力行大力宣传并参与古建筑的保护工作，同时用最直接和有效的手段设计出既具有中国传统建筑文化基因，又有时代特征的优秀作品，满足当代人们的生活需要和审美需求。我们有理由相信，传统的古建筑文化必将在继承与创新中得到升华。

（一）古城堡

雄踞于豆沙关古镇南约500米处的"五尺道"上，始建于隋朝，是利用五尺道雄奇险峻的自然地理形势用大石条砌成的一座军事性城堡。城堡总高15米、宽4.5米，中开卷洞形城关，是"锁钥南滇，扼守西蜀"的重要关隘，有"一夫当关，万夫莫开"之险。古城堡曾遭毁损，1982年按原状修复，在城门的门额上，"石门关"三个古朴雄浑的大字系当代书法家楚图南先生所书。在干戈扰攘、征战频繁的岁月里，这座古城堡巍然屹立于咽喉要地，一次又一次地发挥了它的关隘作用。今天，它虽早已失去了往日的军事作用，但还是那么的雄伟庄严。拥有2200多年历史的豆沙关古镇，文化底蕴深厚，旅游资源丰富。① 古老的关河水路、秦开五尺道、内昆铁路、滇川公路、水麻高速公路，构成了"一眼观五路"的独特交通奇观，五条动脉各自互动、相互共振，在此聚集成一线，形成了古今五道并行的"中国天然交通博物馆"，又被称为天然的"中国交通历史博物馆"。② 豆沙关古镇是先民村寨和古道驿站，在清朝乾隆时期居住着八省移民，移民的迁入带来了先进的思想、文化和技术，特别是建筑文化丰富多彩，可谓八省建筑文化的博物馆。古镇现存民居建筑123间，在现存房屋中最早的房屋建于清康熙三十六年，距今已有307年的历史。

（二）观音阁

观音阁位于豆沙镇石门关北崖峭壁间的青莲洞口（见图3-6），原寺由于建

① 张玉春，江雨．豆沙关古镇——滇川线上的璀璨明珠 [J]．经济与管理，2012（1）：79-80.
② 王倩，杨叶昆，王婧．豆沙关古镇旅游资源开发优势研究 [J]．旅游纵览，2012（11）：38-42.

筑年代久远，已无法准确考究，仅存遗址。现在的观音阁重建于清朝乾隆三十二年（公元 1767 年），是四川省庆符县静修和尚募捐建造而成的宗教建筑，属于如意斗拱装饰的三重檐歇山顶式建筑，这是滇东北少有的古建筑之一。其左、右、后三面均依岩石为壁，阁门飞悬于洞口，峻拔挺立于悬崖之间，在四周群峰的簇拥烘托下，大有飞阁凌空、气象万千之势，阁内石壁中，钟乳石倒立，天然地构成各种形态，其中有一钟乳石极像南海慈航普渡众生的观世音菩萨，千百年来，为这一带虔诚的佛教信徒所景仰。关于观音阁的来历，民间还流传着这样一个传说：相传，从前有一个书生进京赶考时路经豆沙关，由于天色已晚，书生准备在豆沙露宿时，就看见前面有一个模模糊糊的身影走到了山间的一个溶洞里，于是书生也跟了上去，结果书生到了溶洞里却一个人也没有看见，只看见许多的钟乳石，其中有一个钟乳石长得极像南海慈航普度众生的观世音菩萨，钟乳石上还有很多的岩浆，他心想那肯定是刚才菩萨从山下走上来时流下来的汗水，是菩萨显灵了，于是书生就在那菩萨面前许愿："如果菩萨能保佑我这次进京赶考成功，那我回来一定在这里给菩萨修建一座寺庙。"果然书生这次进京就考取了头名，书生也没有食言，回来就在他许下承诺的那个山洞里修建了一座寺庙，并取名为"观音阁"。每年农历初二、初六和九月十九日的观音会，朝圣观光者摩肩接踵，络绎不绝，许多游客到此都会进乡，热闹非凡。

图 3-6　观音阁

豆沙镇除了具有特殊功能（军事、宗教等）的古建筑以外，还有一些民间特色建筑。昭通市盐津县与四川、贵州毗邻，传统建筑特色以"三川半"穿斗合院式较为明显，部分区域存在较有特色的少数民族住屋类型。建筑风格与川南、黔西地区有共通交融之处，具有乌蒙文化特征。常见的建筑风格形式有三种：①滇东北穿斗式建筑，是指在中国的滇东北与川南毗邻地区以穿斗式木结构为特征的合院式传统民居，这是昭通地区的主要居民建筑结构。②滇东北干栏式建筑。干栏式民居主要分布在少数民族地区，是云南少数民族的传统民居形式之一，干栏式民居一般分上下两层，其中上层通风透气，主要供人居住，内部用竹子或者木板分割成大小不一的房间和客厅，主卧和客卧相对布局，客厅位于中央。而下层主要用来堆放杂物、粮食、农业生产用具，或者圈养家畜、家禽，两层之间从进门处由楼梯连通，这种传统建筑材料以竹、木、草、瓦为主。③滇东北院落式民居。云南的滇东北院落式民居主要分布在交通便利、经济较为发达，并且与汉族交往密切的地区，其建筑格局的整体设计主要受到四合院的影响，而在建筑形式上却又受到了云南特有的地理位置、气候和风俗民族习惯的影响。云南的院落式民居从形式上看可以分为以下几大类：滇中以及昆明地区的"一颗印"院落式民居，滇西北的大理、丽江地区的"三坊一照壁"和"四合五天井"，以及滇东北的会泽、昭通地区的"四水归堂式""重堂式"院落民居。①

古建筑的设计受中庸思想文化的影响，传统民居建筑的"居中""对称"特征也比较明显，十分重视房屋建筑的"中轴线"和轴线核心位置，整个房屋的空间秩序感非常强。但是，在有些地方可能受到地理位置的局限，导致建筑结构并不一定完全对称，地形地势的变化对建筑结构和布局的影响也非常大，所以许多传统民居布局可能出现转折、局变和错落布置的情况。总而言之，豆沙关古镇传统民居的整体设计和空间布局体现了建筑与自然的融合关系，建筑设计是对中国传统哲学思想的创造性运用，符合古代先哲们提出的天人合一思想，而这种思想也正是人们在现代住宅设计中所努力追寻的精髓。因此，研究传统建筑的生态文化内涵对现代乡镇的发展规划具有重要的指导意义和借鉴价值。传统村落街巷的保护，以建筑及空间的体量和尺度、高度和层次、界面和领域、色彩和材料等为考量，通过对现有空间的更新和调整，对传统空间的修复、保留，使传统街巷的空间环境更加协调、更赋美感。更新传统空间：重铺地面，边界围合略作调整，增加绿化、小品，形成景观广场和休闲空间。保留传统空间：保留原有空间元素，丰富空间层次，利用现存的界面尺度、材料，结合厅、堂、院、巷等空间补充休憩设施，形成不同格局，创造观光景点，展示畲乡韵味。修复传统空间：

---

① 李伟. 云南院落式民居指导下的建筑创作实例浅析 [J]. 建筑论坛，2016（3）：210-213.

结合现状，借鉴历史资料，恢复古宅，营造历史生活气息；结合传统习惯，考虑村民婚嫁习俗、祭祀等活动空间，增加与游客之间的互动，展现畲乡人质朴的生活方式。

古村落的村民既作为生活在当地的居民，同时也是生活在现代社会的人们，有提高生活质量、享受现代化生活的需求。离开了古村落居民的活动，古村落的特色和生命力也就无所依附了。可根据古建筑历史科学价值进行分析，综合其建设年代、建筑形体特征、保存完好度等因素划分不同等级进行保护，制定相适应的保护措施。可将古建筑分为重点保护建筑、保护建筑和改建建筑。重点保护建筑要求严格保护，采用原材料按照原样保护修缮，不可改变内部结构；保护建筑保留原有格局，外观维修保存并进行定期维护修缮，内部适当更新改进；改建建筑则进行外观立面的修整，使其与传统村落空间风貌相协调，内部结构也进行改造使其适应现代生活的需求。

从持续发展角度，保护好古民居，必须有足够的资金支持，除了政府的财政支持，社会捐资发展旅游业也是通过市场融资的一种有效措施，关键是要统一规划、有序开发、科学经营、有效管理，建立合理的利益分配机制，调动各方面保护古建筑和支持旅游发展的积极性。古村落有效保护要与整治环境和发展旅游、文化产业相结合。既要有效保护好古村落文化与自然遗产，又要合理安排好开发利用项目，改变古村落贫困落后的面貌；既要整治好古村落格局风貌及其自然生态环境，又要加强基础设施建设，改善村民生产生活条件，享受现代文明；更要利用好古村落发展休闲旅游、观光农业和文化创意产业，以实现古村落"保护促进利用、利用强化保护"的良性循环。

二、 饮食文化

中国饮食文化涉及食源的开发与利用、食具的运用与创新、食品的生产与消费、餐饮的服务与接待、餐饮业与食品业的经营与管理，以及饮食与国泰民安、饮食与文学艺术、饮食与人生境界的关系等，深厚广博。从外延看，中国饮食文化可以从时代与技法、地域与经济、民族与宗教、食品与食具、消费与层次、民俗与功能等多个角度进行分类，展示出不同的文化品位，体现出不同的使用价值，异彩纷呈。中国饮食不但讲究"色、香、味"俱全，而且具有"滋、养、补"的特点。而随着社会的发展，菜式越来越丰富，吃法也越来越多样。饮食还是人们联系感情、进行社交活动的重要组成部分，社会交际以及重要的应酬活动多在餐桌上完成。

不同地区的饮食习俗往往与该地域的自然地理环境相契合，而且食物的丰富性和多变性并非主要体现在对人们对主食稻米的烹饪上，伴随四季的变化，食物本身种类的多元性就足以迎合人们的饮食需求。豆沙镇具有地方特色的植物性食物主要是：蔬菜类，包括香青菜、雪里蕻、小白菜、莼菜、茭白、水芹菜、荸荠、藕、南瓜、茨菰等；粮油作物，包括油菜、蚕豆、芝麻、红薯、毛豆等；瓜果，包括橘子、梨、杨梅、枇杷、金橘、西瓜等。当地人比较常吃的肉类有猪肉、羊肉、鸡肉、鸭肉、鹅肉等。此外，能体现该地饮食结构特点的是，在日常的饮食中，菜品的种类会根据季节时令有所变化，这里四季物产种类丰富，因此人们会跟随季节的变动而选择相应出产的食物。在他们看来，食物的"新鲜"程度是很重要的，在当地人家里的冰箱中，很少会存放剩余的饭菜，他们能够尽量保证每天供给家人的食物在一定时期内吃完。通过人们对食物本身新鲜程度的要求，我们可以体会到他们对食材本身所具有的味道的追求，因此，在烹饪的过程中，他们往往只运用简单的调味品，最常用的就是油、盐、辣椒、酱油和味精。

中华文明五千年，饮食文化也随着中华文明源远流长五千年，呈现出显著特点。其一，风味多样。我国一直就有"南米北面"的说法，在口味上有"南甜北咸东酸西辣"之分，主要是巴蜀、齐鲁、淮扬、粤闽四大风味。其二，四季有别。中国人善于根据四季变化搭配食物，夏天多吃清淡爽口食物，冬天多吃味醇浓厚食物。其三，讲究美感。中国人吃食物不仅讲求味，还讲究欣赏之美，无论是一个红萝卜，还是一个白菜心，都可以雕出各种造型，还讲究食材、食具，以及环境的搭配与和谐。其四，注重情趣。中国人喜欢给食物取一些富有诗意的名字，例如"炝凤尾""蚂蚁上树""狮子头""叫花鸡"等。其五，中和为最。《古文尚书·说命》中就有"若作和羹，惟尔盐梅"的名句，意思是要做好羹汤，关键是调和好咸（盐）酸（梅）二味。中和之美是中国传统文化的最高的审美理想。中国人讲吃，不仅仅是一日三餐，解渴充饥，它往往蕴含着中国人认识事物、理解事物的哲理。一个小孩子生下来，亲友要吃红蛋表示喜庆。"蛋"表示着生命的延续，"吃蛋"寄寓着中国人传宗接代的厚望。孩子周岁时要"吃"，十八岁时要"吃"，结婚时要"吃"，到了六十大寿，更要觥筹交错地庆贺一番。这种"吃"，表面上看是一种生理满足，但实际上"醉翁之意不在酒"，它借"吃"这种形式表达了一种丰富的心理内涵。吃的文化已经超越了"吃"

本身，获得了更为深刻的社会意义。通过中西交流，我们的饮食文化又出现了新的时代特色。如于色、香、味、型外又讲究营养，就是一种时代进步。十大碗、八大盘的做法得到了改进，这也是十分可喜的。但是，中华饮食文化在与世界各国文化的碰撞中，应该有一个坚固的支点，这样它才能在博采众长的过程中得到完善和发展，保持不衰的生命力。笔者觉得，这个支点就是优秀传统文化特质，也就是中华饮食文化需要探索的基本内涵。因此，对于中华饮食文化基本内涵的考察，不仅有助于饮食文化理论的深化，而且对于中华饮食文化占据世界市场也有着深远的积极意义。笔者认为，中华饮食文化就其深层内涵来讲，可以概括成四个字：精、美、情、礼。这四个字反映了饮食活动过程中饮食品质、审美体验、情感活动、社会功能等所包含的独特文化意蕴，也反映了饮食文化与中华优秀传统文化的密切联系。

精，是对中华饮食文化的内在品质的概括。孔子说过："食不厌精，脍不厌细。"这反映了先民对于饮食的精品意识。当然，这可能仅仅局限于某些贵族阶层。但是，这种精品意识作为一种文化精神，却越来越广泛、越来越深入地渗透、贯彻到整个饮食活动过程中。选料、烹调、配伍乃至饮食环境，都体现着一个"精"字。

美，体现了饮食文化的审美特征。中华饮食之所以能够征服世界，重要原因之一就在于它美。这种美，是指中国饮食活动形式与内容的完美统一，是指它给人们所带来的审美愉悦和精神享受。孙中山先生讲"辨味不精，则烹调之术不妙"，将对"味"的审美视作烹调的第一要义。《晏氏春秋》中说："和如羹焉。水火醯醢盐梅以烹鱼肉，燀之以薪，宰夫和之，齐之以味。"讲的也是这个意思。美作为饮食文化的一个基本内涵，它是中华饮食的魅力之所在，贯穿于饮食活动过程的每一个环节中。

情，这是对中华饮食文化社会心理功能的概括。吃吃喝喝，不能简单视之，它实际上是人与人之间情感交流的媒介，是一种别开生面的社交活动。一边吃饭，一边聊天，可以做生意、交流信息、采访。朋友离合，送往迎来，人们都习惯于在饭桌上表达惜别或欢迎的心情。感情上的风波，人们也往往借酒菜平息。这是饮食活动对于社会心理的调节功能。过去的茶馆，大家坐下来喝茶、听书、摆龙门阵或者发泄心中的不满，实在是一种极好的心理按摩。中华饮食之所以具有"抒情"功能，是因为"饮德食和、万邦同乐"的哲学思想和由此而出现的具有民族特点的饮食方式。对于饮食活动中的情感文化，有一个引导和提升品位的问题。我们要提倡健康优美、奋发向上的文化情调，追求一种高尚的情操。

礼，是指饮食活动的礼仪性。中国饮食讲究"礼"，这与我们的传统文化有很大关系。生老病死、送往迎来、祭神敬祖都是礼。《礼记·礼运》中说："夫礼之初，始诸饮食。""三礼"中几乎没有一页不曾提到祭祀中的酒和食物。礼指一种秩序和规范。座席的方向、箸匙的排列、上菜的次序等都体现着"礼"。我们谈"礼"，不要简单地将它看作一种礼仪，而应该将它理解成一种精神，一种内在的伦理精神。这种"礼"的精神，贯穿于饮食活动过程中，从而构成中国饮食文明的逻辑起点。

精、美、情、礼，分别从不同的角度概括了中华饮食文化的基本内涵，换言之，这四个方面有机地构成了中华饮食文化这个整体概念。精与美侧重于饮食的形象和品质，而情与礼则侧重于饮食的心态、习俗和社会功能。但是，它们不是孤立地存在，而是相互依存、互为因果。唯其"精"，才能有完整的"美"；唯其"美"，才能激发"情"；唯有"情"，才能有合乎时代风尚的"礼"。四者环环相生、完美统一，便形成了中华饮食文化的最高境界。我们只有准确把握"精、美、情、礼"，才能深刻地理解中华饮食文化，也才能更好地继承和弘扬中华饮食文化。

饮食文化是人类生活中一种常见的文化，目前学术界关于"饮食文化"的概念，还没有一个较为明确的说法。但是最早关于饮食文化的定义是季鸿昆（1994）的一篇文章，他认为饮食文化是"社会发展变迁过程中，人们关于食物的需求、食物的生产和消费等方面的文化现象总和。饮食文化中不仅包含了人与自然之间的关系，还包括食物与人类社会的关系"①。不同地方的饮食习惯、食物结构、饮食味道、饮食调制等均具有显著的差异。一个区域饮食文化的形成、发展、变迁等均与该地区所处的地理环境、物质生产水平、生活方式等因素有关。② 地理环境的差异造就了丰富多彩的饮食文化。目前关于中国的"四大菜系说""八大菜系说""十二大菜系说""十六大菜系说"等多种提法都反映出中国饮食文化具有明显的区域分化特征。③ 各民族根据当地的实际情况逐渐发展形成自己别具一格的饮食文化，就地取材，用自己的聪明智慧创造出了灿烂的中华饮食文化。豆沙镇作为中原入滇的第一关口，自古以来的长久商贸往来、人员交流，历经2400多年的积淀，形成了独特的豆沙饮食文化。当地主要有享誉中外

---

① 季鸿昆. 我国当代饮食文化研究中的几个问题 [J]. 中国烹饪研究，1994（4）：45-51.

② 晓梅，司徒尚纪. 中国地理学视角的饮食文化研究回顾与展望 [J]. 云南地理环境研究，2006，18（5）：83-88.

③ 郑昌江. 中国菜系及其比较 [M]. 北京：中国财政经济出版社，1992：11-15.

的豆沙包、传承千年的马帮菜、远近闻名的猪儿粑、桐梓叶粑、黄粑、糍粑等知名特色小吃，还有色香味美的关河鱼、营养药用价值极高的乌骨鸡等美食，让人见了垂涎欲滴。豆沙关截至目前已连续举办了九届"中国豆沙关美食文化节"，每届接待游客均在10万人以上，将豆沙关的美食文化名扬中外。豆沙关古镇由于地处云南境内，与四川毗邻，而且方言民俗等更接近四川，造就了豆沙独具特色的"三川半"文化，并深深地影响了豆沙关古镇的饮食文化形成。豆沙镇饮食味道与川味颇为相似，这里的名特小吃如桐子粑、猪儿粑、草粑、燃面、苦荞茶、石缸贡茶、庙坝酒，出行的滑竿、轿子等，既带四川风味，又具有地域特色。

多年来，豆沙镇立足云南独特的资源优势，以特色美食产业培育为核心，以菜系发展为重点，以品牌塑造为突破口，以餐饮业为龙头，带动云菜、云果、云茶、云花、云菌、云咖、云畜、云鱼、云粮等云南特色食品的研发、生产、加工和销售，加快了滇菜开发与创新，逐步将其纳入构建大"滇菜"产业发展中，为打造"舌尖上的云南"品牌形象打下基础，形成"以滇菜拉动高原农业"聚合发展效应，为保护民族饮食文化、繁荣地方经济做出了较大的贡献。

由于豆沙镇生物资源丰富，森林覆盖率高，竹笋种类繁多，大竹笋、罗汉笋、甜竹笋等竹类资源非常丰富，为发展竹笋美食提供了先天的原材料供应。豆沙镇最具地方特色的饮食文化是竹笋宴。竹笋宴是以竹笋、竹荪蛋、竹荪菜、竹菌、竹海腊肉、竹筒豆花、竹筒竹、竹荪酒、竹泡菜等"竹"菜制作而成（见图3-7）。汇成的"全竹宴"，可谓满桌皆是竹，无竹不成席。"竹笋宴"共计有10多个大类100多个菜品，每一道菜都与竹有直接或间接的联系，从竹的根菌，到竹笋、竹竿，再到竹的枝叶，每一部分都得到充分利用。竹笋宴的各个大类又有许许多多的烹饪方法，根据厨师的技艺和消费者需求，可烧、炖、炒、烤、蒸、煲、烩、凉拌等。用竹笋做主菜，或作为佐料、调料，能做成近千道菜肴。竹笋营养丰富且性味甘，对人体有很好的滋补和强身健体作用。

为了扩大豆沙美食文化的影响力，将美食产业化，目前豆沙镇美食文化产业发展坚持六大原则：①坚持绿色环保的原则。主要引导滇菜产业树立绿色环保理念，推动滇菜原辅料生态化、加工制作绿色化、消费服务低碳化和餐厨垃圾处理科学化。②坚持突出地方特色。积极发挥豆沙镇地方农产品资源优势，充分挖掘云南民族风味特色食品，重点研发生态、绿色、健康的特色菜品，优化滇菜整体风格。③坚持统筹发展的原则。统筹推进城市与乡村、社区与乡镇、中心商业区与居民社区、商贸与旅游餐饮的合理布局，大力发展连锁经营店，方便群众就

图3-7　竹笋宴

餐。④坚持传承与创新发展。在传承保护滇菜文化和传统技艺的基础上，不断改
进菜系制作工艺，加大菜品研发力度，引进新理念、品牌创新、经营创新、技术
创新和服务创新，搭建餐饮业"大众创业、万众创新"平台。⑤坚持以人为本
的原则。顺应群众对餐饮服务的新期待，丰富大众化餐饮产品，保障餐饮食品安
全，发展健康、营养餐饮，为群众提供满意的餐饮服务。⑥坚持转型升级的原
则。转变滇菜产业增长方式，优化饮食产业结构，创新驱动发展，推动滇菜产业
链健康发展。

　　豆沙镇饮食文化的保护，目前主要采取三种形式：打造特色美食街区、举办
美食文化节庆活动、创建美食品牌。特色美食街区是指以满足人民群众和国内外
游客饮食消费需求为目的，以经营特色餐饮、名吃等美食为主，统一管理并具有
一定规模的餐饮聚集区。美食街区以地理空间为单位，将具有某些饮食文化共性
的餐饮服务业集中布局到某一特定的区域。在选择美食文化街区时应该符合以下
十点要求：第一，街区的总长度要求在400米以上或建筑面积在8000平方米以
上。特色美食街的宽度可按街区内设施和人流量具体确定，一般街区的宽度应当
在10米以上。第二，美食街区内餐饮经营者应达到50户及以上，能够形成一定
的规模，而不是零散性的小摊，餐饮店面沿街区两侧均匀分布，或在独立建筑
物、相邻建筑物群集中设点，每个街区的年营业总额应达到8000万元以上。第
三，街区营业内容要以经营地方特色餐饮、小吃为主，突出当地饮食文化特色，
也可包含地方特色商品、旅游休闲商品。第四，街区内门店的设计和装饰要美

观、大方，街区风格要有统一主题特色，能够体现古镇文化和人文风貌，与区域功能和周围环境相协调，符合《商店建筑设计规范》（JGJ 48-88）要求。第五，美食街区主要道路口和岔路口应设立显著的标志和方向指示标牌，街区内各种标识应符合《标志用公共信息图形符号》（GB/T 10001）规定，应在醒目位置设立街区网点平面图或导购指示标牌。第六，街区的环境应整洁干净、卫生达标，统一规划环卫设施、休闲座椅、雕塑、垃圾箱、彩灯或灯箱等公共设施。第七，美食文化街区内应设有与经营相适应的一定量的公共停车场、公共厕所、垃圾收集和分类处理设施等方便顾客的配套设施。街区内的路面应坚固、平整、清洁、防滑。第八，街区应满足特殊人群的需求，街区内应按照《方便残疾人使用的城市道路和建筑物设计规范》（JGJ 50-88）采用无障碍设计，方便残疾人使用。第九，街区内应具有达标的消防、交通、卫生、环卫、照明、广播、环保、排水等设施设备和条件。第十，街区应有标志明显的紧急疏散撤离通道、安全出口、应急照明设施等，根据街区实际设计安装安防监控装置等安全设施。通过举办美食文化节庆活动也可以对文化进行传承和保护。美食节活动是以美食为主题的供人们集中消费的集会。根据举办形式的不同，美食节的名称也有很多，如小吃节、小吃会、美食展销会、庙会、特色小吃节、小吃巡展、厨艺展等活动。美食节的举办形式可以灵活多样，如独立存在的美食展销、同其他活动结合的啤酒节、庙会、旅游美食节等，此外，还有美食竞赛类，如美食演绎、游行、评比、展示等活动。美食品牌是经过餐饮企业长期努力形成的餐饮产品在消费者心目中的概念和评价，并由这种评价产生普遍认同感和品牌忠诚度。美食品牌的形象构成，包括外在形象和内在形象：外在形象指标识形象；内在形象指文化形象、信誉形象、服务形象、质量形象等。一个地方美食品牌培育路径也有多种，根据不同的情况选择不同的培育方案：①提炼本土品牌美食。古镇应以品牌美食为切入点，带动本土美食旅游发展，通过政策引导做大做强。②培育壮大品牌美食餐饮企业。采取现场核实、品鉴等方式评选确定一批定点餐饮企业，优先覆盖旅游精品线路、旅游集镇、旅游景区（点）等区域；选择一批品牌餐饮龙头企业，支持和鼓励有条件的企业发展连锁经营，起到示范和引领作用。③强化餐饮企业品牌意识。通过加强技术培训、规范管理服务、提升整体形象三方面措施，从菜品质量、服务质量和环境卫生三方面，确保品牌美食美誉度。④加大政府扶持力度。通过奖补扶持、"商机"扶持、金融信贷支持三方面措施，为美食品牌培育和餐饮企业发展创造有利条件，营造良好的发展环境。⑤政企合力宣传，提升品牌影响力。通过"明确美食品牌、统一宣传口径""多部门、多渠道合力宣传造势"

"积极组织美食品牌店参加国家、省、市开展的饮食文化交流、宣传和体验活动，加强对外交流"三方面措施，提升美食品牌的知名度和影响力。

三、 宗教文化

宗教是一种群体社会行为，它包括指导思想（宗教信仰）、组织结构（宗教组织，如教会、宗侣）、行为规范（宗教组织内的活动，如祭祀、礼仪）、文化内容（宗教建筑、宗教绘画、宗教音乐）等方面的内容。它是人类在具有社会组织结构后，有意识地发展的一种社会行为，其根本目的是培养和维护人的社会性，从而维护人类社会组织的正常运行。宗教的其他作用，如宗教的对世界的解释、司法审判、道德培养和心理安慰等作用，包括宗教在历史上阻碍社会发展的负作用也是存在的，但这些都不是宗教的主要社会作用。

在人类历史上，宗教的产生和发展的确与很多因素有关，如社会因素、心理因素、精神因素等。但是宗教作为一种在历史上影响时间如此长、影响范围如此广泛、影响人数如此众多的社会行为，其产生和发展最基本的、最主要的因素在于：自从人类成为一种群体活动的生物，成为具有社会性的群体以来，宗教就是作为具有培养和加强人的社会性作用的一种重要的社会行为而成为社会的必需。虽然，世界上不同的历史时期、不同的地区、不同的民族可能有不同的宗教，但是具有培养和加强人的社会性作用是所有成功的宗教的共性。宗教在适应人类社会长期发展过程中形成了特有宗教信仰、宗教感情和与此种信仰相适应的宗教理论、教义教规，有严格的宗教仪式，有相对固定的宗教活动场所，有严密的宗教组织和宗教制度。所以，宗教本身就是一种文化。宗教在其形成和发展过程中不断吸收人类的各种思想文化，与政治、哲学、法律、文化，包括文学、诗歌、建筑、艺术、绘画、雕塑、音乐、道德等意识形态相互渗透、相互包容，逐步形成属于自己的宗教文化，成为世界丰富文化的成分。

文化在人类生活中的表现形态和方式是多种多样的，但文化也表达着人类自身所能够理解的意义，没有人，文化的意义和价值也是不存在的。当然，文化是与自然相对而言，人在改造自然、征服自然的过程中，把人的智慧、创造、感情注入了自然，并使自然逐步发展为人化自然。我国也有学者提出"文化"就是"人文化"即"人化"的观点。宗教在人类文明的发展过程中，本来就与文化难解难分，因为人类创造宗教的过程是一种更为高级而复杂的精神文化过程，它与文化一样，给人类提供了一整套生活方式。所以，从广义上讲，宗教的历史就是一部人类文化史，宗教是社会文化现象，是社会的自我意识，是人的自我意识，是人的本质的外在的表现。宗教文化通过对哲学思想、伦理道德、法律、教育、生活习俗、文学艺术、音乐、建筑、绘画、雕塑、旅游、诗歌等方面进行渗透。

宗教是一个国家或民族的精神支柱，宗教文化是中华文化和人类文化的有机组成部分。宗教在世界经济全球化的迅猛发展、科技高度发达、人文主义空前显扬的当代世界中发挥着特殊的作用，其文治教化的功能显示出特殊的作用。[①] 宗教活动是每一个历史时期的人类精神生活的重要构件，尤其是在乡村地区，宗教活动比较盛行。而且人们信奉的远不止一种宗教，可谓多神并存，坚持多神论，儒、道、佛、鬼神、祖先崇拜并存，所以在古村落建各种寺庙、佛塔等。豆沙关古镇宗教文化是中原文化与地方文化交融汇合而成。豆沙关古镇杂居着不同信仰的民族，有回族、苗族和白族，佛教、道教、基督教、天主教、伊斯兰教五教俱全，水乳交融，宁静祥和，沧桑悠远。豆沙关古镇的雏形应是先民村寨和古道驿站，随历史的发展而发展，到了清朝乾隆时期，居住着四川、贵州、湖南、湖北、江西、福建、安徽、广东八省移民，建有八省庙宇（会馆），虽然这些庙宇已被拆毁，但遗址还在，依稀可辨。多省移民的迁入，带来了先进的思想、文化和技术，豆沙镇可谓是八省建筑文化的博物馆。

（一）开斋节

伊斯兰教经典记载，先知穆罕默德在传教前，每逢莱麦丹月都去麦加近临的希拉山洞沉思默祷。公元 610 年莱麦丹月，先知在沉思默祷时突然接到安拉的启示，命他以"使者"的身份传递真主的教诲。后来，先知穆罕默德将这个月定为斋戒月，以示纪念。与此同时，教法学家解释，"斋戒是为了让有钱人品尝饥渴滋味，以使他们不要穷奢极欲、挥霍无度；要节衣缩食，省出钱来周济穷人"。历经 1400 余年演变，开斋节已成为信仰伊斯兰教的各民族的传统文化节日。这一天，穆斯林除沐浴净身，到清真寺参加节日宗教聚礼活动外，还要穿上节日盛装，走亲访友，互道"赛俩目"（祝你平安之意），祈求来年幸福。文献记载，尔德（Eid）这个阿拉伯词语由"阿达"（Aada）这个词演变而来，原意是"返回"，演变为"聚会"，所以，穆斯林将开斋节的礼拜称为"会礼"。"会礼"是先知穆罕默德生前确定的宗教节日礼仪。根据《圣训》阿纳萨的传述，先知穆

---

① 钟鉴. 宗教文化论［J］. 西北民族大学学报（哲学社会科学版），2012（2）：33-40.

罕默德迁徙到麦地那后，发现那里的人继承蒙昧时代习惯，有两个崇拜偶像的民间节会，场面十分壮观。穆罕默德说："我来这里时，真主启示我，要我告诉你们，这两个庆祝节将会用新的更好的日子代替：一个是奉献牺牲的日子（宰牲节），一个是结束斋戒的日子（开斋节）。"

伊斯兰学者谢赫·艾哈迈德·巴纳解释说："这两个日子之所以更好，是因为宰牲节和开斋节是真主降示的启示所规定的合法节日，是真主为他的仆人选择的吉庆日。穆斯林遵守这两个节日，标志着穆斯林五大功修中的两项获得圆满成功。这两个日子，真主给完成朝觐的人和完成一个月斋戒的人无限量恩赐，同时对所有被造物降下了仁慈的恩惠。蒙昧时代的两个节日，人们祈求好天气、好运气。两者有着本质的不同。有理智的人应当思考其中的奥秘。"从《古兰经》教导中可以看到，穆斯林一年中的这两个"尔德"（节日），的确与任何民族的节日习惯都很不相同。《古兰经》说："我为每个民族制定一种贡献仪式，让他们有所遵循，绝不是让他们为这事与你争论。你应当召唤众人来崇拜你的主。你确是在正路上的。"伊斯兰另一经典《圣训》记载，先知为穆斯林指定的节日一共有三个：每星期的主麻（聚礼）和两个一年一度的尔德节（开斋节和宰牲节）。穆斯林在这三个节日里定时"返回"清真寺参加集体礼拜集会，以叩拜和敬畏真主，从而获得真主许多倍的回赐与恩典。穆斯林认为，从真主启示和先知教导而来的任何指示都是完美的引导。两个尔德节和每周主麻的定制遂成为穆斯林完美生活的一个重要组成部分。

开斋节期间，穆斯林家家户户都要炸油香、炸馓子、烹调佳肴、宴请宾客等。这种风俗，追根溯源，其中还有一段传奇故事：相传，伊斯兰教先知穆罕默德圣人在一次战斗胜利后，凯旋时，穆斯林们争先恐后地邀请他到家做客，可穆罕默德圣人没有到富人家赴宴，却到了一位非常贫困的穆斯林老人家做客，而老人也没有美味佳肴招待穆罕默德圣人，只端出了油汪汪、香喷喷的"油香"让其品尝，穆罕默德圣人高兴地用右手撕了一块吃了，其余的分给了围观的小孩。从此，穆斯林形成吃油香时用右手撕开吃的习惯。有些地方的穆斯林青年男女还特意选择在开斋节期间举行结婚典礼，使自己的婚礼再增添些节日的喜庆。伊斯兰教认为，斋月是真主安拉将《古兰经》下降给穆罕默德圣人的月份，是一年中最吉祥、最高贵的月份。斋戒是伊斯兰教念、拜、课、斋、朝五项基本功课之一。

回族等大多数信仰伊斯兰教的民族习惯称斋月为"莱麦丹月"。这一月，回族等穆斯林在东方发白前，吃饱喝足，东方发晓后至太阳落山前，禁止行房事，断绝一切饮食。斋戒是伊斯兰教规定的每个穆斯林必须履行的"五功"之一。斋戒期满，就是回族等民族一年一度最隆重的节日之一——开斋节。这种会礼比平时主麻日的聚礼要隆重得多，即使刮风下雨也无所畏惧，情绪仍很高涨。会礼中，放眼望去，白帽耀眼，犹如一片银河。礼拜后，回族穆斯林齐向阿訇道安，接着全体互说"赛俩目"问候。整个会礼结束后，由阿訇带领游祖坟，念苏勒（古兰经选读），追悼亡人，然后恭贺节日，串亲访友。节日中，家家户户炸馓子、油香、课课、花花等富有民族风味的传统食品，同时，还宰鸡、兔、羊等，做凉粉、烩菜等，互送亲友邻居，互相拜节问候。在节日里，除了邻居朋友相互拜节外，已婚和未婚女婿要带上节日礼品给岳父母拜节。拜节的时间要早。回族当中流传一句俗语，叫作"初一、初二拜节，初三、初四拜鳖"，如果拜节迟了，会带来一些不愉快的事。有许多回族青年在开斋节举行婚礼，使节日更加热闹，更增添了节日气氛。随着社会发展，回族开斋节也增添了不少新内容。回族聚居的一些地方，除节日参加会礼等活动外，还参加一些娱乐活动，如辽宁回族青年在节日里喜欢耍狮子舞、踩高跷，河北沧州的回民在节日里喜欢表演武术，西北一些回族青年节日里唱花儿、摔跤、拔腰、打扑克，居住在城市里的一些回民还喜欢游公园等。

广义的斋戒要求人们不吃不喝，更重要的是要做到清心寡欲、表里一致，对耳、目、身、心、嘴都要有所节制，要做到耳不听邪、目不视邪、口不道邪、脑不思邪、身不妄邪。如果禁饮食、挨饥饿，而心不正、行不端，也是不符合斋戒真谛的，也是不完美的。在斋月期内，回族穆斯林很重视盖德尔夜，也有的叫"坐夜"。关于此夜的确切日期，《古兰经》中无明文可考，回族穆斯林通常从最后三个单日内选取居中之日，即第二十七夜。也有相当多的穆斯林，包括国外的穆斯林认为盖德尔夜隐藏在斋月最后十天中的任何一天里都是有可能的，所以不主张把它定在第二十七夜，但也不反对那些希望盖德尔夜在第二十七日晚上的人们的做法。"盖德尔"，原为"前定""高贵"之意，回族群众认为在这一夜，安拉把全部《古兰经》通过哲卜利勒天使下降给穆罕默德，认为这"高贵的夜间，胜过一个月"。《圣训》也说："谁使盖德尔夜充实功修，谁都能获得七十二年善功的回赐。"因此这一夜，回族穆斯林一般都要做一些可口的开斋饭，请人吃饭，或齐聚清真寺或住宅中礼拜、圆经、祈祷、赞主怀圣，彻夜不眠。经过一个月的封斋，次月初望见了新月，意味着斋期结束，回族穆斯林自然欢欣鼓舞，都以无比喜悦的心情迎接开斋节的到来。在节日会礼前，回族穆斯林都履行交纳课税的义务，通常按各家人口多少计算，舍散"费土尔"钱。回族穆斯林一般都愿意履行这种义务，否则就失去了斋戒的完美性。

狭义的斋戒要求封斋的人在东方发白前，吃饱喝足。如有人起晚了，就不吃不喝，清封一天。东方发晓后至太阳落山前，要禁止房事，断绝一切饮食，无论在任何艰难困苦的条件下，都不能吃一点东西，也不许喝一口水。在斋戒期间，平时抽烟的人必须戒掉。这样，封斋使回族穆斯林逐步养成了坚韧、刚强、廉洁的美德。随着社会发展，人们的生活水平有了提高，营养过剩现象较普遍，一段时间的斋戒有利于身体排毒、净化。斋戒，是伊斯兰教的"五功"（心有念功、身有礼功、性有斋功、财有课功、命有朝功）之一。伊斯兰教的斋戒，重在信念。开斋节是阿拉伯语"尔迪菲图尔"的意译，"尔迪"就是节日的意思。在封斋期间，每日两餐，大约在日出前和日落后进餐。莱麦丹，是阿拉伯语"炎热"的意思，形容封斋的人，通过"炎热"的磨炼，来控制食欲和色欲。据说，真主就是在这个月，将《古兰经》降于邻近的天上，以后23年中，真主派大天仙哲布拉伊把经文陆续从天上降给穆罕默德，因此，斋月是最尊贵的月份，备受穆斯林的重视。希吉来历10月1日，开斋，为开斋节，封斋的天数为30天。关于节日的来源，据伊斯兰教经典记载，伊斯兰教初创时，穆罕默德在斋月满时，进行沐浴，然后身着洁净的服装，率穆斯林步行到郊外旷野举行会礼，并散发"菲图尔钱"（开斋捐）表示赎罪，后相沿成俗。节前每个家庭成员都要向穷人发放"开斋捐"，粉刷房屋，打扫院落，并把清真寺装饰一新，同时准备节日食品，炸油香、炸馓子、宰羊、宰鸡等。炸油香，是所有十二个节日的必做工作，这是中国伊斯兰教的独特风俗，笔者个人认为其起源于祭献遗风：油烟香味祭祀了亡人。一般中年妇女在家待客，年轻夫妇、未婚女婿要带上礼物，在节日的第一、二天给岳父母拜节。许多青年还在佳节举行婚礼。节日期间回族的小辈要上门给长辈拜节，全家吃"粉汤"。回族有三大节日，即开斋节、古尔邦节、圣纪节。除此之外，还有小的节日和纪念日，如法图麦节、登霄节、阿舒拉节等。这些节日和纪念日都是以伊斯兰教的希吉来历计算的，也就是以伊斯兰教历计算的。伊斯兰历以月亮盈亏为准，全年为12个月，单月30天，双月29天，平年354天，闰年355天，30年中共有1个闰年，不置闰月，与公历每年相差11天，平均每32.6年比公历多出1年。伊斯兰教历分太阴年和太阳年两种，回族多用太阴年计算。

随着经济社会和文化的发展，穆斯林的开斋节也增添了不少新的内容。人们除了节日参加会礼外，还参加一些健康的文体娱乐活动，如狮子舞、踩高跷、唱花儿、表演武术、摔跤、打扑克、城市游园、远足等活动。穆斯林重视节日的庆祝活动。主要节日是古尔邦节（拉丁文 Eid Adha），又称宰牲节、尔德节。古尔邦节与开斋节（肉孜节）、圣纪并列为伊斯兰三大宗教节日。依照经训教导，在节日里，穆斯林沐浴净身，换上最美或最干净的衣服。开斋节那天不许延长或额外守斋戒，也不许无节制地吃喝。开斋节是宗教大集会，穆斯林从各方会聚在一起礼拜、祈祷、纪念真主，互相问候、关怀。开斋节是伊斯兰宗教节日，必须以伊斯兰方式来庆祝。活动当以纪念真主和学习先知为主题。尔德节不是民族文化节日，因此阿訇不允许将尔德节降格为一般、地方或少数人的娱乐活动。阿訇解释，民族节日活动的目的是寻求欢乐、节日休息、互相送礼、借机吃喝。而尔德节日的主题则必须以崇拜真主、纪念穆圣为核心内容，否则就是伪尔德节。如果排除信仰目的，那么，伪尔德节就不是把穆斯林引向光明、引向正义，而是引向错误、引向罪恶。因此，那种偷梁换柱式的伪尔德节，穆斯林是坚决反对的。穆斯林的尔德节不是休息日，也不是单纯娱乐日，因为穆斯林的功课和职责时刻不能放松，一天也不能缺少。在纪念真主和穆圣的节日里，责任只能加重，不能减少，穆斯林绝不许可把开斋节或宰牲节搞成庸俗的娱乐日。开斋节是穆斯林的珍贵日子。节日里，每个穆斯林都有幸参加各种祈祷和礼拜活动，以提高个人品性和道德修养，指望真主予以更多恩典和收获。开斋节也是穆斯林自我反省、自我更新、仁慈好施的日子。开斋节应当更多地想到平日可能被遗忘的老人、亲友、孤寡和穷人。由于穆斯林是祈求真主赏赐恩惠，所以首先应当感赞的是真主已经赏赐人们的恩典，并以自己富裕的条件施舍给那些需要精神和物质帮助的人以力所能及的援助。通过一次成功的尔德节日，个人、家庭和社会都将在真主的庇荫下提高一个精神阶梯。开斋节的日期是循环的，三年提前一个月，按阴历计算，遇到3的倍数就会变动一次。

我国甘肃、青海、云南等地的回民亦称为"大尔德"，宁夏南部山区八县回民则称为"小尔德"。它与古尔邦节、圣纪节并称为伊斯兰教的三大节日，流行在全国十个信仰伊斯兰教的民族中，但信仰伊斯兰教的十个民族在过节时又有许多本民族的特点和习俗。回族穆斯林的斋月，是伊斯兰教历九月，回族穆斯林习惯称它为"莱麦丹月"。由于回历是纯阴历，所以开斋节出现在每年的不同时期。回族穆斯林为什么要封斋呢？相传，在伊斯兰教创始人穆罕默德40岁那年（伊斯兰教历九月），真主把《古兰经》的内容传授给了他。因此，回族穆斯林视斋月为最尊贵、最吉庆、最快乐的月份。为了表示纪念，就在每年伊斯兰教九月封斋一个月。斋月的起止日期主要看新月出现的日期而定。初一的傍晚，太阳落山后，各地的回族穆斯林有的到清真寺的宣礼塔上，有的到墙头上或房屋顶上，有的站到眼界开阔的地埂和渠坝上，盯着西方的天空，细心寻找月牙儿，见月牙儿就入斋。如果大多数人都没有看见，有两个以上的人确实看见了，立刻向本坊阿訇报告，大家也都公认"见新月了"，可以入斋了。如遇到雾气茫茫、黑云翻滚、黄沙弥天等特殊的气候条件，不能目睹新月，可推迟到初二、初三的晚上。绝大多数回族穆斯林都是按照这个习惯办的。但是，由于回族穆斯林中的教派不同、门宦不同，加之回族穆斯林又分散在全国各地，入斋的时间也不完全是这样。有的地方回族穆斯林主张自己亲自看见月牙儿才行，别人报告的不算；有的地方主张提前入斋；还有一些地方，他们不看新月，这就是老初一派、老初二派和老初三派。不论入斋和开斋的时间是否一样，封斋都要够一个月，这是一致的。入了斋月，男满十二周岁、女满九周岁的回族穆斯林，要求都要封斋，也叫把斋或闭斋。理智不清的、小孩儿、老弱有病的以及妇女月经期和产期都不封斋。

以上这些，只是回民狭义的斋戒。广义的斋戒是，不仅不吃不喝，更重要的是要做到清心寡欲、表里一致，对耳、目、身、心都要有所节制。如果只禁饮食、挨饥饿，而两面三刀，恶语中伤，横行霸道，胡作非为，是不符合斋戒真谛的，也是不全面、不完美的。至斋月二十七，即回族穆斯林很重视的"盖德尔夜"，回族群众一般都要做些可口的开斋饭，特意送到清真寺里让大伙儿吃，有的还请一些人到家里吃开斋饭，经济条件较好的还设宴待客。吃完饭，可以到清真寺赞圣、诵经，也可以在家砸一些核桃，炒一些瓜子和花生，或煮一些羊骨头，边吃边聊天，整夜不眠，通宵达旦。有些地区在这一夜还张灯结彩、互赠礼品，庆贺盖德尔夜。斋月结束，还未举行节日会礼前，回族穆斯林都要按照家庭人口多少计算，舍散"费土尔"钱，即交纳课税。回族穆斯林认为，封了一个月斋，不交"费土尔"钱，便失去了斋戒的完美性，有的甚至认为是白封了一月斋。因此，回族穆斯林一般都愿意履行这种义务。斋戒期满，就是回族穆斯林一年一度最隆重的节日之一——开斋节。在开斋节前夕，外面工作的、做买卖的、出差的回民都要提前赶回家中。这种会礼比平时主麻日的聚礼要隆重得多，难怪中国著名新闻记者范长江1935年在他的《中国的西北角》中，记下了这个隆重庄严的场面："……这一回却详细地看了一个回族过年。这个年，给人的印象大可注意。这个大典的举行，是在二十七日上午十时左右，西宁附近的回民男子，都先后齐集在马步芳平日练兵的校场。我看不到一个人在指挥他们，而他们老老少少却自动向西方坐成很整齐的行列。一种庄严的伟大形象，透入每个参观者之心中。此时北风劲烈，记者重裘无温，而席地而坐整万回民，却没有丝毫浮动气象，不能不谓难能可贵。这个大典表现了几点非常大的意义：第一，回族内部的团结太好了。这成万的老百姓一切都是自动地组合成功，而所有礼拜及大典中各种活动，没有不万众一心、动作一致的，那天天气如此之冷，因为搬运播音机差不多耽误了两小时，旁观的人许多已经受不了，相继退去，回民中却没有一个半途而逃……"

（二）遗留的服饰文化

中国传统服饰的文化内涵极其丰富，具有明快的风格与和谐统一的心理追求，其独特的五色体系和风格表现形式成为中国传统服饰文化的基调。中国传统服饰文化具有适中、和谐的"情理美"和追求意境的"含蓄美"。服饰文化把实用价值、文化价值、审美价值融入其中。服饰文化作为人类文明进化的重要组成部分，其意义在于适应自然环境以满足生存需求，方便生活日用，以便身体活动，美化自身体态以娱乐身心健康，显示社会身份以表征社会地位。服饰是人类生活和人类文明的重要组成部分，它满足人们对物质生活的需求，并代表着一定时期的文化。服装的款式设计、面料选用、颜色组合等，均记录着特定时期的生产力水平和社会状况，反映着人们的思想文化、时尚追求、审美观念。

中国传统服饰文化不是一种孤立存在的文化现象，它是物质与精神的统一体，也是附着于物质载体之上的主体美的物化形态，既主张象征表意性又倡导审美愉悦性，既注重形式美的创造又崇尚情感意念的表达，使内涵意义与表现形式完美统一，以情景交融、意象统一之美来展示民族美学的生命艺术品位。以中国传统服饰文化中的颜色为例，其文化内涵亦随着社会的发展、时代的变迁而演变，并呈现出鲜明的阶段性、民族性和时代性审美特征。中华传统服饰文化的生活色彩浓郁，它以等级标识为主要特征，并被赋予特定的伦理意义，如商代将取于自然的青蓝、赤红、黄、白、黑五种颜色视作尊贵色彩，规定只有奴隶主和贵族阶层的着装才能使用这些颜色，且"青与赤谓之文，赤与白谓之章，白与黑谓之黼，黑与青谓之黻，五彩备谓之绣"。先秦之后，到了等级森严的封建社会，服饰色彩作为政治伦理的外在形态直接被用来"别上下、明贵贱"，成为统治阶级等级差别的标志性象征，而黄色和龙纹则成为皇帝的专用色和王权的象征。在封建等级制度的高压和儒家礼教思想的双重作用下，色彩的应用已脱离自然的物质属性及其本来意义而被赋予了浓厚的政治伦理色彩。中国传统服饰的文化内涵极其丰富，它出于对自然和生命的无限崇拜以及对等级标识的刻意表述而呈现出明快的色彩风格与和谐统一的心理追求，整体效果既赏心悦目又简单大方，形成了自己独特的五色体系和风格表现方式，成为中国传统服饰文化的基调。

人类创造的世界是一个文化的王国，文化伴随着人类生命的进程而发展，并在社会的进步中发挥着巨大作用。服饰文化是人类物质文明和精神文明的统一。一方面，服饰是文化重要的构成要素，文化的发展刺激着人们对服饰的需求；另一方面，人们对服饰的需求又丰富了文化的内涵，把文化对自然的改造与人的自身培养及生命审美联系在了一起，最终促进了社会的发展。追求艺术的表现和优雅的外观，是人类的共性。可以说，在古代社会中，许多人已经感觉到美化生活的必要，他们的意识，要比文明社会的后代敏锐得多、强烈得多。在人类历史的演变进程中，服装对于人类已不仅限于遮体御寒，还能满足人们在其他方面的心理需要和生理需要，如中国古代的北方游牧民族的猎手用猎物的牙齿、蹄爪、羽毛或尾巴装饰在自己衣物上，以显示其英勇无敌或地位崇高。随着经济社会的发展，人们衣服的质料、颜色、式样及附属装饰越来越与整个社会形态和个性心理相呼应。服饰本身作为一种信息符号，能够传达时代风尚、文化特色，以及个人的文化教养、知识水平、风度气质与社会角色方面的信息。衣服被视为人的"第二皮肤"，它能够反映出一个人尤其是女性的个性和心理状态。将一种鲜花戴在头上，或者以酸梅果汁把双唇染上红色的第一位姑娘，必定有她自己的审美观点……女性服装的质料、色彩、缝制以及与服装相匹配的佩饰能够提升女性自身身份及在特定场合的自信心、风度、竞争力。

中国传统服饰的含蓄婉约与中国人和平、知足、中庸的取向相一致。儒家"中庸"之"中"、华夏"中国"之"中"，皆强调"不过分而和谐"，这在中国传统服饰文化中有明显体现。中国传统民族服装是采用"半适体"的样式，即倡导一种包藏又不局限人体的若即若离的含蓄美。究其原因，"平和性情"自古以来就作为一种美德为中华民族的先辈所推崇，所谓"人生但须果腹耳，此外尽属奢靡"，追求幸福的真谛是"精神快乐休闲，胜于物质进步"。这反映在服饰文化中就是讲究随意、闲适、和谐，没有过分的突出、夸张和刻意的造型，于恬淡之中给人一种含蓄、平和而神秘的美感。中国传统服装的制作者（裁缝）在设计和制作服装的过程中凭借直觉与经验，于"适体"中呈现的是一种含蓄的"情理美"，而非西方那种以数理为基础的精确到尺寸的"理性美"。"含蓄"属中国传统文学艺术美的范畴，这一手法通常将作者的情感表达寓于作品的形象和意境之中，以达到启发联想、耐人回味之艺术效果，彰显"情中有景，景外含情"的艺术境界。这类似于中国画中的写意手法，即不是对事物的客观再现，而是强调欣赏某种朦胧的含蓄美，在虚实关系上偏重于对"虚"的张扬。引入到服饰文化的艺术创作中，就是设计者特别注重"不着迹象、超逸灵动"之美，不刻意追求数字上的精确性或纯形式的客观美感，而是崇尚用无穷的意象美含蓄地表现情感。如用宽衣大袍、拘束的样式或写实与变体相结合的动物、几何纹样、花草枝、藤蔓纹等具有抽象和寓意的服饰图案来传达一种与政治或伦理的关联意向。汉初之"袍"被作为礼服，一般多为大袖，袖口部分收紧缩小，紧窄部分为"祛"，袖身宽大部分为"袂"，所谓"张袂成荫"就是形象化的描述。而魏晋时期的"竹林七贤"，其画像人物皆穿着宽敞的衣衫，衫领敞开，袒露胸怀，或赤足，或散发，无羁放荡，张扬着崇尚虚无、轻蔑礼法的人生品性，给世人以高山流水般随性自然的审美意境。中国传统的女性服装——旗袍，是传统服饰文化与现代时尚设计完美结合的典范，造型完美、结构适体、内外和谐，是兼收并蓄中西服饰特色的近代中国女性的标准服装，是中华服饰文化的代表，在女装舞台上有着不可替代的重要地位。旗袍的设计表面上不温不火，实质上内涵丰富、意蕴悠远，达到了形式与内容的完美融合。光滑的质感和简洁的造型表现出流畅明快的线条与和谐一体的气韵，展示出东方女子温柔、典雅之美。这种气韵不仅展于外表，而且沉于内心。穿上旗袍，既能衬托出东方女性优美的身段，又能显示出其优雅的心境和悠闲的生活节奏，充分展示出中国传统服饰的含蓄美，呈现出一种宛若自然生命律动的朦胧佳境。

中国素有"衣冠王国"的美誉。纵观华夏服饰文明的发展史可知，"协调""统一"是中国传统服饰文化的真谛。自中国服饰文化诞生伊始，就遵循着理物取暖与审美表现、标识显示与象征表达、个性突出与喜庆吉祥相结合的制作原则，以最大限度地达到服饰与自然、服饰与社会、服饰与人群的和谐统一，而情景交融、意象统一更是中国传统服饰文化最珍贵的审美品质。比如，作为中国传统服饰文化的基本元素，"标示突出文化"主要应用于人们在生产和生活中对等级尊卑、行业职别、年龄性别的标示和意念表达上，从原始部落首领与狩猎功臣的服饰标示到封建帝王的官服标示，从文官武官的服饰标示到现代军装、职业装、晚礼服的服饰标示等，均彰显着其"标示突出文化"的审美底蕴。当然，中国传统服饰文化承载着传统儒家中庸观，受政治因素的影响颇深。而20世纪中期的"绿色"服装覆盖全国，"军干装"及其灰色基调也使中国服饰呈现简单划一的窘况。然而，中国传统服饰文化中占数千年发展主流的是"协调""统一"的服饰文化，理应将之发扬光大，诸如以原色表现为主的大气而豪放的色彩文化，以追求内涵意义与表现形式圆满统一并最大限度地达到服饰与自然、社会、人群协调一致的完美原则，以民俗吉祥意象为特征的表现形式等，现代中国的服饰文化都应予以承传拓展。在当代中国，传统服饰与时尚设计的审美融通对提高服装的文化附加值、满足时尚消费需求、缔造民族特色品牌、开拓国内外市

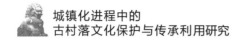

场具有特殊意义。全球化时代的服装产业竞争日趋激烈，各国服装设计师在服装设计中都很注重对本国传统文化元素的借用，以张扬本国服饰文化和民族特色。目前，中国现代服装设计整体上还存在着设计理念落后、创意不够、没能把传统服饰文化的精髓融入现代服饰等问题。

《古兰经》中对回族服饰有一定的规范要求，"女性穿着长衣长裤，头戴头纱，民国时期，盖头按年龄大小而有差别，分别有绿色、青色、白色等不同的颜色，婚姻状况不同，所戴头纱的颜色也有区别，已婚女性戴白色盖头，而未婚女性则戴绿色盖头，男性戴无边的帽子"①。但是调查发现，豆沙关古镇的回民的服饰特征已经逐渐淡化，女性回民的日常生活与穿着习俗打扮和汉族没有太大的差别，男性回民也基本上看不到戴"小白帽"的习惯，伊斯兰教文化随着社会经济发展变迁出现了世俗化的特征。

服饰是人类特有的劳动成果，它既是物质文明的结晶，又具精神文明的含义。人类社会经过蒙昧、野蛮到文明时代，缓缓地行进了几十万年。我们的祖先披着兽皮与树叶，在风雨中徘徊了难以计数的岁月，终于艰难地跨进了文明时代的门槛，懂得了遮身暖体，创造出一个物质文明。然而，追求美是人的天性，衣冠于人，如金装在佛，其作用不仅在于遮身暖体，更具有美化的功能。几乎是从服饰起源的那天起，人们就已将其生活习俗、审美情趣、色彩爱好，以及种种文化心态、宗教观念，都沉淀于服饰之中，构筑成了服饰文化精神文明内涵。美国人类学家英菲曾论断："一个文化项目是外来渗透的结果，还是自然独立发明的产物，这个问题对于那些注重历史遗产的人来说是非常关键的，对于那些运用比较研究方法的人来说也是很重要的。我们可以肯定地说，在所有文化中，百分之九十以上的内容，最先都是以文化渗透的形式出现的。"要了解中国服饰多样的款式、独特的风采、鲜明的色泽和精湛的工艺，首先应该浅知一点中华民族博大深邃的服饰文化发展轨迹，这样才能通过浏览，去着意开掘中华服饰文化的底蕴。中华人民共和国成立后的考古学和古人类学的成就，已经把服饰文化的源流科学地上溯到原始社会旧石器时代晚期的山顶洞人阶段。在此以前更遥远的时间，人类开始用捕猎所获的兽皮来掩盖、保护身体和保暖，夏天则拣取树叶遮掩阳光免受炎热。这标志着人类刚脱离了动物境界，服饰的原始雏形出现。而山顶洞人遗存中发现了以缝纫加工为特征的服饰文化。这时候的衣饰已不再是简单地利用自然材料，而是演变成合乎人类生活需要的构造，开创了中华民族服饰文化

---

① 王玲霞. 多元文化背景下旧村回族伊斯兰教信仰研究［D］. 广西师范大学硕士学位论文，2013.

的先河。

中国服饰文化的历史源流，若从古籍中寻找，总会将其归结于三皇五帝。如战国人所撰吕览和世本记述，黄帝时"胡曹作衣"，或说："伯余、黄帝制衣裳。"这个时代，根据考古发掘的文化遗存对照，应该是在距今五六千年前的原始社会的母系氏族公社的繁荣时期。这个时期内出土的实物有纺轮、骨针、纲坠等，又出土有纺织物的残片。我国甘肃出土的彩陶上的陶绘，已将上衣下裳相连的形制生动而又形象地描绘出来了。

夏商周及殷商时期社会生产力有了一定发展，在物质上又有许多物质文明的出现。从甲骨文中可见的象形文字就有桑、茧、帛等字样，可证明农业在当时的发展。从出土的商代武器铜钺上存有雷纹的绢痕和丝织物残片等，可见那时的工艺水平的高超和精湛。殷商甲骨文中，可见王、臣、牧、奴、夷及王令等，衣冠服饰随着生产力发展和社会分工，开始打上了时代烙印，成了统治阶级"昭名分、辨等威"的工具。尊卑贵贱的生产关系，促使服饰也开始形成其固有的制度。周代是中国冠服制度逐渐完善的时期。这时候，有关于服饰的文字记载十分多见。青铜器铭文中，有关于服饰的记载和"虎冕练里"（毛公鼎）、"女裘宝殿"（周、伯蔡文篡）等。随着等级制的产生、上下尊卑的区分，各种礼仪也应运而生，反映在服饰上，有祭礼服、朝会服、从戎服、吊丧服、婚礼服。这些服饰适应了天子与庶民，甚至被沿用于商周以来的两千多年封建社会之中。

春秋战国时期各国间不全遵周制度，七国崛起，各自独立。其中，除秦国因处西陲，与其他六国有差异外，其他六国均因各诸侯的爱好和奢侈，以及当时兴起的百家争鸣之风，在服饰上各显风采。春申君的三千食客中的上客均着珠履。平原君后宫百数。卫王宫的卫士穿黑色戎衣；儒者穿缛服、长裙、褒袖、方履等。

汉初服饰，与民无禁。西汉虽有天子所服第八诏令的服饰制度，但也不甚明白，大抵以四季节气而为服色之别，如春青、夏赤、秋黄、冬皂。汉代妇女的日常之服，则为上衣下裙。魏晋南北朝以来，由于北方各族入主中原，将北方民族的服饰带到了这一地区。同时，大量民族服饰文化也影响和同化了北方民族的服饰。妇女的日常衣服仍以上身着襦、衫，下身穿裙子。襦、裙也可作为礼服之内的衬衣衫。

隋统一全国，重新厘定汉族的服饰制度，然而也难以摆脱其由北向南统一而带来北族服饰形制的影响。只是到了唐代帝国的建立，才以其长时间的统治，加上其强盛的国力，令其服饰制度上承历代制度，下启后世冠服制度之经道，同其社会一样，呈现出繁荣景象。唐人与西北各民族的交往频繁，各民族同唐人杂居内地的也很多，因此，唐人穿胡服的装束常会在该时代的文物中见到。隋唐时妇女的日常服饰是衫、袄、裙，多见是上身着襦、袄、衫，而下身束裙子。裙子以红色最流行，其次是紫色、黄色、绿色。唐代妇女的鞋子多将鞋头作凤形，尺码同男子相似。宫人侍左右者均着红棉靴，歌舞者也都着靴。妇女的日常服饰名目繁多，有如袄、衫、袍、腰巾、抹胸、裙、裤、膝裤、袜、鞋靴等。

宋代北方大片土地沦为女真族贵族统治领地，服饰文化也因其政治和经济因素而发生交互影响。据《资治通鉴》记载："临安府风俗，自十数年来，服饰乱常，习为边装……"可见南宋京都也尚北服。宋代妇女的日常服饰，大多上身穿袄、襦、衫、背子、半臂，下身束裙子、裤。其面料为罗、纱、锦、绫、绢。尤其是裙子颇具风格，其质地多见罗纱，颜色中以石榴花的红色最注目。褶裥裙也是当时裙子中有特点的一种，有六幅、八幅、十二幅不等，贵族妇女着裙的褶裥更多。元代是蒙古族入关统治中原的时代。其服饰既袭汉制，又推行其本族制度。元朝初建，也曾令在京士庶须剃发为蒙古族装束。在元代蒙古族的衣冠服饰图案中，龙凤纹就是吸收中原文化的产物。龙凤纹本是中国传统的吉祥纹样，为历代皇家所御用。人们把龙看作神圣、吉祥、吉庆之物。龙是英勇、尊贵、威武的象征。凤凰在远古图腾时代被视为神鸟而予以崇拜，它是原始社会人们想象中的保护神，经过形象的逐渐完美演化而来。凤又是传说中能给人带来和平幸福的瑞鸟，因此作为吉祥、喜庆的象征。蒙古族的衣冠，以头戴帽笠为主，男子多戴耳环。然至元大德年间以后，蒙、汉间的士人之服也就各从其便了。妇女服饰，富贵者多以貂鼠为衣，戴皮帽。一般者则用羊皮和毳毡作衣冠材料。当时的袍式宽大而长，常作礼服之用。元末，因贵族人家以高丽男子女子的装束为美，又流行起衣服、靴、帽仿高丽式样。

朱元璋推翻元朝，建立大明帝国后，先是禁胡服、胡语、胡姓，继而又以明太祖的名义下诏：衣冠悉如唐代形制。明朝的皇帝冠服、文武百官服饰、内臣服饰，其样式、等级、穿着礼仪真可谓繁缛。就连日常服饰，也有明文规定，如崇祯年间，皇帝命其太子、王子易服青布棉袄、紫花布衣、白布裤、蓝布裙、白布袜、青布鞋，戴皂布巾，装扮成老百姓的样子出面活动，也印证了当时平民百姓的衣饰。明代妇女服饰规定民间妇女只能用紫色，不能用金绣。袍衫只能用紫绿、桃红及浅淡色，不能用大红、鸦青、黄色。带则用蓝绢布。明代的衣衫已出现用纽扣的样式。明代妇女的鞋式仍为凤头加绣或缀珠。宫人则着刺上小金花的云样鞋。

　　清崇德三年（公元 1638 年）曾下令："有效他国（指汉族）衣冠束发裹足者，重治其罪。"清代按满族的习俗制度实行剃发改服。服饰制度坚守旧制，尤其在男子服饰上，保持满族特点而延续极长的时期。尽管清代三令五申废除明代服饰，但其官服上的补子仍采用了明朝的样制。命妇冠上所缀的金凤、金翟也仍承前制。清代的官服等级差别主要反映在冠上的顶子、花翎和补服上所绣的禽鸟和兽类。若排列名次，可从皇帝开始，依上而下有皇太子、皇子、亲王、奉恩将军、公主、驸马等皇族宗室戚属，异姓封爵的有公、侯、伯、子、男、文武一品至九品官员，未入流的品官，以及进士、举人、贡生、监生、外郎耆老、从耕农官，此外还有一等、二等、三等蓝领侍卫、侍臣等，其官服均有严格区别。清代男子的服饰以长袍马褂为主，此风在康熙后期雍正时期最为流行。妇女服饰在清代可谓满、汉族服饰并存。满族妇女以长袍为主，汉族妇女则仍以上衣下裙为时尚。清代中期始，满汉各有仿效，至后期，满族效仿汉族的风气颇盛，甚至史书有"大半旗装改汉装，宫袍截作短衣裳"之记载。而汉族仿效满族服饰的风气，也于此时在达官贵妇中流行。妇女服饰的样式及品种至清代也越来越多样，如背心、一裹圆、裙子、大衣、云肩、围巾、手笼、抹胸、腰带、眼镜等，层出不穷。

　　1840 年以后进入近代，西洋文化浸透着中国本土文化，许多沿海大城市，尤其是上海这样的大都会，因华洋杂居，得西方风气之先，服饰也开始发生潜在的变革。早期，服装式样变异甚少，民间仍然是长袍马褂为男子服饰，女子则上袄下裙。之后，商业贸易日渐繁盛，洋货大量倾入，羽纱、呢绒、洋绸、花布等充斥市场，使传统的服饰穿着有所改变。外国衣料因价廉渐为人们所欢迎，费工费时、工艺考究的滚、镶、嵌、绣等传统手工艺渐为衰落，西方缝纫方式开始流行起来。尤其是女性的时装，由于缝纫精制、款式合乎时代潮流，影响尤大。风行于 20 世纪 20 年代的旗袍，脱胎于清代满族妇女服装，是由汉族妇女在穿着中吸收西洋服装样式不断改进而定型的。当时尚无专业服装研究中心，服装式样的变化经过千家万户，在时代风尚的影响下不断变化。从 20 世纪 20 年代至 40 年代末，中国旗袍风行了 20 多年，款式几经变化，如领子的高低、袖子的长短、开衩的高低，使旗袍彻底摆脱了老式样，改变了中国妇女长期以来束胸驼背的旧貌，让女性体态与曲线美充分显示出来，正适合当时的风尚，为女性解放立了大功。青布旗袍最为当时的女学生所欢迎，一时全国仿效，几乎成了 20 年代后期中国新女性的典型装扮。值得一提的是，当时作为领导服装潮流的十里洋场中的摩登女郎、交际名媛、影剧明星等，在旗袍式样上的标新立异，也促进了它的发展，其中如交际花唐英等人，最早在上海创办的云裳时装公司便是。自 30 年代起，旗袍几乎成了中国妇女的标准服装，民间妇女、学生、工人、达官显贵的太太，无不穿着。旗袍甚至成了交际场合和外交活动的礼服。后来，旗袍还传至国外，为他国女子效仿穿着。

在中国这样一个地域辽阔、民族众多、社会发展不平衡的国家里，由于经济生活、文化素养、自然环境和地理气候的差异，从而导致民族服饰的多种多样，应该说这是民俗服饰的特点之一。中国少数民族的刺绣、蜡染等工艺相当发达，并广泛用于服饰装饰上，是民族服饰的又一特点。刺绣是各民族普遍喜爱的工艺，一般运用在头巾、腰带、围裙以及衣襟、环肩、下摆、袖口、裤脚、裙边等易损部位，既起装饰作用，又有实用价值。刺绣包括桃花、补花、绣花等多种工艺，绣花的手法有平绣、编绣、结绣、盘绣等，花纹图案有自然景物、吉祥图案和几何纹样等。

（三）民俗文化

民俗既是社会意识形态之一，又是一种历史悠久的文化遗产。早在《汉书·王吉传》一书中就有"百里不同风，千里不同俗"的记载。《礼记·王制》云："岁二月，东巡守。至于岱宗，柴而望祀山川。觐诸侯，问百年者就见之。命太师陈诗，以观民风。"这里说的王者巡守之礼，就是国君深入民间，对乡村社会的民情风俗进行一番调查研究。太师是掌管音乐及负责搜集民间歌谣的官吏，他把民间传承的民歌（《国风》）呈递给国君。国君通过这些民歌，"观风俗，知得失"，制定或调整国家的方针政策。我国古代诗歌总集《诗经》中的《国风》，就是古代各民族之间流传的民歌。这些民歌，反映了古代人民的风俗习惯，包含着大量的古代民俗事象，对研究我国古民俗具有重大价值。就比如《水浒传》中的江湖文化、侠义文化，都属于民俗文化意识范畴。研究民俗事象和理论的学科称为民俗学。民俗学是社会科学中一门独立的学科，与文化人类学、民族学、社会学、历史学等学科有着极其密切的亲缘关系，如考古学要借助民俗学揭开古代社会神秘的面纱，民俗学要借助考古学提供古代传承文化的实证。

受到地理环境、气候、传统思想等因素的影响。豆沙关古镇产生了丰富多彩的地域民俗文化。这些文化主要体现为节庆、礼仪、风俗习惯、饮食、婚丧嫁娶、戏曲、舞蹈等，具有强烈的地方感，比如僰人舞蹈、竹笋宴等。结婚是每个人一生中的大事。伊斯兰教认为，婚姻是穆斯林人生中最重要的一项"圣行"，同时也是最严肃的一项义务。伊斯兰教鼓励穆斯林结婚生子，建立家庭，反对独身主义。回族居民受宗教文化的影响，有着特殊的结婚习俗——念配。所谓念配，就是婚族男女在结婚时只需要有第三方就可以确立夫妻关系，并请阿訇念"伊扎布"① 证婚确立关系，但是这些婚俗在豆沙关古镇的回族居民中也日渐消散，现在的回族成年人结婚与汉族也相差无几，伊斯兰教特色的婚俗在与汉族长期融合中失去了宗教意义和民族特色，文化的同化现象比较严重。除了宴请宾客时的饮食要求上不同以外，其他方面的差别很小。生老病死是每个人不可避免的发展过程，回族居民也比较重视人的死亡，穆斯林死后的葬礼比较讲究，分为速葬、薄葬和土葬。五常后（回族居民对人去世的一种普遍说法）一般要求速葬，当天不能下葬的可以等到第二天再葬，但是一般情况下穆斯林死后不得在家停放三天以上，这与汉族具有明显的不同，汉族人死后可以在家停放一个多月甚至更长。薄葬是指所有穆斯林死后平等下葬，不分等级和地位高低，也不用任何陪葬品，仅以七尺白布做成"克番"② 用以包裹死者入土。与其他民族不同的是，回族死者直接裹"克番"入土置于坟墓的底部，不使用棺材安葬。回族丧葬的过程包括备殓、沐浴、殡礼和出殡四个过程，在整个过程中，都不放鞭炮、不烧纸钱、不披麻戴孝，也不用木棺。

有人认为"非物质文化遗产"的概念比"民俗""民间文化"的概念包含的内容要丰富、要宽泛。这样的看法和联合国教科文组织的《非物质文化遗产公约》《文化多样性宣言》的精神并不矛盾。1989年联合国教科文组织在巴黎召开的第25届总会上通过的《关于保护传统文化与民间创作的建议》所指的是"传统文化与民间创作"。在《人类口头及非物质遗产代表作宣言》中采用了"口头及非物质文化遗产"（Oral and Intangible Heritage）这一表述方式，可以说内容和"民间创作""传统的民间文化"本质上是完全一致的。这样看来，"非物质文化遗产"和中国传统的"民俗"概念是完全可以互相置换的。如果我们再来看口头与非物质文化遗产的对象，更能说明这一问题。联合国教科文组织发表的《人类口头及非物质文化遗产代表作宣言》提及口头及非物质遗产的定义："口头及非物质遗产是指来自某一文化社区的全部创作，这些创作以传统为依据、由某一群体或一些个体所表达并被认为是符合社区期望的，作为其文化和社会认同感的表达形式，其准则和价值通过模仿或其他方式口头相传。它的形式包括：语言、文学、音乐、舞

---

① "伊扎布"阿拉伯语"决定、确定"，一般指阿訇与婚姻当事方新郎及家或监护人、新娘及家人或监护人确定新娘和新郎的婚约。

② 回族俗称缝"克番"。克番有两个特点：一是从颜色上看都是白色的，不用有色的布料。二是从选料质量看，不分贫富贵贱，一律是白棉布、白市布、白漂布等，不用绫罗绸缎和其他高级面料。这主要是受伊斯兰教的影响。穆罕默德曾说："安拉最喜欢白色布，生者着白衣，死者用白布做'克番'。"回民由于受这些影响，也形成了用白色布料做"克番"的习惯。

蹈、游戏、神话、礼仪、习惯、手工艺、建筑艺术及其他艺术。除此之外，还包括传统形式的联络和信息。"很明显，这一定义包含了民间传承的物质的和非物质的一切民间文化或民俗文化，不同的是这种文化的创造者，也就是说在非物质文化遗产的创作主体上，比我们以往所说的"民"（主要指农民、市民）要广泛得多。

　　民俗文化包罗万象，无处不在，无所不有，它给我们留下了很多民族民俗文化的优秀遗产，值得我们特别关注。我们要正确、客观地认识民俗文化。现在中国已经是联合国《保护非物质文化遗产公约》的签约国，也是向联合国教科文组织申报非物质文化遗产项目成功率最高、批准项目数量最多的国家。近年来，中国民俗学界也提出，中国民俗文化大复兴的年代来到了，从口头文学、音乐、舞蹈到戏剧，还有其他民俗文化表现形式，要重新把我国 56 个民族珍藏多年的文化瑰宝抢救出来，包括那些曾经被人们忽视的文化。事实证明，中国优秀的民俗文化遗产，在历史上为中华民族的振兴和壮大发挥了巨大作用，并为现代人留下了很多宝贵财富。中国的民俗文化始终保持着一种多民族多元一体化格局，保持了文化多样性的鲜明特色，符合人类文明发展的前进方向。民俗文化传统正是当代文化走向大繁荣的根脉，只有根深才能叶茂。我国目前正在大力推进的非物质文化遗产保护的巨大文化工程就充分证实了这种深远的影响。民俗文化连同研究它的民俗学在 20 世纪经历了漫长的"休眠时期"，所幸还有顾颉刚、常惠、容肇祖、江绍原、杨坤、杨成志和钟敬文等老一辈民俗学家不遗余力地扛起重建民俗学的大旗，也取得了众多具有奠基性的成果。但直到 20 世纪末，与其他相邻近的人文学科比较起来，在兴旺发达的社会学、民族学的映衬下，民俗学的客观影响依然微弱，学术地位照例偏低，它在社会学科全面发展的热烈氛围中依然遭受冷落。21 世纪初，从国际到国内兴起的非物质文化遗产保护热是民俗学真正复苏与崛起的升温热点。下一步，已经热起来的中国民俗学和民俗学人该如何用自身的"消耗功"来实现把热量传给民俗文化遗产保护事业的过程，就成了目前需要认真对待的问题。当前民俗学升温的切入点应是加强应用研究，优先结合实际加强民俗文化遗产保护的科学研究，丰富并完善高水平的"中国应用民俗学"的理论与方法。最直接的学科任务就是尽快建立一整套保护民俗文化遗产的应用理论和操作方法，丰富当代民俗学多样化的分支学科建设。民俗学的思考是多角度的，民俗学的出路也是多方向、多轨道甚至是放射性的。基于民俗文化遗产保护的需要，民俗学研究的主要工作应指向这几个方面：第一是进行各地区、各民族民俗文化遗产地理分布的调查研究，这一工作作为中国民俗文化分布版图的重要调研活动，和民俗文化濒危状态的调研汇集到一起，将可被纳入作为国家文化战略决策依据的基本国情记忆库中；第二是对与非物质文化遗产项目结合非常密切的表现形式的采录挖掘；第三是进行各类民俗文化遗产的文化生态学研究；第四是对民间传承人的传统传承机制如何保护做深入调查研究。

田野作业要讲究入乡随俗。在田野作业过程中，民俗学研究特别强调入乡随俗，这其中有两个基本点值得注意：第一就是民俗主体，即民俗对其拥有者、承载者自发养成的文化习俗惯制体系和民间智慧的传承体系，其主体就是民俗文化的传承人。在田野作业中，明确民俗主体要求去除研究者的本位偏见。因为民俗本位偏见会影响学术研究，使调查作业的观点偏离，事实可能会遭到歪曲，调查作业的评价难以准确，甚至还可能引出歧视性的后果。第二就是要注重民俗对象。当深入到民俗环境之中时，民俗研究者是一个参与者也是观察者，这应该是自觉而不是自发的。在田野调查之前，要做好这样一个认知的准备，明确自己的双重角色。一个民俗学工作者必须要严格地控制自己，敦促自己入乡随俗。这种入乡随俗不是客串而是投入，要让自己慢慢沉浸进去，转换自己的角色，由客位变成主位，有了感情，才能正确认识民俗文化。民俗学研究不会被取代。经过10多年的发展，我国的非物质文化遗产保护已经在全国上下掀起了举世公认的热潮，使几乎所有民俗学人都不仅亲眼目睹了这场文化热力运动的进程，还亲身经历并参与了这项文化保护工程的实际工作，做出了颇为可观的成绩。

民俗学研究与非物质文化遗产保护工作有契合点，但两者之间也存在重要差异。民俗学人在遇到非物质文化遗产这个全然陌生的概念之前，一直从事着本学科领域的民俗学、民间文艺学理论与实践的工作，这既是民俗学人科学性的本体工作，也是职业性的本色工作。民俗学人参与的非物质文化遗产保护工作不等于民俗学本体的调查研究工作，前者是有政府指定的工作目标和操作规程的，后者是有学科规范的科学研究宗旨的，任何混同的理解都是不适当的。民俗学参与非物质文化遗产保护工作势必要执行政府指定的工作目标和操作规程，对于民俗学人这当然是必要的和重要的。但是它却不是主要的，主要的依然是民俗学的本体研究。任何形式的对非物质文化遗产保护工作的研究，都不是也不能取代民俗学自身的学科研究或学术研究。民俗学作为人文基础学科，具有持久发展的价值和意义，在这一点上，民俗学人理应"守土有责"。

民俗文化是民众的生活文化，它与民众所处的特定的自然、人文环境紧密相关。中国传统社会是以农耕生产为主业的社会，因而围绕着农耕生活累积形成的中国民俗具有一种大农业的特点。中国还是一个多民族国家，中国民俗具有独特的民族气质。中国民俗文化特征主要有以下表现：

（1）多元性与复合性。中国民俗因为民族文化的关系呈现出多元复合的性格特征。中国自立国之始，就是一个多民族的国家，形成今天 56 个民族共处的状态。在中华各民族的不断融合中，民族习俗被接纳到中华文化体系之中，但程度不一地保存着各自的民俗特性，从而丰富了中国的民俗文化。中国民俗的多元特性不仅体现在各民族的不同习俗上，还表现在不同历史阶段的民俗共存上。既有繁华的都市民俗，也有古朴的乡村民俗，还有部分地区不同程度地保持着原始的民俗生活形态。在中国统一的地域空间内共存着不同性质的民俗文化，体现了中国民俗的多元特性。我们在探讨古村落民俗多元性特点时，不能忘记中国民俗的另一特性，即复合性。多元性与复合性紧密相关。中华文化一向以包容四方著称于世，其中民俗涵化之功甚伟。自古及今民族文化的融合，首先是民俗层面的接纳，民俗化入于细微处，却影响深远。汉俗中复合了不少少数民族习俗，可以说从来就没有纯粹意义的汉俗，只有民俗复合时间的早晚而已。同样，现存的各少数民族也程度不一地受到汉俗影响。

（2）阶层性与地方性。首先看阶层性，这是就社会民俗的纵向分布而言。中国传统社会中，处于社会中下层的广大民众，是民俗文化的主要创造者和承载者，因此民俗文化主要体现了他们的认识与思想要求，具有较强的民间性特点。不仅中下层社会相较于上层社会有着层位的差别，就是中下层社会内部亦有着民俗差异。农民与手工业者是物质财富的直接创造者，因此形成了淳朴、节俭、勤劳的民俗本色。而属于中层社会的商人与城市平民，他们的民俗观念与民俗行为有着自己的层位特色，在行业的竞争与酬对中，他们逐渐养成铺张、浮靡、好新慕异的习惯。居于社会支配地位的达官贵人，他们拥有明显区别于社会中下层的生活方式，因此有着不同的生活习俗。当然，在传统社会中，各阶层之间仍然有着部分具有共同意义的习俗。其次是地方性，这是就民俗的区位性特点而言。除了中华民族文化大传统之外，各个地方依自己的特殊生境形成了服务地方的文化小传统。乡民的生活文化具有明显的地方性，所谓"十里不同风，百里不同俗"，还有一种说法是"百里而异习，千里而殊俗"，这是较概略的区分。总之，民俗文化的发生、发展、演变是在一定地域空间下进行的，它受地理环境、人们谋生方式与历史传统的影响和制约，因此民俗文化显现出浓烈的地方特色。

（3）神秘性与实用性。神秘与实用是中国传统民俗的一大特性，这是就民俗事象本身性质来说的。在中国传统社会里，民众的实用目的，大多依靠神秘的民俗行为来促成，神秘性事象无论怎样复杂，目的也只有一个，即服务于人们的生活需要。首先看中国民俗的神秘性。民间传承着大量古老风习，"万物有灵"

的原始观念依然浓烈，民俗事象大多蒙上了神秘色彩。佛、道两教的传播与流行，尤其是道教对民俗生活的介入，使中国传统民俗的神秘色彩更为浓厚。其次，实用性。实用性是中国民俗最本质的特点，民俗服务于人们的生产与生活，人们依赖民俗开展生产，繁衍后代，寻求精神愉快。民众创造了民俗，民俗服务了民众。民俗信仰的直接功利性是它区别于一般宗教信仰的根本特征之一。当然，中国民俗的实用性，不仅仅表现在信仰心理方面，更重要的是许多民俗活动在民众实际生活中发挥着效用。

（4）稳定性与变异性。民俗文化因其传承的特殊性，在日常生活中人相袭、代相传，具有相对稳定的特性。但民俗作为一种基础文化，它在传承与传播过程中并非一成不变。相反，它随着时空的变化不断地发生变异，形成了与稳定性相联系的变异性特征。稳定性，是中国民俗性格突出表现之一。中国经历了几千年的农业社会，虽然发生了几十次大规模的王朝更迭的战争，但农业社会的基础并未动摇，几千年一以贯之的农业宗法社会性质没有发生大的改变，由此围绕着农耕社会所形成的大农业民俗得到相对稳定的传承。这种稳定性主要有以下体现：家族观念的稳定性、节俗传统的稳定性，以及人生仪礼习俗的稳定性。但是，中国民俗性格的稳定性只是相对而言，我们在讨论民俗的稳定特性时更应强调其变异的特性。变异性是中国民俗的明显特征之一。民俗在传承中变异，在变异中传承。民俗的变异性从总的方面看，与历史性、地方性相关联，同类民俗在不同时代、不同地区都会有各自的特点。民俗的变异性还表现在横向的地域分布中。我们在论述民俗地方性特征时已涉及民俗的地方变异问题。同一种民俗事象，在各地会出现不同形态，有的是因为发生的基础不同，有的是在传播过程中的变形。民俗的变异性，一般说来有三种情况：民俗表现形式的变化、民俗性质的变异和旧俗的消亡。民俗的变异性特征为移风易俗提供了学理依据，人们可以依据民俗变异的规律，"化民易俗"，删繁就简，推陈出新，为建设民族的新文化服务。

四、 豆沙关古镇特色文化

古镇，一般是指有百年以上历史的、供集中居住的建筑群。中国历史悠久，广阔土地上有着很多文化底蕴深厚的古镇。其中有部分已经被联合国教科文组织列入世界文化遗产。这些作为承继着历史记忆的古老建筑，在国内古镇游越发火热的当途中，那种古色古香、古风古树的古老记忆变得越来越模糊。任何美好的景色都敌不过商业化的侵蚀。那些依旧保存着一丝回忆的古镇尚且还能从中找寻到过去时光的气息，而另外一些除了名字带着"古"字，所有的都和城市记忆不搭边，空气中飘荡着金钱和臭豆腐的气味，耳边回荡着劣质音响反复播放的促销词，眼里只有杂乱无章的景色。

（一）僰人悬棺

僰人悬棺是明代以前的古代崖葬墓群，是全国重点文物保护单位，主要集中在麻塘坝和苏麻湾两地，以将死者的棺木放置在悬崖绝壁上为特征。该墓群共保存有悬棺265具，是目前国内保存数量最多、最集中的地方。置棺高度，一般距离地表10~50米，最高的达100米。置棺方式，一为木桩式，即在峭壁上凿孔2~3个，楔入木桩以支托棺木；二是凿穴式，即在岩壁上凿横穴或竖穴，以盛放棺木；三是利用岩壁间的天然洞穴、裂缝盛放棺木。棺木头大尾小，多为整木，用子母扣和榫头固定。采用仰身直肢葬，麻布裹尸身，随葬品置脚下两侧，多寡不定，有陶瓷器、木竹器、铁器和麻织品，其中麻织品最多，有少量的丝织品。悬棺葬的族属，学术界争议颇大。其时代，上限未知，下限为明代。

传说很久以前，在四川珙县洛表区，有一个叫麻塘坝的地方，居住着许多僰人。其中，姓阿（音"hā"）的占大多数。有一天，一家姓阿的老人死了，阿家就去请风水先生来看安埋老人的地点。风水先生在麻塘坝转来转去，最后指着一片陡峭的岩子对阿家的人说："这里有片白岩，你们要用一个整块的大木头做成棺材，把死去的老人放在这个棺材里，然后葬在这片白岩上，你们阿家的子孙必定会发达富贵。"阿家就按照风水先生所说，用一整块大木头做成棺材，又请来石匠，在白岩上打洞。可白岩又高又陡，怎么打呢？想来想去，只有用诸葛亮教他们在作战时使用的绞车架在岩石下，在绞车上架起高台，让石匠站在高台上打洞。好不容易在岩石上打出两个碗口粗的洞来，于是往洞中塞进两根粗木，然后又用绞车把棺材吊上去，横放在两根粗木上，这就是僰人悬棺葬的来历。从此，僰人就学会了悬棺葬，人死后，都实行悬棺葬。以后，阿家果然发达了，成为僰人中最有力量的部族，直到明朝万历元年，阿家三兄妹称雄，起兵造反，在四川建武（今兴文县）九丝城称王建国。阿家三兄妹起兵造反时，阿家的势力很强。那时，有一个名叫罗英秀才的人，会阴阳五行，会看风水。罗英秀才家是一户大地主，他家的粮食、金银财物等，曾被造反的僰人强行征用。他为了报复阿家，就去对阿家说："在云南威信县长安乡瓦石村，有一个名叫断井山的地方，断井山对面有一片白岩，名叫白虎岩。你们如果把麻塘坝的棺材取下来，运到威信去，挂在白虎岩上，你们阿家更要发达，更有势力，整个云南、四川两省都会成为你们阿家的天下。"阿家听了罗英秀才的话后，信以为真，高高兴兴地从麻塘坝取下七具棺材，运到威信瓦石，还运了两部绞车挂棺材。阿家按照罗英秀才所说，把七具棺材挂在瓦石村的白虎岩上，其挂法与洛表麻塘坝的一模一样。但事隔不久，阿家三兄妹就兵败被杀，阿家也就彻底垮了。阿家三兄妹死后，朝廷继续围剿那些逃进深山老林的僰人，特别是对僰人中姓阿的，无论男女老幼，一律格杀勿论。在这种血腥屠杀和镇压下，阿姓僰人隐姓埋名，将阿字的"阝"旁改为"亻"旁。全部改成何姓。以后，麻塘坝的僰人悬棺就被人们称为："何家挂岩子"，威信瓦石的僰人悬棺也同样被称为"何家挂岩子"。僰人被围剿后，再也无人到瓦石去挂悬棺了。许多年后，那七具棺材陆陆续续垮了四具下来，如今，白虎岩上只剩下三具悬棺了。据说，在那些垮下来的棺材里，有金、银、珠宝、玉器等贵重陪葬品。当时，有些贪财的人去争夺那些殉葬品，但是，无论是谁，只要一争夺到手，这些宝物就会把他的眼睛刺得疼痛难忍，眼前变得漆黑一片，就像瞎子一样。奇怪的是，只要一抛弃手中的宝物，眼睛的疼痛就会消失，眼前依然光明一片。结果，那些宝物谁都不敢要，都被人们丢到深山峡谷去了。

汉司马相如《喻巴蜀檄》中写道："南夷之君，西僰之长，常效贡职，不敢惰怠。"《史记·西南夷列传》中写道："巴蜀民或窃出商贾，取其筰马、僰童、髦牛，以此巴蜀殷富。"张守节正义言："今益州南戎州北临大江，古僰国。"段玉裁注："接棳为郡有僰道县，即今四川叙州府治也。其人民曰僰。《王制》：'屏之远方，西方曰僰，东方曰寄。'"晋常璩《华阳国志·蜀志》中写道："僰道县，在南安东四百里，距郡百里，高后六年城之。治马湖江会，水通越隽。本有僰人，故《秦纪》言僰童之富，汉民多，渐斥徙之。"清陆次云《峒溪纤志·僰人》中写道："僰人号十二营长，罗鬼、犵狫言语不通，僰人为之传译。披毡衫。女吹篾，有凄楚声。六月二十四日祭天过岁，朔望日不乞火。性悍好斗，卢鹿同声。又好佛，手持数珠。善诵梵咒，有祷辄应。"

麻塘坝是位于四川珙县西南角的一个平静的小山村，几十年来，这里很少有外人来，但20世纪末，却从这里曝出了一个重大的新闻，两位山里老人无心的话语引起了世界考古界、史学界石破天惊般的震动。两位老人亮出了自己的家谱，说他们是珙县悬棺中僰人的后裔。那么，关于他们的祖先，这些人究竟知道多少？困扰科学家们多年的谜题，是否可以就此揭开呢？这些纯朴的老人并不知道，自己随口的话语会给中国乃至世界的科学家带来多大的震撼。这些人的生活方式实际上已与村里的其他人没有差别，他们手中的家谱又有多少可信度呢？悬棺文物博物馆的创始人曾水向是我国较早研究悬棺方面的专家之一,他专程来到了麻塘坝附近的坟地,在这里他顺利地找到了那两位老人家谱中所记载的五六位先人的名字,证实了他们家谱的真实性,但也同时说明,近百年来,这个家族一直在沿用土葬。两位老人手中的家谱最早可以追溯到唐代,但根据史书记载,拥有悬棺的僰人,在唐代就已经与当时的统治者水火不容。四川省民族研究所的陈明芳,是中国研究悬棺最权威的科学家之一。早在20世纪70年代,她就踏上了研究悬棺的道路,经过20多年的研究,她相信,僰人早在1000多年前的唐代就已经受了重创。大唐是中国历史上最为繁荣的朝代之一,它的科技、文化与军事都发展到了空前的高度,众多的史料证实,唐朝统治者曾多次向四川僰人用兵,那么是否僰人在唐代就已经遭到灭族的惨祸了呢?20世纪70年代,在众多科学家的倡议之下,政府开始了中华人民共和国成立以来第一次对珙县悬棺的正式发掘,在这次发掘中,科学家们发现,僰人生活俭朴,大多数悬棺中只有很少的随葬器物。但其中的一只瓷碗引起了曾水向的注意。考古人员十分高兴,因为青花瓷碗是一种可以判定年代的证物。由于需要一种特殊的烧制工艺,一直到明代中期成化初年的时候,官窑里才渐渐地出现了所谓的青花贡品,流入民间至少是在三四十年之后了。如果这只青花瓷碗真的产自明代,那么就可以证实这一具悬棺的历史,至少是在这只碗烧成之后,也就是说僰人绝不可能在唐朝就已经灭绝,中国悬棺的历史也至少延续到了明封建统治时期。为了证实他们的结论,科学家们把这些青花瓷碗送到了景德镇,进行了元、宋等年代的测定。通过清理那一次悬棺中出土的文物,科学家们发现了一件事情,即大量的文物都出自于明封建统治者,而且都在明代万历年间戛然而止。这究竟是为什么呢?通过翻阅大量的史籍,陈明芳发现,在万历年间,僰人的势力日益壮大,他们与明代中央王朝的矛盾也在逐渐加深。根据历史记载,明封建统治者曾经几次向僰人发起进攻,尽管明王朝兵强马壮、武器精良,但在与僰人的数次交战中,却没有占到丝毫的便宜。中国历史界与考古界的科学家们无数次拜访过僰人们留下的军事遗迹。在一个叫九盏灯的地方,山上至今还安放着十几具僰人的悬棺,但它同时也是这个部族最重要的军事基地之一。这个地方的路口隐秘、内部开阔,这是僰人军事基地的典型特征。大多数历史学家认为,如果没有投降的僰人来领路,明封建统治者的军队到了这里必定会遭到重创。根据历史记载,当时明王朝调集了云、贵、川三省的大军,包围了僰人的山寨,于是数万僰人就面临着两种选择:要么与人数多过自己近十倍的敌人决一死战,就在这儿安放祖先灵枢;要么就接受明军的招安,选择屈辱地投降。传说僰人内部的争论就在这个山洞里进行,数百位寨主各执己见，在这里商量了两天两夜。当时在 600 多个僰人的山寨中，有半数选择向明军投降。他们选择的究竟是一种怎样的命运？难道素来骁勇善战的僰人就依靠这种屈辱的方法才留下了自己的后代吗？根据史料记载，当时未投降的僰人无一幸免，被残杀的人数几乎达到这个部族总数的一半，几乎每一位僰人的家族，都有亲戚或朋友被害。

历代僰人等少数民族聚居于这一带，故遗存的悬棺多，但现在最多和最集中处，当首推珙县洛表乡的麻塘坝和曹营乡的苏麻湾。珙县麻塘坝南北狭长，东西两侧奇峰挺拔，险拔峻峭的岩穴之间，许多棺木半悬山崖，在悬崖峭壁上现存悬棺 160 多具。距麻塘坝 10 多公里的曹营乡苏麻湾，陡峭的石灰岩壁上分布着悬棺 48 具。悬棺离地面多数为 26~50 米，高者达 100 米。悬棺的崖壁上有许多红色彩绘壁画，内容丰富、线条粗犷、构图简练、形象逼真。悬棺及岩画具有重要的历史价值和观赏价值，也是研究川南一带少数民族历史发展的实物材料，已成为世界悬棺葬研究者注目的中心，同时吸引着无数的旅游者。这个景区充满古老而神秘的色彩。1935 年，一位来自美国的传教士葛卫汉，对中国丰富的丧葬文化非常感兴趣，他打听到，在中国四川的珙县附近有一种非常奇特的丧葬习俗，于是迫不及待地开始了自己的旅程。尽管一路上的艰难险阻，差一点使这个美国人丢掉性命，但当他真正来到珙县的悬崖边时，还是认为自己不虚此行。葛卫汉被自己的发现惊呆了——这就是悬棺。珙县的悬棺，几乎包含了世界上各种悬棺的所有类型。这是珙县悬棺第一次被世界发现，立刻引起了学者们浓厚的兴趣，20 世纪 40 年代、70 年代、80 年代，一直到 21 世纪初，一批批的科学家来到这里，想破解这个千古谜题。科学家们把这里悬棺中的部族称为僰人，并且纷纷猜测，这些僰人究竟到哪里去了？是什么原因使他们的后代放弃了自己的丧葬习惯呢？这个部族究竟是与其他的民族融合在了一起，还是全部灭亡了呢？20 世纪末，在距离珙县不远的地方，人们发现了明王朝树立的平蛮碑，碑上的字迹已经模糊，但大意还可以勉强辨认，这是明王朝为了夸耀自己消灭僰人所立的丰碑。根据专家们的鉴定，当时僰人的冶炼技术非常低下，他们刚刚从青铜发展到铁器，对于炉温和原材料的控制还没有完全掌握清楚。这是两个时代的对决，远古与现代，刀枪与火药，胜负其实早已注定了，无论僰人如何勇猛，冷兵器时代的英雄也绝不可能打败装备着大炮的明军。就这样，明军依靠着科技上的遥遥领先，最终获得了野蛮的胜利。面对僰人留下的千古之谜，中国的古建筑学专家和诗人们展开了热烈的讨论，探讨悬棺是用什么方法放置到悬崖木桩上的，这种葬俗的民族文化内涵是什么。众人各抒己见，有的认为是从山顶用绳索悬吊下来的，有的认为是采用联桩铺道的方法上去的，放好棺木后再撤去栈道，有的还认为是搭云梯送上去的……众说纷纭，莫衷一是。元代李京撰写的《云南志略》云："行悬棺葬者，挂得愈高愈吉，以先坠者为吉。"这应是僰人行悬棺葬的原因。崔陈多年从事僰文化研究。他说，悬棺置放的方法，学术界存在三种说法：一是垒土造山说；二是栈道说；三是垂吊说。第一种方法，工程量十分浩大，距地面几十米乃至上百米，这在经济文化相对落后、人口稀少的古代西南地区是不可能的；第二种说法，经过多年考证，在现场没有发现过联桩铺道的桩孔，因此可以排除。唯一可行的应是垂吊法。此次维修，在岩壁上发现绳索勒放的印痕，"从山顶放绳索将棺木吊放置崖壁"的说法得到印证。由此，悬棺之谜可以揭开。僰人消失的原因是，明朝末年，由于明军对川滇少数民族的残酷镇压，人口相对较少的都掌蛮和僰人遭到大量屠杀，僰人为了避祸，便纷纷迁徙他乡，隐姓埋名，与其他民族融合，最终便消失了。

走进豆沙关古镇，最显眼的景点就是僰人悬棺。站在悬棺观景台上望过去，河道对面万丈摩崖峻险耸立着，距离河面60余米处有一崖缝，里面就是僰人悬棺的遗迹。20世纪30年代调查一共有棺材40多具，此后，或坠落入关河，或被好奇者、居心叵测者破坏，今现存悬棺9具11件。"一个死去多年的人/他想飞，他在岩石堆起的天空/咀嚼盐粒和木头/像所有的梦睡在一起/他不知自己死了多久……"盐津本土诗人樊忠慰在刊发于1997年《十月》（第五期）中的《悬棺》一诗中如是说。据史料记载，僰人是夏朝遗民、商朝的战俘，善骑射，骁勇善战，在周武王伐纣时立下了赫赫战功。武王封其首领为僰侯，在今四川省宜宾建"僰侯国"。僰人分为南广河流域支系、横江流域支系、南盘江流域支系，豆沙僰人属于横江流域支系。僰人先祖是一个游牧民族，居有定所，后为农耕民族，农业、畜牧业较发达，尤精于种植果木，在战国时期就以富有著称于世。自明朝万历年间，封建统治者对僰人发动灭族大战后，僰人就改名换姓，融入了民族大家庭中，只留下了绝壁上的悬棺。

僰人这个古老的民族①，在中国历史发展进程中发挥了独特的作用，是一个值得永远怀念的民族。僰文化具有厚重的历史底蕴、深刻的文化内涵，充满神奇与奥秘。在南丝绸之路的滇川边缘地带，仍有反映僰民族征战、舞蹈、农耕、生活、习俗的岩画，虽然僰民族消失了，但僰人文化却永远留在世人心中。

---

① "僰人"本意为中国古代称西南地区的某一少数民族。

（二）秦五尺道

早在秦汉时期，通过五尺道与安南道（昆明—越南）的衔接，以及五尺道延伸线（到祥云）与博南道的衔接，从成都出发东可通越南、西可达缅甸，以至可以不绝远至即日的印度、阿富汗。这便是著名的陆上南边丝绸之路。五尺道与秦长城、阿房宫、始皇陵、灵渠、直道、驰道并称为秦朝七大工程，起于僰道（今宜宾），终于今云南曲靖，滇末的地区山高水险，昔人有"盘蛇七曲""气与天通"的形容。但是，据史布告录，秦汉之际，五尺道已然商旅络绎，巴蜀因此殷富，交易业务物紧张，包括筰马、僰僮、髦牛等。隋唐在其基础上重修并扩建为石门道。唐宋时期，石门道渐渐成为四川与云、贵两省茶马通商、转运的通道。清代开放盐禁，五尺道与石门道的故道又成为四川井盐转输云南的通道。

"在豆沙关古镇可以看得到五尺古道遗迹，过去四川的挑夫、背夫挑背盐巴、布匹都要经过武德歇脚驻栈房，第二天又起身朝云南去，云南的马帮又驮山货到四川。所以武德是过去挑夫、背夫、马帮的必经之地。"70多岁的农民书画家曾述尧老先生兴致勃勃地告诉记者。2010年5月28日，记者随四川宜宾市考古专家深入筠连乡镇进行古道考察时，在武德乡新发现了一段保留较为完好的秦五尺道遗迹，这是继2010年4月21日由国家博物馆、四川省文物考古研究院等组织的"五尺道—石门道—盐道"考古探险考察团赴筠连考察秦五尺道后的又一重大发现。这段新发现的秦五尺道位于筠连县武德乡中华村三组，当地人称幺店子附近，经测量，该古道长约200米，宽1.6~2米，其中保存最完好的一段长约50多米，宽为1.6米，为标准的秦五尺道宽度，且路面整齐、损伤较小，历经沧桑岁月的洗礼，它依然坚固如初。据路过的当地村民、现年85岁的刘汉文介绍说，他小时候就经常看到马帮、挑帮在这条古道通过，驮盐巴的、挑山货的，非常热闹，这里马店四五十家，商贸十分繁荣。据考察，该乡尚有多处古道、古桥、古庙遗址。在古道岩壁上的一些地方，依然还能看到明显的人工开凿痕迹。在该乡一寺庙内还发现了一枚石质公平秤，该秤砣重约80斤，秤砣正反面分别写着"张永福站""公义较准"的字样，据初步考证，该石质秤砣是明清时期四川与云南商贸公平交易的见证，它也是筠连古代商业发达和筠商文化的一个重要标志。

所谓"五尺道"，史料的解释是"横阔一步，斜亘30余里，半壁架空，奇危虚险"的阁道。豆沙关古镇的"五尺道"位于石门关口，开凿于秦代，是由四川入滇，再到缅甸、印度的"蜀身毒道"（古西南丝绸之路）的重要通道，也是由中原进入云南的要冲。历经 2400 多年的沧桑巨变，这条古道至今犹存。一段长约 350 米、宽 1.7 米的不规整的石头路上，一级一级的青石阶高低不一，上面留下了 243 个深深浅浅的马蹄印迹，其中约 10 厘米深的有 39 个。这些马蹄印迹很有规律，曾有人牵马从"五尺道"上走过，马的四蹄正好落在残留的马蹄印上。距石门关约 5 公里的老木城马蹄石上有 8 个最深最大的马蹄印，更为凹陷，堪称马蹄印之最，是这条古道悠久历史的真实记载，也是迄今秦"五尺道"上保留最长、最完好、马蹄印最多的古驿道。这条古道经历了太多的历史事件和故事，也承担了川滇商贸文化往来交融的重任。当年川滇两地的马帮载着布匹、盐、大米、山货、药材、茶叶、银、铜等，络绎不绝地往返于这条古道上，马蹄声、吆喝声不绝于耳。这条承载了军事、商贸、文化的悠远古道，如今虽然完成了历史使命，但是作为守望者，它看到了昆明至水富的高速公路从头顶穿山过峡而去，内江到昆明的铁路在脚下依崖穿行。"五尺道"就这样与现代化的铁路、公路相对接，如同五线谱镶嵌在石门关的万仞断壁上，形成了一道奇观。五尺道史蕴深厚，与秦长城、阿房宫、始皇陵、灵渠、直道、驰道并称为秦时七大工程，意义显赫。在它基础上形成的汉南夷道、隋唐石门道及明清茶马道皆扮演着重要的历史角色，是西南边贸及文化集结的主干道，被后世俱称为"南方丝绸之路"。

（三）民俗风情与文化

豆沙关主要有耍龙灯、芦笙舞、打鼓草等（见图 3-8）。耍龙灯起源于人们对龙的迷信，距今已有两千多年的历史，又叫作舞龙或龙灯舞，是中国独具特色的传统民俗艺术活动。从每年的春节到元宵节期间，许多城乡地区都有耍龙灯的文化习俗。经过千百年的传承与发展，耍龙灯已成为一种形式活泼、表演优美的传统舞蹈，并且舞龙习俗已经传播到了海外华人居住区，每逢中国人的传统节日和重大庆典活动，他们就会舞起狮子，耍起龙灯，呈现出一片浓浓的东方氛围。

耍龙灯　　　　　　　　芦笙舞　　　　　　　　打鼓草

图 3-8　豆沙镇民俗活动

芦笙舞在中国的云南、贵州、四川、广西等地均比较流行，该舞蹈是侗族、水族、苗族、仡佬族、彝族、傈僳族、土家族、布依族等民族的传统舞蹈。苗族语言中称其为"究给"，男子一边吹着"芦笙"，一边舞动下肢（包括胯、膝、踝等部位），动作比较灵活，曾在我国许多苗族地区流行。许多苗族人从小就开始学习吹芦笙笛子、跳芦笙舞，在演奏和舞技上非常出众的芦笙手和芦笙队会深受人们的尊敬。在过去的社会中，苗族青年小伙子会不会吹芦笙、能不能跳芦笙舞一度成为当地苗族姑娘们的一个主要择偶标准。

打鼓草属于一种特殊的曲艺形式，昭通市的打鼓草山歌是金沙江地域文化的重要表现形式之一，真实地记录了金沙江流域特有的风土人情和地理文化。它是融合了川滇文化而形成的一种艺术，反映出人民群众在劳动生产过程中的畅快心情，哼着小调行走在山间的小路上，主要流传于云南昭通的绥江、盐津、威信等县。盐津县的打鼓草山歌在曲调、歌词、演唱、民俗、文化等方面具有杰出代表性，也具有较高的艺术文化价值。打鼓草反映的生活内容十分丰富，几乎涉及农民生活中的方方面面，有天文地理、历史风俗、人情世故、婚丧嫁娶、本土风情等，富有知识性和趣味性，表达了劳动人民的思想感情以及他们对社会生活的认识和道德伦理的理解。随着城镇化的迅速发展和地理空间的蔓延，近年来，会唱打鼓草山歌的人可谓凤毛麟角，在民间艺术文化走向消亡之际，进行保护性的研究和文化抢救显得非常有必要。虽然打鼓草艺术起源于何时目前尚无文献准确记载，但在四川省的一些汉墓出土中，已可观看到站立在田地边的击鼓陶俑。有关资料显示，打鼓草山歌早在唐代就已经有雏形了，唐朝僧人可彭曾写诗描述了当时的川西平原薅秧锣鼓的情形。

在长期的历史发展中，不同民族形成了各具特色的民族文化，彝族人民和其他民族一样创造了独具特色的彝族文化，是众多民族文化中的一颗璀璨的明星，光彩而夺目。彝族文化的传承和发展对于弘扬中国民族文化极为重要。首先，其对国家和社会的文化发展做出了重要的贡献。其次，在经济全球化浪潮的推动下，民族文化软实力在经济发展中的地位更加重要，是经济政治发展中不可忽视的关键因素。为此，应加强彝族民间文化的深入调查与研究，提高文化软实力。

彝族是我国第六大少数民族，也是豆沙关古镇的一个主要的少数民族。彝族人民的语言以彝语为主，汉语为辅。彝语属于汉藏语系藏缅语族彝语支系，有6种方言，分别是北、东、南、东南、西、中部，其中有5个次方言、25个土语。彝族人主要分布在云南、四川、贵州、广西四个省份的高原和沿海的丘陵地区，主要聚居在云南的楚雄、红河，四川的大、小凉山，贵州的毕节、六盘水和安顺等地。其中，凉山藏族自治州是我国最大的彝族聚居地区。豆沙关地区的彝族，是豆沙关的一个少数民族，又分为黑罗罗、白罗罗、干罗罗三个支系。至今，民间把他们叫作黑彝、白彝和干彝。其中，干彝是白彝的一个支系。彝族人在豆沙关这片红土地上生活了千余年，创造了自己悠久的历史和灿烂的文化。由于彝族的支系很多，分布也比较广，因此长期形成了以汉族为主体的少数民族交错杂居的居住格局。近年来，豆沙关彝族传统文化发展取得可喜成就的同时，也存在着大量的问题。由于在长期的历史发展进程中与其他民族的来往日益频繁，受到周边民族文化的长期影响，特别是汉文化的入侵，还有母语教育的缺失，以及更多少数民族同胞对自己本民族文化的淡薄意识等因素，使豆沙关彝族民间传统文化面临消失的危险。

　　文化是识别每个民族的标志，中华民族在各自的生产实践活动中创造了属于自己的民族文化。作为本民族的身份和标志，我们都应在发展的过程中努力发扬自己的民族传统、民间文化。在经济社会高速发展的趋势下，在和其他民族的交往过程中，传承和发扬本民族文化，保持彝族传统民间文化的独特魅力，是时代赋予我们的神圣使命。在经济全球化的发展趋势下，我国少数民族传统民间文化受到经济全球化的强烈冲击和影响，普遍存在着消亡和衰落的现象。随着现代化设备的出现，比如交通和传媒，过去少数民族地区封闭、落后的面貌快速被冲破，随着外界的社会因素的流入，少数民族地区人们的生活水平逐渐提高，与外界汉民族的来往密切。很多现代化理念逐渐深入到少数民族的生活中，少数民族地区的人们开始受到各种各样的现代都市生活的影响①。随着大众理念的流入，很多少数民族原有的生活环境、居住方式、民族服饰、语言文字、日常习俗逐渐消失。赵世林（2002）认为，我们在传承和发展少数民族传统文化时应该随着社会的发展，着眼于当前人们的社会生活发展情况，立足少数民族传统文化的历史根基，对传统文化进行有深度的挖掘②。杨庭硕和吕永锋（2003）认为，两种不同的少数民族文化具有不同的发展方向，不同发展方向的两种文化在交流过程中必然会出现不同的趋势。不同的少数民族文化在交流中会碰撞产生两种趋势，分别是离异和趋同。离异是指在文化的交流中由于少数民族文化的根基流向不同，导致异样的交流联系会使文化之间的差别越来越大，从而在这两种文化之间产生新的不同于它们任何一种的文化。趋同则和离异相反。针对异种文化交流过程中

----

① 杨福泉. 论我国现代化过程中的少数民族文化保护［J］. 思想战线，1998（5）：30-33.
② 赵世林. 云南少数民族文化传承论纲［M］. 昆明：云南人民出版社，2011.

的两种不同趋势，出现了两种不同的争论①。杨福泉（2007）提到，随着全球化趋势的发展对传统民族文化的冲击影响，我国民族传统民间文化正处于断裂和重构中。为此，我国有关学者对有关民族文化传承和发展的民族文化教育问题做了深入研究，为21世纪民族传统文化的传承发展趋势指明了发展方向。

世界上大多数国家都由多个民族组成。美国有270多个民族，俄罗斯有170多个民族，德国、法国、意大利等都有其他国家的移民，都由多个民族构成。每个民族在各自的发展历程中创造了自己的文化。关于各个民族特有的传统文化，国外学者有不同的看法。英国学者沃特森认为，所谓的多元文化是指众多不同的少数民族传统民间文化融合在一起，各有特点。从文化发展的整体角度来看，多元文化在文化发展的社会实践活动中呈现出文化的多样性，并且承认各个民族文化之间的平等性以及它们之间的相互影响的关系。美国的亨廷顿等学者认为，从长远的时间跨度来看，多元文化是社会不稳定的因素。与以上不同的是，在20世纪中期以后，多元文化在欧美及其他国家有了进一步的发现，他们以自己的文化发展证明多元文化是一条解决民族矛盾的有效途径。

尽管不同国家对多元文化的看法及应对措施各有不同，但它的具体利弊是每个国家根据其不同的国情而定。此外，把多元文化看作解决少数民族国家的民族问题的一个有利条件被越来越多的国家和民族接受。无论是中国还是世界其他各国，少数民族传统民间文化传承和发展的问题都是人类社会发展不可避免的。各个民族的一切形式和表现都体现在文化上，搞好民族传统文化的传承和发展，对个人、社会及整个国家都很重要。每个民族对本民族文化传承和发展的好坏直接影响着人们对自己民族的认知，甚至影响着国家和社会的稳定。所以，搞好民族传统民间文化的传承和发展是时代的要求。笔者通过对豆沙彝族老人进行访谈，了解了彝族传统民间文化的一些传统习俗、彝族特有的文化艺术，进一步分析彝族文化发展面临的困境，探索文化传承与发展路径，以促使民族传统文化得以延续。

1. 彝族传统文化符号象征

（1）语言文字。豆沙关的彝族人民使用的彝族语言属于汉藏语系藏缅语族彝语支系。老彝文是彝语早先的象形文字。发明老彝语的人名叫阿可，他是纳垢酋后裔。如今，懂这种文字的人少之又少，大概也只有为数不多的上了年纪的毕

---

① 杨庭硕，吕永辉. 论文化辐合趋同效应的弊端及化解对策——兼谈维护民族传统文化的理论支持[J]. 民族艺术研究，2003（5）：59-60.

摩和巫师懂得少许。随着社会经济的迅速发展，豆沙关地区的彝族人与外界交往的需求愈加强烈，各民族之间的交流日趋频繁，加上汉族为主体的居住格局的影响，学习汉语的人越来越多。国家的富强、民族的振兴，对国民素质的要求普遍提高，很多地区包括少数民族的聚集地普遍办了学校，豆沙关彝族的彝文经过了改革与创制，在豆沙关彝族聚居地区学校的小学教师采用彝、汉两种语言教学的模式，对教师的语言要求提高了，这大大促进了豆沙关山区文化教育的普及和发展。现在村寨里除了少部分老人只会讲彝话，还听不懂汉语外，越来越多的人能够使用彝语、汉语两种语言。在山区工作较长时间的很多汉族干部或杂居的其他民族同志，在与当地的彝族人民的长期相处中也学会了彝语，大大促进了民族语言文化的交流。随着社会经济的发展，彝族与汉族和其他民族的交往越来越密切。

（2）十月太阳历法。历法是人类文明的典型象征，彝族人民也有自己的历法。彝民的先驱为了在日常的生产生活中更好地进行农业生产生活，创造了自己的历法，即十月太阳历法。十月太阳历是彝族先驱留下的宝贵财富，是人类无价的智慧之宝。十月太阳历法是彝族人民的骄傲。具体的算法是以十二生肖为一个周期。彝族十月太阳历以12属相回归记日，3个属相周期为一个时段（月），即36日为一月，30个属相周为一年。1年10个月，360日，10个月终了，另加5日"过年日"，习称"过十月年"，全年为365天。每隔3年多加1天，即闰年（闰日）为366天。

（3）音乐舞蹈。豆沙关彝族分布较为分散，每个地域的音乐舞蹈艺术各不相同，而且种类繁多、风格各异。青年男女喜唱山歌，在山间劳作或村寨里团聚都喜对山歌娱乐休闲，有男女对唱、自唱或同性对唱以抒胸臆，解闷取乐。民间的男女也以对山歌的形式表达各自的爱慕之情。豆沙关彝族喜欢在嫁娶的时候欢聚一堂，男女老少对山歌以增强人们之间的感情。豆沙关彝家男性喜好吹唢呐，彝族人民相信唢呐能吹出幸福、吹出欢乐，吹唢呐比较娴熟的被人们尊称为唢呐匠。彝族算得上是一个能歌善舞的民族，它不仅有着丰富的民间歌舞活动，还有多姿多彩的音乐艺术，可以说歌舞音乐这样的活动是彝族传统民间文化的重要内容。彝族民歌有丰富的歌词内容、各种各样的歌唱形式，涉及彝族人民生活的方方面面。豆沙关的彝族人民喜好打跳（跳歌、左脚舞，称谓不一样），打跳是最具群众性的一种舞蹈，同时也是彝族历史传承较为悠久的一种舞蹈形式。

（4）文学传说与信仰。彝族的神话传说极为丰富，最古老的形式就是民间广为流传的口述，涉及人们生活的方方面面，比如，各个部落氏族的发展历史、彝族人民的生产活动包括劳动工具的出现，一些传说还涉及个别氏族的婚姻制度等。彝族民间的口头传说在彝族文化的传承和发展过程中起着举足轻重的作用，类型多种多样。在豆沙关彝族人民的信仰中，山神和树神居于至高无上的地位，人们在心里安了山神，人和牲畜就会兴旺，安了树神就可以事业丰收。因此，直到现在，在豆沙关彝族聚居的每个村子旁边都还保留着密枝林，并且每一年都祭祀，乞求神的庇护。随着社会经济和科学文化的迅速发展，人们的思想观念有所进步，逐步加强与外界的交流与联系。豆沙关彝族人民的子女接受教育也越来越被看重，他们渐渐走进学校的大门接受教育。随着科学技术走进彝族人民的生活中，崇拜鬼神的人也越来越少了。

（5）传统手工业。在豆沙关本地的彝族聚集地区至今为止还保存有早期的少数民族染织厂，当地彝族人民自己织布，然后到当地的染织厂染色，这是最常见的一种民间传统手工业。另外，彝族漆器、银器打造、服饰艺术和服饰刺绣等这些都算得上是豆沙关地区最具彝族特色的传统民间工艺形式。其中，彝族的木制器皿和银饰制品在国内外皆为极品。在彝族日常生活中，人们常用的盆、桶等自制的生活必需品和手上、头上的各种饰品都彰显着彝族人民的勤劳和智慧。

（6）服饰与饮食。彝族妇女以勤劳朴实著称，麻丝和羊毛则是她们缝制衣服的两种主要原料，而且祖祖辈辈都是自纺自织。通常男的长衫为对齐的宽袖，配上大约4厘米的长腰带，系三圈，在前面留下飘带；外面套上领褂，褂子采用毛呢制成；头戴青布套头，一般戴五圈，耳尾留在外；腿上青布绑腿，脚上穿细耳麻做的草鞋；长裤为宽长裤，系着腰带；在外披一件羊皮褂或羊皮绉毡，手腕戴银制或铜制的手镯。穿戴极为整齐，行动利索。女的则穿长裙，在脚前和后背套都要缝上毛呢花板，极为漂亮；大袖套小袖是用绣花布或者印花布做成的。已婚和未婚穿着不一样，其中，未婚的穿白布统裙，已婚的便穿青布或者灰布做成的花白褶裙。随着社会的发展，人们生活观念、审美发生了变化，现在服饰也有所改变。另外，作为彝家特别喜爱的东西——酒，在彝族人民的日常生活中占据着至高无上的地位。无论男女老幼，大多数一年四季都爱喝酒，特别是亲朋好友团聚、节日庆典的时候。彝族人民除了喝白酒外，每到冬季，每家都要酿几缸甜白酒或者苞谷酒，或是乔酒，这些酒放得时间越长，味道就越美。客人来了，舀一碗敬上；收工回家，舀一碗解渴。

（7）婚嫁与节庆。彝族的婚姻，实行一夫一妻制。在家庭中，男尊女卑的观念很不突出，青年男女婚前自由恋爱。每年立秋到来时，男女青年就相约一起到村外游玩，男女双方中意的，再请媒人在双方之间说合，经过父母同意后，就可以订婚，最后选择一良辰吉日便可结婚。也有一部分女方父母同意后，男女就在约好在春节赶新街的那天，请人将女方拖回家中，就算结婚。在家庭中，以男外女内、男耕女织、夫妻合作的模式为主。早期，一般彝族同胞不与外族通婚，但随着社会的发展，人们的思想观念也不再封闭，这一习俗也渐渐被打破。火把节、立秋节是彝族特有的节日，而近年来火把节是彝族最热闹的节日，其次是立秋节。在中华人民共和国成立前，立秋节是彝族同胞们最热闹的节日。一年一度的六月二十四就是彝家最看重的火把节，节期维持三天左右，第一天最为热闹，主要进行祭祖神灵和各种娱乐活动。白天斗牛，晚上围着火把打跳，后来被人们叫作篝火晚会。打秋千、踩高跷、射弩等是立秋节的主要活动，彝族人民把这些看作是除灭害、庆祝丰收，有"汉族的戏台，彝族的秋台"的说法，反映了立秋节的隆重性。

2. 彝族传统民间文化发展现状

少数民族传统文化是各个民族在长期的历史发展过程中在各自的生产和生活领域创造出来的物质财富和精神财富的总和，同时也是中国特色社会主义文化的重要组成部分。近年来，国家加大了对传统民间文化的保护力度①。自古以来我国就有"五十六个民族，五十六朵花"的形象比喻。的确，每个民族都是独一无二的，传承和发展好本民族的文化有利于促进各个民族文化的交流与融合。在豆沙关发展经济的同时融入彝族传统民间文化的发展，推动形成文化发展的积极性，使传统民间民族文化成为当地经济力量开始登上历史舞台，并且这样的发展模式可以提高彝族人民的文化认同感，并努力投入到豆沙关彝族文化的发展和传承中去。彝族文化包括其他的少数民族传统民间文化都是中国特色社会主义文化的重要组成部分，是发展文化的重点。豆沙关的彝族与汉族、其他少数民族交错杂居的生活格局使其在长期的发展过程中与各个民族的交流来往日益密切，外来都市文化逐渐深入到彝族社会中，使彝族文化的很大部分面临消亡的危险，豆沙关彝族的文化传承和发展受到很大的挑战。在语言、文字、服饰等方面，由于在社会发展进程中政府忽视对传统民间彝族文化进行有组织、有目的的教育，使年青一代彝族同胞在语言、文字和服饰等方面缺乏完整、准确的认识，大多非物质彝族民间文化面临失传的危险②。

3. 豆沙关彝族传统文化发展存在的问题

（1）传承效果不佳，发展速度缓慢。豆沙关各个民族表现为分散交叉的格

① 刘开智. 云南彝族文化的传承与发展探究 [J]. 华夏文化，2013（2）：42-44.
② 李磊. 民族民间传统文化的传承与法律保护研究 [J]. 广西民族研究，2006（5）：1-4.

局，导致对少数民族传统文化发展的关注必然没有对少数民族聚集的地区多。豆沙关的彝族服饰上大多为刺绣品，但是社会的发展也造成了彝族妇女的惰性形成，使彝族妇女对刺绣渐渐失去兴趣，更不会把刺绣传承给子女，刺绣作为一种彝族非物质文化面临失传的危机。豆沙关彝族服饰只有在节日庆典和举行活动的时候被穿戴，服饰使用范围大大缩小。这些难免造成传统民间文化的消失。

（2）传承方式不恰当，传统文化渐渐变味。豆沙关彝族传统文化在发展过程中没有秉持本地区本民族文化的发展现状，传承流于形式，文化内核渐渐丢失。豆沙关很多古老的彝族村寨随着社会发展和其他民族文化的流入彝族民间文化渐渐趋于汉化，很多彝族传统民间文化保存较好的彝寨如今也面临着管理和保护不当的问题。比如，彝族特有的古建筑等逐渐被拆，即使是未被拆除的也未能经住风雨的侵蚀，已经老化破损。这些典型的民族特色房屋正在消亡。彝族建筑风格的消失与彝族服饰刺绣技术的失传大体相似，刺绣的表象虽然传承下来，但真正的刺绣技术却逐步被机器取代。久而久之，这样的传承方式会造成彝族文化的消失。

（3）传承过程文化流失现象较为严重。从自身的成长经历来说，作为彝族人民缺乏对彝族文化的系统认识，比如年青一代的彝族儿女对彝族语言缺乏系统的学习，加之没有完整地接受过系统的教育，对自己的民族语言文字完整掌握的少之又少。虽然身为少数民族但不会本民族语言、文字在豆沙关彝族人民中成为普遍现象。彝族服饰的制作逐渐被机器缝制所取代，大量彝族妇女不再教子女刺绣技术。这些本属于彝族特有的彝族民间工艺文化面临失传危机。此外，很多彝族人民特有的民间活动逐渐消失。吹唢呐曾是彝族男性同胞们喜好的一项活动，但随着人们生活水平的提高，青年男性不再学习吹唢呐，而是购买全自动的唢呐代替。会吹唢呐的人也逐渐年老，这项技术活也面临失传的危机。

（4）传统彝族民间文化传承人数减少。从豆沙关彝族文化传承人的群体来看，传承人年龄偏大，而且，少数民族一般居住在偏远的山区，经济发展缓慢，传承人的生活条件差。随着经济的发展，彝族人民的思想逐渐解放，彝寨青年大多外出务工以改善经济生活条件，而彝族村寨年老者相继去世，文化传承人员渐渐减少。而且，豆沙关镇人民政府忽视对彝族民间传统文化的传承，没有真正为少数民族民间传统文化的传承和发展做出经济支持，造成彝族民间开展活动的资金缺乏，很多具有彝族技术的人们不愿从事彝族民间技术的传授工作。①

---

① 谭淑玲.少数民族文化传承与发展视野中当代民族文化报道的思考［D］.广西大学硕士学位论文，2007.

4. 彝族文化传承问题的原因分析

（1）豆沙关彝族同胞民族文化意识淡薄。作为一个典型的全国贫困县，人们的科学文化水平也很低。在社会快速发展的新时代，豆沙关彝族人民没有意识到本民族文化存在的危机。此外，与汉民族和其他的少数民族往来的过程中，彝族同胞选择了彝语、汉语两种语言共同使用，甚至在很多汉族居多的地区就只用汉语。外出务工的大量少数民族同志在外部社会环境的影响下，各民族之间只选择用汉语交流。此外，随着人们思想的变化，彝族和各民族之间通婚增多，也导致彝族同胞自身民族文化意识淡薄。

（2）当地政府对彝族文化传承的重视力度不够。豆沙关是我国经济欠发达的地区，领导层的决策往往偏重于经济发展，还没有针对彝族文化的传承形成一个合理有效的文化发展机制，造成豆沙关镇政府过分注重当地的经济的发展而忽视了对当地彝族传统文化的传承和发展；另外，也缺乏针对青少年的有组织、有系统、有目的的教育体制，而民族青年是传承和发扬彝族文化的主力军，如果没有少数民族青年的传承载体，彝族民间传统文化将面临消失。

（3）彝族民间传统文化资源分布零散、杂乱，收集整编困难。豆沙关彝族的服饰、语言、工艺等都有大体的共同之处，但也存在细微差别，是彝族文化艺术不可分割的重要部分，但由于人口分布广且零散使文化整编工作较为困难。随着彝族寨子与外族来往逐渐频繁，彝族被"同化"现象较为严重。而且，传承和发展的经费来源不足。政府下拨的经费很少，难以开展行之有效的文化发展活动。少数民族传统文化保护属于社会公益事业，在商业群体看来是没有收益的活动，极少的商业群体会对少数民族文化事业做出贡献。以上原因导致民间传统文化保护工作难以开展，无法组织传承和发展工作①。

5. 彝族文化的传承和发展对策

（1）大力发展民族教育，改善办学条件。少数民族传统文化传承和发展的主要途径即是民族文化教育，民族文化教育是少数民族传统文化传承和发展的重要措施。近年来，豆沙关彝族文化发展取得不小的成就，但彝族地区的教育依然存在问题。彝族地区学生就读学校由于办学质量低，教学过程封闭保守，没有充分考虑学生的具体情况。基础教育是非常重要的，应尽快落实民族教学任务，加快民族教育事业的发展。

---

① 张皆茜纳. 云南省曲靖市富源县彝族传统文化的传承与发展［D］. 中央民族大学硕士学位论文，2015.

（2）加强学校教育，积极落实双语教学。彝族地区根据彝族文化精神积极开展独具民族特色、丰富多彩的校园民族课程，比如彝族语言、舞蹈（彝族舞蹈）、射弩、高跷等具有彝族特点的课程及活动。此外，和谐的校园环境对于学生好好学习极为重要，要努力营造温馨和谐的学习氛围。学校要努力打造独具彝族特色的校园文化，不断提升学校彝族文化质量，同时提高少数民族同学的民族文化认同感。爱国主义教育的重视力度也不能放松，诚信教育和学生守则及日常行为规范也必须认真落实。在彝族传统文化传承和发展的过程中融入三种德育教育，加强对学生的德育教育，提高德育水平。

（3）家庭教育、社会教育辅助学校民族教育，加强三者联合教育。家庭教育、社会教育、学校教育三者对学生德、智、体、美、劳等各方面的发展发挥着铁拳头的作用。其中，家庭教育时期是孩子民族观、民族自豪感和自信心等养成的关键时期。而社会教育则非常广泛，形式多样，随着社会的发展，家庭教育和民族教育应该不断加强，更好地帮助孩子健康成长，更好地认识民族文化的传承和发展。与此同时，家庭和社会在教育模式方面应该做出切实的行动，踏踏实实规范好、认认真真落实好教育，不马虎对待民族教育。

（4）地方政府夯实民族教育基石，保证民族文化发展所需的智力支持。首先，经济的好坏是发展好彝族文化的前提，因此，要从根本上保证民族教育地区民族传统文化教学的正常发展。其次，老师是教育事业的领导者，要保证民族教育的质量就要加强教师队伍的培养，提高教师的使命感。要不断加强对彝族地区教师的教育再培训，包括课堂技能和满足素养各个方面，以便教师更好地运用到课堂教学中，全面提高彝族教育事业的质量。最后，政府应努力发展彝族地区学前教育，提高彝族地区幼儿教育质量，充分利用一切资源来提高豆沙关彝族人民的文化素质和传统文化发展力度[①]。社会的发展是民族文化发展的载体之一，豆沙关人民推动彝族传统文化发展必须站在社会发展的角度，立足于现实。新时代格局下，国家大力推动社会主义新农村建设，加上豆沙关彝族大多分布在农村和偏远山区，因此，农村文化建设日益重要，豆沙镇人民政府要加大对彝族集聚地区的文化传承和发展工作的重视，豆沙镇要努力推进传统文化的传承和发展，从社会各领域挖掘相关人才，调动文化传承积极性。此外，组织能力和实践能力很强的文化保护工作者对彝族文化的发展具有重要作用，要从中发现这些人才并利用他们。吸引大量社会各界人士积极参与彝族民间传统文化传承发展工作，壮大

① 谢红雨.云南民族文化传承之区域教育路径研究［D］.云南师范大学博士学位论文，2016.

豆沙关彝族传统文化传承队伍①。彝族文化传承者对彝族文化的传承和发展具有重要的作用,成立专门的传承小组有利于提高文化的传承效率和质量。由于传承队伍是一支公益性队伍,它不同于社会组织,也不同于政府部门,作为一个新型的社会组织,符合社会发展趋势,遵从政府对少数民族文化发展的带头路线。传承小组在政府的引导和监督下工作,传承小组由各界精英组成,包括企业家、党政机关干部、人民教师、优秀大学生等,共同对彝族文化传承发展出谋划策②。豆沙关彝族传统文化的传承与发展事业是一项长期而系统的工程,它的长期性和系统性决定了工作的艰巨性。这样一项系统的工程需要政府、社会、民间组织,以及社会各界人士共同努力,全面传承和发展豆沙关彝族文化。至于过程,需要各领域通力合作、彼此配合,营造一个共同向前的发展趋势。此外,我们的传承队伍应广泛挖掘全社会各个方面的力量去参与和支持,扩大力量,同时不断提高民众对少数民族传统文化的认识,增强民族责任感,探索出一条适合豆沙关彝族传统文化发展路子,共同促进豆沙关彝族文化的发展③。

(5) 建立一条政府主导、政策畅通、财政补助有保障的道路。豆沙镇人民政府肩负彝族传统文化传承和发展的艰巨任务,作为当地的带头人应尽快成立高效的领导机制,以形成一个通力合作、高效协调、良性互动的发展系统。此外,政府应设立"民间民族文化传承扶助专项资金"并纳入各级政府财政预算。各个部门之间通力合作,确保彝族传统文化保护工作组织落实、政策落实、财政落实④。

(6) 完善彝族传统民间文化体系,加大对传统民间文化的保护力度。随着社会的发展、人们生活水平的提高,与外界联系的频率大大提高,人们对生活的期望值也大大提高,这就要求豆沙镇人民政府完善豆沙关彝族地区基础设施的建设,提高政府的公共服务职能。实现彝族地区"村村通"水泥路的目标,同时建设文化广场供人们举行民族文化活动。高度重视濒危珍贵传统文化的保护和收藏,对彝族传统民间文化进行系统收集和整编。结合豆沙关各地彝族实际情况建立豆沙关彝族民间文化共享工程,并进行科学性和信息化的管理⑤。鼓励支持豆

① 牛文军. 少数民族传统文化的法律保护 [J]. 内蒙古大学学报 (人文社会科学版), 2002, 34 (6).

② 李磊. 民族民间传统文化的传承与法律保护研究 [J]. 广西民族研究, 2006 (5): 2-4.

③ 罗剑. 论现代化对民族传统文化的影响 [J]. 贵州社会科学, 2007 (12): 166-168.

④ 王希恩. 论中国少数民族传统文化及其走向 [J]. 民族研究, 2000 (6): 10-16.

⑤ 刘尧汉, 蔡尚思, 杨尚奎等. 彝族文化研究文集 [M]. 昆明: 云南人民出版社, 1985: 5-12.

沙关彝族文化传承人有针对性地组织开展活动，提高彝族人民和其他民族人们对彝族文化的认同。

（7）动员社会各界人士参与传承和发展彝族传统文化。彝族传统文化的传承和发展需要全体社会成员共同参与，包括非彝族人士和彝族同胞的努力。传承民族文化是每个中华儿女义不容辞的责任和义务，坚持文化的多样性，立足于社会发展新时代，努力团结各方力量致力于民族文化的传承和发展①。当今世界，我国经济迅猛发展，民族文化发展也是当前极为紧迫的任务。豆沙关，作为一个少数民族杂散集居的古镇，有着丰富的民族民间文化资源和悠久的彝族历史，在国家的政策鼓励下，应该大力传承和发展少数民族传统民间文化，尤其是独特、优秀、丰富的彝族文化。针对豆沙镇彝族传统文化传承和发展出现的问题及问题原因，国家、社会、学校、个人等应多方面努力，共同应对文化传承和发展的重大任务。加强深化民族地区民族团结教育，各民族的团结、和谐、稳定关系到国家共同繁荣，牢牢把握好中华民族共同体意识，加强各民族相互交流、相互交融，促进各民族共同发展、共同团结、繁荣发展。在国家的大力支持下，豆沙关人民政府坚持党的领导路线，不断为豆沙关彝族文化的传承和发展努力，近几年来取得了显著的成效，大量的民间传统彝族文化得到保护并传承下来，彝族人民文化保护意识开始觉醒，这样可喜的成果为我国其他少数民族的文化发展事业提供了良好的借鉴作用。

---

① 成尚荣. 母语教育与民族文化认同 ［J］. 教育研究，2007（2）：22-25.

第四章 · 豆沙关古镇村落文化景观构成

"文化景观"自 20 世纪 20 年代起就已经开始被普遍应用。联合国教科文组织在 1992 年提出了"文化景观"概念，提出遗产的保护和合理利用，使其可持续发展。文化景观是在人类社会的成长发展中产生的，它是人们生存所依靠的自然环境，按照自己的需要利用自然界提供的材料，有意识地在自然景观之上创造出的景观。C. O. 索尔（1925）在《景观的形态》中，认为文化景观是人类文化作用于自然景观的结果，主张用实际观察地面景色来研究地理特征，通过文化景观来研究文化地理。在地理学中，景观一般是指地球表面各种地理现象的综合体，具体又可以分为自然景观和文化景观两大类。自然景观通常是指完全没有受到直接的人类活动影响或受人类活动影响的程度很小的自然综合体。文化景观则是指居住在其土地上的人的集合，为了满足生存和发展的某种需要，利用自然界所提供的原材料，有意识地在自然景观之上叠加了自己所创造的景观。景观中除了一些显而易见的、看得见的物体之外，还包括许多看不见的、隐形的，但又非常有价值的东西。比如说，文化景观中往往包含着文化的起源、文化的传播以及文化的扩散和发展等方面许多有价值的证据。文化景观既有地理空间上的差异，也有时间上的发展变化。空间上的区域差异反映的是各集团景观塑造上的各自文化特点，时间上的变化则反映过去居住在该地区的文化集团的变迁和发展过程。由于不同集团的人具有不同的文化背景和文化内涵，所以其创造的文化景观也各有其独有的特征。通过对某地景观的仔细观察和研究分析，可以了解更多关于该文化集团过去活动的重要痕迹，这是因为文化景观比较形象地反映了人类最基本的物质生产活动，主要包括人类的衣、食、住、行、游、购等。文化景观是人文地理学中文化地理学分支的研究对象，是由自然风光、房屋建筑、自然村落、厂矿、城市、交通道路以及人物和服饰等所构成的文化现象的复合体。文化景观是人类活动所造成的景观，反映了文化体系的特征和一个地区的地理特征。

　　文化景观的形成是一个长期过程，每一历史时代人类都按照其文化标准对自然环境施加影响，并把它们改变成文化景观。由于民族的迁移，一个地区的文化景观往往不仅是一个民族形成的。因此，美国地理学者 D. S. 惠特尔西在 1929 年提出了"相继占用"（Sequent Occupance）的概念，主张用一个地区在历史上所遗留下来的不同文化特征来说明地区文化景观的历史演变。文化景观的内容除一些具体事物外，还有一种可以感觉到而难以表达出来的"气氛"，它往往与宗教教义、社会观念和政治制度等因素有关，是一种抽象的观感。文化景观的这种特性可以明显反映在区域特征上。法国地理学家戈特芒·J. 也提出要通过一个区域的景象来辨识区域，而这种景象除去有形的文化景观外，还应包括无形的文化景观。

文化景观的形成因素有很多，研究分析这些因素对区域研究十分重要。例如，1963 年英国地理学家 J. E. 斯潘塞和 R. J. 豪沃思比较了三个近代农业区（美国玉米带、菲律宾椰棕区和马来西亚橡胶园）的农业和文化演变，得出了形成这些农业文化景观的六个要素：心理要素，对环境的感应和反应；政治要素，对土地的配置和区划；历史要素，民族、语言、宗教和习俗；技术要素，利用土地的工具和能力；农艺要素，品种和耕作方法的改良等；经济要素，供求规律和利润等。对这些要素进行综合分析，可以划分出农业文化区域。

一、 文化景观的形成

文化景观的形成是一个长期的历史发展过程，每一个历史时期都有不同的人地关系，人类与地理环境相互作用的形式和强度都有所不同，特定时代的人类都按照其固有的文化标准对周围的自然环境施加作用力，并把它们改变成满足人类生存所需要的文化景观。关于村落文化景观的形成因素有很多，分析这些因素对剖析村落的发展变迁具有十分重要的意义。

中国传统文化受农耕文化影响很大，而村落文化景观的形成在很大程度上是由于农耕文化的出现。农耕文化发展了农业，为村落文化发展奠定了经济基础，带动了农村文化的发展，同时，古村落中人们的风俗、道德、宗教等观念文化也对村落文化景观产生重要影响。基本精神和历史个性在很大程度上受到了宗族观念的影响，表现为认祖宗而不认上帝，以"仁"为核心，提出了忠、孝等一系列道德规范体系。地缘是血缘的投影，古村落主要是以血缘关系为纽带、以宗族制为基础而形成的，因此许多村落从起源到布局，均表现出较强的宗族性。宗族的核心表现是宗祠，其在人们的日常生活中发挥着重要作用，许多村镇的建筑均以宗祠为物质中心和心理中心展开布局，形成聚合状的村落组团空间，许多村落中心均设有祠堂、戏台等公共活动场所，影响着周围民居的布局。

结合豆沙关古镇的发展变迁来分析，影响古村落文化景观形成的要素主要有以下几个方面：一是古村落居民的心理要素，主要涉及居民对自然环境的感知和反应；二是古村落居民的政治要素，主要包括古村落居民对土地的配置和区划、村落的规划和发展以及村落的一些村民制度；三是历史要素，这一要素又主要包括村落居民的民族构成、语言、宗教信仰和风俗习惯；四是技术要素，包括利用土地的工具和能力、建筑技术等；五是经济要素，包括豆沙关古镇的旅游市场开发、村落经济结构等。文化景观的内容除一些显性建筑物以外，还有一些虽然不能看见但是可以感知和理解的意识文化，这些景观往往与宗教的教义、民族的信仰、传统村落的社会观念和政治制度等因素有关，这是一种抽象的观感，文化景观的这种特性可以明显反映在区域特征上。

二、 文化景观的发展变化

文化是景观形成与变化的一个重要因子，尤其是人文景观。景观与文化相互影响，文化塑造景观，景观反映文化。一种文体或文化类型将通过加强适应性确立自己在一特殊环境里的地位，它是作为最有效地利用那一环境的类型而生成的。"文化"的概念，众说纷纭，概括起来有两种：一为广义的文化；一为狭义的文化。广义的文化指人类在社会历史实践中所创造的物质财富和精神财富的总和。狭义的文化指社会的意识形态以及与之相适应的制度和组织机构。作为意识形态的文化，是一定社会的政治和经济的反映，又作用于一定社会的政治和经济。文化是人地关系的具体表现形态。地表系统是一个客观系统，它有明显的和确定的组成成分。一般认为，地表系统包括土壤圈、水圈、生物圈、社会圈的全部。地表系统中的这些组分相互联系、相互作用，任一组分的变化都依赖着和影响着其他组分的变化，这种协同作用使它们之间建立起连锁网络结构，并形成一定的整体功能和效应，从而使地表系统成为一个有机整体。由于科学技术的进步和人们文化水平的提高，地表景观被人类改造自然的活动改变，形成自然景观和人文景观相互交融的综合景观。随着人类活动的不断扩展和深化，地理环境被人类发掘的程度日益提高，愈加呈现出人类文化的特点。自然的人类文化已成为一种必然的趋势。在不同的历史时期和不同的文化背景下，人们对地理景观的改造和影响往往表现出多元化和特殊化的特点，随着时间的推移和人们认识水平的不断提高，以及文化对环境的理解不同，人们也会依据一定的价值观塑造和改造适合自我价值标准的景观，主要表现在以下几方面：

第一，各种文化在其对环境的取向上有很大的差异，造成这种差异的因素既有环境自身的特点，也有社会以及其他方面的因素。但是，这些因素并不是孤立地影响地表景观的，它们共同作用于地表景观，共同影响对环境的取向。

第二，人们对环境的认识不是一成不变的，主要是由于人们的文化对环境的认识是有限的，以及对环境的空间观念的选择性。

第三，不同的地域文化或地域文化系统的不同时期的特征是复杂的、变化的，有的时候也呈现相对稳定的特征。例如，在历史上的某一时期或对某一特定的文化来说，对荒野的否定态度可能占有绝对的优势，但同样也可能存在着肯定的感觉。因此，由于人们的世界观以及认识水平的不同，对文化塑造地理景观的认识也会不同。

所以，文化对环境的阐释是复杂的，人们以自身的文化为基础，以一定的社会价值和情感从环境的垂直空间和水平空间向度理解、阐释、利用环境。所有这一切汇合在一个有条理的格局中，使人们能更好地理解这个世界，更好地生活在这个世界，塑造自我认同的景观。

三、 古村落文化景观的主要特性

一是功能性。古村落文化景观，不管是已经残破的还是至今仍然完好的古建筑，对人类社会都具有十分重要的功能意义，例如寺庙是宗教活动的场所。通常来说，许多文化景观都具有多重功能，而不是单一功能，如村落最基本的功能是供人类居住和休息，同时也是人们从事各种农业经济活动的场所。

二是空间性。空间性具体表现在以下两个方面：一方面是任何一种文化景观都占据一定的空间区域，我们在本书中称之为"文化区域"，不同的文化景观占据的地理空间范围大小不同，甚至相差非常大，比如豆沙关古村落的僰人悬棺和秦五尺道具有不同的文化区域，即便是同一类文化景观，彼此之间也可能存在较大的差异性。另一方面是每个文化景观所处的空间位置是相对固定的，由于文化景观具有这样的特点，人们可以看出不同地区相对稳定的文化差异和自然环境差异。

三是时代性。时代性是指每个文化景观都是特定时代的产物，随着历史的发展而不断发展变化，必然带有创造或生产它的那个时代的特点，文化景观就如同社会文化史的"化石"。文化景观的功能可能一直没有变化，也可能发生了某些变化，文化景观功能的变化，反映了所在地区文化的变迁。

四是物质性。物质文化景观（物质性）是在大自然提供的物质基础上，创造出来的那些看得见、摸得着的文化凝聚物，与人类的文化景观生产、生活是密切相关的，如农田、道路、城市、乡村、建筑、园林等，其主要的特征是可视性。它是物质文化的外在表现，主要是指人造的实物景观，跟人类生活和生产活动相关。一个地区人群的特征可从其居民的衣着特点上判断出来。豆沙关居民的饮食（如竹笋鸡）与当地的气候有很大的关系，这个已经成为豆沙关的一个标志。古村落建筑是文化的特性与价值的反映，体现着文化的重点和追求，也是技术与经济的反映。在美术家对文化景观的影响中，雕塑是最强烈的。

五是非物质性。豆沙关古村落的精神文化景观（非物质性）是在客观物质环境的作用下，人的文化行为所创造的那些虽看不见，却可以感知的文化创造物，如道德、宗教、价值观、某些艺术等，它所形成的独特的文化氛围，如同文化区的个性一样，是一种通过联想实现的抽象而真切的感觉。其为帮助人们认识世界的语言、科学思想、哲学、教育等，约束人们社会行为的道德、法律、信仰等内容，体现人们美学感受的文学、美术、音乐、戏剧等，反映社会组织形式的制度、机构、风俗习惯等。物质文化和精神文化是连在一起的，不能截然分开，如法律制度属精神文化，它的物质形式表现为法律文本、律师事务所和法院等。不能错误地认为精神文化是抽象的、没有物质形态的。

四、 古村落文化景观面临的挑战

古村落文化景观面临的挑战有很多，本书主要从以下四个方面进行阐释：

第一，古村落文化景观保护与城镇化建设之间的矛盾。众所周知，城镇化建设和工业化建设是任何一个国家迈向现代国家的必由之路，是不可抗拒的，是一个历史的发展过程。在这个过程中，中国实际上用了短短十几到二十几年的时间，就达到了一个国际先进的水平。在城市发展的同时，对乡村也产生了影响。比如，随着城镇化进程的推进，乡村人口大量外流的情况比较明显。乡村人口的大量外流，导致缺少劳动力、缺少人气，出现了大量年久失修、破旧不堪的建筑，人走茶凉，根本谈不上什么发展，文化景观破坏现象比较严重。

第二，古村落文化景观规划与保护与一些相关的法规之间存在冲突，比如《物权法》《土地管理法》等。大家都比较关注宅基地问题。一些规定确确实实保护了农村宅基地，但实际上也有一些规定刺激了农村建房，比如"一户一宅"，很多人把自己的旧房子卖掉，之后再盖新房子。

第三，古村落文化景观和农民生活现代化的情况。破旧的传统村落和现代生活之间的差异比较大，包括旱厕、房间的私密性、房间的采光和避暑，而且几乎所有的民宅都需要经常性的维修，有的农村建筑物在阴雨天都会漏雨。我们要在这个角度上，考虑如何维护古建筑，包括如何让古建筑活起来。如果算一笔经济账，我们要保护一个古村落或者一栋房子和我们重建一栋新房子孰优孰劣，农民是很清楚的。

第四，古村落文化景观与经济开发的矛盾。这需要我们考虑旅游经济发展给古村落带来的影响。国家旅游局在一份报告中讲到古村落的商业化问题、开发的同质化问题、村民的边缘化问题等。从这个角度来讲，说明我们的旅游部门具有高度的文化自觉，体现了他们对这方面的关注。但豆沙关古村落正在逐渐丧失它的原真性，包括在其周边加盖一些酒店、大型的广场等。从这个角度来说，经济开发对古村落保护带来了一些方面的问题。

随着全球化浪潮的影响，中国城市化的发展进程也在以前所未有的速度推进。同时，中国乡村的发展模式和文化也受到外来文化的巨大冲击。在文化遗产保护领域，特别在新一轮农村建设和开发的热潮中，如何解决好古村落的发展和保护问题给我们提出了一个挑战性的课题。有些人提出，保护古村落是当前文化抢救的重中之重，这把古村落的保护提高到了一个相当重要的位置上来。但是，怎样才能让古村落文化景观在新时代的变化中焕发出活力？制定出一套符合现实状况、可操作性强又具有前瞻性的古村落保护方案是文化遗产工作者的重要任务。

随着农村生产关系和经济规模的变化，人们的生活观念和方式也在发生着变化，这些变化也影响着一些现存建筑的功能，比如宗祠、戏台以及民居原有格局的使用。这一部分是我们在对古村落文化景观的价值判定、保护中的取舍和方法中比较难以把握的。即使在世界范围内，这都是一个比较大的问题。因为在文化遗产的保护中，我们还是要以人为本，从当地人的生活实际需要和将来发展出发，制定出一套切实可行的方案。对一个地区的文化遗产保护，要从全面来看，不能仅从专业者的角度去考虑。因为文化遗产的保护其实最终是要通过全社会的力量来实现，并要由大多数的普通民众自觉自愿地来完成。这不仅适用于城市中的文化遗产保护，也同样适用于乡村文化遗产的保护。遗产保护是世界性问题，即使许多文化遗产保护做得比较成功的国家也存在这样的问题。

日本和法国采用国家与地方立法相结合的方式。比如，在日本，中央政府负责保护的对象往往只是确定全国历史文化遗产的最重要的部分，而更广大的地区由地方政府通过地方立法确立保护。以日本 1966 年著名的《古都保护法》为例，其保护的对象限定为京都市、奈良市、镰仓市以及奈良县的天理市、樱井市、檀原市、班町和明日香村，京都市的非历史风土保存区域则不受《古都保护法》的保护，由京都市地方政府另行制定的法规如《京都风貌地区条例》进行补充。同样，其他城市的类似地区通过城市自己制定的《历史环境保护条例》《传统美观保存条例》等进行立法保护。这些被保护地区的名称、范围、保护方法、资金来源等都是由地方政府自行制定的地方法规予以确定。日本《文物保护法》中传统建造物群保存地区的情况也如此，地方政府可以自己设立传统建造物群保存地区、制定保护条例、编制保护规划，而国家在此基础上通过选择重要地区作为重要传统建造物群保存地区纳入中央政府的保护范畴。不仅如此，日本还投入大量的财力和物力对文化财产进行保护。可是，许多古老的村落文化景观仍然面临着巨大的危机。位于奈良南部的明日香村，是日本文化较早的发祥地。从 5 世纪开始，朝鲜居民开始向这里移居，他们带来了优秀的农耕技术和绢织物，与当地居民一起，把日本从氏族推进到了封建的律令国家，这里有日本最早的寺院——飞鸟寺和许多的古坟。但是由于经济发展的相对滞后，许多年轻人不愿待在这里，去了大城市，村里只剩下老年人，其文化景观的影响力也非常有限。随着考古发现和政府对该地区旅游经济的开发，该地区的经济状况有所改善，不少年轻人又开始回到村里，也认识到文化遗产的价值，所以整个地区的文化景观也呈现出了活力。这对我们是一个很有益的启示。适度把握好经济发展和文化遗产的关系非常重要，然而做到两者兼顾的例子并不多见。

可持续发展是 20 世纪 80 年代随着人们对全球环境与发展问题的广泛讨论而提出的一个全新概念，是人们对传统发展模式进行长期深刻反思的结晶。1987年 Barbier 等人发表了一系列有关经济、环境可持续发展的文章引起了国际社会的注意。同年，布伦特兰夫人（Ms. Gro Harlem Brundtland）在世界环境与发展委员会的《我们共同的未来》中正式提出了可持续发展的概念，标志着可持续发展理论的产生，研究重点是人类社会在经济增长的同时如何适应并满足生态环境的承载能力，以及人口、环境、生态和资源与经济的协调发展方面。其后，这一理论被不断地充实完善，形成了自己的研究内容和研究途径。1992 年在里约热内卢召开的联合国环境和发展大会（UNCED）把可持续发展作为人类迈向21世纪的共同发展战略，在人类历史上第一次将可持续发展战略由概念落实为全球的行动。10余年来，可持续发展理论的建立与完善主要沿着经济学、社会学和生态学三个方向揭示其内涵和实质。与此同时，可持续发展的研究还涉及自然环境的加速变化、自然环境的社会效益、自然环境的人文痕迹等，力图把当代与后代、区域与全球、空间与时间、结构与功能等各方面作为统一体来看待研究。

中国五千年的历史就是一部农业文明史，至今农业人口仍占全国人口的70%。所以，村落文化景观在中国文化遗产中占有重要的位置，但是在城市化的进程中，它所面临的巨大危机是显而易见的。在时代和生活方式的不断推进中，村落文化景观也在发生着明显变化。其实，从本质上来说，这种变化来自人的变化，因为人是时代的产物，也总是主动或被动地选择或被选择，所以人无法逃离时代而独立存在。那么，文化在传承和延续的过程中，也必然要打上不同时代的烙印，甚至要面临不同时代对它的选择。某种文化的产生和消失大概也正是缘于此。那么，如何使具有传统风格的村落文化景观在时代的进程中不至于彻底消失，而是能够找到一条有效的保护之路呢？村落文化景观包含其建筑形式、相关的民情风俗以及村民的行为生活方式等，是该地区的社会发展的历史积淀，是其地域文化的外现。在对这类文化景观的保护中，我们首先要考虑生活在其中的主体——古村落居民，因为他们才是该区域发展的根本动力。与我们对表面的或具象的文化遗产保护和建设相比，怎样看待人的发展是一个更为重要和有意义的课题。所以在古村落文化景观的保护中，必须在既保护古村落又满足百姓追求现代生活的前提下，考虑与之配套、相互协调的建筑或改造方案，否则古宅、古村落是难以保住的。笔者始终以为，人是文化遗产保护中的灵魂。也就是说，在村落文化景观的构成中，当地村民是最为重要的因素，他们是村落文化的发展动力和源泉，只有通过他们所进行的文化遗产保护才是有价值、可实施的。我们所强调的可持续发展，也就是要以综合协同的观点，以人为核心去探索可持续发展的本源和演化规律，建立有序的人与环境、人与人关系的和谐统一。

在目前的古村落文化遗产保护中，我们往往过多强调了表象的、物质的一面，忽视了贯穿其中的历史文脉和人文元素。这两者之间的关系正如肉体和灵魂，是一种相辅相成、互不可缺的组合。试想，一个没有灵魂的生命体会是什么样？在很多的场合特别是建筑遗产中，我们总是提倡"整旧如旧"，但是如果不去考虑与之相伴的生活群体，不考虑他们的生活方式和态度，不把人作为文化遗产保护中的一部分去整体考虑，这样保护下来的文化遗产又有什么意义？近几年，许多地方在进行旧城区的恢复改造，有些把前几年拆除的古建筑又重新修建起来。这一方面反映出人们对于文化遗产保护意识的提高，但是从另一方面也容易产生很多人对文化遗产保护的简单化理解，以为对物质形态的恢复就是对文化的恢复。真正对文化景观的保护其实就是在保持一个地域的生活氛围和人文环境，村落文化景观的保护也是如此。村落文化景观的保护应该重视以下两个方面：首先，要形成一个基本的保护理念和原则；其次，在以尊重人文环境为主的前提下，确立保护的方向。

    散落在我国广大农村地区的古老村落，是中华民族五千年农耕文明的"文化之根"。随着我国城市化进程的加快和新农村建设的广泛开展，许多古村落正面临生存危机，亟待加强科学合理的保护。"古村落在我国文化遗产中占有重要地位，体现了中国哲学天人合一的最高境界。村落文化景观是古村落的核心价值，保护村落文化景观是保护古村落的重中之重。"古村落保护与发展专业委员会秘书长张安蒙说："在我国现有的约 60 万个村庄中，具有保护价值的古村落大约有5000 个，保护这些散落在全国各地古老而又鲜活的文化遗产任重道远。"据专家调查，我国现存的古村落大多建于明清时期，迄今已有五六百年的历史，有的甚至可以追溯到南宋以前。古村落分布较为密集的地区有：浙江温州地区，永嘉、泰顺、苍南、瑞安等地，尤其是楠溪江流域古村落群分布广且密集；湘、桂、黔三省交界地区的侗族村寨、贵州凯里地区的雷山等少数民族聚居地区。许多古村落虽然地处山乡僻壤，但在历史上曾位于繁华的集镇商贸中心之侧，是水陆交运枢纽和物流中心，或者是农贸、药材、林木、盐业等生产基地，但在历史变迁中失去了往日辉煌，成为被遗忘的角落。

第五章 · 古村落文化传承方式与发展

我国历史文化悠久，古村落众多，人们对古村落传统文化保护重要性的认知越来越到位。但是与此同时，随着经济全球化和现代化进程的不断加快，我国古村落传统文化保护面临着众多挑战。那么，在古村落保护中应该如何更好地延续传统文化"基因"呢？近年来，随着城镇化、工业化进程的快速推进，我国古村落"消失"的速度也在不断加快。据有关专家统计，中国古村落数量在2000~2010年10年间消失了数十万个，相当于每天消失300余个自然村落。伴随着古村落"消失"的是传统文化"基因"的"消失"。传统文化"基因"是古村落的"灵魂"。在古村落的保护中，传统文化"基因"保护和传承的重要地位及其作用是无可替代的。古村落的保护不仅涉及有形的物质层面的外在保护，集中反映在古村落建筑形态的保护上，这是古村落"硬实力"的体现，还涉及无形的文化层面的内在保护，集中反映在古村落传统文化"基因"的保护上，这是古村落"软实力"的体现。如果把物质形态的外在保护比喻为是对人的"躯体"的保护，那么文化形态的内在保护就是对人的"灵魂"的保护。对于古村落保护中物质形态与文化形态两者之间的关系，可以从两个层面来说：第一个层面，物质形态保护与文化形态保护两者缺一不可。如果只有物质形态保护而没有文化形态保护，这样的古村落虽然"躯体"活着，但其"灵魂"早已不复存在。因此，可以说，传统乡土文化"基因"是古村落的"灵魂"，传统乡土文化"基因"的保护与传承对于古村落保护来说至关重要，从根本上决定了古村落保护工作的成败。因此，物质形态保护的缺失突出表现为大量的古村落在加速"消失"，而这些古村落的"消失"同时也就意味着传统乡土文化"基因"的"消失"。第二个层面，物质形态保护是基础，文化形态保护是关键。在古村落保护中物质形态的保护是基础性的，离开物质形态的保护来谈论文化形态的保护是不切实际的。但是，在古村落保护中，文化形态的保护是关键性的，文化形态保护才能让古村落真正"活着"。古村落文化传承的危机主要来自三个方面。

　　首先，古村落的"消失"使传统文化"基因"的保护与传承失去了根基。我们都知道"皮之不存，毛将焉附"这个道理，传统乡土文化"基因"是建立在古村落这个有形载体上的。如果古村落这个有形载体已经"消失"了，传统乡土文化"基因"也就成了"空中楼阁"，必将慢慢"枯萎"直至"消亡"。因此，传统乡土文化"基因"的存在是离不开古村落这个有形载体的。而近年来，随着乡村城镇化进程的快速推进，我国大量的古村落在加速"消失"，这对古村落传统文化"基因"的保护和传承构成了极大威胁。

其次，古村落人口"空心化"使传统文化"基因"的保护与传承失去了主体。我们知道，人的因素是最为重要的，如果人都没有了，那么一切都将是空谈。随着城市化浪潮的推进，大量乡村人口外出务工，使乡村的农耕文化、宗祠文化、民俗文化、技艺文化等传统乡土文化正在慢慢"失传"。乡村人口大量外流改变了传统社会中乡土文化"基因"传承的代际"接力"模式，特别是在当前外出流动人口以"80后""90后"为主体的背景下，传统乡土文化"基因"难以传续的问题表现得尤为突出。对于第一代外出流动人口来说，其保护与传承传统乡土文化"基因"的观念和意识还是较为强烈的，而对于新一代外出流动人口来说，其保护与传承传统乡土文化"基因"的观念和意识已经非常薄弱了。可以说，古村落人口大量外流必将使传统乡土文化"基因"日渐凋零。

最后，城市化的乡村教育使古村落传统文化"基因"的保护与传承失去了载体。文化"基因"的保护与传承并不是一个自然而然的过程，而是需要通过教育者的言传身教、被教育者的耳濡目染来完成文化"基因"的社会化习性。然而，我国当前乡村教育城市化的特征非常突出，这不仅表现在教育目标的城市化，其主要目的是帮助农家子弟离开乡村，还表现在教育内容的城市化，在乡村教育中基本看不到传统乡土文化"基因"的影子，灌输的都是城市现代文化"基因"的内容。特别是近年来实行的"乡村学校布局调整"政策更是为乡村教育城市化起到了极大的"推波助澜"作用，使乡村学校彻底离开了乡村。可以说，乡村教育的城市化对于乡村教育更好地发挥传统乡土文化"基因"的保护与传承功能是极为不利的。

既然传统文化"基因"在古村落保护中有着如此重要的地位和作用，那么，在古村落保护中应该如何更好地延续传统文化"基因"呢？以下几个方面是非常值得我们注意的：

第一，要完善古村落文化保护的相关法律法规。目前，我国古村落文化保护的法律法规仍很不健全，更多的是以规章、办法、规定、通知等形式出现，而不是上升到法律、法规层面。因此，要进一步加强古村落文化保护的立法工作，尽快出台国家和地方专项法规，积极推动法律、行政法规的立法进程，使我们的古村落文化保护能够做到有法可依。在此基础上，必须要严格按照法律、法规来做好古村落文化保护工作，严厉打击破坏古村落文化的各类违法犯罪行为。一旦出现破坏古村落文化的违法行为，就必须要一查到底、追责到底，从而使古村落文化保护的相关法律法规落到实处。

第二，要加强政府在古村落文化保护中的主导作用。在古村落文化保护工作中，政府的地位和作用是无可替代的，因此，必须要充分发挥政府的主导作用。这种主导作用主要体现在四个方面：一是必须要加大政府对古村落文化保护的资金投入力度；二是政府必须要加强对古村落文化保护资金使用情况的监管，加强资金利用的公开透明度，使这些资金的效用实现最大化；三是必须要加大政府对古村落文化保护专业人才的培养力度；四是政府必须要加强对从事古村落文化保护的相关主体的监管工作。

第三，要加大古村落文化保护的社会参与力度。从整体来说，我国还存在着公众古村落文化保护意识不强的问题，特别是在一些落后地区，公众对古村落文化保护问题的认识不够，存在非常明显的利益导向。因此，首先必须要通过加大宣传力度切实提高公众的古村落文化保护意识。在此基础上，一方面，要拓展公众参与古村落文化保护的有效渠道。这主要表现在两个方面：一是公众参与的渠道是否多样；二是公众参与的渠道是否有效。另一方面，要加大社会组织在古村落文化保护中的参与力度。从整体上来说，我国的各类社会组织在古村落文化保护中的参与度是不够的，没有很好地发挥出其应有的作用。必须要广泛吸纳有关学术研究机构、大专院校、企事业单位、社会团体等各种社会组织的力量，共同开展古村落文化保护工作。

第四，要充分发挥市场在古村落文化保护中的积极作用。当前，在经济利益的诱导下，我国很多古村落文化保护存在着过度利用的问题，没有很好地处理文化保护与文化利用之间的关系。我们必须清楚地认识到：文化利用是手段，文化保护才是真正的目的，古村落传统文化的利用是为了更好地保护。因此，必须要反对古村落文化保护过于市场化、商业化。在此基础上，我们要充分发挥市场在古村落文化保护中的积极作用。一方面，要通过市场机制来吸纳民间资本力量，从而加大对古村落文化保护的资金投入力度；另一方面，要通过市场机制来提高技术人员的专业化水平和待遇水平，从而切实解决古村落文化保护中专业人才匮乏的问题。

党的十九大报告提出，要坚定文化自信，推动社会主义文化繁荣兴盛。要坚持为人民服务、为社会主义服务，坚持百花齐放、百家争鸣，坚持创造性转化、创新性发展，不断铸就中华文化新辉煌。十九大报告还提出，实施乡村振兴战略，并概括出了产业兴旺、生态宜居、乡风文明、治理有效、生活富裕的总要求。这个总要求，呼应了时代新发展，顺应了农民新期待。新时代，乡村发展有了新蓝图；新时代，乡村发展要有新气象；新时代，乡村发展要有新作为。实施乡村振兴战略，是一个关乎农业、农村、农民发展方向的根本性问题，是一个关乎农村产业、生态、文化建设的综合课题。因此，乡村振兴不仅是一个单纯的经济议题，它已经超越了产业发展和经济范畴，涵盖了经济、政治、社会、生态、文化多个领域。如何让乡土文化回归并为乡村振兴提供动力，如何让农耕文化的优秀精华成为建构农村文明的底色，是摆在我们面前具有重要现实意义和深远历史意义的时代课题。为此，以豆沙关的经验为案例，推动古村落文化保护传承的创新举措，研讨乡村振兴战略的文化课题，探寻农业、农村融合发展之道，具有重要的社会实际意义。

近年来，我们深入研究优秀传统文化的传播规律，不断深化对"思想文化大报"职能定位的认识，开设多种专栏和专刊，拓宽各种传播渠道，搭建更多、更大的平台，用有特色、有内涵的方式阐释中国方案和中国智慧，展示中国精神和中国魅力。为积极倡导乡贤文化，国家曾推出"新乡贤·新乡村"系列报道，在全国各地发掘"新乡贤"和"乡贤文化"，引导乡村社会见贤思齐、见德思义，促进新乡贤成为乡村振兴中的正能量。此外，还开展了很多以传统文化为主题的演讲会、座谈会，得到中央领导同志和广大读者的肯定，产生了广泛影响。豆沙关古镇是一个长期承接、传衍中华传统文化的典型地域，在长期的历史发展中，保留了极为完整的中华传统文化的各类要素形态。这里有着浓郁的乡贤文化、乡土气息、乡愁情结。

党的十九大报告明确提出，实施乡村振兴战略。乡村振兴离不开文化的引领。中国传统文化是在农耕文明的基础上产生和发展起来的。农村传统文化的氛围较为浓厚，传统的精神和价值观念、民俗礼仪、风土人情、生活方式等文化要素传承较好，各种物质文化遗产和非物质文化遗产非常丰富，可以说，广袤的农村是传统文化的发生、繁衍、生息之地。乡村文化是传统的，乡村信仰是朴素的。但是，随着城镇化浪潮的加剧，人口向大中城市迁徙，农业人口的减少，导致部分偏远农村出现凋敝、衰败的现象，对传统文化的传承造成了一定的冲击，致使中华民族的传统文化基因在农村有逐渐流失的趋向。因此，唤醒当代人继承发扬乡村传统文化是很急迫的，也是非常必要的。

乡村文化的各种遗存流失现象亟待加强保护。传统文化的遗存不仅包括文物，还包括能够保存乡村记忆的一些古老的建筑，如老宅子、庙宇、祠堂、戏楼、书院，农耕文明中一些日常的劳动工具，如马车、水磨等，以及一些生活用具，如马灯、风箱、轱辘、碾盘、拴马桩等。这些传统建筑和农耕文明的器具，虽然算不上真正意义上的文物，但是它们寄托着传统农村社会中人们的精神追求，可以直观地反映出传统文化的审美趣味，保留着人们对传统乡村生活的美好回忆。在城镇化浪潮中，这些遗存被人为地损坏、遗弃。习近平总书记讲话中强调保护传承传统文化，要让农村"看得见青山绿水，记得住乡愁"。"记得住乡愁"就是要保存好乡村的文化记忆。一棵老树、一口老井、一座老宅子、一栋戏楼，都承载着乡愁，对乡村记忆而言，都是珍贵的文化遗产。在新农村建设中，许多地方一味地追求生活的舒适便捷、村容村貌的整洁，不太重视对传统文化遗存和文化形态的保护。一些过去农村建造的牌坊、戏楼，都被拆除或者遗弃。一些古老的风俗习惯，如婚丧礼俗仪式，由于无人继承，也渐渐消失。一些传统的庙会、集市也由于人口的减少而气氛冷清。

保护和传承古村落传统文化应该树立强烈的忧患意识和紧迫感。农村"空心化"、农村人口"老龄化"等农村发展后劲不足的问题，严重影响传统文化的保护和传承。传统的道德观念、价值观念是传统文化的内核与灵魂。但是，新一代年轻人大多出生在改革开放以后，许多人是独生子女，因此感受不到传统家族中人与人的亲密关系，不能够正确认识和理解家族成员应该尽到的责任和义务。农村年青一代传统的价值观念正在逐步淡化，家庭观念、集体主义精神、家乡文化认同、故土情结也在逐步减弱。许多人外出打工，由于在城市和乡村之间为生计奔波、穿梭，文化生活单调，习惯沉迷于网络的虚拟世界，对于传统的戏曲、艺术形式、礼仪习俗也不感兴趣。传统文化核心的价值观念和传统美德处于消融、消解之中。

乡村文化的保护与传承要重视对传统美德的弘扬。党的十九大报告指出："深入挖掘中华优秀传统文化蕴含的思想观念、人文精神、道德规范，结合时代要求继承创新，让中华文化展现出永久魅力和时代风采。"可以通过道德讲堂，表彰善行义举，弘扬家风家训、乡约民规，加强节日文化建设等形式，让传统美德扎根村民心灵深处。优良的家风家训，可以影响家庭的每个成员心存真善美、行思仁礼信。要深入挖掘传统家风家训中修身齐家、为人处世的理念和智慧，广泛宣传其中的优秀思想和文化精髓。中华民族具有修史的传统，修志修史是坚定文化自信、守望乡土文化、留住乡愁的重要工程。习近平总书记指出，要高度重视修志修史，让文物说话，把历史智慧告诉人们。因此，重视村志、村史的编纂，深入挖掘地方志、村史的精髓，是保留地方的历史记忆、增强人们乡土情结的重要一环。同时，也可通过对丰富的文化资源进行搜集、整理、系统研究和传播，增强本地区人们的文化自豪感和文化自信心。

乡村文化的保护与传承亟须推行"乡村记忆工程"。各个地区可以在文物普查的基础上，选择一批具有浓郁地方特色、具备传统文化特征的古村古镇进行整体的保留、保护和维修利用，结合生产用具、生产生活遗物遗迹的展示，形成集乡土建筑和乡村民俗为一体的"乡村博物馆"，集中展示当地的村史、村情，增强当地村民对自身文化的认同感、归属感。古村落是农村传统文化的"活化石"，保护古村落，要处理好保护与旅游开发之间的关系，尽可能地保留古村落的历史风貌和特色，传承好文化根脉。古村落、文化名镇的开发要杜绝"千篇一律"的开发模式，要注重挖掘文化内涵，彰显地方文化特色。要在以保护文化和生态的前提下，适度控制开发规模，实现可持续发展。特色小镇的建筑规划和城镇建设要注意有文化特色，要能体现出地方风情、风俗和当地的历史文化。同时，非遗保护要利用好数字化技术，分门别类，将列入国家、省、市县级非物质文化遗产保护名录的项目及代表性传承人资料逐一进行数字化采录、存储，以便长期保存。通过调查、采访，将各类非遗项目以文字、录音、录像、数字化多媒体的形式记录下来。著名学者钱穆说过："中国文化是自始至终建筑在农业上面的。"从中国人独有的思想情感便可窥见，"落叶归根""入土为安""故土难离"正是人们对乡村浓厚感情的真实写照。振兴乡村，文化同行。它呼唤人们携带希望回归乡村，它等待传统优秀文化的梳理，它呼唤承载文化符号的老建筑保护。

保护与发展古村落文明应当适度开发当地旅游文化资源。古村镇作为广大农村乡土建筑的聚落地，原本不是作为一种旅游资源而存在。但由于年代久远，古村镇古朴独特的建筑、淳朴的民风民俗以及山清水秀的自然环境，与现代化建筑景观、生活方式形成强烈对比，具备了良好的旅游价值和经济价值。随着社会经济的发展，具有古老、独特的建筑外观和丰富文化内涵的古镇应当作为旅游资源被充分开发出来。促进乡村文化振兴还应加强对无形文化的保护与开发。古村镇是物质文化遗产和非物质文化遗产的有机综合体。而目前关于古村镇的文化价值，多数局限在当地的古建筑及有形的物质文化旅游资源的开发方面，对无形文化领域的关注较少。因此，地方政府应加大对无形文化的保护力度，推动乡村非遗的创新发展；通过打造传统农作体验空间，展示乡土农作的智慧与美，构建专属乡村的文创产品。

文化是人类对自然改造的产物，并且文化一旦形成后会通过各种渠道和形式不断地向后代传递，因此才会有华夏文明五千年的历史。但是文化从创造之时，在其传递的过程中不会一成不变。有的文化传递了几千年仍然继续存在，并深刻影响着人们的各种行为，而有的文化在传承了一段时间后就消失了，有的文化在传承过程中发生了变异，文化具有传递性和变迁性共存的特征。传递性是指文化一经产生就会被他人模仿、效法和利用，在传递的过程中可以纵向传递和横向传递。纵向传递是指文化由上一代向下一代传递的过程，这个过程在社会学中被称作社会化的过程；横向传递是指文化在不同的地理空间、不同民族群体中的传播。不同民族、不同地区之间的文化交流极大地促进了各民族社会的发展。

针对文化传承与保护的问题，不同的人从不同的角度有不同的看法。一部分学者认为，在文化传承过程中，人们需要保持原汁原味的原文化，而有的人则持不同的观点，认为在文化传承的过程中应当加入时间的因素，把当前的流行文化与传统文化有机地结合在一起。笔者觉得这两种观点各自都有一定的合理之处，但是都过于片面，因为文化包含了诸多要素，具体有人们的思想观念、思维范式、价值取向、道德情操、生产生活方式、社会制度、礼仪规范、风俗民情等内容。因此，传统文化也是丰富多彩的，对于不同的传统文化，应该选用合适的方法来传承，笼统地说，该原汁原味还是需要加入流行文化都不太恰当。中国传统文化的传承应当根据不同的文化内涵采取不同的方式和具体手段。关于流行文化与传统文化的关系，既有共生也有冲突。流行文化是人们一时即时兴起的瞬间现象，持续时间比较短，而且流行文化不一定能够对传统文化的传承有帮助，有时候甚至还会对传统文化产生冲击。豆沙关文化在旅游活动开发过程中，遇到了类似的问题。因为豆沙关当前还是一个旅游过境地，而且地理位置特殊，是通往境外的要地，有很多国外游客。国外游客的到来对本地的语言产生了一定的冲击，对传统的民族文化的影响颇深，古镇少数民族已经很少使用本民族的语言进行沟通，在日常生活中大多使用普通话来进行交流，甚至还有一部分人使用英语和境外游客互动，还有部分少数民族的文字也随着城市化和国际化发展烟消云散。对于语言和文字这类意义非凡的民族文化来说，笔者认为最好还是原汁原味地保存，在适当的情况下稍加修订加以利用，因为少数民族语言历史比较久远，在最初创造语言和文字的时候并没有现代词语，如"电脑""微信""网络"等，在少数民族语言中并没有正式的翻译，而是以汉语的"谐音"加以表示。除了这些现代用语以外，都应该保持原汁原味，因为这些都是古人们留下来的文化遗产，如果我们对其进行改变，也许会对后代人产生误导。但是也不能说流行文化就不能融入到传统文化之中，比如豆沙关古镇的少数民族服饰文化、饮食文化和建筑文化等。如果设计师、厨师、建筑工程师在特定的环境下适当变通，不仅保留传统特色，也具有一定的时髦感，可能更会赢得游客的青睐，而且从一定意义上说，这也是普及传统文化的一种方式。其实，传统文化的传承也不能完全做到原汁原味的继承，因为不同时代的人们价值观念存在较大的差异，也许某些传统的观念在现代社会已经不再适应时代的要求，比如传统的"男尊女卑"性别不平等文化已经不再符合新时代的要求，需要扭转为"男女平等"。传统文化虽然历史悠久，但并不是所有的传统文化都是优秀的，对于传统文化的精髓，我们要继承并发扬光大，使之成为现代文化建设的思想根基，如"民本思想""尊老爱幼"等。而对于传统文化中的腐朽思想，必须加以否定和抛弃，如"三从四德""男主外，女主内"的性别观念、"天不变道也不变"的自然观，以及"别尊卑，明贵贱"的封建社会等级观念等。

一、 豆沙关古镇文化传承方式

文化从其产生之时就具有了社会性特征，文化不是某一个体独有的现象，而是一个群体共同创造的结果，因此文化具有共享性，如果一个民族或一个地区的文化没有得到传播，文化圈子以外的群体就不能理解圈内的文化。如果文化得不到传承，那么将会出现文化断裂和消失的现象。因此，为了很好地弘扬中国优秀传统文化，应该让优秀传统文化拥有更多的传承载体、传播渠道和传习人群，扩大文化的影响力。古镇作为传统聚落文化的传承基地，对文化的传递发挥了重要作用，豆沙镇文化传承主要有以下几种方式：

(一) 商业贸易交流活动

豆沙关古镇位于南丝绸之路的节点，丝绸之路是古代中国与境外贸易的主要通道，这条古道不仅具有强大的经济功能，同时还承担着文化传播的使命。对于中国古代的对外贸易通道，众所周知的丝绸之路总共有两条：一条是通过中国西北地区，然后进入欧洲的北丝绸之路；另一条则是起源于中国南方地区，经过海路到达中东和欧洲的"海上丝绸之路"。虽然作为中国对外贸易通道的两条"丝绸之路"，运输和对外贸易的商品包括茶叶，但并不是茶叶运输和贸易的专用通道。中国还有一条专门运输茶叶的贸易通道——滇藏茶马古道，又被称为"南方的丝绸之路"。茶马古道是唐宋至民国时期，云南、四川与西藏之间的古代贸易通道，由于是用川滇茶叶与西藏的马匹交易，以马帮运输，故称之为"茶马古道"。茶马古道连接川滇藏，延伸入不丹、尼泊尔、印度境内，直抵西亚、西非红海岸。它南起云南茶叶主产区思茅、普洱，中间经过今天的大理、丽江、香格里拉进入西藏，直达拉萨。有的还从西藏转口印度、尼泊尔，是古代中国与南亚地区一条重要的贸易通道。在抗日战争年代，当沿海沦陷和滇缅公路被日寇截断之后，茶马古道成为中国当时唯一的陆路国际通道。它不仅是西藏与今川滇地区之间古代先民们迁移流动的一条重要通道，同时也是今川、滇、藏三地间古代文明传播和交流的重要通道，被誉为人类历史上海拔最高、通行难度最大的高原文明古道。茶马古道的形成，首先是茶叶生产和贸易的大力发展。宋代东南、西南的四川、云南地区茶叶产量巨大，西南地区又与西藏为邻，而茶是藏族的生活必需品，为茶马贸易的顺利开展奠定了可靠的物质基础。同时，茶马古道异常艰险，其作用不仅仅是茶叶运输与贸易，通过茶叶的贸易，更是藏传佛教在茶马古道上的广泛传播，还进一步促进了各民族经济文化交流，发展了经济。与此同时，沿途地区的艺术、宗教、风俗文化、意识形态也得到空前的繁荣和发展。据史学家考证，南方丝绸之路比公元前2世纪张骞开辟的北方丝绸之路以及《汉书·地理志》记载的东南"海上丝绸之路"还要早两个多世纪，而且是我国西南与西欧、非洲等地距离最短的陆路交通线。南丝路极具历史文化意义，而豆沙关地理位置重要，扼五尺道之咽喉，是中原通往南滇的第一先要关卡（见图5-1）。

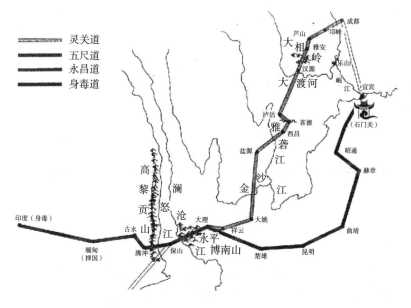

图5-1 西南丝绸之路示意图

西南丝绸之路，大约在 2000 多年前的汉代形成，是一条深藏于高山深谷和密林分布的全球化贸易和文化通道，是连接中国和印度两个文明古国最早的交通纽带。丝绸之路形成以后，对中外社会、政治、经济、文化等方面的国际交流做出了重要的贡献。西南丝绸之路在中国境内主要由三大干线组成，境内主干线总长达到 6000 多公里，这三条干线分别是：第一条是从西安到成都再到南亚、东南亚的山道崎岖的"西南丝绸之路"，此路通向南亚、东南亚、中亚、欧洲许多国家，是西南丝绸之路的主线。第二条是从成都南部地区出发，沿线经宜宾市、曲靖市、昆明市和楚雄州。第三条是上述两条路线在大理汇合后继续西行，经漾濞、永平、保山、腾冲，然后出中国进入缅甸，从保山至缅甸的这一段称为"永昌道"。这条古道是中国难得的一份宝贵文化遗产，其中有些驿站已列入历史文化保护单位，具有重要的历史文化价值。

不论古代还是近现代，中国与周边邻近国家的经商和贸易活动，不仅会在贸易过程中产生新的文化现象，诸如我国古代丝绸之路上产生的马帮文化、客栈文化等，而且也有利于华夏文明和外来西方文化之间的交流和传播。中外商人通过商品贸易活动，不仅将商品中蕴含的丰富文化加以交流，而且也会通过人与人之间的交往过程进而交流文化。一方面，中国的优秀传统文化可以远扬国外，另一方面也可以将国外的先进思想文化传入中国，共同促进世界文化的多元化发展。商业贸易活动是豆沙关文化传播的一种主要方式。

（二）人口迁徙流动

文化的产生与特点和地域空间有着必然的联系。前文分析发现，豆沙关古镇的村落建筑文化、饮食文化等都与特殊的地理环境密切相关，但是文化是由人类对自然界的改造产生的，所以人口的迁徙流动必然会带动文化的传播。具有某种文化的人类群体离开了原来的生活环境，进入到一个新的环境，会把原来的生活方式、思想观念、伦理道德等带入新的环境，从而影响新环境中的其他群体。迁徙流动属于人的基本权利，每个人的一生不可能永远静止在一个地方。费孝通笔下的《乡土中国》中的社会已经发生了很大的变化，中国社会已经从封闭静止的农业社会向高度流动的现代社会转型。生于斯、长于斯、死于斯的静态社会结构逐渐被替代，即便在中国的农村地区也从"熟人社会"向"陌生人社会"转变，当前许多农村地区的人际关系也变得逐渐疏远，以往待在农村生活的青年男女也被城市生活所吸引，人口迁移流动是中国人口未来发展的一大趋势，未来十年、几十年这种人口迁移流动大潮仍将继续。自 20 世纪 80 年代中期以来，随着户籍制度的改革，户籍对人口的限制越来越不明显，人们可以自由地在中国大陆地区迁移流动。人口跨地域迁移流动，尤其是大范围的跨省和跨国迁移，不论对新文化的形成还是对原文化的传播影响都极其重要。

首先，人口迁移流动对迁入地新文化形成的影响。人口在地理空间上的迁移流动过程中，不仅仅是人的移动，实际上人群所负载的文化也在空间上进行移动。因此，在一定程度上讲，人口的迁移流动也可以理解为文化在地理空间上的传播。人口迁移流动把先进地区的思想文化、生产技术和手工业技术等传播到相对落后的地区，提高了生产效益，促进了社会经济的快速发展。此外，人口迁移流动还传播了语言、文字、宗教、建筑、艺术等各种文化，将不同地区的文化进行融合，出现了多元的文化甚至产生了新的文化。从非物质文化层面考虑，人口迁移流动促进了各地区、各民族之间相互交流和学习借鉴，因而使各自的思想观念、饮食起居、风俗习惯等发生了显著的变化，最终形成新的思想观念和文化。

其次，人口迁移对迁出地新文化形成的影响。人口迁移流动对迁出地新文化的影响，虽然和迁入地相比可能不太明显，但其影响仍然是客观存在的。从国内跨省、跨县市等大范围的人口迁移流动来看，比较典型的是城乡人口迁移流动，当前的城乡迁移流动趋势比较明显，是中国城镇化的主要力量，可以毫不夸张地说，没有农村大规模的人口迁移流动，就不可能有快速的中国城镇化。由于农村大量年轻力壮的青年农民工外出务工经商，导致农村留下的都是一些体力比较弱的老人、孩子、妇女等群体，因此在农村形成了特色鲜明的"留守文化"，比如隔代抚养、农村家庭空巢、留守儿童辍学等现象，留守在农村的妇女、儿童和老人被比喻为"38·61·99"部队。豆沙镇也存在明显的"留守文化"。除了农村人口外出流动对迁出地新文化的形成具有直接的刺激作用以外，返乡流动人口还会带入流入地的文化，这种文化融合的现象在豆沙镇也比较普遍。国家统计局的数据显示，2016 年全国流动人口规模高达 2.45 亿人，约占全国总人口的 1/7。这是一个庞大的人口群体，但是问题在于这个群体中有很大一部分是过着"两栖"生活，不管是"80 后""90 后"甚至"00 后"的新生代，还是"50 后""60 后""70 后"的老一代流动人口，真正在城市扎根（买房、落户）的比例并不大。很多流动人口，尤其是年纪较大的老一代流动人口在城市长期居住的愿望不高，可能性也非常小，他们的落叶归根思想比较明显，年纪大了就想返回老家，当这些外出流动人口在城市工作生活一段时间后，会将他们在城市内化的文化也带回老家。比如，原来农村的建筑主要是木结构的传统民居，但是当这些外出人口在外工作一段时间后，会把家里的房屋换新，盖上新式的洋房，与城市里的建筑差异逐渐缩小，家里的房屋也模仿城市建筑设置独立的卫生间、厨房，安装太阳能等现代化的装饰。许多年轻人外出以后，不再懂得农村传统的耕作技能，甚至连最基本的农业种植季节都不晓得，出现了农业文化的消失。随着现代科学技术的发展，网络的普及率在城市几乎达到了100%，在农村虽然没有达到100%，但是许多农村地区也开始联网，信息网络在农村的出现推动了农村商业的变革，在农村也可以网上购物，这些现代网络经济都是在城市文化的影响下新出现的经济形式。一部分有经济头脑的年轻人开始做起了微商，在农村家里就做起了生意。

总之，随着中国社会经济的发展变迁，人口迁移流动趋势不但不会减弱，反而还会持续加强，它作为文化传播媒介的作用程度和形式可能会变化，但我们仍然不能忽视人口迁移流动对古镇文化带来的巨大影响。人口迁移流动对古镇文化的形成、传播、变迁等的影响是其他途径无法替代的，也可以说是一种永恒的文化传承方式。

（三）文化教育

教育活动是人类特有的文化传承方式，动物的模仿学习与人类的教育活动有着本质性的区别，人类的教育活动具有选择性、传递性和创造文化的特定功能。教育活动在人的社会化过程和能力培养上扮演着十分重要的角色，虽然现代教育方式发生了巨大的变革，但是不管教育活动如何变化，在人类文化的传承和创新中都将会越来越重要。教育活动是文化传播的主要方式，虽然教育活动根据教育的主体可以分为学校教育、家庭教育和社会教育三种形式，但本书仅指学校的规范教育活动。

学校教育是由专业人员（教师、行政管理部门、教辅部门等）承担，在专门的机构（学校、实习基地等）进行目的明确、组织严密、系统完善、计划性强的，以影响学生身心发展为直接目标的社会实践活动。学校是专门为社会化目的而设立的学习机构，在这个特定的场所，给学生提供有组织、有目的的系统化受教育的条件。在学校开展教育具有一定的权威性以及系统性，有利于学生接受正确系统的知识。

学校教育内容非常全面，早在我国的古代（周朝）教育体系中，教育的内容就包括礼、乐、射、御、书、数六艺。这六艺涵盖了礼节（类似于现代教育中的德育）、音乐、射箭技术、驾驭马车、书法、理数，这些是中国传统文化的精髓。再看现代的教育，胡锦涛同志曾在清华大学成立100周年庆典大会上讲话，把文化传承与创新确定为大学的第四大功能。由此可见，学校教育对文化传承的重要性，已经确立为大学的基本功能。高校的四大基本功能是人才培养、科学研究、服务经济社会发展和文化传承与创新。学校的功能不再局限于教书育人，还发挥着服务地方经济社会发展和文化传承与创新的重任。虽然有些传统文化可以通过家庭教育，由父辈向子辈传递，也可以通过社会教育进行传播和影响，但是不论是家庭教育还是社会教育对文化的传播总是有限的，一是会受到时间的限制，二是会受到地点的限制，三是会受到教育主体知识结构短缺的限制。因此，相比较而言，学校教育是全面的、系统的、规范的。可以将古镇的生活习俗、发展历史、地理概况、社会经济、村规民约、风俗民情、宗教信仰等一切有关内容编入教材，让学生系统地学习掌握，以使古村落文化得到持续的传承。古村落文化的传承虽然还可以通过民间艺人和艺术团体进行传承，但是仅此还不能满足整个中华民族文化传承的要求，尤其是在当前市场经济下加入了经济元素的文化传承更满足不了传统文化的发展需求，因此本书认为学校的教育活动是最佳的传承方式。

具体又可以从以下几个方面进行分析：第一，学校是传承古镇村落文化的最佳场所。学校教育是每个人一生中接受时间最长、影响最大的社会化活动，个人在学校的周密计划指导下，系统学习科学文化知识、社会规范、道德准则、价值观念。从某种意义上来讲，学校决定着个人社会化的发展水平和性质，是个体社会化的基础。倡导并落实古镇村落文化进校园，借助学校的力量来传承文化，无疑是民族文化传承的最佳选择。第二，学生是传承古镇村落文化的最佳主体，文化的本质告诉我们，儿童时期是接受文化的关键时点，从童年起一直到大学、研究生等文化与此共生，并且对个体的身心发展影响深刻，儿童所处自然环境和人文环境等，如建筑、艺术、礼仪、审美、生活方式等多作为特定的文化特质深深地印刻在他们的大脑之中，并影响着学生时代乃至走入社会以后的观念、态度和意识，并将自己所接受的文化内化为生命的一部分。现在我国已经普及了九年义务教育，甚至有些民族地区和贫困地区已经开始普及14年的免费教育，几乎可以保证人人都有学可上，如果每一个学生都能够接受民族文化的熏陶，系统学习中国的历史文化，那么中国的非物质文化遗产就可以得到最好的传承和保护。第三，教师是传承文化的最佳主体。对我国古镇村落文化的保护和传承，民间艺人和演出团体虽然发挥了重要的作用，但是他们的活动会受到极大限制，而且还具有明显的功利性特征，大多注入了经济因素，因此他们不仅影响范围十分有限，而且可能会导致文化在传播过程中发生变味。因此，教师才是传承民族文化的最佳主体。首先，他们了解豆沙关的情况，熟悉当地的历史与文化；其次，教师是一个地方知识文化水平最高的群体，只有他们才能够最好地传承文化；最后，正规的教学设计也是传承文化的最佳形式。文化可以通过音乐、艺术、小品等多种形式传播，但教学是一种最佳的形式，因为教学是一种目的性非常强的计划活动。

（四）家庭代际文化传承

豆沙关古镇具有四个民族，其中有三个是少数民族，即回族、苗族、白族。由于有的少数民族文字失传，导致少数民族的文化大多只能依靠亲子关系来传承，民族文化传承与历史文物的保存主要依靠歌曲演唱和舞蹈表演来进行传承，民族传统文化的传承大多通过歌谣的形式在家庭里面由父代传给子代。在很多少数民族的生活中，唱歌不是为了表演，也不是为了盈利，而是一种娱乐和生活方式，民族内部之间的成员社会交往关系大多通过对歌的形式来表达，尤其是年轻男性的择偶行为，如果能把父辈传下来的歌谣唱得非常好的话，会受到很多女孩的倾慕。白族、苗族等民族把唱歌看得和吃饭一样重要。古村落的少数民族家庭中"年长的教歌，年幼的学歌"，如此一代一代往下传递，形成了独特的民族文化传承方式。一方面，家长在家中潜移默化地影响孩子，给孩子音乐启蒙教育；另一方面，家长也会有目的和意识地培养孩子的音乐能力，主动教孩子唱歌。

（五）其他传承方式

文化传承除了上述几种主要的方式以外，还有一些影响范围比较小的方式，比如网络媒体、博物馆和民俗传习所、手工作坊、开展传统娱乐业及民间艺术表演活动、民间工艺品收藏、交易和展示、开展民间传统文化体育活动等。自2015年以来，豆沙镇举办了200~100000人次规模大小不等的文体活动，这些文体活动对豆沙关古镇村落文化传播发挥了重要的作用。截至2017年3月，豆沙关古镇一共举办了12场文体比赛活动，其影响范围大到全国，具体活动有男子篮球赛、美食文化节、歌唱比赛、象棋比赛、三八妇女节等（见表5-1）。通过不同形式的文体活动比赛，吸引全省乃至全国范围的观众前来观看，观众们在观看比赛的过程中也逐渐熟悉了豆沙镇的地域文化、风俗民情等。

表 5-1　2015~2017 年第一季度豆沙镇举办的文化活动

序号	举办时间	内容	活动地点	规模	影响效应
1	2015 年 9 月 14 日至 2015 年 9 月 21 日	豆沙镇"神农乌天麻杯"男子篮球运动会	豆沙镇	200 人次	全县知名
2	2015 年 10 月 1 日至 2015 年 10 月 3 日	中国豆沙关第八届美食文化节	豆沙镇	80000 人次	全国知名
3	2015 年 12 月 25 日	豆沙镇"唱响扶贫之歌"歌唱比赛	豆沙镇	2000 人次	全县知名
4	2016 年 1 月 30 日	豆沙镇"迎新春　帝里送春联"活动	豆沙镇	3000 人次	全镇知名
5	2016 年 4 月 12 日	豆沙镇《让激情持久、让梦想飞扬》感恩汇报会	豆沙镇	1500 人次	全镇知名
6	2016 年 6 月 29 日	豆沙镇"党恩永远记在心"活动	豆沙镇	300 人次	全县知名
7	2016 年 9 月 9 日至 2016 年 9 月 17 日	豆沙镇"唐风文化杯"男子篮球运动会	豆沙镇	300 人次	全县知名
8	2016 年 9 月 17 日	豆沙镇飞巨龙杯拔河比赛暨摩崖社区运动会	豆沙镇	300 人次	全镇知名
9	2016 年 10 月 1 日至 2016 年 10 月 3 日	中国豆沙关第九届美食文化节	豆沙镇	100000 人次	全国知名
10	2016 年 10 月 1 日至 2016 年 10 月 3 日	中国象棋邀请赛	豆沙镇	5000 人次	全市知名
11	2017 年 1 月 18 日	豆沙镇"迎新春　帝里送春联"活动	豆沙镇	3000 人次	全镇知名
12	2017 年 3 月 8 日	豆沙镇"三八"国际妇女节庆祝活动	豆沙镇	300 人次	全镇知名

资料来源：云南省昭通市盐津县豆沙镇《豆沙关南丝路历史文化特色小镇》内部材料。

随着现代网络技术的发展，可以有效利用现代传媒对中国传统文化进行传播，将传统文化植入现代文学艺术、影视戏剧之中，或者将古村落的传统文化渗透到信息网络、旅游体验中等，面向社会大众，重新唤起人们对古村落文化的热情。总而言之，对古村落传统文化的保护，需要采取多样化的方式与手段，根据不同的文化内涵选择更为合适的传承方式。此外，文化不是静止地传递，而是需要适当地扬弃，对于某些不符合时代发展需求的传统文化需要进行现代价值的再造，融入社会主义核心价值观，体现改革开放时代的新思想、新观念、新取向，为古镇村落传统文化赋予时代特色。文化由人类创造，也必须由人类来传承，尤其是作为社会发展中坚力量的青年群体，他们是最富有想象力的一个群体，而且随着城市化的快速推进，也是容易造成文化链"断裂"的主要人群，因此青年人群必须为古镇文化的传承尽自己应尽的责任。

二、 古村落文化传承特点

（一） 文化传承的选择性

传统文化中掺杂着糟粕，保护和传承古村落文化在本质上是一个扬弃的过程，具体来说就是取其精华、弃其糟粕的选择过程。复旦大学葛剑雄教授认为，中国的传统文化不是依靠学习来获得的，关键在于要有选择性地继承，关键是能够把它变成社会的实践，变成年青一代能够接受的一种生活方式和行为准则。葛教授同时还认为，把所有过去的文化都看成传统文化不符合中国的历史发展。并非所有过去的文化都是传统文化，实际上传统文化应该是在中国过去比较长的一段时间里发挥着重要作用，代表了当时的主流文化。我们在对待传统文化时要正确理解"传承"的含义。传是记录、保护、保存、延长、延续过去的文化，承是继承、发扬、延续、转换和创新的意思。本书通过对豆沙关古镇文化进行分析发现，文化传承过程中具有明显的选择性特征。一部分古镇文化在传承的过程中逐渐消失，比如少数民族的语言、宗教习俗、居民建筑文化等。但是也有一部分古镇文化，即便经历了几千年的历史辗转，仍然具有深厚的文化底蕴，如著名的南丝路文化，这是豆沙关古镇文化的核心，它不仅仅是豆沙关古镇发展旅游的文化资源基础，更是豆沙关古镇与周边国家联系的纽带，发挥着重要的国际枢纽作用，是豆沙关古镇其他一切文化演绎的基础。南丝路文化的长久影响力就是文化传承选择性的最好例证。

（二） 文化传承的创造性与变迁性

文化在传承过程中会发生变迁，并不是静止不变的，而是处于时刻变化之中。通常认为，大规模的文化变迁主要由三个因素造成：第一个因素是自然条件的变化。自然地理环境灾害、资源匮乏、人口变迁都会引起文化的变迁，豆沙关古镇经历了 2006 年的三次地震重创之后，大量的古建筑被摧毁，虽然新建的古镇修旧如旧，但是仍有较大差别。第二个因素是不同文化之间的相互作用。不同国家、不同地区、不同民族的交流也会引发较大的文化变迁。第三个因素是新的发明和发现。人类各种新技术的发明创造，导致文化的巨大变迁。文化在传承的过程中不会一成不变地原模原样继承下来，豆沙镇有很多文化在传承过程中发生了明显的变异，文化传承不仅具有传统性，也体现了时代性特征，将不同时代的典型文化融入其中，从而促使文化传承具有了一定的创造性和独特性。

图 5-2 是豆沙关古镇村落的变化比较。从中可以看出，变化前的照片体现了古镇文化的"原始性"，建筑材料主要是木结构，墙体以石头为主，在山区和农村地区，石材比较丰富，就地取材大大降低了建筑成本，同时从建筑材料的物理性质来看，石头硬度比较大，耐风化，可以延长房屋的寿命。地震后重建的新古镇，虽然从建筑外貌景观来看，遵循修旧如旧的原则，尽量仿造古代建筑，但是变化后的房屋建筑和原来的真实面貌仍然有较大的差别。新建楼房的建筑材料大多使用现代的钢筋混凝土结构，使用现代化的材料装饰，虽然从景观上看，更加整洁干净，但是也不免失去了建筑历史文化底蕴，建筑历史文化价值大打折扣，这就是建筑文化的创造性结果。可以说，不仅是豆沙关古镇，当前我国许多古村

图 5-2　豆沙关古镇村落变化前后比较

落都面临着这个严峻的问题——传统建筑文化日益消失。随着社会经济的迅速发展，人们的物质生活水平逐渐提高，对居住环境质量的要求越来越高，房屋不再是简单的保暖和休憩功能，在很多农村地区，房屋质量的高低、建筑成本的大小等成了衡量一个家庭社会经济地位的一个重要砝码，村民们争相建房，于是一栋栋的古建筑被大量摧毁，取而代之的是新建的小楼房，虽然部分建筑还保留了原始建筑风格，但总体上来说建筑文化发生了重要的变迁，文化在传承过程中具有明显的创造性特征。

（三）文化传承的集群性

豆沙关古镇文化的传承不是以单一的文化要素为主体进行传承，而是以文化丛的集群性特征传承。集群性是指文化在传承的过程中以相互联系的不同文化要素组合成一个文化丛进行传承。集群性特征体现了文化之间的相互联系性，在传承过程中不易发生文化流失。经历了几千年的发展历史，豆沙关的关隘文化传承始终由五尺道、古驿站、石门关组合而成的文化丛集群传承，朱提文化丛同样也是由中原文化、荆楚文化、巴蜀文化、夜郎文化和滇文化组成的文化丛进行传承。

（四）文化传承的方向性

文化传承的方向性是指文化在其传承的过程中具有特殊的方向偏好，具体可以从两个角度来分析。首先，从代际的角度来看，古村落文化传承一般是从亲代向子代传承，即由年长一代向年青一代传承，因为豆沙关古镇文化具有深厚的历史文化底蕴，通常年长一代要比年青一代具有更丰富的认识，年轻人的认识一般是从父母亲一代甚至祖父母一代那里获得，通过学校教育获取的古镇文化知识比较有限。尽管随着现代科技的发展，年轻人可以通过网络媒体获取更多有关古村落的文化认知，但是很多年代久远的历史文化知识从网络上也无法获取，代际传承具有明显的优势。其次，从地理空间的角度来看，文化的同一时点上的横向扩散过程中也具有明确的方向性，文化从其发源地开始传播，但并不会向每个方向均衡传播，通常会受到地理条件、语言和原有文化的影响。一般来说，地理条件好、语言互通、原有文化与传入文化相似性越高的文化的传播速度会越快、传播的距离也将会越远。

三、 古村落文化发展机理

我国保存着许多风貌古朴、个性鲜明的古村落，这些古村落是我国传统文化的载体和珍贵的历史文化遗产，有着极高的文化、历史、地理、美学、建筑、艺术、旅游等学术价值。近年来，许多学者从不同的角度开展了对古村落的研究，论述了自然社会因素对聚落形态的影响，提出了古村落研究的基本框架，引入"意象"的概念，借助感觉形式研究聚落空间形象的方法，对古村落景观的多维空间立体图像做了初步研究。相比较而言，关于豆沙关古村落的地理研究较少，而豆沙关古村落是我国众多古村落之一，保存着大量的历史信息，为研究历史社会、经济、文化、地理等提供了大量的实物资料。

为了让古村落真正焕发生机活力，建立起古村落可持续发展机制，建议将保护与发展相结合，让古村落真正"活"起来。坚持实施"一村一品"，推动古村落差异化活化升级。古村落活化升级坚持因地制宜，充分发挥规划引领作用，通过挖掘文化内涵、提炼文化符号等，打造各村特色文化品牌，避免"千村一面"。另外，探索在发挥各村特色的基础上进行资源整合，提升"造血"能力，建立可持续发展机制。豆沙关古村、古建筑资源丰富，但在古村落活化过程中对这些资源的合理利用与多元活化程度还不高，部分古村落的"空心化"还较明显。古村落活化在政府财政投入之外，还需要有村民、社会以及专业人士加入进来，共同推进建立古村落可持续发展机制，让村民在活化升级中有更多获得感。此外，还需培养一些从事传统文化保育工作的技术性人才。古村落活化升级中要注意在村口等显眼位置完善旅游导览设施，要注重通过旅游产业等的发展带动古村落经济发展，让古村落更有人气、更有活力。强化推入市场、优先招商等，鼓励产业培育、联动发展。

四、 古村落民居的传承与发展

自中华人民共和国成立以来，对于古村落民居的保护我们已建立乡村博物馆、历史文化古镇等生态旅游项目来推动村落经济发展。现今又有"住进老屋"、家宅自改等新兴保护方式正在转变着乡村居民的居住观，有望让流失的年轻人重新回归本土。随着科技迅猛发展、技术不断进步，城市化进程与古村落文化相遇时，有诸多问题就此显现。当下，中国多数城市都在进行城市化建设，当大量的思潮和信息科技成果不断涌到我们的面前时，城市完全呈现出一种全球化的风格，现代的高楼大厦完全背离了我们的"中国特色"。建筑作为综合性最强的文明产物，包含的文化内容最多，在它独特形式的背后就蕴含着巨大的文化信息。中国的传统哲学对中国住宅的营造有着决定性的指导作用。儒家思想的以"仁"治天下、道家倡导的"道法自然"、禅宗的"空"讲求平静安详的精神状态等深刻影响着中国人对景观的认识。其审美的特征自然是要求具有"自然"的品质，注重人精神的参与，既讲实用，在情感上又要有所归属。在空间构成上讲求气韵、意境，在环境构筑上要让人感受真实的安慰境象。

西方思潮中的现代主义讲求实用，并不注重人的精神层面的东西。"少就是多"的原则将人禁锢在一个水泥方盒子之中，以节约建筑的占地面积。我国在改革开放之后，当新思潮、新技术进入景观设计领域时，在视觉和精神上都还不成熟的我们表现出莫名的兴奋与怀疑，对新奇事物全盘接受，将自己的传统规划方式、思想弃之一旁。大家不把古建筑当作艺术品来看待，大多数认为村里的老房子就是落后的表现，现代的建筑才是先进和发达。为了缩小城乡差距，人们毅然地将老房子全部拆掉，换上了"洋气"的新屋。以本土文化特质的消亡来换取国际文化风格的植入，从历史角度看是不理智和论证不充分的结果。

城市化侵蚀了村落居民的公共空间。中国现代化进程，让城市与乡村逐渐拉近了距离，更让村民意识到"距离感"的魅力。陌生化带来的好处，让迷失与孤独的村民全盘接受。于是你就会看到，现在在梅县围龙屋的不远处已经散罗着密密麻麻的小砖瓦房。它们代表着当代中国农村的"新力量、新变化"。从封建社会到中国社会主义初级阶段，传统民居代表了大家族式、集体式的生活方式，这些都是典型的乡土中国的生活。而改革开放之后，更多的村民并不愿意住在这种不适用的传统民居里。拥有一个三口之家的小楼房，意味着更多的个人空间、更多样化的生活方式、更少的邻里纠纷。现代化的生活方式，更注重小家庭的私密性，而传统讲究放长式的大厅堂、讲究宗祠和公共空间的样式的客家建筑，好像已经失去了它的魅力和权威。

古村落因为人口流失和经济压力正在日渐衰败。现在在豆沙关古镇，由于年轻人的大量外出，产生了一个特殊的群体——农村留守人口。无论与谁闲聊，当谈到他们的子孙或父母，都有类似的故事——儿女出门打工、爸妈进入工厂。当代中国农村的中坚力量都不在家，而是成群结队地进入东莞、惠州的工厂。他们毅然离开蛮荒、艰辛的乡村，进入工业化的南方城镇。这次迁徙不是离乱而是脱贫。掘金成功后，他们还会如祖先一样，保护那些他们的身份记忆、历史文化认同的围屋吗？真正的乡村建筑早就不住人了。这里只有老人和孩子，一旦孩子上学老人离去，最后的中国乡土民居就面临着真正的"死亡"威胁了。

古村落民居作为历史文化遗产具有唯一性和不可再生性，因此我们对它的态度当然是以保护为先。在中华人民共和国成立之初，一代宗师梁思成先生提出了"修旧如旧"的观念，建议完善和修复一些历史文化遗址。随着国家的发展，地方政府和国家相关部门等作为出资的对象，在一些聚落建立了乡村博物馆或风景名胜区。无论这些保护的措施是否有利，但文明不会没落，可能会再度吸引那些流失的年轻人回到农村，在自己的文化记忆的地方创造经济效益，使自己的本土文化不那么快地流失，慢慢地延续。现在我们要做的就是在没有进行全面、理性的科学充分论证之前，必须持有对本族文化进行保护的信念，而且要最大形态、最大限度地保护，否则将会失控。因为我们已经毁坏得太多了。现在面临的古村落民居发展比较重要的两个问题：一是如何挽留村庄中的年轻人，避免流失；二是当古老的村落民居逐渐被人们遗弃时，我们如何转变观念挽救古老的乡村建筑，或是采用家宅自改的新方式来改善村民们的生活。针对这两个问题，现在已出现了比较合理且新颖的解决方式。

对于流失的年轻人而言，除了古村落文化旅游能产生经济效益外，当地特色产业的大规模产业化经营可能会在很大程度上吸引人们回到乡村。对于设计师而言，为当地产业设计相关建筑和景观乃是重中之重。具体的做法与下面论述的民宅改建的方法一样，就是要接地气，用当地盛产的原料做主要的建筑材料，可能会结合当地的民居风格并根据当地产业的特点进行合理化的调整。

对于村落中的民居，我们可以保护和发展两头走。有文化底蕴和保留价值的民居，我们要做的当然是保护。但现在要做的保护是让村民在古民居中生活。其实我们现在的人对于传统的古建筑有一种误读，大家都认为那些传统建筑（古建筑）是不能够住人的。这种想法的出现无怪乎是因为一般我们眼睛里看到这些建筑的时候一般是两种情况：一是它们大多是以纪念品的方式陈列展出的，我们经常会在旅游或参观的时候见到它们；二是这些建筑会被默默地遗弃在一个阴暗的角落，脏乱差，最后被拆除。因此，我们现在最应该转换的观念就是那些古建筑是可以住人的。村落里的居民建现代建筑的砖瓦房无非是要让自己的生活现代化。那么，什么是"现代化"。把它放在居住空间里面，现代化就是厨房、厕所的现代化。我们回到设计的本源，一个建筑的功能性就是它要能住人或是我们在其中能够生活。那无论是现代建筑还是传统建筑只要它能满足我们的这个使用功能就应该为我们所用。所以对于古民居只要对它的建筑结构进行合理的加固，在厨房和厕所安装上现代化的设施，我们的生活品质也就跟上了时代的步伐。此时好像建筑的外壳已经不是那么的重要了。因此，这样的做法可能耗费的物质财富要比重新建一座房子还要高，但我们在满足了居住所必要的使用功能的同时将每个村落民居特有的形式美留住了，我们的文化记忆还在，我们的"根"还在。

对于一般性的民居现在还出现了一套比较新颖的民居改造的做法。首先要对当地的自然环境、风土人情等做一个深入细致的调查，然后我们要将有效的元素去粗取精，保留符合这个村落或者是符合被改造的这一家的元素，将其他的部分进行合理的改造。在整个民居自改的过程中，当地的村民不仅可以全程参与房屋的建造，还可在建造的过程中随时说出自己的想法，如果合理就会予以采纳。村民们在自己再也熟悉不过的地方找到了成就感和归属感。目前这种新型的民居改建方式还处于逐步完善的阶段。村落中的村民们看到别家民居改建成功可能会对自己的家有新的看法。而对于村里流失的年轻人来说，相比寸土寸金的城市，改造后的乡村可能会留给人更多的灵感空间和发展潜质，这种蝴蝶效应是否会有效，一切都是未知数。挽救乡村，挽救我们即将流逝的文明，不要让我们的乡村变成我们历史记忆的故园。

五、 古村落保护和文化遗产传承应注意的问题

中华民族上下五千年的悠久历史，留给我们千姿百态的古村落。在不断积淀中形成的古村落，不仅形态缤纷，而且底蕴深厚，各具性情。正如冯骥才先生所言："每个古村落都是一部厚重的书。"古村落，是物质与非物质文化遗产的综合体，它不仅有精美和独特的建筑与大量珍贵的物质遗产，还有那一方水土创造的口头与无形的文化遗存，如民间音乐、舞蹈、戏剧、美术、手艺、民俗，以及民间传说、歌谣。它最直接体现中华文化的民间情感、民族气质及其文化的多样性。我国的非物质文化遗产主要在村落，遗憾的是，一段时期以来，在欧洲被视为文明硕果加倍珍惜的古村落，被我们的一些同胞当成了历史垃圾，不少非常优美、充满诗情画意的古村落已经断壁残垣、风雨飘摇。在加速城镇化的进程中，有些干部不太顾及文化选择，把城镇化与古村落保护硬生生地对立起来。

（一） 深刻认识古村落保护和文化遗产传承的重要性、紧迫性

人类文明的进化不能没有积累和传承。历史的车轮可以碾过如梭的岁月，但不应拆毁我们心灵回归故里之路。作为我们精神故里的每个古村落都是一个自然的社会单元，也是物质与文化的综合体，是民族民间文化的重要载体，是不可再生的文化资源，是民族文化复兴的重要源泉，是祖先长期适应自然、利用自然的见证，记录和镌刻着我们民族的文化基因和历史记忆。我们要站在保护好自己的精神家园、建设好文化强市的高度，去认识古村落保护和文化遗产传承的重要性、紧迫性。

（二） 认真做好古村落保护和文化遗产传承工作

要进一步加强对文物和文化遗产的保护，深入挖掘和保护优秀传统文化资源，对全市有价值的传统物质文化和非物质文化资源开展一次普查，并制定保护和开发规划。特别是要组织对全市有文物和文化价值的古村落、古街、古巷、古民居及其他文化遗存、遗产进行一次全面普查登记，并制定保护和开发利用规划，努力在硬件和软件两方面形成城乡文化一体化的发展格局。

（三） 在传承的基础上合理利用文化遗产

古村落的保护要与推土机赛跑，要按照"尊重历史、尊重现实、修旧如旧、体现特色、提高品位"的要求，对传统建筑风貌加大保护力度；要通过命名和认定，深入挖掘古村落所蕴含的精神文化内涵，提高对古村落经济价值、文化价值的认识，要把古村落建成"活态"的博物馆。我们要正确处理好古村落保护与利用的关系，正确处理好文化遗产传承与利用的关系。要辩证地思考和处理问题，古村落要在科学开发中促进保护。文化遗产要在合理利用中促进传承。要充分尊重专家的意见，充分发挥专家的作用。古村落保护和文化遗产传承工作的专业性、技术性非常强，一定要有专家参与决策，否则就难以达到我们的工作目的。国家有这方面的专家，省里有这方面的行家，村落本地也有一些在这方面既热心又懂行的人士。我们一定要尊重文化、尊重科学、尊重专家，以便工作的顺利进行和效益的最大化。要进一步解放思想，积极拓宽资金投入渠道，在争取各级政府加大投入的基础上，创新思维，千方百计吸引社会资金，千方百计选好、用好保护与传承的载体、平台，做好、做活古村落保护与文化遗产传承工作。

2012 年，我国政府正式启动了传统村落的全面调查，同时进行了专家审定与《中国传统村落名录》的甄选工作。这应是文化史上一个意义重大而影响深远的事件。之前，大量出现在媒体上的信息与文章，表达着学界与公众对这一关乎国人本源性的家园命运的关切。在这之后，人们的关注焦点则转向这些处于濒危之中的千姿百态的古老村落将何去何从。五千年的中华民族基本处在农耕文明时期。村落是农耕生活遥远的源头与根据地，至今至少一半的中国人还在这种"农村社区"里种地生活、生儿育女，享用着世代相传的文明。在历史上，当城市出现之后，精英文化随之诞生，可是最能体现民众精神实质与气质的民间文化一直活生生地存在于村落里。我国幅员辽阔、民族众多、地域多样，在漫长的岁月里，交通不便、信息隔绝、各自发展、自成形态，造就了中华文化的多样并存与整体灿烂。如果没有了这花团锦簇般各族各地根性的传统村落，中华文化的灿烂从何而言？可是，最近一些村落调查和统计数字令我们心忧。比如，在 21 世纪初的 2000 年，我国自然村总数为 363 万个，到了 2010 年锐减为 271 万个，仅仅 10 年内减少 90 万个，这对于我们这个传统的农耕国家可谓"惊天"数字，它显示村落消亡的势头迅猛且不可阻挡。

六、 古村落消失的原因

古村落消失的原因是多方面的：一是城市扩张和工业发展突飞猛进，大批农民进城务工，劳动力向城镇大量转移，致使村落的生产生活瓦解，空巢化严重，已经出现了人去村空——从"空巢"到"弃巢"。近 10 年我们在各地考察民间文化时，亲眼目睹这一剧变对村落生态影响之强烈。二是城市较为优越的新的生活方式，成为越来越多年青一代农民倾心的选择。许多在城市长期务工的年青一代农民，已在城市安居和定居，村落的消解势所必然。三是城镇化。城镇化是政府行为，撤村并点力度强大，所向披靡，它直接导致村落消失，是近 10 年村落急速消亡的最主要原因。在由农耕社会向工业社会的转型中，村落的减少与消亡是正常的，世界各国都是如此。但我们不能因此对村落的文明财富就可以不知底数、不留家底，粗暴地大破大立，致使文明传统及其传承受到粗暴的伤害。进一步说，传统村落的消失还不仅是灿烂多样的历史创造、文化景观、乡土建筑、农耕时代的物质见证遭遇到泯灭，大量从属于村落的民间文化——非物质文化遗产也随之灰飞烟灭。联合国教科文组织对非物质文化遗产评定的标准是，它必须

"扎根于有关社区的传统和文化史中"。如果村落没了，非物质文化遗产这笔刚刚整理出来的国家文化财富中许多项目便要立即重返绝境，而且这次是灭绝性的，"连根拔"的。传统村落还有另一层意义，即它是许多少数民族的所在地。不少少数民族没有文字、没有精英文化，只有民间文化。他们现在的所在地往往就是他们原始的聚居地。他们全部的历史、文化与记忆都在世代居住的村寨里，村寨就是他们的根。如果传统的村寨瓦解了，这个民族也可能就名存实亡、不复存在。面对着每天至少消失100个村落的现实，保护传统村落难道不是一件攸关中华民族文化命运的大事逼到眼前？

当今国际上把历史文化遗产分为两部分：一是物质文化遗产；二是非物质文化遗产。在人类历史的转型期间，能将前一阶段的文明创造视作必须传承的遗产，是进入现代文明的标志之一。这时间并不久，不过几十年，而且是一步步的。从国际性的《雅典宪章》（1933）、《佛罗伦萨宪章》（1981）到联合国教科文组织的《保护历史城镇与城区宪章》（1987）和《保护非物质文化遗产公约》（2003）可以看出，最先关注的是有形的物质性的历史遗存——小型的地下文物到大型的地上的古建遗址，后来才渐渐认识到城镇和乡村蕴含的人文价值。然而在联合国各类相关文化遗产的文件中，我们只能见到一些零散的关于传统村镇保护的原则与理念，没有整体的保护法则，更没有另列一类。至今还未见任何一个国家专门制定过关于传统村落保护的法规。可是，传统村落却是与现有的两大类——物质与非物质文化遗产大不相同的另一类遗产。首先，它兼有物质与非物质文化遗产特性，而且在村落里这两类遗产互相融合、互相依存，同属一个文化与审美的基因，是一个独特的整体。过去，我们曾经片面地把一些传统村落归入物质文化遗产范畴，这样造成的后果是只注重保护乡土建筑和历史景观，忽略了村落灵魂性的精神文化内涵，徒具躯壳、形存实亡。传统村落的遗产保护必须是整体保护。其次，传统村落的建筑无论历史多久，都不同于古建。古建属于过去时，乡土建筑是现在时，所有建筑内全都有人居住和生活，必须不断地修缮乃至更新。所以，村落不会是某个时代风格一致的古建筑群，而是斑驳而丰富地呈现着它动态的嬗变的历史进程。它的历史不是滞固和平面的，而是活态和立体的。再次，传统村落不是"文保单位"，而是生产和生活的基地，是社会构成最基层的单位，是农村社区。它面临着改善与发展，直接关系着村落居民生活质量的提高。保护必须与发展相结合。在另两类文化遗产——物质和非物质文化遗产中，显然都没有这样的问题。最后，传统村落的精神遗产中，不仅包括各类非物质文化遗产，还有大量独特的历史记忆、宗族传衍、俚语方言、乡约乡规、生产方式等，它们作为一种独特的精神文化内涵，因村落的存在而存在，并使村落传统厚重鲜活，还是村落中各种非物质文化遗产不能脱离的"生命土壤"。

综上所述，从遗产学角度看，传统村落是另一类遗产。它是一种生活生产中的遗产，同时又包含着传统的生产和生活。因此，对它的保护是个巨大的难题。一方面，它规模大，内涵丰富，又是活态，现状复杂，村落保护往往与村落的发展构成矛盾；另一方面，它属于地方政府的行政管辖，若要保护，必然牵涉政府各分管部门的配合，以及管理者的文化觉悟；再一方面，无论中外，可资借鉴的村落保护的经验都极其有限，而现有的物质与非物质文化遗产保护的法规、理念与方法又无法适用，这是传统村落保护长期陷在困境中的根由。近年来，随着传统村落的消亡日益加剧，不少大学、研究单位和社会团体频频召集研讨，谋求让这些古老家园安身于当代的良策；不少志愿者深入濒危的古村进行抢救性的考察和记录；一些地方政府在古村落保护上做出可贵的尝试，比如山西晋中、江南六镇、江西婺源、皖南、冀北、桂北、闽西、黔东南以及云南和广东等地区。尽管有些尝试颇具创意，应被看好，但还只是地方个案性和个人自发性的努力，尚不能从根本上破解传统村落整体困局。2012年4月有了重大转机，由国家四部局——住房和城乡建设部、文化部、国家文物局、财政部联合启动了中国传统村落的调查。半年后，通过各省政府相关部门组织专家的调研与审评工作初步完成，全国汇总的数字表明，我国现存的具有传统性质的村落近12000个。随即四部局成立了由建筑学、民俗学、规划学、艺术学、遗产学、人类学等专家组成的专家委员会，评审《中国传统村落名录》，进入名录的传统村落将成为国家保护的重点。评定的着眼点为历史建筑、选址与格局、非遗三个方面，除去各个方面的专业性，还要兼顾整体性和全面性。比如，在乡土建筑与村落景观方面，不但要看其自身价值，还要注重地域个性与代表性，不能漏掉任何一种有鲜明地域个性的村落，以确保中华文化多样性并存。再如，如果某个传统村落以非遗为主，其非遗首先必须列入了国家非物质文化遗产名录，以使国家非遗不受损失，不致"皮之不存，毛将焉附"的悲剧发生。四部局联合推行，可以统筹全局，推动有力，使工作的落实从根本上得到保证。这是一个符合国情、符合实际的创造性的办法，体现了国家保护传统村落的决心。它的一个重要标志是将原先习惯称呼的"古村落"改名为"传统村落"。"古村落"一称是模糊和不确切的，只表达一种历史久远的时间性；"传统村落"则明确指出这类村落富有珍贵的历史文化的遗产与传统，有着重要的价值，必须保护。

国家传统村落名录确定下来，其保护的工作不是已经完成，而是刚刚开始。要防止把申遗成功当作"胜利完成"。其实，正是历史文化遗产被确定之日，才是严格的科学的保护工作开始之时。尤其传统村落的保护是全新的工作，充满挑战，任重道远。

一是建立法规和监督机制。传统村落保护必须有法可依，以法为据。立法是首要的，还要明文确定保护范围与标准，以及监督条例。管辖村落的地方政府必须签署保护承诺书，地方官员是指定责任人。同时，必不可少的是建立监督与执法的机制。由于传统村落依然是生活社区，处于动态的变化中，保护难度大，只有长期不懈的负责任的监督才能真正保护好。

二是专家支持。我国村落形态多，个性不同，在选址、建材、构造、形制、审美、风习上各有特点。因此，在保护什么和怎么保护方面必须听专家的意见。传统村落保护与发展应制定严格规划，由专家和政府共同研讨和制定，并得到上一级相关部门的认定与批准。传统村落能否保护好的关键之一，要看能否尊重专家和支持专家，利用好专家的专业意见和科学保障。

三是传统村落的现代化。保护传统村落绝不是原封不动。村落进入当代，生产和生活都要现代化，村落里的人有享受现代文明和科技成果的权利。村落的保护与发展完全可以做到两全其美。那种认为这两者的矛盾难以解决、非此即彼的人，正是一脑门子赚钱发财所致。在这方面，希腊、法国、意大利等西方国家在城市历史街区保护中采取的一些方法能给我们积极的启示。比如，他们在不改变街区历史格局、尺度和建筑外墙的历史真实的前提下，改造内部的使用功能，甚至重新调整内部结构，使历史街区内的生活质量大大提高。民居不是文物性古建，保护方式应该不同，需要研究与尝试。传统村落的保护与发展不但不矛盾，反而可以和谐统一、互为动力。其原则是，尊重历史和创造性地发展，缺一不可。只有传统村落生活质量得到提高，宜于人居，人们生活其中感到舒适方便，其保护才会更加牢靠。

四是少数民族地区的村落保护。在少数民族地区，村落就是民族及其文化的所在地，其保护的意义与尺度应与汉族地区村落保护不同。对于少数民族一些根基性的原始聚居地与核心区域，应考虑成片保护，以及历史环境与自然生态环境的保护。

五是可以利用，但不是开发。一些经典、有特色、适合旅游的传统村落可以成为旅游去处，但不能把旅游业作为传统村落的唯一出路，甚至"能旅游者昌，不能旅游者亡"。传统村落是脆弱的，要考虑游客量过多的压力，不能一味追求收益的最大化，更不能为招徕游人任意编造和添加与村落历史文化无关的景点。联合国对文化遗产采取的态度是利用，而不是开发。利用是指在确保历史真实性和发挥其文化的精神功能与文化魅力的前提下获得经济收益；开发则是一心为赚钱而对遗产妄加改造，造成破坏。坦率地说，这种对遗产的"开发"等同"图财害命"，必须避免。

六是细致搜寻，避免疏漏。尽管全国性的村落普查已经初步完成，但我国地广村多，山重水复之间肯定还会有一些富有传统价值的村落没有被发现与认知，更细致的搜寻有待进行。10多年来的非遗普查使我们明白，中国文化之丰富表现在它总有许多珍存不为人知，我们不能叫于今尚存的任何一个有重要价值的传统村落漏失。

七是尝试露天博物馆。在确定保护的较为完整的传统村落之外，还有些残破不全的古村虽无保护价值，却有一两件单体的遗存，或院落，或庙宇，或戏台，或祠堂，或桥梁，完好精美，但孤单难保，日久必毁。世界上有一种越来越流行的做法叫"露天博物馆"，就是把这些零散而无法单独保护的遗存移到异地，集中在一起保护，同时还将一些掌握着传统手工的艺人请进来，组成一个活态的"历史空间"。这种博物馆不仅遍布欧洲各国，亚洲国家如韩国、日本和泰国也广泛采用，已经成为许多国家和城市重要的旅游景点。这种方式使那些分散而珍贵的历史细节得到了妥善的保护与安置。

八是提高村民的文化自爱与自信。传统村落的保护不能只停留在政府与专家的层面上，更应该是村民自觉的行动。如果人们不知自己拥有的文化的价值，不认同、不热爱，我们为谁保护呢？而且这种保护也没有保证，损坏会随时发生。所以，接下来一项根本的工作是提高人们的文化自觉和自信。文化只有首先被它的拥有者热爱才会传承。提高村民文化自觉是长期的事，但如果只让人们拿着自己的"特色文化"去赚钱是不会产生文化自觉的。鼓励和支持志愿者和社会各界投入、参与和帮助传统村落保护，也是推动全民文化自觉的好办法。

现在可以说，中国传统村落从困境中走出来了。它独有的价值终于被我们认识，并在物质文化遗产保护和非物质文化遗产保护之外另列一类，即"中国传统村落遗产保护"，纳入国家的历史文化遗产"谱系"中。10多年前我国只有文物保护，经过10年来的努力，拥有了物质遗产、非物质遗产、村落遗产三大保护体系，使中华民族的历史财富得到全面和完整的保护，这是我们在文化建设上迈出的重大一步。如今世界上还没有哪个国家对传统村落进行过全面盘点，进行整体保护。我们这样做，与我们数千年农耕历史是相衬的，也是必需的。它体现了我国作为一个东方文化大国深远的文化眼光和高度的文化自觉与自信，以及致力坚守与传承中华文明传统的意志。中华文明是人类伟大的文化财富之一，我们保护中华文明，也是保护人类的历史创造与文明成果。当然，传统村落保护刚刚开始，它有待于系统化、法治化和科学化。它需要相关的理论支持和理论建设，需要全民共识和各界支持。

第六章 · 古村落文化与现代化的冲突、融合

村落是人类文明的文化遗存。近年来，许多地方将传统文化村落作为乡村文化旅游的经济增长点，但这些传统文化村落难以承载现代人的精神乡愁，村落研究也成为世界社会学研究的重要选题。费孝通认为，乡土社会的"秩序可以用礼来维持。礼是传统，是整个社会历史在维持这种秩序"。传统文化村落的现代转型是人类社会历史发展的必然。豆沙关古镇是一个历史悠久的旅游胜地，近年来随着人们物质生活水平的提高，旅游活动越来越热，吸引了大量的国内外游客。豆沙镇未来即将打造成AAAAA级旅游景区，旅游市场定位为"抢占成都、重庆、昆明三大核心市场，拓展周边市场，辐射国内外市场"，以自驾车游客为核心，扩展市场，对接全域旅游。旅游辐射半径500千米范围是基础市场，覆盖的地理区域是四川省宜宾市，云南省昭通市，昆明市，重庆市，贵州省；旅游辐射半径1000千米范围为重点拓展市场，覆盖的地理区域为长江三角洲、珠江三角洲、京津冀和国内其他地区客户群，重点拓展区域的潜在游客群体为发达地区高收入群体，这些地区经济较为发达。旅游辐射半径1000千米以外为机会市场，这些区域涵盖了除一、二级市场以外的国内内地其他地区，日本、韩国、东南亚、中国港澳台地区、西欧、北欧、北美、澳大利亚以及其他国家和地区。大量游客引入对豆沙镇古村落传统文化产生了较大的影响，许多现代化经济对传统的文化产生了冲击。除了旅游经济活动以外，大规模的人口迁移流动不仅会对本地文化的传承产生影响，同时也会对新文化的形成产生影响，不同国家、不同地区的文化相互接触必定会产生文化的冲突与融合。

一、 基础设施建设对豆沙关古镇村落文化的冲击与融合

基础设施是一个地方经济发展的基础，人们常说"要想富，先修路"。纵观我国各个省份的经济发展水平情况可以清楚地看到，凡是经济发达的地方交通道

路基础设施都比较完善。进入一个城市,只要看它的基础设施建设就可以判断其经济水平,凡是道路越宽、天桥数量越多、结构越复杂的城市,其经济发展水平就会越高,而一座天桥都没有、道路破破烂烂的城市经济发展水平肯定落后。乡村也如此,乡村的水、电、汽、网等基础设施健全与否,也可以在一定程度上反映这个村落的经济状况。为了提升古镇的旅游经济功能,再加上 2006 年三次大地震,豆沙关古镇近年来进行了大规模的基础设施建设,主要有路域环境的整治、居民房屋外立面改造、梯步路建设、一水两污工程、人居环境提升、道路硬化、美丽乡村建设等,自 2015 年起到 2017 年第一季度,政府投资改善豆沙镇环境设施建设的重点项目就有 7 项,投资总额超过 4.7 亿元,如表 6-1 所示。

表 6-1　豆沙镇 2015~2017 年一季度改善镇村环境设施建设的重点项目

项目名称	建设方式	投资总额(万元)	用地面积(亩)	成效
路域环境整治	政府投资	100	—	环境整洁
居民房屋外立面改造	PPP	13000	—	环境整洁
梯步路建设	政府投资	400	6	道路通畅
一水两污工程	政府投资	8600	15	环境整洁
人居环境提升	政府投资	4000	—	环境整洁
道路硬化	政府投资	18000	—	道路通畅
美丽乡村建设	政府项目	3000	—	道路通畅

资料来源:云南省昭通市盐津县人民政府,2017 年 6 月。

　　一方面,基础设施建设可能直接破坏原有古建筑,道路扩建改建会占据一部分老村和老街道,部分古建筑被强制拆迁。另一方面,基础设施建设也可能会产生文化的融合。在新建古镇的过程中,为了增强古镇的历史文化底蕴,虽是新建的古镇但仍然要尽可能最大限度地模仿古建筑来建设,恢复古镇原貌,许多建筑的总体风格具有古香古色的味道,真的像一座"古镇",甚至相差无几。但是这些新盖的"古建筑"在建筑材料选用方面和传统的古建筑完全不同,原有的古建筑以土木结构为主,墙体也很少使用混凝土,屋顶有瓦片、芦苇等,而新建的古镇主要使用砖瓦和混凝土,这些建筑与城市的高楼大厦的建筑材料差别不大,因此古村落文化与现代化也存在相互融合的一面。豆沙关古镇除了镇域内部的基础设施建设以外,同时还不断加强与外界的联系,道路交通网四通八达。豆沙镇现有高速公路(G5)通向西安古都,即将规划的高速公路(乐昭高速)打通了乐山与昭通之间的障碍,为四川省游客进入豆沙关古镇提供了方便(见图 6-1)。

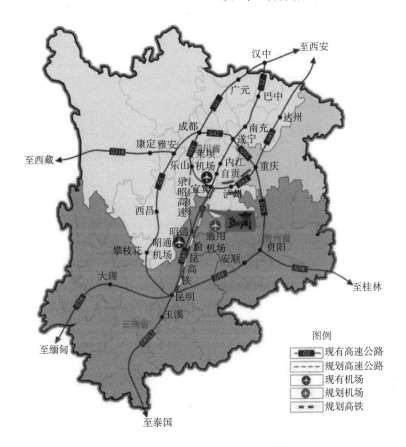

图 6-1 豆沙镇道路交通网示意图

资料来源：云南省昭通市盐津县人民政府。

目前还有很多交通正在规划和建设之中，机场和高铁也正在规划之中，这些交通基础设施的大规模建设，为国内国际游客提供了方便。大量游客的进入虽然为古镇经济发展做出了一定的贡献，但是我们也不得不承认，旅游经济活动开发必然会对古镇的传统文化产生影响。当前进入景区的很多游客人文素质比较低，在传统建筑物上乱涂乱画，在一些古建筑上经常会看到"某某某到此一游"的标记。随着社会经济的发展，人们追求的生活质量越来越高，假期旅游的人数逐年增加，许多游客进入景区对古建筑的破坏越来越严重。另外，一般景区都是禁止烟火，很多游客并不遵守景区规则，在旅游景区禁止吸烟的地方随意吸烟，烟头到处都是，许多古建筑都是传统的木结构，很容易引发火灾。类似的现象非常多，如在禁止拍照的地方随意拍照，现在手机照相功能又比较完善，几乎人人都有一部"相机"，很多游客到景区第一件事就是照相发朋友圈。这虽然在一定程度上可以提高景区知晓度，让更多的游客前来旅游，但是这是一种不文明的现象，严重违反了旅游景区的规章制度。

二、 外来游客的异地文化入侵与融合

随着国内的现代化和城市化的高速发展，尤其是党的十八大以后，对文化强国战略做出了重要部署。人们越来越关注古村落文化保护的问题，越来越多的农村向城镇靠拢。虽然发展本身是必要的，但因为此前没有做很好的文化准备，将农村特色文化大量抛弃，长期便会丧失古村落文化特色。古村落本是农耕文明留下的最大遗产，而现在却已经到了关乎生死存亡的紧急关头。几乎每年都会消失大量的古村落，面对外界如此巨大的冲击，加大对古村落的文化保护刻不容缓。中国的古村落，因为历史悠久、文化板块多样、民族众多、环境不同，所以它们形态各异，文化也呈现出丰富的多样性。古村落文化是中华文化的根基，是古村落居民在日常生活起居当中日益形成的一种文化，是伴随社会历史、自然环境、人类活动等的变迁而不断选择、成熟的一种文化。古村落作为一种在中国传统"天人合一"哲学思想指导下的人类聚居空间，文化自身丰富的内容呈现出文化多样性的差异，同时自身的魅力又能把这些差异很好地融合在一起，无不让人们赞叹这种古村落的内在和谐、融洽之美。

古村落作为独特的中国文化空间，是一种在中国传统"天人合一"哲学思想指导下，强调人与自然和谐统一的聚居空间。古村落分布较自由，大都根据地理环境和生活习惯自发形成。但在建筑选址上就有许多合理之处，如充分考虑地质、地貌、河道、光照、风向、气候、景观等方面，同时还注重协调人居环境和自然环境的关系，以构成山环水抱、藏风聚气的格局。建筑以群山为背景，增添了层次感；以水为前景，开阔了视野，将人和自然融为一体。基于地理、环境、气候的差异，古村落人们的居住也是因地制宜。北方土地广袤、山河壮美、人口稀疏、宅院朴实、布局离散，大都以四合院、胡同为主；南方多水道，院落很小，粉墙黛瓦、颜色淡雅。其中比较有代表性的有西北黄土高原的窑洞、安徽古民居的白墙青瓦、福建和广东等地的客家土楼和内蒙古的蒙古包，还有江南的园林。中国古代很早就认识到人与自然是不可分割的整体，"天人合一"是"和合"思想中重要的基本观念。古村落的人们根据地理气候条件的不同，就地取材进行家园的建设，将人和自然中的冲突很好地融合起来，展现了"和合"思想的精髓。

大多数古村落是由无数个各自为政的小家庭因血缘关系维持而形成的有机整体。一般说来，他们是一村一大姓，代代杂居生活，因而古村落的人们交往中会产生浓浓的情感。古村落大都是封闭的、向内的，折射出对外防御、对内聚合的传统心态，古村落的人纯朴、团结、有向心力。古村落的人因其特殊的环境和经历，逐渐形成了"顺天时、求地利、崇圣贤、敬祖宗"的思想传统，他们崇信"忠孝廉节"的理念，有严密周详的家训、家法、族规的制约，所以民风相当的自然、淳朴，路不拾遗、夜不闭户的生活场景也并不罕见。古村落里的人都有很强的群体感，深受中华传统美德的影响，十分注重孝道，他们尊老爱幼，制定老有所为、老有所养的族规，使老年人能幸福地安度晚年。同时，民风淳朴的古村落人们热情好客。有外人进村时，他们歌舞相迎；离开时，也是鼓乐相送。这种人与人之间的"和合"，在古村落人的一言一行中体现得淋漓尽致。

古村落文化包含着极为丰富的内容，包括物质文化、制度文化和精神文化三大层次，具体来说包括传统居住文化、饮食文化、村规民约、民俗、节庆、农耕礼仪、传统技艺等内容。这三大层次之间，物质文化层次是基础，精神文化层次是内核，制度文化层次是保障。它们既相互独立，又相互依存、制约，共同构成了一个有机联系的整体。它们"和合共生"，使古村落的文化具有传承性和创造性。不同的古村落之间还因为历史、文化、信仰的不同，各有其不同的特色节庆，比如傣族基于对水的崇拜，在节庆活动中形成了一系列水崇拜的祭祀礼仪，泼水节、赛龙舟是他们重要的节庆活动。而哈尼族对鸟等家禽崇拜，他们常常拿鸡骨头占卜凶吉。这些独特的节庆、礼仪，构成了各个古村落特有的文化根基，我们要尊重不同的文化，把存在冲突的部分融合起来，让后人更好地感受这种文化的魅力。

近年来，许多"养在深闺人未识"的古村落，随着新闻媒介的宣传与推广，逐步为人们所了解、向往，并随之兴起了古村落旅游的热潮。但与此同时也造成了许多方面的问题。比如，很多地方政府把古村落承包给旅游公司，他们跟风修建，"涂脂抹粉""画蛇添足"，建立了一个又一个豪华的乡村公园，见利忘义，破坏了原有的生态环境，使古村落中人与自然、人与人、古村落文化要素之间的"和合"被打破，古村落文化保护迫在眉睫。古村落中包含大量的物质文化遗产和非物质文化遗产，特别是1300多项国家级非遗和7000多项省市县级非遗，绝大多数都在古村落里。但随着社会的发展，人们把目光集中在古村落的经济建设、旅游开发上，很少考虑古村落的文化保护问题。现如今，古村落的原始性及其所附有的文化都在逐渐消解，保护古村落文化刻不容缓。现在中国古村落的开发大都是完全的商业化模式，即"政府主导、企业运作、村民参与"的三方合作模式，使那些最具乡土特色和旅游价值的历史遗迹、风土民情、古宅院落、民歌民调等资源，几乎都由一只或几只外来之手操控，他们像争夺矿产、石油、水力资源一样争夺着古村落。中国民间文艺家协会主席冯骥才不久前谈到，古村落现在空前地进入了一个消亡的加速期，商机和不良政绩是加速消亡的主要症结。古村落的经济开发不是遵从文化规律而是从眼前的功利出发，将其"涂脂抹粉"，改造得面目全非，有的甚至为了迎合游客喜好，把真古村落搞成假古村落，或是一举荡平建成了一个豪华的乡村公园。

古村落环境本身就有脆弱性，随着旅游业的开发，尤其是一些地方唯利是图的商人们的过度开发，会对古村落的自然生态环境造成诸多破坏。皖南的一些古村落就出现了因为乱砍树木造成的山体植被减少、水土流失、古村落的水系萎缩、部分巷道青石板年久失修、排水出现问题、垃圾侵蚀等一系列的问题。还有一些村民为了经济收入不惜将自己的祖居建为餐馆、旅店。长久下去，古村落势必会失去原貌，纯粹依赖旅游带来经济效益是不可取的。

旅游开发热潮后，出现了越来越多的"空心村"，很多地方为了旅游开发的需要，将古村落居民从原来的家园中迁出来，单单保留了一座"空壳"。虽然前来观光的游客络绎不绝，但失去了居民的古村落是没有灵魂的。古村落的文化就是古村落居民的文化，是在他们的日常生活起居中不断形成的，挖掘古村落居民高尚的品质和精神，是彰显古村落魅力不可忽视的一部分，古村落居民之间的乡情、友情、亲情，正是古村落内在美的体现，而这些却常常被旅游开发者们不屑一顾。同时，在旅游开发中，古村落淳朴的民风也悄然改变着。常年研究云南古村落文化的尹绍亭教授数年前参加一次学术研讨会，谈到文化旅游时，说到了在云南早期开发的一些旅游景点中出现的一种现象——拍照收费，只要有旅客来了，苗族女人就会立刻盛装出现，并且与游客合照，每张要收取十元钱。这样赤裸裸的交易令游客们极为不快和反感。旅游开发带来强劲的商品经济冲击，古村落居民的心态也在改变着，倘若不加以重视，昔日路不拾遗、夜不闭户的淳朴、纯真，迟早会受到旅游业的负面侵蚀而消失不见。

"和合"二字最早见于甲骨文、金文之中，"和合"的"和"，指和谐、和平、祥和；"合"，指结合、融合、合作。"和合"承认多样、多元事物的差别、冲突，并不断地在事物发展过程中追求达到平衡、融合、和气，并化生出新事物。"和合"文化是中华文化的精髓，为化解人与自然、人与社会、人与人、人与心灵、文明之间五大冲突以及由此带来的危机提供了解决问题的思维方式，同样也指导着古村落文化的保护工作。在当代，运用文化生态理论去指导古村落文化保护就可以很好地调和古村落中人与自然、人与人、文化要素之间的冲突。古村落文化不能孤立、封闭地保护，而要从人、自然、社会、文化的各种变量的交互作用中研究文化产生、发展的规律。美国学者斯图尔德提出了文化生态学的概念，指出它主要是从人类生存的整个自然环境和社会环境中的各种因素交互作用研究文化产生、发展、变异规律的一种学说。斯图尔德认为，要全面地考虑人口、居住模式、亲属关系结构、土地占有形式及使用制度、技术等文化因素与环境的联系，将这些因素联系在一起进行整合研究，探讨环境诸因素在文化发展中的作用和地位。他的学生萨林斯和塞维斯在合著的《文化与进化》中对文化生态学下了定义："文化生态学应包括各文化之间的关系、超肌体的环境和居住地的自然特征。"从中不难看出文化与环境、社会、自然之间紧密的关系。古村落文化保护本身就是"活态"的保护，讲究"人地共荣"，不能搞大拆大建，为了迎合旅客需要去设立人为景点，建成豪华的乡村公园；也不要纯粹的"涂脂抹粉"，只在房子外面刷层白灰，就认为可以一白遮百丑，搞"面子工程"。古村落的文化底蕴只有在当地人的精心呵护下才能显出它的魅力与个性。要按照当地的传统节庆、风俗习惯开展民俗活动。

文化生态理论强调古村落文化的就地保护、原住民保护，即要求当地村民自发、自觉地保护。这样的文化保护，不仅仅是指要在文化的原生地进行保护，更重要的是强调当地民众的积极参与、自力更生和自我主导。只有实现当地民众的参与和自主，才是有效保护和可持续发展的保障。"人"是古村落的一个重要元素，"空心村"是对古村落文化的破坏。只有古村落的人住在古村落里，才是最好的保护，才能留住古村落的灵魂。我们在古村落文化的保护过程中，要处理好古村落各文化要素、人与人、人与自然之间的矛盾和冲突，用"和合"的思维方式去解决这些问题。用文化生态理论指导古村落文化的保护工作，协调好古村落文化与旅游的冲突，把古村落文化多样性的保护与传承落到实处。古村落文化的保护要着眼于未来，帮助我们保留一切有关的文化记忆的原生态，见证文化的延续和继承。

豆沙关古镇旅游资源非常丰富，既有历史悠久的人文资源，也有风景秀丽的自然资源。著名的石门关、摩崖石刻、僰人悬棺、观音阁等旅游景点闻名于世（见表6-2）。旅游活动对振兴古镇经济发挥了重要的带动作用，人类学、社会学、民俗学等学者对传统地域的旅游开发进行了大量的研究。他们一致认为，虽然旅游是发展地区经济、解决人口贫困问题的有效途径，但是旅游业的过度开发也不可避免地对传统古村落文化产生明显的副作用，诸如传统文化的商业性、传统文化衰退等。①

表6-2 豆沙关古镇旅游资源分类

景点名称	资源分类	类型	类别
石门关	人文旅游资源	古建筑	楼台亭阁
摩崖石刻	人文旅游资源	古建筑	石碑
僰人悬棺	人文旅游资源	文化遗址	古人遗址
豆沙关古镇	人文旅游资源	城镇风貌、纪念地	纪念地景观
僰人风情园	人文旅游资源	民俗风情	民族风情
古今五道	人文旅游资源	交通遗址	古代工程
观音阁	人文旅游资源	古建筑	寺庙
天外飞泉	自然旅游资源	水文风景资源	瀑布

资料来源：笔者根据实地调查资料整理，调查时间为2017年8月。

随着社会经济的快速发展，人们的生活水平和生活质量出现了大幅度提升，在满足了物质需求以后，追求精神文化满足的需求越发旺盛，旅游成为一种高级的精神享受活动。在旅游热潮的推动下，特别是在人们厌倦了高强度的生活压力和城市快节奏生活的驱使下，宁静、别具风格的田园生活成了许多人的向往，在工作之余到一些古村古镇游玩，体验一下古色古香的风土民情备受旅游者的青睐，因此古村落旅游也开始热起来。豆沙镇蕴藏着丰富的旅游资源、生物资源和矿产资源。旅游资源有云南省省级风景名胜区长胜溶洞、老黎山原始森林自然保护区等；生物资源有松茸、鸡枞、蕨菜、大竹笋、罗汉笋、甜竹笋、刺尖、山鸡、黄柏、杜仲、天麻等；矿产资源有无烟煤、铜、银、铁、硫黄等。目前，全镇拥有零售摊点220余个、特色餐饮酒店38家、特色旅游文化商品店11家、AAA级风景区1个、三星级宾馆1家、普通宾馆16家，旅游从业人员达1000余人，乡村旅游致富带头人已达50人，乡村旅游年收入超过1000万元。自2008

---

① 张松. 文化生态的区域性保护策略探讨——以徽州文化生态保护实验区为例 [J]. 同济大学学报（社会科学版），2009（3）：27-35.

年开关迎客以来，豆沙关古镇已累计接待游客近400万人次，实现旅游综合收入近2.7亿元。旅游可以为地方经济创造收入，但是也会对传统文化产生冲击。尤其是发达地区的外来游客进入古村落旅游景区，带来新的城市文化，冲击着豆沙关古镇的传统价值观念、社会习俗和生产生活方式。旅游经济兴起以后，大量的学者开始关注旅游对地域文化、地方社区的影响。把古镇村落文化包装成一件商品，对于政府来说是一件很简单的事情，也许只需要花费几分钟的时间，但是这种做法很有可能将积淀了几千年的豆沙关历史文化毁于一旦。豆沙关古镇的传统文化产品已经被大量的西式风格旅游产品取代。豆沙镇的民族舞蹈表演也经常按照旅游者对舞蹈的"前理解"进行调整，因而导致豆沙镇的民族文化出现了商品化的特征，目前很多旅游产品已经被包装和出售，导致了古镇文化的土崩瓦解。古镇居民不断接受外来游客的文化刺激，久而久之就会对本地的传统文化产生疑问，从而不利于古镇传统文化的保护。从民族的角度来看，旅游经济兴起，还会对民族文化产生消极影响，这主要表现为不同民族文化的同化现象，更为严重的是造成民族文化价值观的遗失。

虽然游客进入古镇对传统文化产生了较大的负面影响已基本达成了共识，但旅游开发对传统地域文化不仅只有负面影响，也有积极的影响，有利于促进不同地域文化的相互融合。旅游业的发展可以促进旅游者与目的地居民之间的文化互动和交流，在文化交流过程中，旅游活动起到传播文化的媒介作用，而且这种交流是不平衡的，在文化价值上具有明显的倾向性，旅游业开发与传统地域文化保护之间存在正向的互动作用，但是旅游开发要适度，不能过度开发。旅游业的适度开发，不仅有利于文化的保护，而且可以强化社区居民的自我意识，增强社区的认同感，促进传统文化的长期延续。豆沙关古镇旅游业开发与民族文化保护具有良性互动的关系，通过对占镇村落文化的保护，可以增加旅游资源的吸引力，依托文化资源开发旅游活动，有助于传统民族文化的保护。

古村落旅游是一项新兴的怀旧产业，正在全国范围内蓬勃发展。但古村落作为一种具有特殊景观形态和文化内涵的乡村人文景观，其资源具有稀缺性特点。近年来，以访古探幽为主要目的的古村落旅游随着乡村旅游的兴起而逐渐兴起，成为旅游市场中的一朵奇葩。我国古村落数量多、分布地域广、历史文化价值高，古朴的民俗民风与美丽如画的乡村田园风光交织在一起，表现出独特的旅游观赏价值。从旅游的角度来看，古村落的景观无疑是一种不可多得、内涵丰富、能较好满足当代都市人景观需求的人文旅游资源。古村落是存在于中尺度地理空间上的一种特殊景观，它是由历史遗留下来的古民居建筑群、艺术表现、自然环境、人类活动以及一种抽象的文化内涵、风格、古韵氛围等组成的综合景观体。从旅游开发的角度来看，古村落的旅游价值主要体现在以下几个方面：

（1）重要的历史价值。古村落是一种历史文化资源，代表人类生活的一个历史阶段、一种类型，是历史文化信息的物质载体，集中体现了我国古代乡村的封建思想、宗法制度和族权观念，是我国古代自然村落封建社会的缩影和人类社会发展过程的一个历史见证。它一般都较完整地保留了某一时代或几个时期的历史风貌，是历史发展进程中不同文化时期人类对自然环境改造的记录，具有重要的历史文化价值。

（2）独特的建筑风貌。古村落是一种特殊的乡村文化景观，是当时的历史条件和生产关系下的产物，在空间形态和构景方面独具风格，与现代村落景观有巨大的差异。它们大多选址独特，因地制宜，青山绿水，组景合理，建筑风格古朴典雅，富有地方特色。古民居建筑群在建筑外观、内部建筑结构和艺术装饰上，也与现代民居有很大的差别。古村落的传统建筑较之于极重礼制的历代官式建筑，在适应地理环境和当地风土人情习俗、满足生存需要诸方面也显示出无比的机巧智慧，极富灵动之气。这些都是游客乃至各类研究人员倍感兴趣的。

（3）特有的古韵氛围。文化景观、自然环境、人类活动等组成了古村落一种特有的古文化氛围。这种古韵氛围是古村落旅游产品中十分独特和宝贵的组成部分，是古村落旅游的重要依托。由于文化的差异及自然环境的不同，现存的中国古村落有着千姿百态的景观特征，亦即各地的古村落都有着自己独特的景观意象和文化表征。

（4）深厚的文化积淀。古村落的价值不仅仅是古老建筑本身，更是其中的文化内涵。尤其是那些不表现在外的，由思想、态度、价值观和民风民情等构成的"隐在文化"。如凝结于古村落生态景观中的核心内容是古代"天人合一"的建筑理念和风水观念，所以古人对居住地的选择十分讲究人与环境的协调共荣，所选地址自然环境都十分优美。然而，古村落作为旅游资源来开发利用也表现出明显的脆弱性，即它的不可再生性。古民居是一种不能再生的孑遗物质，一旦被破坏，便不复存在。虽然可以仿造，但不能再造，而且仿古、做旧出来的古建筑永远与历史遗留下来的古迹本身存在着客观上的巨大差距。所以在古村落的旅游开发过程中，需要以科学理性的态度为指导，确保古村落旅游的可持续发展。

古村落独特的景观价值、文化价值及其环境布局理念，注定了它"是金子总会发光的"。随着社会经济的发展、人民生活水平的提高，古村落旅游这项新兴的怀旧产业得到迅速发展，成为现代都市人青睐的旅游方式之一，一时间各地争相开发各类古村落旅游资源。近几年来，仅在我国南方各省相继开发或正在开发的古村落就不胜枚举，如安徽的西递、宏村，江苏的同里、周庄，广东和福建的客家土楼围屋，江西的婺源、安义、流坑、陂古村、龙南围屋等。但是，在热热闹闹的古村落旅游发展过程中也存在着不少问题。随着城市化进程的加快，古村落的数量和分布越来越少，资源的稀缺性日益凸显，如果这些问题不解决，古村落旅游最终将涸泽而渔。下面几个问题尤其令人忧虑：

一是自然性破坏。主要是风雨侵蚀和洪水、泥石流、地震、台风等自然力的破坏。古村落建筑的土木结构抗风雨侵袭及抗灾能力差，众多已无人居住的名宅、祠堂面临着倒塌的危险；原有的里巷、民宅、地貌、水系、植被缺乏必要的保护，其历史特征和传统文化风貌也将很快消失殆尽。

二是开发性破坏。古村落的孑遗性和不可再生性既是它极富吸引力的一面，也是其脆弱的一面。古村落经历了几百年乃至上千年的盛衰，许多建筑物本已十分陈旧、残破，而游人的大量涌入更加速了它的损耗以至破坏。个别村镇为了追求短期经济回报，用"经济"的眼光指挥一切。为了接纳更多的游人，迎合一部分人的低级趣味，把古村落变成度假村，不适宜地在古村落内外修建宽阔的柏油马路乃至水泥路面、宏大的停车场、富丽堂皇的宾馆饭店及现代化娱乐设施，昔日宁静、美丽、古朴的小村如今变成了喧闹而杂乱的建筑工地。有的古建筑修复或仿制得极为粗糙，形似神不似，甚至是不伦不类，与原有建筑极不协调，破坏了古村原有的意境和纯朴。

三是生活性破坏。由于社会的进步，居民的生活观念与生活方式发生改变，原有的基础设施、居室格局与居住环境已不能满足日益增长的现代生活需要，也不适应现代产业经济发展的需要。古村落里的居民，尤其是年青一代，向往现代化的城市生活方式，有了点积蓄之后便头车盖房。殊不知现代交通工具的使用给古村落原生道路和桥梁带来了极大的压力，而古村落居民自发的建筑整修所使用的新的建筑材料，也割断了传统风貌的延续。再者，随着旅游业的发展、旅游者的涌入，以及异质文化、思想、生活习俗的引入，古村落传统的民族文化、风情民俗也逐渐被同化、冲淡或消失。

目前，我国古村落旅游发展方兴未艾，开发实践远远走在了理论研究的前面。要实现古村落旅游的可持续发展，就要处理好发展和保护两者之间的关系。而如何保护古村落这一日益被看好的人文旅游资源，使之能够可持续地开发利用，是摆在人们面前的一个重要课题。作为引玉之砖，这里谈几点建议：

一是政府主导，规划先行，避免盲目化。古村落旅游起步晚，各地发展不平衡，因此各级政府要坚持"多予少取放活"的方针，加大政府导向性投入。古村落旅游又是一个系统工程，规划必须先行。为避免陷入新一轮"保护性破坏"的旋涡中，政府必须发挥其主导作用，组织专家为古村落旅游把脉，对古村落旅游景点实行区域化布局和差异化规划设计。同时，任何一种资源的开发都会对原先的状态造成变化或破坏。变是绝对的，不变是相对的，关键是在发展中如何保护当地独特的自然环境与文化遗产，这是乡村旅游可持续发展的核心问题。因此，在规划中，我们必须遵循整体保护原则，坚持有机更新，保持古村落的历史可读性。

二是突出特色，保护原真，避免城镇化。如今消费者对旅游的需求更趋于个性化和多样化。发展古村落旅游就是要保留本地特色，保护古村落历史文化的原真性，不能盲目地跟风。拆除一些不协调建筑，恢复古村落的原生环境，保持它的历史可读性以及它的"原汁原味"和历史沧桑感，保持村寨的原始风貌以及当地居民仍有的传统社会风尚、纯朴厚道的自然秉性，真正体现"人住农家院，享受田园乐"，才是成功的古村落旅游开发。

三是规范管理，塑造品牌，避免程式化。目前以古村落为资源凭借开发的旅游产品存在着一个共同的问题，即"娱乐性不足，参与性不强"。为了弥补这方面的缺陷，各地纷纷开发了"农家乐"旅游项目，虽说该项目对旅游者有些吸引力，但毕竟是"小儿科"的东西，且该产品的专营性不强，各地竞相效仿，产品已做得太滥，失去了吸引力。如何进行产品创新，走内涵式可持续发展道路，是古村落旅游开发的一个重要问题。在开发策略上，各地应根据所处的地理区位，依托各自的资源优势，确立不同的开发思路，通过采取切实有效的举措，来规范管理、打造精品、塑造品牌，走可持续发展的道路，古村落旅游才不会是昙花一现。

四是注重和谐、传承文化，避免过度现代化。遵循景观美学原则，注重人文与自然的和谐融合，传承传统民族民俗文化，严格控制开发性建设。为了保持古村落的景观价值和文化价值，在古村落内不应建设新的旅游设施，哪怕是完全与原有建筑保持一致，也应当尽量避免。这是因为古村落是一个历史遗产，破坏了原汁原味，就大大损毁了它的特色和文化价值。古村落周边影响景观和谐的服务设施也是越少越好，对游览道路系统和少量的必不可少的服务设施要做好规划。如果没有科学的规划和管理，盲目地开发只能加速其生命力的消亡。

五是协调冲突，加大参与，提高古村落居民的生活质量。现在许多地区的旅游开发策略，往往把居住在古村落的居民看作是过去时代的图画，一种纯洁、原始、静止不变的文化。旅游开发者似乎认为"过去"就意味着传统、真实，于是便与古村居民要求提高生活质量的要求发生冲突，大批原居民搬离古村。其实，当地人是当地文化的传承者，离开了其中居民的活动，古村落的特色和生命力也就无所依附了，古村里没有了人与人、人与景的融会贯通，古村落的"古意"也将荡然无存。所以，要把改善古村居民的生活条件，提高古村居民的社会经济利益放在第一步。尊重当地居民的意愿，保护他们的利益，调动居民参与保护性开发的积极性，修复古村古建筑。总之，可持续发展在很大程度上是由各利益主体的意愿决定的，因此只有在各利益主体紧密合作的条件下才能实现目标。

六是保持传统氛围，控制游人密度，平衡古村落环境承载力。环境承载力或称环境容量、环境忍耐力，本是一个生态学概念，引用到旅游和景观资源管理中，就是指某一风景区的环境在一定时间内维持一定水准给旅游者使用而不会破坏环境或影响游客游憩体验的开发强度。作为人文旅游资源的古村镇，当其成为著名旅游景点时，其旅游者数量控制更显重要。很明显，若古村镇的小巷里挤满了游人，小巷的幽静就荡然无存了，而且游人太多对文物的破坏也很明显，因而应适当控制游人数量和景点的游人密度。如不能适当控制游人即时流量和著名景点的游人密度，这些景区景点的旅游潜力将大受破坏，那时再谈保护就比较困难了，对游人的吸引力也大为减弱，古村镇的可持续开发利用也就失去了根基。

古村落环境容量的特殊性还在于，对一般风景区而言，可以通过增加投资多建一些宾馆饭店容纳更多的游人，也可以通过多开辟登山道，或扩大空间利用率，以提高环境容量，一般不会影响人们的体验，但古村落大大不同，即使建一些与原有建筑相协调的建筑也会破坏其古意。总之，我国古村落景观价值和文化价值的可持续开发利用还任重道远，机遇与挑战并存、危机和生机共在，需要多方面的合作，这不仅是古村镇负责人应关心的事，更需要全社会的共同努力。作为一种新的旅游方式，古村落旅游在中国得到了迅速的发展，虽然也曾出现了这样或者那样的问题，但是我们坚信这种旅游方式在未来将有更加广阔的发展空间。

下面通过对盐津豆沙关旅游市场现状的分析，试图找出盐津豆沙关旅游发展的优势、劣势、机会和威胁，构建 SWOT 矩阵，得出相应的旅游营销策略组合，并总结出有助于盐津豆沙关的旅游营销对策。

豆沙关古镇位于盐津县西南 15 千米，有 213 国道从旁经过，为四川进入云南的交通要道，是秦开五尺道后 2000 多年来在历代的修筑和拓宽驿道基础上建立而形成的。现今存留完整的五尺道，是著名的滇川要道，是北上中原、南下交趾、西去天竺、东连夜郎的古道交通线。豆沙关著名古迹有五尺道、僰人悬棺、唐袁滋摩崖。秦开五尺道以来，这里就成为中原与云南政治、经济和文化交流的枢纽，南方丝绸之路的要冲。公元794年，唐朝派御史中丞袁滋赴云南册封异牟为南诏王，经此留下的著名文物"唐袁滋题记摩崖"已被列入国家级重点保护文物，属云南省100个爱国主义教育基地之一，俗称"唐碑"。唐摩崖记录了川、滇交通的开发源流。摩崖在南宋王象之《舆地纪胜·卑目》中就有"在石门关袁滋篆"的记载；明人曹学佺在《蜀中广记》中亦有记载。清光绪元年（公元1875年），昭通人谢秀山赴京会试（后中进士）路过此地，写了一首五言长诗，详记原委，并摹帖拓片，中华人民共和国成立后的1965年，云南省政府将其列为省级重点文物，1988年1月13日，国务院以"国发〔1988〕5号"文件通知，将其公布为国家级重点文物保护单位，并建亭保护，名曰"唐碑亭"。

云南昭通盐津豆沙关旅游资源的SWOT分析如下（见图6-2）：

内部环境	优势（S）： 1. 地理气候条件特殊 2. 区位交通优势明显 3. 自然资源比较丰富 4. 民族文化底蕴厚重 5. 旅游资源独具优势 6. 外部环境得天独厚	机会（O）： 1. 政府对旅游的高度重视 2. 旅游市场巨大 3. 互联网技术的应用	外部环境
	劣势（W）： 1. 基础设施仍不完善 2. 景区景点旅游接待水平低 3. 旅游开发技术、资金短缺 4. 乡村旅游资源开发缺乏科学和规范化管理 5. 旅游管理机构人员不足，旅游专业人才短缺	威胁（T）： 1. 旅游资源代替性较强 2. 旅游资源重复，特色不突出 3. 豆沙关经济发展滞后	

图6-2　豆沙关旅游营销的 SWOT 矩阵分析

（1）豆沙关旅游营销的优势分析。①地理气候条件特殊。盐津县境内地势起伏较大，山势以高中山为主，呈南高北低状，地形险峻，山势陡峭，重峦叠嶂，沟壑纵横。最高海拔2263米，最低海拔330米，平均海拔1160米，县城所在地海拔464米。山地立体气候明显，夏季炎热，冬季湿润、偏暖。年均气温17℃，降雨量1226.2毫米，日照966小时，无霜期328天。特殊的地理环境形成了"一山有四季，十里不同天"的山地气候。②区位交通优势明显。盐津县位于云南省东北部，四川盆地西南边缘，地处滇、川、黔、渝的腹心地带。东北与四川筠连、高县、宜宾三县接壤；南连彝良；西与大关、永善、绥江三县毗邻；北与水富县连接。县城距宜宾市、昭通市140多千米，距昆明市、成都市、重庆市500多千米。而今境内已基本形成三纵三横的交通骨架网络，内昆铁路、昆水公路、水麻高速公路纵贯县境70余千米。此外，这里还是长江经济带、攀西—六盘水经济区、赤水河经济区、长江经济带的重要组成部分，是国家重点工程溪洛渡、向家坝电站建设的前沿。③自然资源比较丰富。特殊的地理条件，使盐津山上有资源、地下有矿藏、沟里有能源，是一块亟待开发的宝地。矿产资源有无烟煤、铁、铜、硫、石灰石、石英砂、方解石，其中无烟煤储量约6.5亿吨，石灰石储量达100亿吨以上；水资源总量达17.83亿立方米，水能蕴藏量65万千瓦。农业资源主要有茶叶、蚕桑、五倍子、竹子、乌骨鸡，"苗岭碧芽""靓颜苦丁茶"等名优茶品牌和"天林"牌系列高纯度单宁酸分别荣获国内外金奖、银奖并被评为质量信得过产品；尤其是盐津乌骨鸡因营养价值和药用价值超过江西泰和乌鸡，享有"肉之首、药之冠"的盛名，是一项极具开发价值的特色产业。生态环境保护较好，目前全县植被覆盖率达到53.7%，森林覆盖率达41.8%。④民族文化底蕴厚重。自秦开五尺道以来，盐津随之演变为"南方丝绸之路"的重镇。县城所在地早在清朝时就发展成为滇东北与四川西南接合部的政治、军事、文化重镇和物资集散地。长久的商贸过往、人员交流，促使中原文化、荆楚文化、夜郎文化、巴蜀文化与滇中文化在此交汇融合，形成了独具特色的朱提文化，即"三川半"文化。⑤旅游资源独具优势。人文资源有国家级文物保护单位唐袁滋题记摩崖，千古之谜的僰人悬棺，历史悠久的秦开五尺道，造型别致的东汉岩墓群，维修复原的隋代古城堡，规模宏大的宋代乌蒙王墓，史料价值极高的明代摩崖、马湖府界碑，内涵丰富的清代观音阁牌楼、三官塔、李兰起义军起义战场遗址、天主教堂、真武山寺庙、文家牌坊，历史悠久的豆沙关古镇，别具风格的盐津县城，沿朱提江岸巧布的五尺道、水道、公路、铁路等古今四道风景线和吊桥、索道、渡船、木筏。自然资源有雄奇险峻的豆沙石门关，巍峨挺拔的万古老黎山，壁立千仞的新华白岩壁，群峰竞秀的龙茶铁排山，栩栩如生的高桥大鹰山，百峦列阵的水田乱山子，林木丰茂的周边朝天马、罗汉坝、大堡鼎、白老林大片原始森林；可与三峡媲美的朱提江峡谷，娟秀清澈的柿子白水江，宽大幽深的三河地下河，奇秀神迷的柿子三股水瀑布，多姿多彩的雷家岩瀑布群，神秘莫测的正沟喊泉，天然美容的朱提江峡谷蒸气浴；气势雄伟的小洞天生桥，千姿百态的长胜、石门、莲花洞、穿洞子溶洞，富有灵气的椅子活石头，不可多得的老黎山观佛光、日出观景台；数多质高的国家级珍稀植物，名目繁多的高品位奇花异草。民族风情有苗族歌舞、口弦、芦笙、唢呐，享誉中外的劳作民歌打鼓草歌、僰人舞、傩戏、龙灯、狮灯、牛灯、川戏、杂技、花灯、关河号子。名人传说、遗迹有革命家、军事家朱德在津史迹、传说，天文学家陈一得先生故乡，太平天国翼王石达开在津传说，李兰起义军拜旗台及传说，清军名将吴三桂接陈圆圆路经老黎山传说。⑥外部环境得天独厚。盐津旅游资源不仅有其自身的优势，而且有得天独厚的外部条件，概括起来有地域条件、交通条件、旅资条件、机遇条件。地域上，盐津处在重庆、攀枝花、六盘水的金三角腹心地带，南连昆明大都市，北接长江经济带，在成都至畹町的旅游线上，是四面受益、八方逢缘之地；交通上，内昆铁路、昆水公路纵贯全境，巧威公路、滇川相接的盐电公路、普洱至永善溪落渡电站的主干公路横穿其境，距水富港、内宜高速公路、宜宾机场、昭通机场都在145千米范围内，十分方便；旅资上，周边滇川各县市有丰富的旅游资源，东北面有历史文化名城宜宾、长林的竹海、兴文的石林、珙县的僰人九狮城、高县李鹏委员长的故乡，南面有威信的扎西会议会址、长安溶洞、关斗山古刹，彝良有革命家罗炳辉、刘平凯纪念馆和英雄徐洪刚、孔繁松故乡，西面有文化积淀深厚的昭通市、省级风景名胜区大关黄莲河，北面有水富的温泉等。

（2）盐津豆沙关古镇旅游营销劣势分析。①基础设施仍不完善，制约盐津豆沙关古镇旅游快速发展。随着周边高速路的建设，盐津豆沙关古镇通往各景区景点的主干道将得以改善；但一些乡村旅游景区（景点）的道路状况仍然较差，交通基础设施成为制约旅游业发展的重要因素。②景区景点旅游接待水平低，影响旅游业效益的发挥。龙头景区景点的经营、服务功能不完善，旅游接待也不规范，特别是对旅游团队的接待还有较大差距。成型的高品位乡村旅游景区还没有形成，旅游产品种类、品位在国内外旅游市场上尚缺乏影响力；旅游形象建立尚不全面，对历史文化遗存等旅游文化的深层次打造和充分挖掘尚需时日。③旅游开发技术、资金短缺。盐津县乡两级财政收入困难，难以抽出大量财力进行基础设施建设，给全面开发带来困难。从总体上而言，豆沙关古镇旅游产业还处于建设阶段，市场化、产业化水平低，从景点到服务和管理机构都还处在初级阶段，还需大力扶持。④乡村旅游资源开发缺乏科学和规范化管理。独特的地理人文景观，无序开发和人为损坏现象仍然存在，如炸山采石对山体的破坏、生产生活废水对水体景观的污染等。⑤旅游管理机构人员不足，旅游专业人才短缺，尤其缺乏旅游营销专业人员。从总体上而言，盐津旅游产业还处于建设阶段，市场化、产业化水平低，从景点到服务和管理机构都还处在初级阶段，还需大力扶持。

（3）盐津豆沙关古镇旅游营销威胁分析。①旅游资源代替性较强。旅游客源市场竞争日益激烈。据统计，我国31个省份（港澳台地区除外）有24个将旅游业作为重点发展产业。其周边的峨眉山、宜宾恐龙之乡等无论是资源质量、开发规模还是知名度都远远超过豆沙关，吸引了大量的国内外游客。②旅游资源重复，特色不突出。比如古镇在云南很多地方都有，大理古城、丽江古镇等，豆沙关缺乏旅游品牌优势。③豆沙关经济发展滞后，旅游业缺乏升级。2009年上半年，盐津全县完成总收入6350万元，与去年同期相比减收902万元，下降12.4%。从2~6月财政总收入下降幅度来看有所减缓。2~6月分别下降27.8%、37.8%、26.1%、16.1%、12.4%，下降幅度减缓了25.4个百分点。完成地方一般预算收入3494万元同比下降17.3%。地方财政一般预算支出22002万元，同比增长24.5%。经济发展在云南省属于较低水平。

（4）盐津豆沙关古镇旅游营销机会分析。①政府对旅游业高度重视。盐津县委、县政府高度重视豆沙关文化旅游产业发展工作，已把豆沙关文化旅游产业纳入了"十一五"国民经济发展规划，并把旅游产业作为盐津未来五年和今后一个时期的五大重点产业之一来培育发展，提出了"关隘生态旅游县"的发展战略定位。②旅游市场潜力巨大。新的"假日经济"现象给旅游业发展带来了巨大生机，使旅游业发展进入了一个全新时代。随着国家法定假日的调整和"带薪假期"的到来，居民闲暇时间增多，再加上居民环保意识、健康意识的增强，旅游者回归自然、亲近自然的愿望越来越强烈，豆沙关旅游市场潜力十分巨大。③互联网技术的应用，便于豆沙关旅游宣传。互联网技术的广泛应用使豆沙关旅游业便在网上进行宣传，使更多的人认识豆沙关、了解豆沙关、希望探索神秘的豆沙关。

豆沙关旅游营销组合策略如下：

（1）产品策略。产品策略是旅游市场营销策略的重点，产品开发应该符合目标市场的需要。随着旅游市场需求的多样化，旅游区应开发多种旅游产品，以适应不同市场的需求。云南昭通豆沙关要在观光旅游的基础上，力求发展新兴旅游产品，如度假旅游、民族风情旅游、生态旅游、文化旅游、商务旅游与特种体育娱乐旅游等，使观光型、度假型、文化型、商务型、购物型和探险型旅游有效结合，从而达到增加旅游人数、延长逗留时间、提高人均消费水平的目的。同时，昭通市还应该在深度和广度上进行旅游产品的组合，不仅要进行不同产品之间的组合，而且在每一个组合产品中应包含不同类型、档次、特色和品种的单项旅游产品，使旅游者在一次旅行中可以享受到风格迥异、各具特色的旅游内容。依据完整性、针对性、多样性和优惠性原则，可以将豆沙关户外娱乐旅游、历史文化旅游和各种节日活动相结合，设计出各种旅游活动。

（2）价格策略。观光旅游产品为豆沙关的主打产品，而价格仍然是大宗旅游的重要影响因素，所以豆沙关首先应以较低的进入价格吸引旅游者，然后提高特种旅游产品的价格，并且运用新技术不断设计开发不同档次、种类的旅游工艺品、纪念品，刺激旅游者的购买欲望，提高旅游收入。另外，针对豆沙关旅游淡旺季特点，制定一个完整的季节性折扣政策，并推出相应的旅游产品。

（3）渠道策略。目前旅游渠道建设的重点在于旅行社销售旅游产品，另外还要在全国旅游旺季打好旅游广告。随着我国电子商务的发展，我国旅游预订网站也有较为充分的发展，可在携程网、E龙网、青旅网上做好营销渠道的计划，培训旅游企业的互联网使用技术人才，建设系统的旅游营销渠道。

（4）促销策略。豆沙关的旅游促销应随着旅游目的地发展阶段、客源市场、外界环境的变化而改变。具体而言，豆沙关旅游促销需要注意以下几点：①豆沙关旅游促销结构的优化。目前豆沙关旅游的知名度已有了很大提高，若再进行"地毯式"的旅游促销，其边际收益将大大降低，现阶段应针对潜在客源市场进行集中性促销，提高促销效率；需要以塑造品牌为主、宣传产品为辅进行促销，重点突出豆沙关旅游形象；需要以广告和事件促销为主，借助旅游中间商、媒体的"熟悉之旅"报道，进一步提高豆沙关旅游的美誉度。②注重网络促销。网络促销具有传播范围广、内容详尽、双向交流、反馈迅速等特点，随着上网用户的增多，网络促销方式将发挥越来越大的作用。可以在多个旅游网站上做促销的广告宣传，促进豆沙关旅游的发展。③注重促销效果评价。促销效果评价可以通过定期的抽样调查，调查游客获取信息的方式、豆沙关旅游的知名度等，大致了解旅游促销效果，对豆沙关旅游促销构建反馈机制。

三、"人口迁移热潮" 加速古镇传统文化失传

人口迁移流动的影响是巨大、深远和多方面的。从人口本身素质的发展上

看，迁移流动在促进了民族交流的同时，还改进了民族的基因，提高了人口的身体素质，对民族的进步和发展有积极的意义。从人口分布上看，使人口重新合理分布，有利于人口发展，也有利于土地的合理开发和利用，以及经济的发展、社会的进步等。在文化传播的各种媒介中，人口迁移流动是最重要、最基本的，特别在文化的传播过程中其作用更大。人口在空间上的迁移流动，实质上也是人们所负载的文化在空间上的流动。所以说，人口的迁移流动实质上也是文化的迁移流动。人口的迁移流动促进了社会的发展，传播了先进的农业生产技术和手工业技术，提高了生产效益，使经济得到发展，传播了语言、文字、宗教、建筑、艺术等各种文化，提高了人们的生活水平与质量。从民俗文化上看，人口迁移流动促进了各民族之间相互学习借鉴，从而使各自的思想观念、生活饮食、风俗习惯等发生了变化，又形成了一种新的进步的思想观念和文化。一方面，人口迁移流动对新文化形成的影响，最典型、最显著的是对迁入地新文化形成的影响。不同文化类型的交流使各种文化形态增生出许多新的文化因子，促进文化的改组和新文化诞生。文化动力的外源因素在许多情况下，不仅仅是不同文化类型的交流，而且包括外来文化的猛烈冲击。虽然外来文化不一定是当时的先进文化，但往往会以一种清新、奇异的文化，打破那种陈旧、僵固的文化旧格局。外来文化这种打破旧格局、创造新格局、催生新文化的功能，是文化发展的重要动力之一。作为不同文化主体的人口的迁移流动是导致不同文化类型交流的基本原因之一。特别是来自不同地区、拥有不同文化的人口集中前往一个地区，人口迁移流动对迁入地新文化形成将产生重要影响。另一方面，是人口迁移流动对迁出地新文化形成的影响。人口迁移流动对迁出地新文化形成的影响虽然没有对迁入地那样明显，但其影响仍然是客观存在的。从国内人口迁移流动来看，比较典型的是，农村大量农民工外出务工经商形成的"留守文化"。农村大量青壮年进城务工经商，留守在农村的多数是妇女、儿童和老人，有人形象地比喻为"38·61·99"部队，产生了典型的"留守文化"。

城市化也叫城镇化、都市化，是由以农业为主的传统乡村社会向以工业和服务业为主的现代城市社会以及信息化社会逐渐转变的历史过程，具体包括人口职业的转变、产业结构的转变、土地及地域空间的变化。城市化是史上时间最长、人数最多、范围最广的人口迁移流动。城市化条件下人口文化的发展与变化主要受到两大方面的影响：第一方面是人口城市化彻底改变了传统的人口结构和人口分布，人口高度集中于城市。第二方面是现代社会信息与文化的传播方式已发生根本变化，通信、网络、电视等改变了人们的生活方式、生活观念；发达的现代交通让人们更容易接触和沟通。通信、网络把世界的每个角落紧紧相连，而电影、电视、书报刊物等，每传递一个信息、一个节目，很可能就是在传播一个文化。现代媒介的传播方式从根本上改变了传统的依靠人口的迁移流动、人与人的接触、口口相传来传播文化的模式，形成了现代媒介传播与现代人口迁移流动共同影响和完成人口文化传播的局面。并且，现代媒介传播人口文化的广泛度、深远度以及持续度已远远超过了迁移流动带来的文化传播方式。随着社会的发展变迁，人口迁移流动作为文化传播媒介的作用程度和形式可能会有所变化，但仍然不能忽视。人口迁移流动对文化传播的影响是无可替代的，也可以说是永恒的。

近年来，经济相对落后的古村落中大部分年轻力壮的青壮年劳动力纷纷外出打工，春节过后村里仅留下一些老弱病残和未成年孩子，许多农村留守儿童就交给了祖辈看护照顾。但祖辈平时有自己的农务，又要关心孩子的生活起居，没有多少余暇顾及孩子的成长教育问题，尤其对于学龄前儿童来说，祖辈与其年龄差距太大、空闲时间太少，很难真正开展传统文化教育，从而导致许多古村落的孩子缺乏对本民族、本村落文化的认同感。所以，针对青少年的传统民俗与乡土文化教育非常重要，尤其是从前在村落中热火朝天的传统节日，是青少年认识本民族传统特色文化、风俗的重要途径。但如今，由于古村落空心化比较严重，所以许多传统节庆活动都已经不再热闹，甚至数年才由族长牵头组织。相反，在外来文化的影响下，许多农村孩子反而对情人节、圣诞节、万圣节、感恩节等西方国家的节庆文化知之甚详，这不得不说是一种传统民俗失落的遗憾，更是一个民族传统习俗的悲哀。尽管我国自2006年起设立了国家文化遗产日，意在帮助青少年更好地了解本国、本民族的传统文化，但对于草根色彩浓厚、更需要自发传承的村落文化来说，仅凭一个节日的设置显然无法实现教育青少年、传承古村落文化的目的。

人口迁移流动有助于促进迁入地和迁出地文化的交流和融合，但也有可能导致城市与乡村文化之间的冲突。农民工进入城市以后，能否适应流入地城市的新文化对其自身的身心发展具有重要的影响。在跨国人口迁移研究中，移民的文化适应被认为是影响移民心理健康的主要因素，该研究发现与结论对国内的农民工同样适用。[①] 以多样性、开放性和创新性为特征的城市现代文化与相对保守、封闭和落后的农村传统文化形成鲜明对比，农民工进城后面临着思维方式、价值观念、风俗习惯等方面的巨大差异，如果农民工不能有效地应对文化适应压力，及时进行心态调

---

① 程菲，李树苗，悦中山. 文化适应对新老农民工心理健康的影响 [J]. 城市问题，2015 (6): 95-103.

整和行为调节，就有可能产生严重的心理问题。农民工进入城市首先遇到的是城市文化的适应。这意味着可能放弃原有的农村古村落文化，许多农村场域下的生活习俗在城市可能不适用。农民工进入城市以后，可能遇到的问题是城市文化的返乡传播，人口外出一段时间返回农村，城市文化也会随之被传播到农村地区，因此促进了农村地区思想观念、生活方式、制度文化的城市化。古村落文化通过农村人口外出→返乡→再外出→再返乡……如此一代一代的人口延续流动，更新了农村的传统文化（见图6-3）。

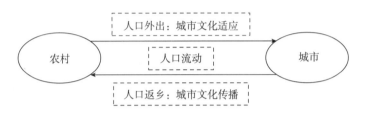

图6-3　人口流动与古镇文化更新过程

　　人口流动速度越快，古镇传统文化更新速度相应地也越快；古镇流动人口数量越多，文化传播影响范围越广；流动人口外出时间越长，文化影响越根深蒂固、越持久。人口迁移流动不仅促进城乡文化交融，也在一定程度上带来了古村落文化的冲突。最为明显的是农村的家庭养老问题。在中国，不论农村还是城市，也不论古代还是现代，人们历来重视传统文化中的孝文化，尤其是在一些典型的农村地区，这种观念非常强烈，老人只能依靠自己的子女来赡养，而且还主要是依靠自己的儿子来赡养，女儿对于父母来说就是"泼出去的水"，她们嫁到婆家后需要赡养丈夫的父母。日前，在许多农村地区也建有老年公寓集中养老，但是这种养老方式在农村地区很难彻底实行。农村青壮年劳动力外出以后，村里只留守着一些老人和孩子，农村养老遇到了问题，老年人不仅自身没有人照顾，而且要承担一部分家庭劳务负担，照顾孙子、孙女。针对这个问题，年轻人觉得自己外出以后可以出一部分钱把父母送到养老院、老年公寓集中养老，他们觉得在城市进养老院养老很常见，而且只有具备一定经济能力的家庭才能够把老人送去养老院，但是这种行为很多老年人是不能够理解的，传统的观念认为只有那些没有儿子的老人才会进养老院，认为进养老院养老是一种耻辱，是非常没有面子的事情，因此产生了传统观念与现代文化之间的冲突。

　　人口流动对古镇村落文化的冲击，除了养老还有青年人的择偶行为。婚姻是人类社会的一项重要的制度，是每个人必经的生命历程，男大当婚女大当嫁是不可避开的话题。青年人到了一定的年龄都要考虑结婚生子，但是婚姻不仅是两个单个个体之间的私事，同时也是两个个体背后的家庭亲属关系网络的联合。什么时候结婚、选择什么样的人结婚、怎么结婚等一系列的择偶观念、择偶标准等，虽说婚姻由当事人自己做主，但是我们每一个人在结婚过程中每一个环节或多或少也都会受到父母和其他长辈的干扰，父母没有决定权但也有参与权。随着流动人口的代际更替，老年人口逐渐退出流动舞台，而年青一代逐渐替补进去，成为新生代的流动人口，而这些新生代的流动人口大多还没有结婚，他们结婚和外出打拼事业刚好碰撞到了一起，使很多年轻人在流动过程中结识恋爱对象，相互认识以后开始考虑结婚。受城市文化影响已久的年轻人的择偶观念、择偶行为更趋近城市青年人的择偶行为，现在农村地区也开始流行在酒店里举办婚礼的现象，但是这种现象与上一代的老年人婚姻观念格格不入。老年人认为在酒店结婚只有一顿饭就简单地结束，虽然省去了很多琐碎的环节，也不用操太多心，只要给酒店钱就可以把每一个细节安排得有条不紊，但这在许多老年人看来并不是一件好事。因为在酒店举办婚礼虽然方便，但是没有结婚的气氛，酒宴一散亲朋好友都回家了，回家后冷冷清清的，一点也不热闹。在家里举办酒席不一样，可以把整个村里的人请来帮忙，而且酒席持续的时间更久，更有结婚的气氛。但是年轻人就不这么认为，他们受城市快节奏生活方式的影响，觉得越简单越好，甚至有的连酒席都免了，只通过法律登记结婚就可以，有的更是奉子成婚。还有，农村人口外出打工以后在外地择偶，跨省的异地通婚是当前许多青年流动人口的主要择偶形式，来自全国不同省份的青年流动人口在城市打工、相互结识、恋爱、结婚，美好的恋爱并不一定带来幸福的婚姻，青年流动人口恋爱并考虑结婚的时候，把对象带回家却通常得不到家人的同意和祝福，农村的传统婚姻观中的理想通婚半径是邻村，大家相互知根知底，以后婚姻才有保障，认为这种大范围的跨省异地通婚容易产生骗婚。跨省异地通婚与农村老年人的择偶半径产生了冲突，于是很多青年人口被棒打鸳鸯，大家只能不辞而别，或者是一气之下带着恋爱对象私奔，更为严重的还会产生家庭矛盾和家庭暴力。这一系列的择偶问题都是人口迁移流动对村落传统文化产生的冲击，如果不能处理好传统与现代之间的隔阂，就可能带来家庭与社会的不和谐。

传统村落普遍面临空心化问题。传统村落空心化是我国农村经济发展到一定阶段产生的社会现象，改革开放以来，城镇化进程的加速导致我国乡村空心化现象普遍，因传统村落特殊的属性，农村空心化本质上是城乡转型发展进程中乡村地域系统演化的一种不良过程，是复杂的社会经济过程在村庄物质形态中的表现。空心化问题导致传统村落一系列问题的产生，如传统建筑的坍塌，建筑以及土地的荒废，传统文化、民俗的断层，居住环境恶化，以及传统生活方式的改变，从根本上改变了传统村落的本质属性，因此需注重并解决传统村落的空心化问题。

传统村落空心化的形成受社会、自然、经济、政策等不同因素影响，通过调研比较后发现，不同传统村落空心化原因存在差异。根据调研的实际情况，总结传统村落空心化的原因主要是：村落无相关产业，居民生活保障存在问题；传统村落基础设置较差，生活水平较低，存在一定的安全隐患；与现代生活方式产生冲突，不能满足当代人需求；政府扶持力度过小，乡村居民生活存在一定矛盾与问题；村内资源未进行良好的利用，未发挥其价值，未形成吸引力；旅游发展处于初级阶段，旅游服务设施较差、接待能力较弱；同时，外界具有较强的吸引力，致使村内年轻人外出不归，造成村内老龄化，久而久之，形成村落空心化问题。

豆沙关古村落空心化问题主要表现在以下方面：

（1）发展条件难以适应村民发展需求。豆沙关农业产出效益低，收入少，难以满足年轻人日益增长的消费需求，是人口向外转移的根本原因。交通问题限制了村落发展，留守老人外出困难，所有活动在村落内进行。村民农业收入不足以支撑村落的基础设施建设。教育、医疗等资源水平匮乏，为使子女接受更好的教育，绝大多数村民选择送子女外出就读，以至于村内年轻劳动力全部外出，村内整体人口结构趋于老龄化。此外，村内医疗水平低，村内没有卫生所，难以满足全村人尤其是几乎全部为老年人的豆沙关镇的医疗需求，造成了极大的不便。

（2）村内住宅废弃化严重。随着豆沙关镇常住人口数量的减少，大量古民居和住宅常年处于闲置状态，废弃宅基地面积已经超过总宅基地面积的10%。由于村落被列为传统村落进行保护和限制性开发，许多村民只能在住宅原有基础上进行修补，但房子整体已经老化，修补只能暂时缓解问题，雨天漏雨、冬天漏风等问题仍未得到实质性解决。部分住户选择搬离，只留下一些行动不便又不愿离开老家的老年人口留守，导致村落内部空心化现象加剧。

（3）传统村落的保护和管理不到位。目前政府还没有采取实质性的措施对豆沙关古镇进行保护和管理，只是片面限制村落内部老宅的拆除重建。村民个人没有资金对老屋进行修复，政府又无资金补贴，使当地居民只能怀着"得过且过"的心理勉强生活。尽管被列入国家传统村落名录，但事实上只是虚有头衔，无实质性待遇。这样疏于保护和管理的现象也加速了其空心化的脚步。

（4）其他产业发展限制性较大。豆沙关镇经济落后，难以吸引外来投资，村落非农产业发展比较落后。旅游业发展缺乏系统的筹划和延伸性开发，也处于较低层次，规模较小，来访人员几乎为零。且由于村落人口的外流，务农的人口越来越少，耕地、林地等农业用地的闲置、抛荒问题在近年日益凸显。村落非农产业的落后及农业的逐渐弱化共同造成了村落产业空心化现象，对村落发展的制约作用日益明显。

传统村落保护途径有以下几个方面：

（1）发展乡村旅游目的地。旅游目的地的发展建设是针对乡村整体而言，可以全面利用村落可利用的资源，同时活化村落主体。西大杖子村作为旅游目的地近年来得到迅速发展，其具有较好的自身条件，乡愁元素丰富，建筑具有典型性，环境具有竞争优势，对于打造乡愁旅游具有一定的优势与吸引力。乡愁旅游的开展充分利用乡村的建筑、基础设施以及乡村建筑小品等，对西大杖子村的村落主体保护起到一定的作用，并在此基础上规划开发配套旅游项目，休闲、游憩场所等，可以满足不同类型的旅游者需求，完善传统村落的产业状态，提高当地居民的旅游收入，加强当地居民的生活保障，在一定程度上缓解传统村落空心化问题。

（2）建设公共空间。豆沙关镇的公共空间占地面积较少，利用起来较为困难，有部分房屋已经废弃、坍塌，应考虑是否翻新或整改成空地作为公共空间来打造。公共空间的建设有利于全村的活动与交流，打造可以展现乡村特色的文化空间，加强当地居民的积极性以及对乡村文化的认同。针对豆沙关镇的实际情况，主要可以选择的文化空间点可以为村头，通过宽约4米的村道长距离方可进入村庄，在村头位置有一处空地，从外界进入时，可以第一眼看到，在此地打造文化空间，对村落的发展有极大的提高。通过空间载体与民俗文化的相互影响，既保留传统民俗、文化、工艺等，提高了村民对本村民俗传统文化的热爱，又适应社会的进步，延续并开发现代需求的文化产品。

（3）提升认同感。通过与当地居民的访谈发现，豆沙关当地居民对于传统的生活方式以及当地文化有深刻的认同，这些老房子是他们的家，是他们的根，是他们一辈子离不开的地方，对这里有深厚的情感与寄托。但是大众对于传统村落的认识相对比较薄弱，一方面，未能真正认识到传统村落的价值与内涵，在村落发展过程中忽视甚至拆毁传统村落的部分建筑，改建传统村落的公共空间等；另一方面，村内年轻居民未能意识到传统村落存在的价值及意义，以及作为传统村落发挥的作用及重要性，也是造成传统村落空心化的主要原因。针对这种现象，为防止传统村落的空心化，应加强村落居民以及外界居民对豆沙关的认识，了解豆沙关传统村落的现有资源以及具有的优势。

（4）丰富产业多样性。豆沙关镇目前产业形式单一，内容简单，村内产业未形成体系，村内现有主要产业包括基础旅游业、农业以及畜牧业，旅游业的接待形式主要为农家乐，而且农家乐的经营未经过专业的指导，在经营上多方面欠缺。针对豆沙关的实际情况，可以适当增加产业类型，吸引外资，加强与外界联系，同时处理好城市与乡村的关系，未发展成规模的产业，可以根据村内实际情况再次进行统一规划，让更多的居民参与进来，扩大规模，加长产业链，增加就业岗位，减少村内居民外出打工的比率，同时吸引外来年轻务工者，缓解豆沙关镇人老龄化的压力。传统村落的保护关乎中国传统文化的多样性，关系到乡村的建设与发展，传统村落的保护有待进一步的落实与加强，通过对豆沙关古村落的调研考察，结合实际提出保护建议，传统村落空心化问题的解决应多方位考虑，根据不同的利益相关者制定相关的发展战略。

要着力破解城乡社会问题，必须基于城乡统筹的思路，以人的城镇化为要义，着力构建新型的城镇化体系，切实加强公共服务资源合理、有效的区域配置，构建城乡一体的就业、医疗、社保等安全保障体系。近二三十年来，中国人口、经济状况的巨大变化，引发了区域人口迁移流动调整的新格局，并由此对城乡社会发展产生了深刻影响。"大城市病"、农村"空巢"现象及迁移人口贫困化、权益保护与社会融入等城乡社会问题日益突显。本书基于城乡统筹视角，分析了人口迁移流动对城乡社会发展的影响作用，提出了着力破解城乡社会问题的主要思路。

（1）人口过度集聚与大城市病。早在1983年中山大学的朱云成等就指出，"从本质上，是经济发展决定了人口数量的增加和人口密度的增大"，同时又强调人口"本身状况也会影响经济发展"。在经济领域，产业集聚可带来"规模效应"，但规模过大也会产生"规模不经济"。城市与人口的发展也是如此，城市人口过度集聚将导致环境、交通、居住等诸多问题从而产生"规模不经济"现象。现代城市是人口、产业高度发达的结合体，人口与产业之间是既协调又竞争的关系，适度的人口导入有利于城市、产业等的发展，但人口的过度流入将压缩城市空间，增加交通、环境、就业、住房及其他生活资源的承载压力，进而引发城市经济、社会及市民身心健康等一系列的问题，诱发"大城市病"。产生大城市病的原因很多，人口过度集聚是其中之一。

（2）农业人口非农转移与农村空巢家庭问题。近年来，随着城镇化的快速发展，农村大规模的人口流入城市，留守农村的大部分是老弱妇孺，且流动的组织方式发生了重大变化，最显著的是由分散式转向家庭式，这产生了"空巢村"现象。因而农村空巢导致的家庭照顾及安全问题，亦值得深思。首先，农村空巢导致老年和儿童的照顾出现缺失。青壮年劳动力的流出，再加上农村社区的社会支持力度不够，不能满足空巢家庭的照顾需求。其次，空巢现象正侵蚀着传统的农村社会。耕地荒废，资源被闲置是一种浪费；村民集体参与选举等政治活动越来越少，村委会处理事务越来越怠慢；人口结构的变化使农村的人际关系也发生了改变，传统的"差序格局"被打破。村落的经济、政治、生态、社会环境日益恶化，逐渐走向衰退，有面临"终结"的风险。倘若村落如此"终结"，则有悖于城镇化。

（3）城乡人口再分布与农村贫困的城市转移。迁移流动客观上是人口在区域间的移动，但由于我国外来流动人口中大部分是农民工，对贫困人口而言，他们的流入实质是农村贫困问题的城市转移。在发达国家，大多数人口聚集城市，贫困是一种"城市现象"，而发展中国家人口大部分集中在农村，贫困是一种"农村现象"，因此它被看作城市化和城市贫困同时增长的"贫困人口城市化"（Urbanization of Poverty）现象。第六次全国人口普查数据显示，2010 年中国城镇人口达到 6.66 亿人，城市化率为 49.68%，自 2000 年后年均增长 1.35 个百分点。常住流动人口达到 2.61 亿人，而这些流动人口中有农民工近 2 亿人，因此农村劳动力大量剩余而造成的普遍贫困是农民城市化最直接的动力。

客观上，农民城市化有利于农民和农村地区的发展，但在统计上却降低了城市人均 GDP，在一定程度上加大了城市的贫困人口比例。同时，农村贫困的城市转移也加重了城市群体间的"社会排斥"（Social Exclusion）和边缘化问题，因为农村社区中紧密的社会网络关系让他们有很强的社会认同感，而城市中穷人和富人间不论是空间还是情感上都是"分割"的，并处于"经济上接纳、社会上歧视、文化上排斥、制度上限制"的境地，他们是城市里孤独而卑微的异乡者，难以融入城市社会。人的城镇化是指城镇人口在产业结构、就业方式、人居环境、社会保障等方面实现由"乡"到"城"的转变。可见，人的城镇化不仅仅是人口的城镇化，更是生产方式的城镇化、生活方式的城镇化、价值观念的城镇化。一言以蔽之，城镇化的本质和核心在于人的城镇化。人的城镇化与城市融入在本质上具有一致性。首先，人的城镇化要求城市融入。在城乡二元结构的体制下，流动人口在城市中面临着制度排斥和社会排斥，他们与本地居民存在明显的社会分割，因此，在城市社会结构中产生了裂缝，形成了新的二元结构。实现流动人口的城镇化，就必须实现与城市体系的有效融合，让流动人口融入城市社会中，这样才能有效弥合城市社会结构的裂缝，促进城市社会的整合。其次，流动人口不融入城市不是完全的和彻底的城镇化。随着新生代农民工的比重越来越高，流动人口市民化的意愿越来越强烈，如果流动人口与本地居民依然存在区隔，虽身处同一城市社会，却生活在不同的世界，那么潜伏的社会风险和社会冲突可能会日益累积。而人的城镇化才是完全的、彻底的城镇化，它强调流动人口融入城市社会，形成一个社会共同体，实现流动人口与本地居民的一体化。

在人口迁移流动与城乡社会问题的内在联系方面，倘若只看一些数据结果，"空巢村"现象、城镇化滞后及大城市病似乎是人口流动的衍生结果。然而，最根本的原因在于人口迁移流动功能的失衡，是简单将城市化看成空间城镇化和人口城镇化的必然结果。

（1）人口流动一定会带来大城市病吗？人口的迁移未必带来大城市病。首先，人口迁移的方向均衡。当下基于大城市与中小城市的社会福利差异仍然较大，导致大城市人口的集聚、膨胀。2005~2010年美国人口平均迁移率为35.4%，而中国2010年为6.44%，低于美国的1/5，但是中国如北京、上海的大城市病不比美国的纽约等城市轻。这主要是因为中国社会、经济发展的极端不平衡引起人口单一地流向经济发达区域特别是特大城市而造成的。其次，人口流动的结构驱动。目前，中国人口流动在结构流动上主要表现为：区域结构的流动，由农村流向城市；产业结构的流动，由农业流向工业、服务业。但区域功能、产业功能尚未来得及转变，功能转换滞后于结构转变，也就是说，城镇、大城市、工业和服务业还没有相应的承载力，尤其是实现流动人口基本公共服务均等化之后，大城市公共服务资源尤其是优质资源已经成为外来人口的重要引力，但大城市产业结构、社会结构并不能与之相适应，自然不能承受流入人口过度的"量"。

（2）人口流动是否必然导致"空巢村"的出现？"空巢村"的出现，首先是一个经济学问题。在二元结构体制下，劳动力由效益低的部门流向效益高的部门，它是产业结构优化的一般规律和路径。这种流动本是好事，但由于个体、制度和社会结构转变的相对滞后，使这种流动难以彻底进行。一是长期处于第一产业部门的劳动力素质难以满足更高部门发展的要求，只得从事城市的苦、脏、累活，所获待遇较低，难以承担技能提升及家庭发展所需要的资金，因此只能选择城乡分居方式解决；二是社会结构难以短期内实现转变，导致外来人口难以享受城市功能所赋予的各项权利，如医疗、社保、就业、上学等，同时也不能真正融

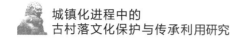

入城市社会。因此,"空巢村"的出现,是经济、社会、制度共同作用的产物,而不是由表面的人口流动形成的。

(3)人口流动与城镇化滞后有因果关系吗?城镇化过程的基本含义,是指农业用地转变为城镇化用地及农村人口转变为城镇人口的过程。中国城镇化进程经历了20世纪50~70年代的曲折反复后,近30余年一直保持着健康、快速的发展势头。2010年,全国城镇人口总量达到6.7亿人,其中城市人口为4.04亿人,镇人口为2.66亿人。特别是在2000~2010年间,我国城市化高速发展,规模空前,城乡间人口正处于大规模加速迁移、变动之中。当前,由于产业、经济的快速发展,城镇化与产业化之间并不同步。2010年,我国城镇化率为49.96%,远低于非农化率66.7%的水平。根据国际经验,非农化率与城镇化率之比小于1.2时表现出较为协调的状态,而目前两者的比值达到1.34,属于不协调水平,城镇化处于相对滞后状态。同样,人口城镇化还表现为滞后于土地城镇化、滞后于工业化,城镇建设滞后于人口城镇化等问题。人口流动与城镇化滞后并不存在因果关系,相反由于大批农村人口向城市转移,对迁入与迁出区城市化水平均起到提升的作用,因为它降低了迁出区的农村人口量,而迁入区又相应增加了城镇化人口数。2010年,由于人口迁移流动的影响,使城镇化率实际提高了6.72个百分点。人口迁移流动是区域经济发展和产业结构优化的必然选择,城镇化滞后实际是与一个区域的产业结构、城市规划及经济、产业政策等密切相关的。值得注意的是,城市化与区域经济发展之间的关系不能简单地等同于城市化率与工业化率之间的变动关系。因为工业化率随着不同的发展阶段有一个由升到降的过程,而城市化率在某一阶段可能与工业化率具有较高的同步性,但这种同步性将会逐渐降低。另外,我国地域辽阔,各地的资源、人文、经济条件差异甚大,同时存在多种不同的产业与城市化发展的模式,因此如果片面地认为可以通过提高工业化来提高城市化和现代化水平或人为降低工业化以提高第三产业发展进而提高城市化水平,都将犯认识上的错误。

综上所述,人口迁移流动并非大城市病、"人的城镇化"发展滞后、农村空巢等城乡社会问题产生的根本原因,但无疑是上述问题产生的共同影响因素。要解决这些问题,须从以下三大方面着手:

(1)以"人的城镇化"为要义,构建与完善新型城镇体系。一是新型城镇化道路选择。我国针对流动人口的政策,以往更多的是采取以"堵"为主的"头痛医头,脚痛医脚"的办法,重点进行证照管理。从长远来看,应更多地"疏"。当前人口会简单划一地往有限几个方向流动,原因很明显:①区域发展的极端不平衡。上海南京路与西部小山村，无论采用怎样的发展模式，都不具可比性。②分配机制问题。以资源配置为内容的不合理分配机制对某些地区而言形成了事实上的二次剥夺。③流动人口本身的结构性问题。由于文化素质、技能及社会资本的不同，使大部分流动人口不能较好地从第一部门转到第二部门，只能游走于城乡之间。最大限度解决人口迁移流动引发的城乡社会问题，降低流动风险，难以毕其功于一役，而需有系统思维。进行新型城镇化构建，最大限度缩小城乡差距，是一条重要的可行之路。

二是新型城镇化含义及其构建思路。长期以来，中国农村城市化战略发展及其实施过程中存在的一个突出问题，就是把人口城市化仅仅看成是农业人口迁移到城市、城镇集居人口增加、城市规模扩大的过程，这无疑忽视了城市化的要义。美国著名城市问题专家卡斯泰尔（M. Castells）指出，如果说我们所熟悉的那类城镇化是以扩大城市版图的形式来进行的一种量变，那么新型城镇化则是质的飞跃，它真正体现了"人"的价值所在。为此需特别强调：①以"人的城镇化"为要义，这是新型城镇化的"新"之所在。它既与以"物"为主要内涵的"土地城镇化"和"工业城镇化"不同，也比以往所提出的"人口城镇化"内容更为丰富。人口城镇化关注的是人口的空间移动，而"人的城镇化"注重人的社会融入与人在城镇中的发展。它不仅仅是进行户籍制度改革那么简单，不但包括制度对接，同时更重视情感关怀和心灵沟通，与城镇人口间不但要"共存共荣"，而且还要"亦邻亦友"，最终达到城镇化质量的全面提高。②撤去形式，复归内涵。在发展模式上，不要"大"而要"小"，世界最宜居的地方都是小城镇。小城镇建设，不等于就是盖房子、简单地再一次摊大饼，要谨防"有城市无产业""有速度无质量"及"半城镇化"等问题，不能搞"空城计"和农民"被上楼"。因此，要着力做到产城融合、宜产宜居、生态文明。

（2）根据人口城镇化进程，统筹城乡社会资源的合理布局和有效配置。韩俊（2013）认为，农民工市民化的过程，实质是公共服务均等化的过程。[①] 党的十八大报告指出："加快改革户籍制度，有序推进农业转移人口市民化，努力实现城镇基本公共服务常住人口全覆盖。"现阶段，大城市的优质公共服务资源对外来人口产生了一种强大的引力，可以预见在相当长的时期内，为追求优质公共服务而激发的人口迁移流动将不会减弱。因此，要解决城乡迁移带来的社会负面影响，必须通过体制机制的创新，改进公共服务的提供方式，合理构建和调整公

---

① 韩俊. 城镇化关键：农民工市民化 [J]. 中国经济报告, 2013（1）：14-19.

共服务的区域配置，增加大城市公共服务资源承载的能力。相关的建议包括：一要明确各级政府的职责，制定合理的财政分担机制，在中央与地方政府之间进行合理分摊，在大城市内部市区政府之间构建转移支付机制。二要根据人口城镇化的进程，统筹城乡社会资源设施布局。重视并提升城镇所在地的资源配置，增强其对周边农村地区的资源辐射能力。三要依据城市人口结构及空间变动的特点，构建灵活的公共服务资源配置机制。如提高公共服务资源配置统筹的层次，在统筹的区域范围内按照服务半径配置资源，根据居住人口数和人口结构的现状及未来变动趋势来确定教育、卫生及养老等资源配置的数量。

（3）构建城乡一体的就业、医疗、住房、社保等安全保障体系。党的十八大报告提出："逐步建立以权利公平、机会公平、规则公平为主要内容的社会公平保障体系，促进人人平等获得发展机会。"破除二元结构，推行市民化改革，这将是未来推动城乡融合的重要举措，同时需从"服务均等"着手，最终达到"机会均等"。辜胜阻（2013）指出，推进城镇迁入人口的市民化，农民工需穿上市民的就业、教育、医疗、住房、养老这"五件衣服"。城镇对人口的吸纳能力，首先就是它提供就业的能力，对流入人口而言，就业是生存之本，没有就业就没有流动。因此，首先要在就业公平的前提下，推进其他各项改革。所谓就业公平，主要是就业机会平等和同工同酬，对流动人口而言，更重要的是行业准入和劳动保障，构建城乡一体的就业、医疗、住房、社保等安全保障体系，让外来人口在城市体面就业和体面生存，也有助于加快其城市融入。

四、 古村落与互联网的对接

互联网对当代中国转型无疑起到了积极的推进作用。但是互联网的发展过程又恰恰是中国古村落大面积丧失的过程，这个过程展示的矛盾是现代文明与传统文化的冲突与熔铸。如何缓解矛盾、减少冲突，实现传统文化与现代文明良好对接，对古村落进行有效保护，留一脉乡愁，传子孙后代，让后人能在古村落中寻找和探索到现代文明的发展源头与根脉，需要我们认真研究。首先，古村落对接互联网要借助网络的东风，提高古村落在社会中的知名度。在对外宣传方面，大部分古村落并不具备充足的经济资源做宣传。尤其是在旅游业的开发上，更要借助互联网的优势，采用多种方式，把古村落向大众推销。其次，古村落对接互联网要尊重和强化古村落的特殊性和特质性。社会学对古村落的定义是：古村落是指民国以前建村，保留了较大的历史沿革，即建筑环境、建筑风貌、村落选址未有大的变动，具有独特民俗民风，虽经历久远年代，但至今仍为人们服务的村落。古村落对接互联网对接的应是现代文明理念、现代化的生活设施和生活方式，而不是水泥楼房等现代建筑。再次，古村落对接互联网要注重传统文化的传承。文化本身就是依附于古村落之上，古村落就是农耕文化的载体，一切皆发于斯、始于斯。深深扎根于中华沃土的古村落，是中华民族生活、生产、生存的基本载体，是社会组成的细胞，是传统观念、习俗、社会与家庭等多元文化孕育而生的中华本土文化，是一部千姿百态、异彩纷呈、文化厚重的史书，是中国传统文化的根。最后，古村落对接互联网要以血缘稳定支撑村落发展。以血缘、族缘为脉络构建的中国宗法社会，在国家层面，构建了由血缘、家庭、宗族群体派生而成的群体本位；在社会层面，构建了以血缘为脉络的社会人文网络，强调家庭、家族、民族间团结、互助、共荣辱的观念；在家庭家族层面，构建了聚族而居的传统古村，以宗族传统建立家训、家规、家谱，维系家族发展的路径依赖。这些对我们今天构建法治社会与和谐社会、实现民族复兴都有积极的借鉴作用。"暖暖远人村，依依墟里烟。"古村落被喻为"空间说书者"，穿越千百年，当这些"说书人"身处势不可当的现代化潮流，遭遇光怪陆离的网络时代，它们同样面临"千年未有之变局"。科技推动了社会变迁，科技也给了我们搜救的手段。我们需要发动各方面力量，用高科技方式，以最高技术格式记录中国古村落这些"活的基因"，承接祖先的血脉，并世代相传。

无线网络和纵横河网一样全镇覆盖，青年创客与半百船工一道共进午餐，山区老人坐在家中就能与专科名医实时对话。在豆沙关镇，全域实现免费 WiFi；"互联网医院""互联网茶吧""互联网金融咖啡""智慧养老""智慧信息亭""二维码"等标识，出现在老店铺的招牌上、街角门店上。智慧旅游、智能交通等一批智慧项目相继投入运行。无论是购物、订房还是租自行车，都只需手机扫描二维码即可完成支付。不只是百姓生活，在这里，就连政府职能也逐渐互联网化了。互联网给豆沙关镇带来的是智慧生活。中国的农业文明是不断与时俱进的文明。从城市回到乡村的古村创客们，赋予古村落以新的生机与活力，让传统文化与时代精神共鸣，将古老村落融入现代文明的风景。中国很多古镇、古村一直以来都是默默无闻的，因为它们没有资金实力去推广自己。而今，互联网的到来，让它们看到了希望。开办一个微信公众号，几乎无成本，却可以迅速提升服务、拓宽知名度。贵州省黔东南苗族侗族自治州黎平县岩洞镇铜关村就是这样的一个村子。在铜关村游览，可以实现公众号预订入住，微信预约客房服务、微信开门、一键退房等智慧酒店服务。游客还可以享受到移动语音导游，所到之处可以深入了解侗族的文化与传说。在广东佛山，一众摄影爱好者带着自己的"长枪短炮"，走进芦苞镇长岐古村，捕捉村庄灵秀神韵的美景；数十个家庭来到顺德杏坛镇逢简村，一同体验古村的文化味道……这些"养在深闺人未识"的古村落，如今为何变得如此受欢迎？原来，当地政府与同程网合办了"古村千人游"活动，将长岐村、松塘村、逢简村等古老村落与周边旅游景区整合打包，策划了9条两天一夜的特色古村落专线游。这个活动一经网络推出，立刻受到了关注。豆沙关古镇也可以利用互联网推广自身村落的文化。古村落要有意识地寻求差异性发展，挖掘不同的文化内涵。

五、 新农村建设与古村落保护的关系

古村落是我国数千年农耕文化的结晶，具有悠久的历史和深厚的文化底蕴，既包括村落的规划、各类建筑、桥梁、庙宇、名木古树等物质文化遗产，也蕴含各类民风习俗、传统节日、民间信仰、传统技艺等非物质文化遗产，是物质文化遗产和非物质文化遗产的综合体。随着社会主义新农村建设活动在全国各地的迅速推进，古村落及其文化的保护和开发越来越受到各地有关部门、相关人士的重视和关注。如果能正确处理好传统文化与现代化之间的矛盾，把新农村建设与古村落保护两项工作有机结合起来，必能使古村落获得新的发展契机，焕发出新的青春活力，起到事半功倍的作用。如果片面理解新农村建设，以为新农村建设就是破"旧"立"新"，大规模拆除老房子，集中规划建新房子，就可能给古村落文化遗产带来毁灭性的打击。

当前古村落保护方面存在的问题主要有：一是古村落文化遗产的保护意识不强。中华人民共和国成立后，经历了"破四旧"、移风易俗和"文化大革命"等一系列运动，加上对外开放后经济全球化浪潮的影响，不少农村基层干部群众包括领导干部在思想上总以为只有西方的文化才是现代的、先进的，东方文化都是落后的、无价值的。因此，不少人把老民居、古村落视为贫穷落后的象征，一些珍贵的古村落建筑因其破旧、不"值钱"、不"实用"而被随意毁坏、拆除或买卖，一些农村传统文化、传统技艺也被当作封建迷信、雕虫小技，成为破除的对象。二是古村落文化遗产的安全隐患较多。农村古村落、古建筑大多像珍珠一样，散落在相对偏僻、经济不够发达的地方，并且年代久远，破败严重。除了为数不多的古村落被列为各级文物保护单位，得到较好保护外，大多是"散落乡间无人识"，处于自生自灭的状态，得不到有效保护与合理开发。许多具有重要研究价值的古建筑往往缺乏关注和保护，逐渐腐朽、坍塌，或者在火灾、洪灾、风灾、虫灾等自然灾害中受到致命的损伤。故意损毁、偷盗、走私文物等违法活动频繁，使古村落民居中的一些精美木雕构件、门窗及其他文物被盗案件时有发生。一些有保护价值的文物被一些利欲熏心的文物贩子盗卖；一些旧宗祠的古建筑构件也被文化贩子以购买"旧木料"的名义低价拆出，转卖给一些企业、景区或国外收藏者。不少传统技能和民间艺术后继乏人，面临失传危险，一些地方独特的民间习俗也正在逐步消亡，淡出人们的记忆。三是旧村改造、新农村建设过程中建设性破坏的状况比较严重。对古村落来说，这是影响最大的行政性行为。在旧村改造和新农村建设中，有的地方政府存在急功近利思想，急于搞新农村建设，而以牺牲古村落为代价，随意推倒重建或盲目"大拆大建"；有的一味追求高起点、高标准，贪大求洋，按照城市模式大搞村庄建设城市化；有的置乡村特色、地方特色于不顾，搞"千村一面"的形象工程；有的不从当地实际出发，以调整土地资源的名义，或为了眼前的土地使用指标，搞大规模的行政村撤并、迁并活动，整村推倒重建，或整村搬迁合并，不少古村落从此消失。四是古村落文化遗产的保护经费严重不足。现在各地对文化遗产的保护越来越重视，文物保护专项经费也逐年增多，但对面广量大的农村古村落来说，却是杯水车薪，特别是一些欠发达地区财政困难，应该配套的保护经费难以落实。连重点文物保护单位的保护经费都捉襟见肘，更何况那些没有列入保护范围的古村落呢？有的地方认为古村落文化遗产利用率不高，社会经济效应不强，还要提供保护经费，加强管理保护，连该申报的保护项目都懒得上报。在社会主义新农村建设进程中，我们必须增强古村落保护工作的危机感和责任感，牢固树立文化遗产保护意识，切实保护好千年来形成的文化遗产和文化传统，避免重蹈 20 世纪八九十年代城市化进程中对城市文化建设性破坏的覆辙，走出一条保护古村落、建设新农村的和谐发展之路。

（1）文化保护意识和实地调查同等重要。首先，加强宣传教育，增强古村落文化保护意识。应通过多种途径、多种形式，强化宣传教育，使广大干部群众特别是领导干部充分认识到古村落的历史文化价值和做好保护工作的重要性。各级政府部门作为农村古村落的管理部门，更要转变观念，把保护古村落当作责无旁贷的责任，并采取切实有效的措施，绝不能牺牲宝贵的古村落资源为眼前的经济利益或自身的政绩服务。要建立起村民自发保护的机制，激发和提高村民的保护意识。村民是古村落及其文化的拥有者，是保护古村落的主体。要通过宣传、教育，传授保护的知识和方法，帮助他们克服对古村落文化的"自鄙"心理，珍惜祖先留下来的宝贵遗产。其次，全面开展古村落及文化遗产的调查研究和普查工作。要积极开展农村古村落及其文化的全面调查和评估工作，摸清文化家底，将那些淹没在山野民间、"隐姓埋名"的珍宝很好地挖掘出来，加以保护。最好建立一支由专家及文物、城建、旅游等单位组成的专业队伍，以县（市）为单位，对辖区内具有保护价值的古村落、古民居、祠堂宗庙、古树、古墓、古桥、古塔及历史名人、风俗习惯、民间传说等进行一次全面的调查摸底，为制定保护规划提供依据。同时，在调查研究的基础上，全面清理村落遗产，分门别类建立档案，建立古村落名录，确定保护对象，实行分类保护、分级管理。最后，采取有效措施，加大古村落保护力度。要认真贯彻"保护为主，抢救第一，合理利用，加强管理"的方针，制定严格的保护制度和保护规划，将古村落、古建筑的保护列为新农村建设的总体规划。在新农村建设中，特别是在进行旧村改造规划时，一定要征求文管部门意见。要扩大历史文化名镇（村）的评选范围，制定相关的政策措施，让更多的古村落得到有效保护。要积极探索多元化筹资机制，拓宽投资渠道，加大对古村落保护工作的投入，做好维修、保护和开发利用工作。即使财政困难、保护经费紧张，或者一时产生不了经济效益的古村落，也要先提出保护，制定好保护规划和保护措施，尽可能使之不被拆除、烧毁或盗卖。

（2）古村落传统文化内涵的挖掘与传承。在新农村建设中，除了加强对新农村的合理规划，保护好古村落传统建筑风貌外，还要善于挖掘、整理古村落蕴含的丰富人文精神和文化内涵，注重对乡村人文生态的保护和利用，以更好地发挥民间传统文化在新农村文化建设中的作用。

一是要重视古村落传统文化资源的挖掘和研究。古村落传统文化也像古村落建筑一样，面临失传或消失的危险，应利用各种技术手段，全面调查、搜集、记录和保存与古村落相关的文化现象，进行抢救性保护。近年来，浙江省开展了民族民间艺术普查工作，大批鲜为人知的民间艺术重新进入人们的视野。如绍兴县开展了"村落文化"的普查发掘工作，获得了1358条线索，形成了350多万字的文字材料和近千幅图片，目前正在策划出版20卷《绍兴县村落文化全书》。磐安县普查出民间艺术项目693个（新挖掘572个）。"炼火""大凉伞""大旗"已被列为浙江省重点民间艺术保护项目。临安市仅民间表演艺术就发现了19个种类317个项目。全省共有39个项目（44个子项）被列入国家首批非物质文化遗产名录，居全国之首。在民间文化挖掘、保护和开发过程中，还要整合地方人力资源，重视专业人才的培养，加强古村落文化的理论研究，不断挖掘古村落传统文化的丰富内涵。

二是要正确区分民俗文化与"封建迷信"，以更加宽容的态度对待传统文化。很多民间信仰，包括对行业神、地方神的崇拜供奉以及一些传统节日对祖先或某某神的祭祀活动，都是老百姓对祖先的崇拜、尊敬情感的表达，寄托着老百姓对幸福美好生活的祈祷和向往，实际上也是我国传统文化代代相传、薪火相续的某种制度保证。特别是一些传统仪式，是民间信仰的核心表现形式，保护好传统仪式，对于协调人与自然的关系、人与人的关系，增进家族认同、族群认同、民族认同和文化认同，维护社会稳定，弘扬民族精神，展现当地文化，都是十分必要的，不能因其掺杂着一些迷信色彩或陋习而全盘否定。对待农村传统的习俗和信仰，我们也要坚持"和而不同"的观点，以更宽容的态度对待。只要具有一定的历史价值、艺术价值、文化价值、科学价值，只要对人类发展具有某种借鉴与推动作用，我们就应将其作为健康文化予以肯定、予以保护。如磐安炼火，起源于远古先民对火的崇拜，是一种以舞蹈的形式兴胡公或驱瘟避邪的、具有原始宗教色彩的祭典活动，至今已有几千年历史，是研究传统民俗文化不可多得的"活化石"。炼火仪式由"执道山人"负责祭祀仪式，通常有10个固定程式，包括祭坛定叉、净剑响鞭、宰鸡淋血、召将请圣、发符焚牒、开水火门等，从远古流传至今，仪式中带有很多原始宗教的神秘性，也与"迷信"密切相关。对这样的非物质文化遗产，我们就应该以宽容的态度，使薪火相传，推陈出新。当然，对那些坑蒙拐骗、谋财害命、影响社会稳定的迷信行为、恶风陋习，则必须使用法律武器予以严惩、取缔。

三是要注重乡村人文生态的保护，促进农村精神文明建设。古村落文化是农耕文化的结晶，是村民在长期的历史发展中世代相传下来的实践经验和智慧的总结。无论是风水理论中的生态理念，祭祀仪式中的传统道德、伦理教化，还是民风习俗、乡规民约中体现的人文精神，农村乡土社会人际关系中特有的乡情、亲情，其本质都是和合文化的体现，强调和谐和善、顺其自然。古村落文化所强调的村落、村民与地理（风水）、气候、河（溪）流、山脉、树木、植被、动物等自然生态环境的和谐相融，人与人之间的和睦和善、团结互助，对于我们倡导科学、文明、健康、向上的文明乡风，增进农村社会的凝聚力和向心力，促进农村社会的稳定与和谐，都具有现实意义。在新农村建设中，我们要以科学发展观为指导，注重保护农村传统文化中的人文生态系统，发挥古村落传统文化的教化作用，使之转化为巨大的精神财富，更好地为营造农村和谐社会、促进农村精神文明建设服务。

（3）古村落保护应与新农村建设和谐发展。首先，要坚持以人为本，正确处理好古村落保护开发与新农村建设的关系。建设社会主义新农村，是为了加快农村经济社会发展，改变农村落后面貌。我们要保护好祖先留给我们的古建筑、古村落，保护好乡土农村原有的生活状态，但不能因此影响经济发展，影响老百姓生活质量，而是要通过科学合理的手段，根据现代生活的需要，在保持原有历史风貌、明确古村落发展限制要求、明确生态环境保护要求的前提下，改善古村落基础设施条件，使生活在古村落中的群众改善生活条件、提高生活质量，否则，就会影响老百姓保护古村落的积极性，甚至会产生抵触情绪，反而不利于古村落的保护。另外，要把新农村建设与古村落资源的合理利用、适度开发结合起来。从目前来讲，古村落作为一种极富吸引力的文化旅游资源，正成为许多地区特别是欠发达地区提升当地经济水平的重要手段。对古村落资源的合理利用和适度开发，能使古村落得到有效保护。村集体和村民也能在开发中增加收入、尝到甜头，从而激发全体村民保护古村落和村集体增加投入、滚动开发的积极性，形成保护与开发的良性循环，古村落保护与开发利用、现代化与传统化、经济与文化得到了完美结合。其次，要积极探索保护古村落与建设新农村和谐发展的路子。从实际状况看，由于古村落分散在各地，又大多地处交通相对不便、经济比较落后的地方，而且量多面广，就目前中国经济实力而言，政府财政不可能投入如此巨大的保护资金。应针对各地的实际情况，进一步研究和落实古村落保护的相关政策，积极探索多形式保护手段，找到一种既能改善村民生活水平，又可解决保护资金问题的行之有效的方法。要进一步拓宽古村落保护资金的投入渠道。古村落的保护，除了发挥政府的主渠道作用、加大投入力度外，还需制定相关激励政策，动员和鼓励企业家、社会团体和社会各界人士积极参与。可以建立类似"古村落保护基金会"的组织，向社会、企业募集资金用于古村落的保护；也可以制定合理的收益分配办法，采用股份制形式，加大古村落的保护开发力度；还可以尝试将古村落、古建筑经营权与所有权分开的办法，以类似于产权制度改革的方式，由农户自己出让经营权，或由村集体以屋基置换建新居的形式，获取古建筑的产权，再由集体出让经营权，由企业或个人来经营管理，以加快古村落的开发。古村落保护任务更艰巨的是散落各地的古民居。对有保护价值而没有实力保护的，先维持原状，但不能随意拆除。对宗祠、牌楼、古戏台、名人故居等可采取专项性保护措施。对古建筑相对集中的村落，可以采取连片保护的方法，有条件的村落还可以采取建新区、保老区的办法，既可以保持古村落的原始性、真实性、完整性，又有利于村民生活设施的改善。对一些拆了可惜、不拆又没钱保护，还影响村庄建设的古建筑，可采取"整体搬迁，异地迁建"的办法，将散落的古建筑集中到规划的地域，作为人文景观供游人观赏。

六、 城中村改造对古村落保护的影响

城中村是中国城市化过程中出现的独特现象，是在特定的历史、经济、社会、文化、政策背景下形成的非完全城市化的产物。城中村在改造过程中遇到了很多与政策不配套的问题，严重制约我国城市化的健康发展。要提高城市化质量，提升城市素质，必须进行城中村改造。要推进我国城市化的健康发展，就必须实现城中村的城市化。在城市规划方面表现为人口增长与面积的扩张，由于城市扩张速度快，大量地区仍然保留和实行农村集体所有制，农村社区被城市建设用地包围，形成城乡并存的二元结构，成为城中村，它被形象地称为"城市包围农村的运动"。城中村已成为掣肘城市可持续发展、集约使用城市有限土地资源的矛盾焦点，成为城市化进程中迫切需要解决的问题。

（一）城中村现象及形成原因

城中村是快速城市化发展中出现的特殊现象，是指在城市高速发展的进程中，由于农村土地全部被征用，农村集体成员由农民身份转变为居民身份后，仍居住在由原村改造而演变成的居民区；或是指在农村村落城市化进程中，由于农村土地大部分被征用，失地农民保障措施滞后于时代发展步伐，游离于现代城市管理之外的失地农民仍在原村居住而形成的村落，亦称为"都市里的村庄"。通常所说的"城中村"，仅指在经济快速发展、城市化不断推进的过程中，位于城区边缘农村被划入城市规划区内，在区域上已经成为城市的一部分，但在土地权属、户籍、行政管理体制上仍然保留着农村模式的村落。城中村是我国城市化发展过程中，由于城市建设急剧扩张与城市管理体制改革相对滞后之间的矛盾造成的一种特殊现象，是我国作为发展中国家在"晚发外生型"现代化进程中的一种"迟发展效应"，是传统社会与现代社会长期并存的二元社会结构特征的一个微观体现，是在城乡二元格局依然存在状态下农村被动城市化的产物。按照经典的城市化理论，农村城市化的一般规律是：在工业化的推动下，人口和生产力向原有的城市集中，导致城市用地规模不断扩大，使原有的城市扩大；或者人口和生产力在原来的农村集聚，在"空地"上形成新的城市。在国外，由于实行单一市场经济体制，卷入城市化浪潮的村庄"瞬间"就成了城市。如果城市化进程过快，大量新涌入城市的人口成为城市贫民，他们聚集在城市的落后社区，或者形成新的落后社区，产生城市贫民窟现象。不过，城市落后社区和城市贫民窟也是城市社区，只是居住人口和基础设施存在差异。然而，在我国，由于长期奉行"重工轻农、城乡分治"的经济社会发展战略，城乡二元经济和社会管理体制改革滞后，一些卷入城市化浪潮的村庄依然保留农村管理体制，这些村庄已经跨入了城乡一体化进程，却不能迅速进入城市的"大门"成为真正的城市社区，而是成为"都市里的村庄"，由此形成了独特的城中村现象。

城中村的形成是多种因素共同作用的结果。"外生型"城市化的迅速发展是城中村产生的直接原因。改革开放后，我国城市化开始由非市场化道路渐渐向市场化道路转向，城市化进入了快速发展时期，出现了"补课性"的跨越式突进。这种现象在我国一些沿海城市更为明显。在城市化快速推进的过程中，城市空间迅速向周围城郊农村扩张。这些条件启动了城郊农村的"外生型"城市化进程，即由外部经济力量推进村庄自身的城市化。这种"外生型"城市化促使这些村落的社会经济结构朝着今天典型的城中村演变。从制度角度讲，土地集体所有制、宅基地政策是形成城中村的重要制度条件，土地集体所有和宅基地政策，把村民捆在一起，形成了一个基于土地的利益共同体，难以分化瓦解，这与土地私有国家形成了显著区别。从社会角度讲，中国农村宗族和地缘观念很强，安土重迁这种居住观念构成了城中村存续的社会心理条件；同时，随着城市化的推进和社会经济的发展，土地增值，外来人口急增，使私房出租成为一个利益丰厚的产业，这是城中村得以发展的社会条件。从政府方面讲，主要是：第一，认识不足，缺乏及时的规划和调控。政府对城中村现象的发生、发展后果估计不足，没有及时拿出有效的规划、改造措施，最后积重难返。第二，重新安置的经济和社会成本巨大。迅速推进的城市化进程，使原农村居民主动迎接城市化，并最大限度利用城市化形成的级差地租，使安置的成本十分高昂，政府一时无力负担，于是采取回避态度，任其发展。第三，无法解决农民城市化的善后问题，如重新安排就业，解决其社会保障和生活来源等。但是，城中村也并不是我国城市化进程中必然产生的现象，如果政府在城市化过程中采取了及时和适当的政策措施，城中村现象也是可以避免的。

（二）城中村社区建设的特殊性

（1）文化冲突剧烈。城中村的文化植根于当地农村，原住居民在长期共同生活中，形成一套适应农村社区的文化传统、生活方式、风俗习惯、道德规范等，社区成员在情感上和心理上对原社区具有很强的认同感和归属感。与此同时，随着外来人口大量涌入，也带来了现代都市文化与外来文化，它与原住民文化不断发生碰撞、冲突、交流与融合，冲突中有融合，碰撞中产生交流。首先表现在小农经济思想与商品经济意识的冲突与融合，城中村里的原住民一般来说求稳怕乱，小富即安；而外来人口求新、求变。在农村文化与现代都市文化的冲突和融合过程中，现代都市文化是一种强势文化，它对农村文化的影响非常强烈。其次表现在本土文化与外来文化的冲突与融合。本土文化是城中村原有文化，而外来文化则指外来人口从其原所属地域带入的文化。户口本与暂住证将城中村内的居住人口分为常住人口与外来流动人口两个不同的群体。一方面，原住居民强烈的乡土认同感和排外意识，给外地人融入当地文化造成了一定障碍，也不利于城市管理和城市化进程；另一方面，外来人口由于在外漂泊和生活艰辛，大多和自己原属同一地域的人（即老乡）往来，也很难完全融入本地社会。

（2）居民构成复杂。首先表现在城中村外来人口比例很高，社会分层、社会群体细分现象也是转制后的城中村社区人口构成的基本特征。城中村的人口由村民、市民和暂住人口构成，形成了界限分明的社会群体，不同的社会地位使其出现了社会分层现象。一般来说，原住民收入非常高。空房出租是他们的一大笔收入，加上集体分红以及个体的其他劳动，收入非常可观。如天河区杨箕村人均年收入可达 1.8 万元，海珠区新窖镇农业人口人均年收入 1.5 万元。同时，高度集中的流动人口因为地缘、血缘、职业等原因，形成了社会群体细分现象，出现了不同的"亚群体"。另外，随着住宅小区的开发，城中村社区白领阶层的人数也大量增加。

（3）公共基础设施奇缺。城中村社区基础设施条件很差，幼儿园、中小学、邮电局、公厕、垃圾站、社区活动服务中心等严重不足，城中村的城市功能丧失，道路不通畅，缺乏公共交通，商业网点和文教卫基础不配套，从而影响城市整体功能的发挥。

（4）社会治安形势严峻。城中村的违法犯罪问题成为影响城市社会稳定的一个重要因素。

（5）建设资金缺乏。资金来源是城中村社区建设的瓶颈，改制后的城中村原公共开支（如道路维修、排水、供水、环卫、治安、教育）费用，加上改造和拆迁、新建房屋，改造一个村需要资金动辄上千万乃至上亿。

（三）城中村对我国城市化发展所产生的影响

城中村问题概括起来有三方面：第一是建设混乱。其"自留用地"的性质使城市规划管理部门往往管不到，而村、镇的管理又不力，农民乱搭乱建成风。第二是管理混乱。人员混杂，政出多门往往使这里成为城市问题成堆的地带。第三是村民的发展。无疑，村民从城中村和城乡接合部的"大乱"中获得了巨大的经济利益，许多村民由此过上了终日无所事事的"二世祖"式生活，这种生存方式及生活环境对村民及其后代的发展带来的不良影响是显而易见的。城中村在我国一直被认为是问题村，受到全社会的普遍关注。城中村具有农村和城市的双重特征，它不仅阻碍了我国城市化的进程，也在一定程度上影响了城市居民的生活水平。随着城市化的发展，这些"都市村庄"已不能适应城市发展的需要，而逐渐凸显出许多社会问题。原先散布在我国各大、中、小城市周边城乡接合部的数量众多的城中村，现在绝大部分已处于繁华的闹市之中了，其人口数量、村落规模、土地面积、坐落范围和经济条件等虽不尽相同，但普遍存在着一些较为严重的共性问题。

城中村严重影响了城市化的质量，给城市的持续发展和社会进步带来了严重影响，主要表现在以下几个方面：第一，城市二元管理体制的存在和行政、管理体制的混淆和散乱。城中村是在繁华的都市内部，仍实行农村管理体制的行政村，这不免使村民在思想观念、生活方式、住房建设景观、管理模式和居住习惯等方面仍然保留着浓厚的传统农村色彩，使城中村成为农村管理体制下的都市"小社会"。第二，规划滞后、管理落伍、建设混乱、市政建设和公共设施严重缺乏。城中村的地区规划、建设和社会管理等问题长期处于混乱和低水平状态，不仅造成房屋布局杂乱无章、建筑密度较高、土地利用率和绿化率低下、环境卫生较差、生活和基础设施配套严重不足、各类管线杂乱不堪、道路狭窄、消防和救护通道堵塞等问题，而且导致违法用地和违章建筑屡禁不止，出现了大量的"接吻楼""握手楼"和"贴面楼"。这既破坏了城市景观，影响城市品质，也不利于城市功能的提升，甚至威胁到人们的生命财产安全。第三，产业畸形，没有整体竞争力。城中村的经济一般以房屋出租为主，各种发廊、餐馆、药铺、杂货铺等充满了城中村的主要街道。村民单纯地依靠租金收入生活，故惰性不断滋生。如此下去，无论是村集体还是村民个体，其发展都很有局限性。城中村集体经济和村民个人未来的发展方向不明，后劲不足，城市化的经济和规模效益受冲击。第四，社会保障体系不完善。在城乡分割的二元政策体制下，土地是国家赋予农民社会保障的载体，然而在城市化进程中，由于征地权的滥用（主要是没有严格区分公共利益和非公共利益），以及没有妥善处理失地农民的安置问题等，导致失地农民既丧失了拥有土地所带来的社会保障权利，同时又无法享受与城市居民同等的社会保障权利。第五，精神文明建设疲软，村民思想道德观念陈旧落后，社会治安问题十分突出。由于城中村村民和外来人口素质普遍不高，加上出租等手段获取收益比较容易，城中村村民普遍表现出游手好闲、不思进取的状态，并缺乏在文化和专业知识技能上进一步提高的能力。城中村由于大量的外来人口居住和频繁的经济交往，加上城乡管理的混治，形成了一些社会不安定因素。"黄、赌、毒"现象比较严重，偷盗、打架甚至凶杀等刑事案件时有发生，经济纠纷接连不断，火灾等事故频发，这给城中村社会治安带来很大压力。城中村作为从事非正式经济、不稳定的低收入流动人口聚居区，与那些在正式经济中就业、享受各种福利的人群聚居的其他城市社区相比，犯罪率高在所难免。低收入使流动人口无力定居，"无恒产者无恒心"，低廉的犯罪成本等使其具有较高的犯罪倾向。此外，城中村还导致土地利用不经济、土地本身的价格大打折扣。而且在公众观念中，城中村也似乎成为城市问题的"万恶之源"，对它都是充满厌恶的情绪。由于出租房屋获得收入较为便捷，村民亦呈现出"寄生型"的精神状态，自甘堕落、不思进取，甚至出现"二世祖"现象，有边缘化、畸形化的双重人格倾向。有人说它是"毒瘤"，有人形容它是定时炸弹，也有人认为它是城市化进程中农民最后的港湾和堡垒。城中村便因此成了城市化进程中解不开的结。

城中村不仅阻碍了我国城市化的进程，也在一定程度上影响了城市居民的生活水平。城中村这个一度被遗忘的城市角落，开始成为人们关注的热点。城中村问题已成为困扰城市化进程的"痼疾"。因此，改造城中村是实现城市物质形态现代化的需要，是实现城市社会结构和社会管理现代化的需要，是改善城市环境和社会治安的需要，也是盘活城市资产，提高城市土地利用效率，使城市资产升值的需要。同时，从时机的角度讲，早改比晚改好，早改可以尽快地发挥改造的综合效益。若不从根本上加以解决，城中村的恶性循环还将持续下去，今后城中村改造任务将越来越重，成本将越来越高。

改造城中村的措施一直是各地政府头痛的问题，主要因为：一是城中村一般占地面积较大，如果按照城市商业开发用地的价格购买，政府必须支付农民巨额资金，政府一般承受不起；二是占据城中村土地的农民利用城中村土地和住所，能够从中获得巨大的利益，如果不能弥补这些好处，他们一般不会出让城中村土地。总之，收购城中村土地所需巨额的资金以及来自城中村农民巨大的压力是城中村问题较难解决的两个主要方面。农民之所以迟迟不肯出让土地的原因在于：一是等待土地升值，以期卖个好价钱；二是利用城中村的地理优势，靠出租房屋能够得到不错的租金；三是由于城中村农民已无耕地，因此他们希望出售土地后能够得到政府的各项保障，尤其是工作方面的保障。总之，城中村虽然在区域上已成为城市的一部分，但在土地权属、户籍、行政管理体制方面仍然保留着农村的模式，城中村已成为严重制约城市化发展的一个难点问题。

城中村的存在对城市经济社会发展造成了严重影响，要提高城市化质量，提升城市素质，必须进行城中村改造，要推进我国城市化的健康发展，就必须实现城中村的城市化。如果城中村的城市化问题无法解决，更大范围的城市化便无从说起。改造城中村是实现农村城市化、推进城市现代化的需要。当前，城中村已成为困扰我国城市发展和建设的重要问题，对城中村进行改造显得十分迫切和必要。中国要全面实现小康，就必须实行城中村改造，通过土地、人口、经济、社会、环境、规划、建设、管理等各方面的调整，采取有力措施综合治理，实现土地资源的高效配置，提高社区居民的生活质量，通过城中村的改造提高城市土地利用率，改善居住环境、投资环境和生态环境，更好地建设资源节约型、环境友好型社会，构建和谐社会。城中村的改造是一个农村向城市、农民向市民的转型过程，是一场深刻的由量变发展到质变的社会变革，不可避免地会遭遇到阻力和困难。在城中村的改造过程中，政府应起到主导作用，具体表现在：

（1）政府应该成为城中村社区建设制度的设计者。中国长期实行国家高度统合社会的治理模式，居民缺乏自治能力和经验，城中村居民也缺乏城市建设的理念，流动人口社区几乎都是临时组合，居民之间缺乏历史联系和利益纽带，因此，政府对社区建设的指导任务比其他地方更加繁重和艰巨。首先，政府必须提出社区建设的总体思路和发展规划。城中村布局混乱，建筑物凌乱，基础设施不配套，违章建筑多，要使城中村真正和城市融为一体，形成建设总体思路和制定发展规划非常重要。规划工作应与社区建设的发展与行政区划、行政体制、社会发展目标等紧密结合起来，使社区建设的发展与社会发展同步；在中心城市总体规划和市域城镇体系规划中，要重视城乡一体化规划和建设管理工作，促使城乡职能一体化与空间一体化的结合，要改变过去城乡分割的规划建设思想和重城轻乡的倾向，按城乡协调、城乡结合的原则，把城中村纳入统一的社会经济发展大系统，做到城乡同步规划、同步建设。其次，政府是社区法制建设的倡导者和实施者。政府应该尽快撤销或修订计划体制下影响城乡一体化发展的有关制度、法规、条例和政策，制定统一协调、互相配合的规范性文件，形成能够制约和促进社区服务业发展的政策法规体系，把城乡生产要素流动和经济社会发展纳入法制轨道，将社区建设规划纳入制度体系，化解制约社区建设发展的各种不利因素，从而将政府对社区建设的规划、组织、协调等宏观管理内容和监督、约束、规范等微观管理法律化和制度化。

（2）政府是城中村社区建设的引导者。城中村社区建设作为一项庞大的系统工程，它包括了社会各种行为：既有市场行为，也有非市场行为；既有政府行为，也有民间行为；既有组织行为，也有个人行为；既有精神建设行为，也有物质建设行为。政府的责任就是利用自己掌握的资源，积极引导社区居民和各种经济主体投身于社区建设的事业，真正成为社区建设的生力军。首先，引导各种经济主体积极参与城中村基础设施建设。改制后的城中村社区公共设施非常缺乏，政府应该巧用市场之手，制定切合本地实际的优惠政策和措施，引入竞争机制，有效调动所有经济主体参与公共设施建设的积极性。如珠海市在城中村改造中对房地产开发商实行"拆一免二至三"的优惠政策，即根据旧村的区位、拆迁量，每拆迁一平方米房屋，可以免交2~3平方米建筑面积地价，并减免相应的报建费用，确保开发商25%的利润，用政府让利的方式调控市场，收到了非常好的效果。政府必须及时披露基础设施建设的市场信息和投资信息，采取市场招标方法，以开发商的资金实力、规划方案、资信、对农民拆迁补偿四个因素来确定开发施工单位。总之，在城中村社区建设中，政府的角色是营造一个公平、公正的市场竞争环境，以优惠政策激发投资者的投资热情。其次，政府是城中村社区文化建设的导航员。城中村社区文化建设，必须有效克服传统的家族本位文化心理和小市民文化心理阻碍。传统的家族本位文化心理深深植根于原住民的骨髓之中，因为一个人从经济、生活、情感、道德诸方面都离不开家族的支持。这种传统的家族本位文化心理使原住民形成强烈的家族意识和乡土认同感，自然对外来文化和外来人口产生一种非常强烈的排拒心理，是社区认同意识的障碍。因为社区文化是一种公共生活领域的文化，它的文化基础是社会公德，是社会的整体利益，它与平等、权利、义务和正义等理念是联系在一起的，而传统的家族本位文化是私人领域的文化，它以血缘为纽带，是与狭隘的私利联系在一起的道德，两种道德的基础和形成机制完全不同，因此两者之间横亘着一道难以逾越的障碍，无法沟通与对话。小市民文化心理表现为心胸狭窄，急功近利，容易满足，缺乏平等观念、权利意识，它与平等、参与、友爱、协作的社区文化价值理念格格不入，城中村社区文化建设必须超越小市民文化心理，政府必须坚持"塑造人"这一城市文化建设的根本目标，营造健康向上的城中村社区文化氛围，培育平等、参与、友爱、协作的社区文化价值理念，为人的全面而自由的发展创造良好的发展条件。社区认同意识是凝聚社区居民人心的基础性前提，因而必须高度重视培养居民的社区认同意识，通过风俗礼仪、节日民俗等集体活动形式，创造社区成员在心理上彼此接近的机会，增强其认同感。另外，城中村居住着许多弱势群体，他们更需要关爱，他们比常人承受着更多的经济和精神压力，政府必须为他们提供更多的精神支持和心理抚慰。

（3）政府是城中村社区建设的协调者。城中村居住着城市流动人口的一大半，居民成分非常复杂，各种文化在这里激烈冲突。由于我国社会管理制度方面的缺陷，他们在社会生活中受到种种不公正的待遇，面临着城市其他社会阶层无法比拟的生存压力，极易产生挫折感，特别容易产生攻击性和报复心理以及反社会心理。与此同时，城中村因征地和拆迁问题以及劳资纠纷等引起的群体闹事事件也比其他社区都要多，加上城中村管理者管理方式的粗暴简单，很容易和被管理者发生冲突和对抗。另外，本地文化和外地文化的剧烈冲突在城中村表现得尤为剧烈，以出生地、成长背景、语言、生活习俗相同形成的小群体，很容易与本地人发生矛盾和摩擦，影响社会的稳定和安宁。可见，城中村是城市社会多重社会矛盾和问题的聚焦点。总之，化解各种矛盾和调节各方利益冲突是城市政府的一项重要职责。在城中村社区建设中，单纯依靠行政推力或排斥行政推力以及过分推崇居民自治，都不利于社区建设的健康发展，要推进城市化健康发展，必须按照科学发展观的要求，以人为本，统筹城乡关系，实现城乡协调可持续发展。

首先，要把城中村纳入城市总体规划。城中村由于没有真正纳入城市的统一规划、建设和管理，且具有自发性和盲目性，严重阻碍了城市的进一步发展。为杜绝城中村的再度形成，规划应充分考虑城市用地功能、基础设施的发展水平及城市容量的适度控制标准，确定城市基础设施布局和建设开发时序，在宏观层次上发挥对城市未来整体地价的引领作用。习惯于摊大饼式扩张的城市，对改造成本高的城中村采取搁置政策，向城市外围"蛙跳"，结果是旧的城中村问题没解决，新的城中村又梯次出现。必须把城中村统一纳入城市整体规划，作为城市有机空间，而不是游离于城市规划之外，要统一开发，推行户籍、土地、管理体制改革，使城中村农民转为市民，村委会变为居委会，集体土地变成国有土地，把城中旧村变为公共设施配套完善、环境优美的城市新社区。在新社区建设中，要打破传统的村庄安置观念，把分散居住的农户集中搬迁到符合城市规划要求的新社区。通过"一次规划、一次建设、一次安置"，把城中村改造与城市的规划和建设结合起来，高起点规划、高标准建设、高要求配套、高效能管理，使新社区成为城区的重要组成部分，要防止可能出现的逆城市化。

其次，明确城中村改造的目标，创新改造模式。城中村的根本发展取向是走向真正的城市化，即从农村向城市转变、从村民向市民转变、从农村管理向城市管理转变，这种转变包括物质形态、经济结构与组织、社区结构与管理、生活方式、人口素质等各个方面，是一个综合的社会转变过程，需要相应的综合与全方位的物质建设、制度建设与社会文化建设。城中村与城市危旧房存在本质的区别，理应有自己的针对性改造目标，城中村改造的整体目标应该为：通过改造实现村民市民化、组织城市化、管理现代化、经济市场化、环境都市化。为此，需要实施物质形态改造与社会形态改造互促共进的"五化一体"的改造新模式，具体内容如下：一是村民市民化。使被改造的城中村村民真正享受市民待遇，共享城市公共服务，不再单设区别转非人员群体的政策，使村民从内心感到被城市接受。二是组织城市化。以村委会改造为居委会作为切入点，加快组织建设、议事程序、管理范畴等方面城市化基层行政组织改造，推进村民自治向社区自治的全面转型。三是治理现代化。加强房屋租赁规范管理的引导，逐步形成契约式的社区社会关系。在此基础上，推行规范化、市场化、统一化的社区物业和社会管理方式。四是经济市场化。加强城中村原有集体资产股份制改造，推进产权关系、经济组织性质、治理结构等改革，使之成为能全面参与城市经济分工与市场竞争的社会法人，成为村民参与城市化进程的重要保障。五是设施都市化。按城市规划和市政建设的统一标准，规范城中村改造的容积率、绿化率，由政府统一进行公共设施配置。总之，改造城中村是一项复杂的系统工程，要顺应工业化、城市化规律，稳步推进农业向工业转、农民向市民转、村庄向社区转。

再次，做好城中村的统筹发展。科学发展观指出，必须要坚持统筹兼顾的工作方法和思路。当前政府在城中村改造过程中之所以遇到种种困境和阻力，一个重要的原因就是没有真正做好统筹工作。因此，一是要统筹城市与城中村的发展，即要处理好大局与局部的关系。要在城市总体规划的基础上，高起点、高标准建设城中村基础设施，进行社会环境规划和空间形态设计，充分兼顾经济功能和其他社会服务功能，营造高水平的人居环境。把城中村改造作为推进"绿色社区"建设的有效载体，树立统筹协调可持续发展的规划思想，既不浪费土地资源，又要留有一定的建设空间，确保城市未来发展的可塑性，避免低水平的简单重复。特别是在城中村改造模式的选择上，要立足当地实际和政府财政状况，谋求长远可持续的发展。二是要统筹城中村村民与外来人口的文化融合问题，即要处理好内部和外部的关系。要实现城中村有效治理、其村民迅速向城市市民的转变和发展，必须要推动城中村本土文化与外来文化、农村文化与城市文化的融合。唯有如此，才能创造一个和谐、稳定的社区环境，推动整个城中村的全面协调发展，成为城市化进程的助推力。三是要统筹好城中村改造各参与主体之间的利益，即要处理好内部成员之间的关系。城中村改造过程中，有政府、开发商、村民三方主体参与，由于各自利益立足点、发展理念以及受文化素质影响的战略选择不同，最终也导致存在各种利益博弈。因此，在目前城中村的改造中，如何实现各改造主体（政府、农民、开发商、低收入租房者）的利益共赢，实现城市主人的共生共荣是摆在城市决策管理者面前的现实课题。在这种背景下，应该研究在发挥市场配置资源的基础性作用的同时，发挥政府对各改造主体利益博弈的调节作用，提出有利于城市可持续发展的改造对策，指导我国现有城中村问题科学合理解决。改造的核心是政府在兼顾村民和开发商利益的基础上，明确各方职责，由政府、村民、开发商参与协商并制定城中村改造规划，由政府职能部门监督执行，并规范和监管村民及开发商的行为。

最后，调整土地利用结构，整合土地资源，盘活土地资产。土地问题既是城中村改造中的难点，也是搞好城中村改造的最佳切入点。城市是一个三维空间，土地利用既要平面布局合理，也要考虑各类建筑垂直用地的要求，充分发挥单位面积效能，合理确定不同地段的建筑高度和容积率，努力提高城市建设用地的相对数量，给城中村农民带来高额收益和就业机会。由于长期建设的盲目性和无序性，各种类型的用地混杂交错，相互包围，土地利用和建筑规划水平参差不齐，缺乏明显有序的功能分区，导致土地开发的整体效益和环境质量下降。应根据各城中村不同的区位条件和实际情况，有针对性地改造，以期用最小的投入取得最大的效益。整合土地资源，并对土地进行资产运营，提高土地的综合使用效率是解决城中村土地问题的重要途径。运营好城中村的土地资源可以化解城中村改造中的许多障碍，诸如资金匮乏、村民安置与社会保障等。在城中村改造中盘活和整合土地资产，将城中村土地转化为资本进行增值运作的过程，大致可以分为三个阶段来实施：一是量化土地资产，显化土地的真实价值，用市场机制来配置土地资源；二是实现土地资产的收益，通过资产经营实现其良性循环；三是统筹兼顾，在土地市场化运作的过程中实现土地收益的分配工作。

七、 人类文明的冲突与融合

早在 20 世纪的时候，1993 年美国哈佛大学国际关系学教授萨缪尔·亨廷顿在美国的一个权威杂志《外交》的夏季号上发表了一篇名为《文明的冲突》的文章。在这篇文章里，萨缪尔·亨廷顿指出，在 20 世纪 80 年代末期，世界发生了一些重大的变化，苏联的解体以及国际关系格局出现了很大的变动，以及由此而导致冷战时代的结束。萨缪尔·亨廷顿在这一篇文章中提出了一个在当时看来耸人听闻的观点，他认为由于苏联的解体和社会主义阵营的不复存在，社会主义和资本主义两大阵营之间的对垒从此以后就不再是未来世界冲突的主题了。所以他在这个基础上，认为 21 世纪世界冲突的主题将不再是政治，尤其不再是政治意识形态之间的冲突，不是社会主义和资本主义的冲突，那又会是什么呢？他的回答是人类文明的冲突。

人类文明的冲突是什么意思？萨缪尔·亨廷顿对文明的界定是以传统的宗教信仰或者传统的价值观为根本依托的。这个观点在当时提出来以后，可以说在世界上引起了轩然大波。萨缪尔·亨廷顿在《文明的冲突》里提出的很多观点，固然有一些西方中心主义的色彩，比如说他一再提醒西方各国，尤其是欧洲各国要和美国加强团结、加强联合，共同防止东方可能出现的伊斯兰教以及儒家伦理世界，可能出现的对西方的威胁。其实大家都知道，在西方的政治中，它们总是要寻找一些假设的敌人，当冷战时代结束，苏联以及以苏联为首的社会主义阵营已经不再构成西方资本主义一个主要的对立面的时候，这个时候要寻找下一个世纪新的对手。从这一点来说，这是美国战略方面的考虑，那么萨缪尔·亨廷顿在这方面确实也为美国提供了一些咨询。但是他对文明本身的分析还是有一定的道理的。正是在这个历史的基础上，我们才能对未来做出预测。这里实际上有一个两难的选择过程。要不然我们就认为历史是没有规则的，历史是没有任何规则可循的。如果是这样的话，我们对未来就不需要做任何判断，如果历史完全是偶然的，一切事情都是说发生突然就发生的，没有任何规律可循。那这个历史本身就没有任何预测的价值和意义。反之，如果我们相信历史本身是有一定规律的，有些东西它是必然性的，那么如果我们要是基于这种认识的话，我们如何对未来做出预断呢？当然就只能依据历史以往发展的一个脉络，只能根据过去，根据我们人类的过去，根据我们人类的昨天和今天的状况来推断人类明天将会是什么样子。让我们从 5000 年以前开始谈起，人类最早的文明有五个，尽管在我们很多中学的教科书里面总说是四大文明古国。所谓四大文明古国，只是说最早的一批文明发展到某一个时期、某一个阶段出现的一个比较辉煌的时期，某一个国家作为一个代表，这是一般的通俗的说法。但是我们要做研究的话我们就得提出人类最初的文明一共有五个，这五个文明从西到东，最西方的是地中海上的克里特岛上的一个文明，一般我们把它叫作克里特文明；再往南一点，在北非的埃及有一个古代埃及文明；再往东一点，在西岸两河流域，幼发拉底河和底格里斯河之间的一块冲积地上有一个两河文明，或者一般又把它叫作美索不达米亚文明，或者我们以它最初的一个国家形态——苏美尔命名，这个都是通用的；再往东，印度河流域有一个最古老的文明——印度河流域的文明，叫哈拉巴文明；再往东，当然就是我们中国的黄河流域文明，一般我们指夏商周三代。这就是我们所说的五个文明。现在我们依次对这五个文明做一个简单的介绍。

在这五个文明中，最古老、最悠久的要数两河文明和埃及文明。当然我们说的只是一个相对的概念，因为现在考古学对古代文明的发掘，只能停留在以百年为单位，它不可能再细。两河流域文明，也许是人类现今可以发掘出来的最古老的文明。大概从公元前 3500 年开始，那里就出现了一些城市，比如乌鲁克、乌尔等这样的一些城市就已经出现了，而且有了它们自己的一些楔形文字。其次就是埃及文明，按照现在一般的历史记载，从公元前 3100 年开始，就已经有了最早的所谓的古王国的文明。在尼罗河的中游有一个城市叫孟菲斯，在这个地方埃及人建立了最早的一个王国叫古王国。这个时候是埃及文明的开始，这两个都有5000 年以上的历史。再稍晚一些就是克里特文明，克里特文明大概在公元前2600 年的时候就出现了，而且克里特文明明显地带有埃及文明和两河流域文明影响的一种痕迹。所以我们说，克里特文明可能带有很浓厚的模仿色彩，模仿埃及文明和两河流域文明。因为克里特紧靠着爱琴海，爱琴海是地中海东北角上的一个湾，爱琴海世界在当时可以说是商业活动交往非常频繁的一个世界。所以两河流域以及埃及和克里特之间是通过海上交往，可以说是比较频繁的那种交往。所以我们说，克里特文明带有一种很浓郁的埃及文明的色彩，这一点凡是研究希腊神话，追溯到克里特神话的都可以看出来。

比如说，那种半人半兽的一些神，像我们比较熟悉的在希腊神话里占有一席之地的那些怪物、神族，像斯芬克斯这样的一些神，最早是从埃及传过来的。还有一些其他的证据可以证明，克里特文明是深受埃及影响的，同样也有东方的影响，东方主要指两河流域。

　　然后是印度的哈拉巴文明。关于印度文明，我们可能了解得比较少，我们一般知道的印度文明是以吠陀教或者婆罗门教而著称的古代印度文明，那个古代印度文明实际上是第二代文明，它不是最初的，如果我们还是借用生物学上的概念的话，那么我们把最初的一代文明叫作亲代文明，把第二代文明叫作子代文明，可以说，我们大家所熟悉的那个以婆罗门教而著称，出现了种姓制度的古代印度社会只是第二代文明，在这个文明之前还有一个由当时在印度河流域那些原住民所创造的文明，这就是所谓的哈拉巴文明。哈拉巴文明是比较晚才被发掘出来的，是在20世纪初由一批英国的考古学家在一些墓地发现了一些荒芜之地，发掘出来一些城市遗迹。而且根据这些城市遗迹，可以推断出来，在印度在那些建立婆罗门教和种姓制度的外来入侵者来到印度河流域之前，印度曾经存在过非常发达的文明，这些文明是由一些被称为达罗毗荼的人所建立的，达罗毗荼人建立的文明后来就被称为拉巴文明。这些达罗毗荼人因为生活在南亚，所以皮肤比较黑、身材比较矮、鼻子比较扁，他们和后来入侵到印度河流域的那些身材比较高大、皮肤比较白的入侵者比较，身体形态上有很大的差距，所以那些后来征服了印度河流域、摧毁了哈拉巴文明、重建了印度古代文明的入侵者就蔑视当地的原住民，把他们贬称为达萨，"达萨"在印度语里也就是奴隶的意思。也就是说，那些原来哈拉巴文明的创建者在后来的被征服过程中反而沦为奴隶。一直到现在，在印度南部地区仍然生活着一些达罗毗荼人的后裔，他们的社会地位都是比较低下的。至于我们后来熟悉的印度文明，我们可以看到，明显的是一种融合，所以这是印度文明的基本情况。

　　然后再往东就是中国了。中国的黄河流域文明一般是指夏商周三代，当然关于中国的文明，可以说现在在学术界，尤其在西方学术界是有一些不同的看法的。大家知道，我们国家现在花了很大的精力、财力搞了一个项目，叫夏商周三代的断代工程，可以说是人文科学研究中最大的一个项目，也取得了很多进展。这个项目的目的无非是要证明，我们中国的文明史不能从商代开始算起，而要从夏代开始算起，当然还有就是具体断代，夏代、商代、周代到底是从什么时候开始的？具体的年限，要把这个年从百变成十，变成具体的那个年。大家知道商代的文明是从公元前1600年开始。从公元前17世纪开始，如果说我们的历史只能追溯到商代，我们就没办法说我们具有5000年的文明史，我们只有3000多年的历史。我们现在要通过这样一些大量的考古、大量的发掘，最后确证夏代确实是文明，它不是文明以前的野蛮。在这样的基础上，可以说取得了很多成果，当然现在还是缺乏一些证据，特别是一些比较重要的证据，比如文字，文字是文明发源的一个重要标志，是文明与野蛮相互区别的一个重要标志。

可以说，文明和野蛮之间的区别有很多，但是最主要的有两点，用今天的话来说叫物质文明和精神文明。这两点这样来区分：从物质方面来说，一个文明的标志是什么呢？就是必须有定居农耕生活。大家知道农耕生活和游牧生活是不一样的，游牧生活中的游牧民族是逐水草而生，所以，今天可能在这儿，明天可能就到几十里、几百里、上百里以外的地方去了，所以不可能定居。这样生产力发展水平就比较缓慢，那么也就不可能出现城市，不可能出现城市中心。但是一旦人们开始过农耕生活了，大家知道，农耕生活的特点是春播秋收，所以人必须在那儿等着，那就必须定居下来，而且初期的农耕生活主要靠天吃饭，但是毕竟比游牧生活稳定些，所以可以创造更多的生产力，生产力水平可以更高。而且由于过上了定居的农耕生活，也就出现了最初的城市中心。最初的城市当然不能跟现在的城市相比，但是它已经是人们的一个经济文化活动的中心了。正是在定居的农耕生活的基础之上，我们才可能在直接的生产活动之余从事一些非生产的活动，也就是我们人类的一些高尚的活动、一些文化活动，所以从这个意义来说，文明产生的一个物质标准、物质条件，就是看有没有定居的农耕生活以及在此基础上所出现的城市中心，这是一个物质标准。

文明还有一个精神上的标准。最初的文明都是随着庙宇而出现的，最初的城市往往都是一些庙宇，最初的城市中心都是一些庙宇中心。所以有人提出，人类的文明是在祭祀鬼神的活动中产生出来的，因为要有祭祀鬼神这样的活动需要。人们从最初的图腾开始走向了一种固定的、有固定场所的祭祀活动，这是跟农耕生活联系在一起的。一旦人类开始有了一个固定的庙宇中心，就自然会产生一批专门从事宗教活动或者迷信占卜活动的专职人员，我们把他们叫作祭祀集团，而我们发现人类最早的文明的统治者往往就是祭祀集团。最早的国王往往就是最大的祭师，他本身承担着人和神之间沟通的这样一个重要使命，而且老百姓也觉得他就是神的化身，这一点在埃及、两河流域、中国、哈拉巴文明、克里特文明中都可以看到大量的例子。所以我们说，有了庙宇中心以后它自然会产生祭祀、祭坛，而由于祭祀的产生，由于宗教迷信活动这样的一种要求，所以才开始出现了对宗教、祭祀、占卜活动结果的记载，这种记载就是最初的文字。所以文字最初都是出现在庙宇之中的，我们中国的甲骨文也是主要用来占卜的，是求神问卜的一种文字，后来才逐渐推广到非宗教领域、推广到日常生活中。

文明的一个重要标志就是文字，这也是我们刚刚谈到的。世界最古老的五个文明周围是一种什么状况呢？可以说，基本上都是被那些游牧民族包围着，如果说农耕生活才是文明的一个重要标志的话，那么那些没有进入农耕、逐水草而生的游牧民族基本上还属于野蛮民族，没有进入到文明阶段。尽管有自己的一些文化，但是没有进入到刚才说的文明这个范围之内。在这五个最初的亲代文明的南边基本上都是荒漠或者大海，而在他们的北边可以说是一望无际的平原、草场、森林，当然也有高山峻岭。在这些森林草场中间，长期游徙不定地生活着一些游牧民族，这些游牧民族逐水草而生，因此我们很难说固定的地方在哪个地方。由于南方定居的农耕生活这种文明的文化水平比较高，所以它实际上在很长时间以来，就成为北部的那些游牧民族入侵的对象，游牧民族虽然没有进入到文明阶段，但是由于都是过着马背上的营生，机动性非常强，而且长期追逐、打猎，所以他们比较剽悍，能够打仗，能够吃苦耐劳，野性比较强，所以在那样的情况下，往往都是北方的游牧民族入侵南方的农耕世界。这样一来，我们又形成了两个世界：一个是在亚欧大陆偏南的地方，北回归线与北纬35度线之间的，我们叫作农耕世界，他们都是过着农耕生活；再一个就是在他们的北边的可以说像漫山遍野的黄沙一样，到处弥漫着的游牧世界，我们叫作游牧世界。这样就形成了南农北牧的游牧世界和农耕世界的对峙，这种对峙从公元前3000年一直持续到公元后1500年。可以说，人类4000多年的历史都是在这两大世界的对立之中过来的。因此可以这样说，在15世纪来临之前，在15世纪、16世纪，这个世界历史的重要分水岭到来之前，人类的文明主要就是在游牧世界和农耕世界的冲突过程中不断地发展和壮大起来的，游牧世界和农耕世界的冲突构成了文明发展的一个重要动力。

游牧世界像汪洋大海一样地包围着农耕世界，游牧世界的每次大入侵，导致了文明和农耕世界巨大的变化，这个变化我们可以把它分为两个方面来说：一个方面我们把它叫作空间效应，另一个方面我们把它叫作时间效应。游牧世界对农耕世界的冲击，导致了巨大的时间和空间上的效应。时间效应是一种什么效应呢？这种效应我们一般叫作文明形态的嬗变。具体举个例子来说，就好像是一只蚕，这只蚕它要蜕皮，它蜕了一次皮后就变成一个新的，然后再蜕一次皮又变成新的了。从一个黑蚕变成一个黄蚕，然后变成一个白的，变成一个透明的蚕，然后它又吐丝、结茧，结完茧以后它又咬破茧变成蛾子，然后又产卵。虽然它的形态在不断变化，但是蚕还是那个蚕，文明也是这样。文明的那种形态的嬗变也就是指这一个意义，就是同一个文明，在经过游牧世界的不断冲击以后形态发生变化，从第一代文明变成第二代文明，从第二代文明又变成了第三代文明乃至第四代文明。同样，我们可以说，在游牧民族的冲击之下，农耕世界也发生了一个空间效应，这个空间效应我把它叫作酵母效应。所谓酵母效应，就是看起来弱小的、地域非常狭小的农耕世界处在游牧世界的包围之中，但是这个包围的时间长了以后游牧民族不断地入侵农耕世界，其结果导致了文明反向地扩张到游牧世界生活里，其结果就使原来是游牧世界、游牧民族生活的地区，现在反过来也变成了文明地区了，也变成了农耕世界了。看起来游牧民族是入侵者，是主动者，但是经过长期的冲突以及融合以后，游牧民族反而纷纷地都转向了文明的生活方式，改变了游牧的习性，开始过上了定居的农耕生活，整个人类文明就是这样在扩展。所以这就像一个酵母被一个面团包裹着，时间长了以后，酵母发酵，使整个面团变成一个酵母，然后又一个更大的面团包裹着它，然后它又发酵，于是更大的面团，又变成一个酵母。文明就是通过这种反向的作用而不断地发酵、不断地扩展、不断地膨胀，乃至于到了15世纪的时候，我们再看这个世界，基本上到处都是农耕世界，找不着游牧民族的立足之地了。再到今天，游牧民族已经不是作为一个对农耕世界和工业世界具有挑战性的完整的世界了，它只不过是一个非常零星碎点地散布在文明世界的缝隙之间的一些古老的遗迹。接下来看一看游牧民族对农耕世界的具体的冲击情况。

从公元前3000年一直到公元后1500年，在这4000多年的历史中，游牧民族对农耕世界的大冲突、大入侵，可以分为三次。从公元前3000年末一直到公元前600年左右，这个时候基本上是游牧民族对农耕世界的第一次大入侵，以及随之而来的大融合的完成。这一次大入侵主要的发起者是最初可能生活在黑海和里海之间的平原上的、说原始雅利安语的一些游牧民族。这些游牧民族最初的生活范围主要是在黑海和里海之间，但是后来随着时间推移开始不断地向南部渗透、向南部扩张。这个扩张是通过千百年完成的，在这个一边走一边扩张的过程中，游牧民族完成了对农耕世界的第一次大冲击。这个大冲击，使当时在中国以西的几个文明都受到了不同程度的摧残。

首先，我们来看这个说原始雅利安语的游牧民族对最西边的克里特文明的入侵。可以说，说原始雅利安语的游牧民族对当时最早的亲代文明的入侵分为三个方向：一个是向西南，一个是向正南，一个是向东南。向西南冲入的那一支冲入了巴尔干半岛，冲入了希腊，然后通过希腊攻击了克里特，最后使克里特文明毁灭。然后在克里特文明毁灭的基础上，在希腊半岛东南角出现了一个迈锡尼文明。我们所熟悉的希腊文化主要是指第二代的希腊神话文化，这实际上已经是一支一支的游牧民族冲入了巴尔干半岛以后，跟当地的原住民相结合的结果。这些冲入希腊半岛的民族有三个浪潮。第一个浪潮主要是爱奥尼亚人，这些爱奥尼亚人还是以一种比较合理的方式渗透到爱琴海世界，渗透到希腊半岛，渗透到小亚细亚和西亚，建立了很多城市、很多城邦。紧接着就来了一支比较凶猛的游牧民族，他们自称阿卡亚人，这些阿卡亚人冲入希腊半岛以后，就毁掉了克里特文明，然后在希腊半岛的东北角，在迈锡尼这个地方建立了一个迈锡尼文明。迈锡尼文明带有很大的模仿克里特文明的色彩。迈锡尼文明的那个时代出现了很多战争，比如大家比较熟悉的《荷马史诗》描写的特洛伊战争。在阿卡亚文明持续了 300 年以后，到了公元前 11 世纪，从北方又冲来一支更加野蛮的游牧民族，叫多利亚人，这支多利亚人摧毁了迈锡尼文明。最后其结果就导致了整个古代的克里特文明的毁灭。那么这个毁灭导致了什么结果呢？导致了所谓黑暗时代的来临，从公元前 11 世纪一直到公元前 8 世纪，在希腊半岛这个地方，文明好像消失了，又退回到史前的一种原始状态，出现了所谓的黑暗时代。一直到公元前 8 世纪，这个地方才开始出现非常辉煌的希腊城邦文明，希腊城邦文明本身就是在游牧入侵者和当地的原住民相融合、相杂居以后所产生的一个新的文明形态。还有一些说原始雅利安语的游牧民族冲入到了阿平宁半岛成为了罗马人的祖先。还有一批进入了伊比利亚半岛，就是西班牙半岛，成为后来的高卢人的祖先，高卢人后来又成为法国人以及西班牙文化的最早的一些创始者。综上，地中海上的这三个半岛，都是游牧民族来了以后，在那个地方扎下根来和当地的原住民相融合，最后产生了一种新的文明形态。所以西南这一支冲击的结果就使克里特文明毁灭，导致了希腊、罗马文明的诞生。

往正南冲入的那一支，越过了伊朗高原进入了两河流域。两河流域的文明包括很多国家形态。从最初的苏美尔到阿卡德、到古巴比伦、到亚述、到新巴比伦，尽管这些国家形态在变换，但是它们都是同源同种，基本上都属于赛姆族或者闪族。这个文明持续到最后的阶段，两河文明从苏美尔开始，一直持续到新巴比伦。到了公元前 600 年的时候，有一个从北方来的游牧民族，说原始雅利安语，有两支渗透到两河流域，一支叫作米底人，一支叫作波斯人，在他们之前还有一些，比如赫梯人、胡里特人、喀西特人，这些人都是说原始雅利安语的、从北方冲过来的人。但是到了公元前 600 年的时候，随着密地人以及波斯人的入侵，整个古代的两河流域文明算是彻底解体。这个解体的结果，就是导致了一个新的文明——波斯帝国的产生。波斯帝国是作为两河流域下面的第二代文明，也是由于入侵的说原始雅利安语的游牧民族和当地的两河流域文明的原住民相融合以后产生的一种新的文明形态。

还有一支是向东南方向涌去。这一批说原始雅利安语的、身材高大、皮肤白皙，甚至金发碧眼的入侵者，取道伊朗高原，冲入印度河流域，摧毁了那些身材矮小、皮肤发黑、鼻子扁平的达罗毗荼人所建立的哈拉巴文明，然后在这个基础之上，创立了一个古代的印度文明——最初是吠陀教，然后发展到婆罗门教，在婆罗门教的基础上，后来到了公元前 6 世纪的时候，又产生了佛教。到公元 4 世纪的时候，又产生了印度教这样的一个古代印度文明。这个第二代的古代文明就是我们比较熟悉的那个古代的印度文明。

然后再看东边，也就是在中国这边，中国先秦时代的夏商周文明在游牧民族对农耕世界的第一次大冲击中幸免于难。原因很简单，因为在中国与西部的其他文明之间有着崇山峻岭，从阿尔泰山、天山、昆仑山、喜马拉雅山，这样一道一道的崇山峻岭把游牧民族向东的入侵浪潮遏制住了，所以没有越过帕米尔高原来到中国，但是也有一些已经来到了帕米尔高原，形成了广义的突厥人的祖先，但是基本上没有威胁到或者直接威胁到中原的黄河流域的夏商周文化。所以我们当时看起来幸免于难，没有受到说原始雅利安语的游牧民族的入侵，但是在同样的时间，中国夏商周文明受到了与我们这个文明同源的蒙古利亚种的一些游牧民族的入侵，这个入侵就是从最早殷商时代的鬼方、戎狄开始，一直到后来的匈奴这样的一些游牧民族的入侵。当然当时还不叫匈奴，北边叫狄，西边叫戎。从商代开始就有鬼方、鬼狄不断地骚扰着中原，再往后，到了周代，周幽王设烽火台就是防止西北的戎狄民族来犯，留下了"烽火戏诸侯"的典故。然后到了东周列国时代，北边的赵国、韩国、燕国也设置了长城，包括秦国也设置长城，主要就是防止西北的那些游牧民族来犯。可以说，在先秦时代，从商开始一直到周，这个西北的戎狄民族始终对中原是一个威胁，而且不断地进行战争，形成了一个冲击或者融合的过程。这个冲击融合的过程，经过春秋战国这样一个战乱时代，最后导致了第二代文明的出现，也就是秦汉帝国。我们谈到的四个文明，有三个是受到说原始雅利安语的游牧民族入侵而导致形态的嬗变，有一个是受说阿尔泰语系的游牧民族入侵而导致形态的嬗变。

埃及由于它特殊的地理位置，当时就幸免于难，没有受到冲击。20 世纪伟大的历史学家汤因比曾经在《历史研究》中这样说："埃及在公元前 1600 年喜克索斯人被驱逐的时候实际上就已经死掉了，埃及文明就已经灭亡了。"但是这样一个巨大的尸体死而不僵，从死亡到收尸入殓，居然用了 1600 年的时间，一直到成为罗马帝国的一个行省。埃及文化的典型象征是金字塔和木乃伊，而埃及文明的命运恰恰就是金字塔和木乃伊，它成为一个文明的金字塔、一个文明的木乃伊，或者用汤因比的话来说，它成为文明的化石，所以它消失了。因此再往后，我们看就是四大文明，从西到东，一个是希腊罗马文明，一个是波斯帝国或者叫波斯文明，一个是印度古代文明，一个是中国秦汉时代的文明或者叫秦汉帝国。这样，游牧民族对农耕世界的第一次大入侵到此便结束了。

四大文明出现以后，我们看到了一个新的时代，如果我们把第一个时代，由于它的迷信色彩比较浓厚，叫作神话时代，那么第二个时代我们就把它叫作英雄时代。第二个时代非常富于扩张，除了印度是个例外，其他三个文明都非常富于扩张。波斯人喜欢战争，罗马帝国就更不用说了。希腊固然早年是奉行自由主义和分离主义，但是自从马其顿帝国崛起以后，亚历山大就开始把金戈铁马一直推向东方，一直推到印度河流域。中国的秦汉时代，大家知道也是一个重武轻文的时代，秦汉时代男子都喜欢效命于疆场，报效祖国，要"马革裹尸还"，不喜欢久事于笔砚之间。班超投笔从戎时的一番豪言壮语就表现了当时人们普遍的一种心态。中国历史上有所谓的雄汉盛唐之说，汉代是比较雄壮的，"雄"是强大，"雄"可以说是穷兵黩武、喜欢争战沙场。唐代很繁盛，是文化繁盛，所以说和平交往比较多。秦汉时代，帝国之间经常发生冲突，可能是两个文明之间的冲突，也可能是一个文明和其他的游牧民族之间的冲突，这两种冲突都有。

首先来看西边的波斯帝国，可以说最初是波斯人入侵希腊，从大流士一直到薛西斯，先后三次入侵希腊，其结果当然都是以失败而告终。这个失败的结果，一方面，可以说希腊人捍卫了自己的独立，捍卫了自己的自由；另一方面，可以说希腊人从波斯人那里学会了帝国主义。"帝国主义"最初是由东方人发明出来的，是由波斯人发明出来的，然后把它加到希腊人身上。后来到了亚历山大、马其顿帝国的时候，西方人学会了"帝国主义"，然后用"帝国主义""以其人之道还治其人之身"。历史实践证明，西方人尽管不是"帝国主义"的始作俑者，但是他们在运用"帝国主义"方面，可能比东方人更加得心应手。其结果是三次希波战争，波斯人三次入侵希腊都没有得手。但是亚历山大一次反攻就把整个波斯帝国给毁掉了，最后灭掉了波斯帝国。在这样的情况下，我们说西方发生了很多次冲突，波斯主要是在两河流域的基础上发展起来的，以后在它的基础上又发展出阿拉伯帝国，发展出伊斯兰教这样的一个文明。我们不谈中国，也不谈印度。如果把西方，就是以克里特、迈锡尼一直到希腊、罗马，作为一方，以两河流域到波斯作为另一方的话，那么我们说一个是西方、一个是东方。东西方之间的冲突，可以说是由来已久。如果要从历史上来追溯，最早的一次在传说中就出现了。

希腊人最初是爱好自由、讲究分离主义的。建立一个幅员辽阔的大帝国这样一种观念，对于希腊人来说是很陌生的，他们没有这种观念，他们没有觉得建立一个大帝国有什么很重要的必要性。东方波斯帝国最先成为一个大帝国，发动三次希波战争，但是希腊人很快学会了"帝国主义"，随着马其顿王国的建立，随着亚历山大的征服，西方人就把帝国主义反过来压到了东方人头上。这样就导致亚历山大的东征。如果说克里特战争是第一次西方人打东方，紧接着希波战争是东方人第一次报复西方的话，那么我们说，亚历山大的东征就是第三个回合了，西方人再一次入侵东方。虽然亚历山大只是昙花一现，仅仅 32 岁就夭折了，但是他死了以后，他的大帝国一分为三，在小亚细亚和西亚当时建立了一个王国，叫塞琉西王朝，仍然是希腊人统治。希腊人当时的统治影响一直扩散到印度河流域，后来随着罗马帝国的崛起，塞琉西王朝、托勒密王朝以及马其顿王朝，全部都并入了罗马帝国的版图之内。

在这样的情况下，罗马帝国继续向东推进，波斯帝国虽然灭亡了，但是我们说的波斯帝国只是第一波斯帝国——阿契美尼德王朝，这个王朝灭亡了。这个王朝灭亡了以后，在波斯又出现了另外一个王朝——帕提亚王朝，一个比较野蛮的帝国。这个帕提亚帝国在我们中国史书里被叫作安息帝国，是非常强大的。所以当罗马人开始东侵的时候，帕提亚帝国就构成了罗马人东侵的一个障碍，双方就在从两河流域到亚美尼亚这一线展开了拉锯战。罗马帝国尽管很富于扩张，它向西、向北、向南已经扩张到没办法再扩张了，唯独向东没有取得一些实质性的进展，只是把它的兵锋推到了西亚。当然这也已经非常了不得了，罗马帝国当时建立的版图让后来的很多野心勃勃的政治家、军事家都想实现。罗马帝国曾经两次和帕提亚帝国交战，均以失败告终。后来帕提亚帝国灭亡了以后，又出现了一个第二波斯帝国，叫萨珊王朝，它也属于波斯帝国。萨珊王朝接替了帕提亚人，成为罗马帝国向东入侵的一个障碍。

在东方，东方的两个子代文明情况有很大的差异。印度非常特殊，刚才说在英雄时代它是一个特例，它的宗教过早成熟。从吠陀教、婆罗门教一直到公元 6 世纪佛教产生，印度成为一个宗教的万花筒，导致了印度在长期的历史过程中成为一个积弱不振的民族。它始终是阴柔的，阳刚之气不足，所以在相当长的历史过程中，总是受到外族人的入侵。但是，外族人无论如何统治它，如何征服它，始终都不能从根本上改变它的文化性状，因为它已经有了自己的高级宗教，有了自己永远不灭的精神脊梁。所以从这个意义上来说，任何一个民族都可以轻而易举地征服印度，但是要想彻底改变它，把它从文明史上给抹杀掉，那是办不到的，因为它有了自己成熟的一套观念，有了它的高级宗教系统。这个例子就好像我们曾经说，一个人要是在小时候就到美国去，他很容易成为一个美国人，但是，如果一个人已经成熟了以后再到美国去，无论如何受美国文化熏陶，他仍然会保持自己独立的人生观、世界观、价值观，同样，文明也是这样。印度虽然积弱不振、长期以阴柔为主调，总是不断地受到游牧民族或者伊斯兰教徒的入侵，但是尽管如此，印度始终一直到今天都保持了它的文化一贯性。这主要是由于它的婆罗门教、佛教和印度教一脉相承的这样一个关系。由于印度过早地进入宗教时代，积弱不振，再加上印度和中国也隔着喜马拉雅山、昆仑山一些山脉，所以中国和印度之间没有发生直接的冲突。

那么秦汉帝国呢？它也是一个大帝国，也非常强盛。当时的西北，匈奴非常厉害，总是骚扰中国的边关。所以从汉武帝开始，一直到东汉，很多有作为的皇帝都把精力放在不断地扩张边界上。而匈奴人遭到打击以后，过一段时间又会死灰复燃，又来入侵。在这样的情况下，我们和匈奴之间，在西北边界就不断地展开战争、冲突。但是非常可惜，它没有和西方的罗马帝国发生正面的冲突，这到底是历史的不幸，还是历史的幸运，很难说。两者虽然因为地理位置、地理环境隔绝，没有发生正面交锋，但是它们却发生了一些间接的冲突，主要是由生活在亚欧大陆两端的那些广大的游牧民族引起的。就好像是两个高手过招，已经不用直接交手了，通过气流就可以击倒对方。尽管游牧民族对农耕世界的第一次大冲击已经完成，但是还有很多游牧民族没有进入到文明。文明尽管扩展了，但是在北边还有很多游牧民族，至少中国西北边就有匈奴，而且在整个亚欧大草原上生活着很多游牧民族，在罗马帝国的北边、东北边生活着广大的日耳曼民族，在伊朗高原上还生活阿兰人、马扎尔人等。这些游牧民族在这两个帝国之间游动，哪一个帝国势力更强盛，就可能向哪个地方跑。实际上就像一个天平，你这边高起来了，这些人顺着就落到那边去了，那边抬起来了，就往这边落。游牧民族本来就逐水草而生，没有固定的城市，没有不动产，都是不断地游徙，哪边有利可图就往哪边倒。罗马帝国和中国的秦汉帝国虽然没有直接交锋，但是由于秦汉帝国不断地向西部发展，不断地主动出击，不断地攻打匈奴，所以使匈奴最后打不过汉代的军队就向西逃跑，结果就使整个亚欧大草原上平静的游牧世界一下子掀起了轩然大波，一支一支的游牧民族打不过匈奴人就纷纷向西跑，或者向南跑。这样，灾难就落到了南部的那些农耕世界的头上。匈奴人边走边停，最后一直到公元5世纪，他们来到多瑙河。受他们的挤压，当时亚欧大草原上的一些其他的游牧民族，比如月氏人、马扎尔人、匈牙利人、阿兰人，这样一支一支游牧民族就纷纷地往西或者往南跑，使当时南部的萨珊王朝受到了很大的冲击。罗马帝国

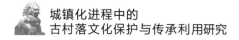

最后遭到了灭顶之灾。

大家可能觉得，在这个"内功"的较量中，中国秦汉帝国占了上风，但是非常可惜的是，我们发现在罗马帝国崩溃之前，我们中国秦汉帝国首先陷入了混乱，首先崩溃了。游牧民族从东边打到西边，走了好几个世纪，从公元1世纪大规模西侵一直到公元5世纪，才把最后一张牌落到罗马帝国的头上，中间至少有4个世纪。在这4个世纪中，其中在公元3世纪，我们中国的汉朝就结束了，到了三国时期，然后就是魏晋。晋朝实际也非常衰弱、不堪一击，这个时候，中国西北边境的那些游牧民族，有一批没有西迁的开始死灰复燃，而且变得非常强大。随着晋朝的衰弱，游牧民族开始崛起，这又导致了我们中国的一场浩劫，导致了南北朝的来临。这个时候，一批没有走的匈奴又在黄河以北建立了政权。然后在匈奴以后，鲜卑人也来了，羯人也来了，羌人也来了，氐人也来了，形成了匈奴、鲜卑、羌人、羯人、氐人五个游牧民族的所谓"五胡乱华"，使中原政权汉代灭亡。所以我们说，第二次游牧民族对农耕世界的大入侵导致第二代文明的瓦解。当然印度我们之前说了，它实际上是个例外情况，很难说是否瓦解，因为它始终保持着自己的一个宗教，过早地进入第三种形态之中——宗教时代的文明形态，过早产生了高级宗教。西边的罗马帝国崩溃了，东边的秦汉帝国也崩溃了，还有一个就是波斯帝国。

波斯帝国经过内部的几个王朝的嬗变以后，出现了萨珊王朝。萨珊王朝虽然在匈奴人入侵过程中没有彻底毁灭，但是元气大伤。随着匈奴人这一波的结束，日耳曼人落到西罗马帝国的头上，摧毁了西罗马帝国。这一波结束了，但是没过多长时间，也就是100年的时间，甚至还不到100年，在阿拉伯半岛上又崛起了一支游牧民族——贝督因人，也就是阿拉伯人。阿拉伯人开始崛起，而且迅速地建立了一个强大的阿拉伯帝国，然后在扩张的过程中把萨珊帝国给灭掉了。可以说，阿拉伯人的这次大入侵是第二次游牧民族对农耕世界大冲击的一个尾声，一个雄壮的尾声。这个尾声的结果就使萨珊帝国灭亡了，波斯结束了，波斯的文明时代结束了。所以我们看到，游牧民族对农耕世界的第二次大入侵导致了三个文明的解体，三个文明的形态发生了新的嬗变。西边，西罗马帝国崩溃以后，导致了查理曼大帝建立帝国，一个新的文明出现，我们就把它叫作基督教文明，这是西方的第三代。当然基督教是从公元之交就产生了，但是它真正成为一个文明是从公元800年开始，这是西方学术界的共识。中东这边，波斯帝国覆灭、萨珊王朝结束以后，在它的基础上出现了伊斯兰教文明，它的国家形态就是阿拉伯帝国，这是中东地区的第三代文明。在印度这边，印度教、佛教产生以后，尤其是到公元4世纪，印度教产生以后，这个宗教开始深入人心，产生了非常大的影响。这个时候，在印度出现了它的第三种形态，也就是佛教—印度教文明。而在中国，经过了秦汉帝国以后，经过了魏晋南北朝，到了隋唐就出现了中国第三代文明形态，即儒家伦理文明。因为儒家的思想不属于宗教，它是一种伦理文明，所以我们把它叫作儒家伦理。这样就出现了中国的第三代文明。当然有人可能说，儒家思想在春秋战国时就开始出现，到了汉武帝时采纳董仲舒的观点，"罢黜百家，独尊儒术"。儒家的思想那个时候就已经成为官方的意识形态。实际上，从汉武帝"罢黜百家，独尊儒术"到老百姓自觉地把儒家的思想变成自己的意识形态，还是需要很长很长时间。真正的儒家思想成为深入人心的中国的主流意识形态是在隋唐以后，那时所有老百姓都受它的影响。魏晋南北朝的时候，人们的思想还是很混乱的。佛教、道教，各种各样的思想非常多。但是到了隋唐以后，尤其是到了唐代以后，儒家的思想才定于一尊，到了宋代，儒家思想已经不可动摇了。所以从这以后，我们才能说中国的儒家文明开始建立，这是我们说的第三代文明的出现。

第三代文明出现以后不久，从12世纪开始，又一个游牧民族的大入侵开始了。这个第三代文明最大的特点是什么呢？就是它已经开始有了自己的高级的宗教或伦理价值系统。也就是说，这个时候这些文明都成熟了，都有了自己永远不倒的精神砥柱。在这样的基础下，这些文明就不容易被别的文明所同化、所彻底改变。不管是用暴力入侵，还是用经济渗透，都不可能从根本上改变它的文化现状。所以这些文明产生以后，它们就各自比较稳定了。第三个时代我们把它叫宗教时代，在宗教时代就是四大宗教伦理价值系统为基本依托的文明之间的冲突、文明之间的对垒。在西方基督教和伊斯兰教之间不断地发生摩擦，首先，随着公元7世纪伊斯兰教的崛起，开始了一轮浩浩荡荡的气势磅礴的伊斯兰教的西侵运动。从11世纪开始，基督教世界组织了所谓的"十字军东征"，"十字军东征"实际上就是对伊斯兰教、对穆斯林西侵的一个反扑。这个反扑的结果是什么呢？除了第一次十字军东征取得了暂时的、军事上的胜利以外，其他后来的几次运动都是以失败而告终，后来的八次实际上都是闹剧。其中有一次变成了对君士坦丁堡的抢劫，本来是取道君士坦丁堡去打伊斯兰教徒，结果反过来，对君士坦丁堡的东正教兄弟们进行了抢劫。因为东正教和天主教同属于基督教。还有一次组成了一支所谓"儿童十字军"，由德国和法国的两个牧童组织了一支儿童的十字军，都是十三四岁、十四五岁的少年，他们浩浩荡荡向东去征伐伊斯兰教徒，但是还没走到地中海就被一些人贩子拐卖了，可谓一场闹剧。

从亚历山大以及罗马人东征以后，穆斯林的西侵是第四个回合了。然后我们再看东方。当西方伊斯兰教和基督教打得不可开交的时候，我们发现东边的儒家伦理世界和印度教、佛教世界关系非常和谐，印度教、佛教是一个阴柔性的文化，不喜欢打仗，不喜欢动不动就诉诸武力。它往往是用和平的方式来反驳，与世无争。印度教最初产生的时候，也具有这样的一些特点，中国儒家伦理从来都是提倡实行仁道而反对霸道，所以这两个文化之间就没有发生正面的冲突，没发生直接的武力冲突，而是和平交往。那个时候，像唐三藏取经，印度的很多高僧来到中国讲学，在隋唐以后进行了很多的交流。当然这里边也有一个很重要的过程，就是印度的佛教从东汉传入中国，被中国人加以伦理化改造，变成具有中国文化特点的佛教、有中国特色的佛教。同样，印度文化也具有很强的同化能力，它们没有发生正面冲突，它们在和平交往中，不断吸取对方的东西来发展壮大自己的固有文化。这样就形成了宗教时代西边打得不可开交，东边和平、祥和的一种平静景象。到了宗教时代晚期，实际上是从 12 世纪开始，当这四大宗教伦理价值系统各自在自己的观念体系里发展自己的文化的时候，我们发现在亚欧大草原上，又有一些不安定的因素。这个因素，最初可以说是来自于中亚草原上的突厥人，继而唱主角的是最初生活在中国北部的蒙古高原上的蒙古人。由突厥人率先开始，紧接着由蒙古人唱主角又发起了游牧世界对农耕世界的第三次大入侵。这次大入侵的结果又导致了很多国家灭亡，但是它并没有从根本上改变四大宗教伦理价值系统的现状，因为这四大文明地区有了自己高级宗教伦理价值系统以后，是不可能再从根本上改变的，不可能出现像前面那种形态根本性的嬗变。

1453 年君士坦丁堡陷落以后，西方首先开始进行了一系列的思想变革、文艺复兴、宗教改革和启蒙运动，继而又开始推进政治层面的变革，资产阶级取得政权，最后导致了工业革命、产业革命，一个强大的西方开始崛起在这个亚欧大陆的西北。与此同时，西方又开始进行航海活动，进行了地理大发现，海洋活动的结果是使资本主义有了不断扩张的条件。因为资本主义这种现象是一种世界现象，一旦产生它必然把触角伸向全世界所有有人居住的地区，资本主义是不可能在一个地区、一个国家中发展的。一个是内部的改革，一个是外部的扩张，使西方在后来的发展中迅速地脱颖而出，乃至于到了 17 世纪以后，从 18 世纪开始我们发现，一个崭新的西方开始出现在整个世界的文明史中，而且这个时候，它以一个新兴的工业世界的面目出现，取代了传统的游牧世界，构成了现在已经像汪洋大海一样泛滥的农耕世界的强劲对手。

所以从 15 世纪、16 世纪开始，从君士坦丁堡陷落以后，游牧世界对农耕世界的冲突就结束了。一个新的主题开始出现，那就是最初出现于西北欧的西方的工业文明和广大的其他的农业文明之间的冲突。因此，在最后一个阶段，随着蒙古人入侵，这个阶段结束以后，就是新兴的西方工业文明对传统的农耕世界的大入侵和文化融合。这个融合就是从18世纪开始，近200多年来的全球的西方化、殖民化浪潮，这个西方化、殖民化浪潮的结果使世界上的非西方世界、非基督教世界一部分沦为西方的殖民地和半殖民地，或者说从某种意义上，从19世纪末开始全部都沦为西方的殖民地和半殖民地。

随着四大文明地区经过了西方化、殖民化浪潮，重新获得了政治独立和经济独立，这些地区纷纷又开始从自己的传统根源中寻找自己现代化的起点。中国提出来要建设有中国特色的社会主义，或者有中国特色的现代化。两岸三地现在达成了共识，就是我们都是炎黄子孙，我们都是华夏子民，我们都是中国文化的传人。在很大程度上，儒家伦理思想的影响好像又重新复苏了。另外，印度也出现了要用印度教来建立现代化印度的这样一种呼声。

未来世界，固然是以四大文明作为基本根基来划界的，但是这四大文明，已经不同于原来的四大文明。它一定要经过一个自我更新、自我改造的过程，从这个意义上来说，笔者觉得亨廷顿关于文明的冲突的观点还是有某些合理之处的。整个文明的发展历程好像都是充斥着一种血腥、暴力和战争。我们知道，在文明的发展过程中，还存在着一种文明之间的融合，那么在未来文明发展的历史过程中，究竟是文化的对垒还是文化的融合将会成为这个世界发展的主潮流？

弱势和强势之间的这种冲突，好像是以一种暴力冲突为主，但中间也有和平交往，这种和平交往非常多，因为暴力冲突是一个显性的，和平交往往往是隐性的。我们很难举例说明哪个人和哪个人进行了一些交往，有哪些商业活动。这样的活动也很多，但是它不如游牧世界对农耕世界的那种大冲击对这个文明形态产生的影响这么深远、这么剧烈。所以在绝大多数时候，游牧民族和农耕世界、农耕世界和农耕世界之间，可能和平交往占了历史中的大部分时间，但是它们的影响往往不如这一次大冲击来得那么剧烈。

这一点西方的一些历史学家比我们东方人看得更清楚，比如20世纪伟大的历史学家汤因比，他在他的很多著作里都谈到了这一点。他说当初当西方向非西方世界的人贩卖他的价值观念的时候，他们真诚地对世界开了一个玩笑。买卖双方都以为是货真价实，结果却不然，盲目地接受西方的价值观念的结果，是使非西方世界陷入了西方所始料未及的一种普遍的灾难之中。这种灾难使非西方世界的人们忍受着比西方世界的人们更大的一种精神上的苦恼，导致了一种汤因比说的，非西方世界知识分子的精神分裂。所谓精神分裂，一方面，就是你自己的文化传统在底下拉着你；另一方面，西方的价值观念又好像把你头脑整个改变过来了，你以为你可以斩掉自己的那个蜥蜴的尾巴，你可以拔着自己的头发，把自己拉到天空上去，实际上你是斩不断的，也拔不起来的。当你这样做的时候你会发现，有一种非常可怕的效应叫"文化溶血"，就像给一个 A 型血的人输上了 B 型血的结果一样。非西方世界从 19 世纪中叶到 20 世纪中叶，经过整整一个世纪的反思以后，才普遍意识到这一点，即完全接受、采用西方的方式不能解决自己本国的问题，不能解决自己本民族的问题。一个民族跟在别人后头亦步亦趋是没有出息的，当然夜郎自大也是没有出息的。所以从这个意义上说，一个方面要从自己的根本开始发掘出一些资源；另一个方面要广泛吸收西方的东西，这样才是一种再生之路。20 世纪有一位著名的美国历史学家叫斯塔夫里亚诺斯，他写了两卷本的《全球通史》。在《全球通史》以后，他又写了两卷本的《全球分裂》。他认为，到了 20 世纪出现了一个全球分裂，这个全球分裂，一方面是经济的一体化，物质层面的一体化，在今天的世界，在经济层面上，人们越来越多地联系在一起，地球成为一个"地球村"，所以我们说经济上确实是一体化、全球化；但另一方面，我们也可以非常吃惊地发现，与 19 世纪末相比，今天这个世界在文化上出现了多元化分裂，而不是说在文化上出现一体化。实际上，19 世纪末的时候，西方人乃至东方人更有理由相信，全球在文化上将会是一体化的。但是今天恰恰发现，我们在 20 世纪出现分裂了，文化多元化和全球一体化，这一对矛盾构成了我们 20 世纪必须面对的一个事实。

古村落的传统文化是中华民族精神的载体和表现，直到现在，部分传统思想仍然影响着现代中国的发展。在进行社会主义现代化建设的今天，处理好中国传统文化与现代化的关系有着重要的意义。中国传统文化面临着现代化的选择，现代化也面临着传统文化的选择。近代化让人类对自然充满激情和干劲；现代化则让人类对自然极尽疯狂；中国传统文化却会让人类重新恢复理智，融入、回归自然。现代化，只有和中国的传统文化理念相结合，才能使中国经济义化的现代化建设更好地发展。中华民族是一个具有优良文化传统的伟大民族，在五千年文明历史的长河中，创造了优秀的民族传统文化，凝聚了伟大的民族精神，其中有修身、齐家、治国、平天下的人生理想，有仁、义、礼、智、信的处世准则，也有忠、孝、节、义的人际关系伦理道德，还有行善积德等社会倡导。中国传统文化是指中国历史上以农业经济为基础、以宗法家庭为背景、以儒家伦理道德为核心的社会文化体系，它有着悠久的历史，是中华民族在历史长河中集体劳动和智慧的结晶。世界上曾经有过与中国古代文化相媲美的文化类型，如巴比伦文化、古埃及文化、古印度文化及古希腊、古罗马文化，它们对于人类文明也做出了巨大贡献。但是，由于种种原因，它们有的消失了，有的衰败了，有的中断了，唯独中华文化传承不绝。虽然它也曾遇到过种种危机和挑战，但却如同奔腾不息的长江、黄河一样，一往无前，至今仍保持着勃勃生机。内容丰富、气势恢宏、蕴含深刻、形式多样、悠久辉煌的中国传统文化是中华民族勤劳和智慧的结晶。在丰富多彩的中国传统文化中，凝结着中华民族精神，传统文化是中华民族精神的载体和表现。

中国的传统文化有着上下五千年世代相继、传承不辍的悠久历史，从而累积为东方文化的轴心与人类文明的核心，给世界文化以多方面的深刻影响。中国文化具有纵向的历史发展的时间性和横向的社会空间性。就时间而言，中国文化绝非一静态的事物，它是绵延不绝地成长的。即使就儒家思想而言，先秦儒家、西汉儒家、宋明的新儒家、清代儒家及今日的新儒家，都各有其精神面貌，各有其时代品格。同时，中国文化具有多样性与异质性。孔孟的"仁爱""礼义"，墨家的"非攻""兼爱""重技""畏鬼神"思想，老子的"顺乎自然"思想，韩非子的"法治天下"，诸子百家的观点都是可去粗取精的思想原料。以儒家思想为主体的中国传统文化在古代社会创造了辉煌灿烂的历史，对古代中国经济和社会的发展做出了巨大的贡献，在传统文化的引领下，古代中国在经济、社会发展各方面均居于领先地位。然而，近代以来，中国依然承袭落后的封建主义生产方式，在经济、社会发展各方面都落后于西方各国，甚至落后到被动挨打的地步。马克思主义认为，经济基础决定上层建筑，上层建筑对经济基础有能动作用。文化对于经济和社会的发展有巨大的能动作用，适应社会发展的文化能够促进社会的进步，相反，则会阻碍社会和经济的发展。在中国社会发展过程中，中国传统文化是中国文化的主流，对社会发展影响最大，直到现在，部分传统思想仍然影响着现代中国的发展。

现如今，中国传统文化与教育发展现代化之间存在着冲突问题，所以中国现代化每前进一步都要经过激烈的冲击和震荡，都要付出重大的代价。中国传统文化面临着现代化的选择，现代化也面临着传统文化的选择。中国传统文化怎样调整才能适应现代化的生活，是中国现代化建设中面临的一个重要课题。当今人类社会已经进入以工业化、教育普及化和科学化为重要特征的现代文明。现代文明主导世界的现实，决定了无论一个国家、民族的发展现在处于怎样的状态，走向现代化，这是它的必然趋势。对中国的现代化进程来说，在先进的科学技术和传统文化之间寻找一条真正适合自己的发展道路，成为摆在国人面前的一项十分迫切的任务。在进行社会主义现代化建设的今天，分析中国传统文化与现代化的关系，实现传统文化与现代化的协调发展有着重要的意义。现代化是一个综合的社会范畴，包括经济、政治、思想、生活方式、人的现代化等在内的总体概念，其中当然也包括传统文化的现代化。因此，两者既有矛盾的一面，也有统一的一面。实际上，每一个民族文化的发展都有对传统文化"吐故纳新"的过程，都必须在更新自己文化传统的基础上才能实现，抛弃了传统文化，就不可能有文化的发展。而现代化作为一个社会发展的总体性运动，它不能脱离该社会的文化背景和文化依托，是在自己的民族文化发展的基础上走向现代化之路的。可见，伴随着社会现代化的运动，传统文化也必然走向现代化，这两者是一致的。

现代化从理论上讲就是一个社会文化的现代化，现代化不仅是经济问题，更是一个文化问题，即需要在社会结构、制度、思想、观念乃至人的本身诸多方面由传统社会转型到现代社会。自从西方国家的工业文明开始，人类社会的发展便步入了快速发展的轨道，科学技术的突飞猛进带来了一系列的深刻社会变革，人和自然、人和人之间的关系的重新审视，社会制度的完善和调整，生产力的快速发展，社会体制之间的不断碰撞，不同文明之间的相互影响，所有这些社会历史的现实都对中国传统文化提出了新的时代命题。我们只有站在时代的潮头，高瞻远瞩，放眼未来，用更为先进的文化来指导我们的建设和发展，才能更好地实现社会意识对社会存在的反作用，才能使我们的社会发展有一个科学的理论指导，也才能实现中国传统文化的现代性和时代性。但是从环境保护与可持续发展的角度来讲，由西方引导的近代化和现代化，虽然给人类带来了高科技的享受，比如迅捷的交通和通信、充分发挥所有感官功能的文化生活等，但随着地球资源日益加速的耗竭和生物圈环境日益严重的破坏，它也越来越快地把人类推向了不可救药的死亡边缘。中国传统文化的精髓是强调人与自然的和谐，即强调"天人合一"，这是近代以来西方在引导世界潮流的时候所想不到的。现代化，只有和中国的传统文化理念相结合，才能调理出根治地球资源环境危机的妙药良方。而对传统文化的继承不能是全盘继承，而应该是在批判的基础上继承，这是继承的第一个原则。第二个原则是在批判继承基础上的综合创新，综合创新的方法是古为今用、洋为中用。具体做法：一是接受某些新的（中外）文化素质；二是拒斥某些新的（主要是西方文化和当代中国文化的糟粕部分）文化素质；三是保留某些传统的文化素质（如民族认同观念、爱国主义意识、价值观念的优秀成分、制度中的借鉴部分等）；四是扬弃某些传统的文化素质（如专制政治和价值观念中的官本位、保守主义、平均主义、重农轻商意识、人情观念、地域观念、重人治轻法治思想等）。从文化的民族性和传递性看，对传统文化的认同实际是对自己国家和民族的认同。文化传统可以造就一个民族的自尊心、自豪感和自强精神，因此，没有文化认同就没有民族和国家的认同。传统文化与现代化的适应实际上就是要克服文化优越感和自我中心的文化本位主义，通过对外开放，吸收外来先进文化的过程来建设符合中国国情的现代新文化。这对长期以来文化悠久、有文化优越感的中国文化尤有必要。当然。适应的过程也是一个批判继承与综合创新的过程。传统文化在一定条件下，可以转化为符合时代需要的新型文化。否定传统文化，也是否定历史。对传统文化既不能一概否定，也不能全部吸收，只有站在时代高度，通过实践检验，汲取精华，清除糟粕，才能正确地发挥作用。

　　古村落传统文化和现代化是历史发展的两个环节，既相互衔接又相互矛盾，应理智地把握其区别和衔接。传统文化是昨天文化创造活动的积淀，是能影响后人的文化成果，现代化则是当前历史进程的目标，两者既有区别，又有必然的联系。对待传统文化采取国粹主义的态度或民族虚无主义的态度都是偏颇的。对于传统中阴暗、消极的东西，如专制主义、个人迷信、封建家长制、闭关锁国、践踏知识与人权等，应视为糟粕将其摒弃。现代化需要发展民主、科学、法制等，这正是传统文化中所缺少的。因此，在肯定传统文化中精华的同时，要清醒地认识其中的糟粕。在当今世界，已涌现出传统文化和现代化结合得很好的例证，这表明了传统文化与现代化并不是截然对立的。日本、新加坡、韩国比我们更现代化，却比我们更尊重传统文化的作用。日本把儒家思想化为相互协作的群体意识，取得了惊人的进展。今天，中国现代化的进程还在继续，不可逆转。但传统文化毕竟是现代化的根，为了建设社会主义的中国现代化，对于优秀的传统文化是不能置之不理的，只能批判继承，并应首先立足于弘扬，使现代化与传统更好地衔接、结合。"问渠那得清如许？为有源头活水来。"人类社会是不断发展的，文化的内容也是需要不断丰富的。站在人类社会现代化进程的角度去审视中国的传统文化，我们一定要做到在继承中发展，在发展中创新，不断弘扬传统文化中的优秀成果，不断在现代化的进程中吸纳和扬弃，只有这样，中国传统文化才能和现代化之间相得益彰，才能更好地服务中国现代化的历史进程。

第七章 · 古村落文化保护存在的主要问题

古村落是我国宝贵的文化遗产，蕴含着深厚的历史文化信息，被誉为经典的民间文化生态"博物馆"、乡村历史文化"活化石"，是中华民族优秀传统文化的重要载体和象征。然而，伴随着现代社会经济发展和农村改革步伐的加快，大批古村落濒临消亡，做好保护工作迫在眉睫。因此，必须把古村落保护与乡村振兴有机融合起来，坚持保护与发展并重的原则，积极推动文化与乡村产业融合发展；树立绿色发展理念，大力建设乡村生态文明；弘扬优秀传统文化，努力营造文明健康的乡风民风；坚持共建共享共治，共同推动乡村治理体系和治理能力现代化。从多方面的经验教训来看，古村落保护最重要的就是要形成政府主导、专家论证、民间参与的局面，既要尊重专家学者的文化价值认定，也要尊重和维护村民的基本权利，在政策指导下，充分发挥和调动社会民间力量和资本对历史文化村落保护的参与和投入。为此，各有关部门要切实担负起责任，在保护好历史文化遗产的同时，结合党的十九大提出的乡村振兴战略，合理开发利用古村落的资源，做到保护、修缮、开发并重，同时引进旅游项目，带动地方经济发展。总之，古村落的保护是一项极具挑战性而又艰辛、紧迫、意义深远的工作，保护规划要统一考虑、相互协调，建立"政府牵头、部门配合、社会参与、村为主体"的工作管理机制，加强协调，统筹补助、运作、指导、考评、管理等工作。加大资金投入力度，鼓励和引导各类金融机构、社会力量参与，并发动村民积极参与。在新时代，把古村落保护、利用与乡村振兴有机融合，就是让古村落保持"活态"健康发展的最有效方式。

随着我国城镇化的加速推进，当前传统村落文化的传承和保护面临着新的问题与挑战。传统村落是农耕文明的精髓和中华民族的根基，其所积淀的古村落文化是中华传统文化中不可忽视的一部分，如何在城镇化发展的要求下传承与保护传统村落文化成为一个新的重点。《国家新型城镇化规划（2014—2020年）》中提出要走一条以人为本、四化同步、优化布局、生态文明、文化传承的中国特色新型城镇化道路。"文化传承，彰显特色"成为国家新型城镇化建设的基本原则之一①。国家近日颁布的《关于实施中华优秀传统文化传承发展工程的意见》中也指出，文化是民族的血脉，要坚持保护为主、抢救第一、合理利用、加强管理的方针，保护传承文化遗产。这对于推进国家现代化、加快新型城镇化建设有重要作用。

古村落是农业社会的最基础的生活单元和文化特质，古村落承载着中国数千年的农耕文明，从古村落保持的历史记忆和文化遗产中，我们可以找到中国历史文化的根基。② 在中国960万平方千米的广阔土地上遍布着密密麻麻的传统古村落，而且这些村落形态各异、历史悠久、建筑风格迥异，是人类智慧的结晶，但不幸的是，近年来由于自然和人为的原因，许多古镇古村落正在从人们的聚落形态中消失，这个问题已经引起了国家的高度重视。古村落的消失不仅仅是聚落景观的消失，也是中国历史文化的流逝。古村落作为人类物质文化遗产和非物质文化遗产的综合体，具有物质与非物质的两重属性。因此，豆沙关古镇的保护，不能仅仅停留在古建筑、古文物、历史古迹等物质形态方面的遗产保护，也需要对非物质形态的遗产，诸如豆沙关名称的由来、民间舞蹈、僰人风俗等方面进行保护。目前，豆沙关针对非物质文化遗产的保护还没有引起足够的重视，目前生活在豆沙关古镇的年轻人很少有人能够详细说出本乡本土的历史，也很少有人知道豆沙关古镇的传统民俗，更很少有人关注这里的地方戏曲，现在的古镇居民很少会表演僰人古乐、弯刀舞、攀崖舞、部落篝火舞、对歌、僰人耍杂、神歌、丧歌、连枪等，就连很多当地的古镇居民也很少听过上述乐曲和舞蹈。豆沙关古镇的旅游开发主要集中在古村落建筑、乡村自然风景等方面，而对于本地的传统技艺开发还不够，没有对豆沙关古镇的非物质文化遗产进行系统的整理和挖掘，久而久之，文化的传承可能出现问题甚至断裂，造成古村落的文化失传与消失。传统村落文化资源是乡村历史、文化、自然遗产的活化石和博物馆，长期以来，随着农业现代化、新农村建设、乡村旅游开发和城乡统筹发展等的深入推进，传统村落文化资源保护亟须加强和完善。目前，豆沙关古镇的村落保护存在以下几个方面的主要问题。

---

① 新华社. 中共中央、国务院印发《国家新型城镇化规划（2014—2020年）》［N］. 人民日报，2014-03-17.

② 冯骥才. 建设新农村要重视文化遗产保护［N］. 文汇报，2006-03-06.

一、 古村落的自然性毁坏

古村落和我们每一个生物个体一样，有其形成、发展、衰落和消亡的过程，也就是说，古村落也有一定的生命周期。不同的古村落的生命周期长短可能不一样，有的古村落生命周期长，而有的古村落生命周期短。当前中国的古村落正在以较快的速度消失，如果不加以保护，将来还会有更多的古村落消失。古村落即便没有人为性的强制破坏，也仍然不可能永久保存，尤其是古村落的建筑物，长期经历风霜雨露会被风化和腐蚀，许多木材结构容易遭到破坏，古村落自身也具有自然性毁灭的问题。豆沙关古镇由于历史年代久远，长时期经历风霜雨露导致古建筑的自然风化。而且由于地处偏远的山区，经济发展水平比较落后，古村落得不到有效的保护，再加上当地居民和政府对古村落的价值认识不够，导致豆沙关古镇的村落格局、生态环境遭受破坏，许多民俗风情、舞蹈艺术由于人口大量外出得不到传承，出现了文化裂痕。由于人们对于古村落在中国文化建设中的价值认识不足，甚至有不少人错误地认为，生活在深山老林里的古村落是贫穷落后的代名词，力劝这些居民搬迁到较为富裕的平原地区生活，加上经济利益的诱导，一部分有价值的古建筑构建由住户卖给了非法的文物商家，或者被盗窃，造成古村落物质文化遗产的损失。此外，除了物质文化遗产，还有很多非物质的文化遗产，诸如民间的传统艺术、手工技艺等被看作封建迷信、雕虫小技而无人问津，慢慢地就失传了，导致古村落处于"有文脉，无文化"的尴尬境地。

二、 古村落处于空巢化的颓废状态

随着国家工业化和城市化的快速推进，大量的农村劳动力人口尤其是青年劳动力人口不断由农村向城市外流，农村人口逐渐减少，部分村落出现了"人去房空"的萧条景象，古村落的空巢化、老龄化导致古村落的人口不能持续发展，出现了人口减少甚至消失的问题。这是古村落及其文化保护中遇到的最大问题，如何促进古村落人口持续发展是解决古村落文化保护的重中之重。关于人地关系的博弈，虽然一个地方到底能够承载多少人口没有一个定论，但是学者们一致认为一个区域有一个适度的人口规模，在有限的生产力水平下，特定的地理区域不可能无限制地承载人口，人口过多可能导致粮食供应不足、居住空间拥挤等问题。但也不是人口越少越好，尤其是劳动力人口的持续减少可能导致村落消失，人口的持续发展是社会经济持续发展的基础，大规模的劳动力人口外出造成的农村空心化、空巢化，使古村落缺乏自我更新的能力。

古村落的劳动力人口大量外出，首先，遇到的最大困难就是农业生产活动无保障，大量的农村劳动力人口外出直接影响本地的农业生产。豆沙关古镇属于山区小镇，目前还难以普及农业机械化耕作，即使具备机械耕作的地理基础，也没有合适的劳动力来操作机器。因为年轻的劳动力人口大都已经外出务工，仅剩下一些老弱病残的人留守在农村，农村劳动力人口的不足，导致很多土地被闲置，浪费了有限的土地资源。再加上这里的自然地理灾害比较频繁，洪水、地震、旱灾等严重降低了农作物的单产量。其次，有很多家庭的老人没有人照顾，目前我国很多地方出现了农村老年人死亡很久一段时间才被发现的事情。云南省某地区的一个小山村地势偏僻，由于儿子常年在外打工，家里仅有老两口，家里的一切农活都由两个老人来负责，通过"背挑挖扛"的方式维持着家里的农业生产，这种粗放型的农业种植基本没有什么好的收成，真的是"田里来田里就去了"，收获的庄稼只够作种子。但是老人依然靠着这样的艰苦生活熬过了十多年，不幸的事在 2016 年的冬季发生，农村地区到了冬天不像城市里面有空调、取暖器等现代化的取暖设备，农村虽然通电，但是老人勤俭节约根本不可能用电取暖。农村主要依靠柴火和煤炭取暖，由于老人不懂科学，就在一个冬天的晚上燃煤取暖，结果煤气中毒导致两个老人同时死亡。更为可怜的是，老两口死亡后一个星期才被邻居发现，邻居看到老人家的猪一直在叫，过去看是怎么回事，一推开门发现两个老人的尸体已经腐烂，但隐约看见尸体还在靠着沙发。农村地区的大量劳动力人口外出虽然为家庭增加了收入，但是也产生了很多新的问题，这些问题都是古村落衰退的一个最直观的体现。类似的情况并不少，有的村落老年人百年归世以后，连送老人的男性劳动力都没有，一部分村落需要向别的村落借人，这一系列的问题都值得占村落研究学者深入思考。最后，古村落劳动力人口的大规模外出，可能直接导致文化传承断裂。文化是由人创造出来的，但是也必须有人来传承。文化传承的主体是人，但不是所有的人在任何时候都能够发挥文化传承的功能，每一个人在年幼和年老的时期就很难进行文化传承，年幼时期自己并不知道什么是文化，更不可能去传承文化，老年人虽然具有很厚的文化底蕴，对古村落的发展历史、社会经济、风俗民情非常熟悉，但老年人通常会因为视觉和听觉系统障碍不能很好地进行文化传承，文化传承的最佳主体仍然是处于劳动年龄段的人口。可是，这个群体中的人大多在城市生活，对古村落的传统文化知之甚少，于是村落的传统文化逐渐消失。

另外，人口不仅是文化的传承者，还是文化的创造者。大量的青年人口外出流动将造成村落文化建设的主体缺失，随着我国城镇化的快速推进，农村越来越多的青壮年劳动力人口外出到经济发展水平比较高的城市地区，从而放弃了传统的农业耕作，导致农村地区成为一个"空壳"，村落文化建设缺乏主力军。农村青壮年是一个村落中有知识、有文化、懂技术、有思想的一代人，他们是文化建设和保护的主力军，他们的外出将导致乡村文化活动开展失去后劲，甚至可能造成文化传承断裂。

三、 城镇化地域扩张和易地搬迁导致古村落消失

虽然不同的学者对城镇化有着不同的理解，但是从地理学的角度出发，城镇化强调了地域的转变。地理学所指的城镇化是农村地域向城市地域的变化，即由于社会生产力的发展，居民和产业在具备特定地理条件的地域空间里集聚，并在此基础上形成消费地域，呈现日益集中化，是地域中城市性因素逐渐扩大，从而实现聚落和经济布局的空间区位再分布的过程。在现有的劳动地域分工条件下，城市化过程就是农村地区转变为城市地区的过程，它着重于城乡经济和人文关系变化。从人口学角度出发，它所指的城镇化是人口城市化，即由农村人口向城市人口逐渐转变的一种现象和过程。威尔逊（Christopher Wilson）在其主编的《人口学辞典》中所做的解释就是"人口城市化即指居住在城市地区的人口比重上升的现象"。城市人口增加有两种方式：一是农村人口向城市集中导致城市人口增加；二是城市内部市民数量的自然增长和机械增长。从经济学角度出发，它所指的城镇化是不同等级间地区经济结构转换过程，即农业向第二、第三产业的转换，尤其重视生产要素流动在城镇化过程中的作用。一般来说，农业生产力的发展是城市兴起和成长的第一前提，农村劳动力的剩余是城市兴起和成长的第二前提。从社会学角度看，城镇化是指人们的生活方式、行为习惯等社会活动由农村转变为城市的过程，强调社会生产方式的主体从农村向城市的转化。也就是说，城镇化是指农村人口在向城市人口转变的同时，也伴随着农业劳动方式向非农业劳动方式的转变。本书主要从地理学角度来思考城镇化，强调了地域的转变，即城镇化是农村地域向城市地域的变化，即由于社会生产力的发展，居民和产业在

具备特定地理条件的地域空间里集聚，并在此基础上形成消费地域，呈现日益集中化，是地域中城市性因素逐渐扩大，从而实现聚落和经济布局的空间区位再分布的过程。

在现有的劳动地域分工条件下，城市化过程就是农村地区转变为城市地区的过程，它着重于城乡经济和人文关系变化。当前我国已经进入城镇化发展的加速时期，每年都保持1个以上百分点的增长。城镇化快速发展会导致城市用地紧张，于是许多城市采取了摊大饼式的城镇化发展模式，城市地域空间的不断外延造成大量的村落被迫城镇化，原有的古村落被圈进城中村，古村落被城镇化吞并。城镇化地域扩张，给乡村的山水生态格局和乡土景观带来了强烈的冲击。在新农村建设中，没有考虑古村落文化遗产的保护和传承，更有甚者将具有地方特色的传统街巷和历史建筑拆除，重建现代的新式居民住宅，模仿城市搞整齐划一的高楼大厦，部分村落为了提高新农村建设的政绩，着力"千村一面"的形象工程建设。城镇化是当前我国的一大发展趋势，在推进城镇化的发展过程中，许多地方都出现了轰轰烈烈的"造城运动"，一座座城市楼房拔地而起，可是另一方面由于房价的高涨，导致大量农民工买不起房，甚至连租房都有问题，有些城市建造以后呈现出一片萧条的景象，有学者将其称为"鬼城"，城镇化所蔓延的地理空间远远大于人口城镇化进程。城镇化的地理空间发展，导致城市原有土地不够，需要向城市周边的农村扩张，于是很多古村落就这样被城市淹没，等到城市新建起来以后，整个古村落已经消失得无影无踪，根本找不出古村落的一点痕迹。城镇化发展吸引了大量的人口从农村迁移到城市，此时传统的农业不再适应时代的发展要求，古村落衰落就在所难免，有的古村落不断调整重组，大量的人口迁入城市，古村落就随着城市的发展而改变甚至消失。

近年来，国家高度关注少数民族的贫困问题，给予特殊的政策倾斜，以帮助他们早日脱贫致富，与其他民族共同奔向小康之路。2013年11月，习近平总书记到湖南湘西考察时首次作出了"实事求是、因地制宜、分类指导、精准扶贫"的重要指示。2015年1月，习总书记在云南调研时强调坚决打好扶贫开发攻坚战，加快民族地区经济社会发展。在精准扶贫的实际操作过程中，许多农村都采取了易地搬迁的扶贫方式。通过搬迁和新的发展规划使其达到脱贫标准。易地搬迁扶贫相对来说是一种比较快捷的治贫方式，但是也存在一些问题。首先，是选址问题。搬迁后的居民何去何从是一个值得慎重考虑的问题，有些居民搬迁一段时间后因气候变迁的不适应，可能存在返迁原住地的情况。如何找到一个合适的搬迁地点是转移式扶贫工作的关键与核心。其次，搬迁后的农民经济来源也不容忽视，由于易地搬迁只能搬一些可移动的财产，对于农民而言，土地这一宝贵资源却搬不走，搬迁后的农民没有新的土地可耕种，同时又不能回到原居住地种植，这些农民的后续经济收入来源及其稳定性也不得不考虑，否则很难做好易地搬迁工作，可能导致易地搬迁扶贫见效甚微。此外，易地搬迁扶贫还会带来古村落的消失，虽然在搬迁过程中有的采取整村集体搬迁，但是搬迁后的村落在新的环境下并不能创造出原有的文化，文化的产生需要特殊的地理环境，比如著名的吊脚楼就是在特殊的地理环境下建造的，在平原地区并不能建造出一栋吊脚楼。

四、 古村落传统建筑拆旧换新带来的人为性破坏

　　随着社会经济的快速发展，物质生活水平越来越高，人们对生活品质的追求越来越强烈，房屋的功能也不仅仅是传统的保暖御寒，同时原有的住房格局也不能再满足新时代年轻人的居住要求，对原有环境的不满意构成了古村落保护的内部压力。由于国家土地政策和建房补贴制度等种种原因，许多居民为了一些蝇头小利，在原来的古建筑基础上进行"拆旧换新"，于是古村落建筑遭到了自主性的破坏，导致古村落的古风貌消失。

　　随着我国工业化和城镇化的快速推进，豆沙镇拆迁动作越来越大，但是拆迁过程中的古村落文物保护意识非常淡薄，从而造成不少老街区和古村落遭到"灭顶之灾"，千年的文化遗产瞬间荡然无存。千年古镇豆沙关是不可多得的中国历史文化遗产，也是不可再生的珍贵历史文物资源，豆沙镇政府部门应当严格依照国家《文物保护法》对古镇的文化加强保护和利用。"保护古村落就是保护文化，保存豆沙关古镇就是对历史的尊重和传承，就是留住了地方文化的灵魂。"千年古镇的标志性建筑是不可移动的文物，这些物质文化遗产具有较高的历史、艺术价值和科学研究价值。按照"保护为主、抢救第一、合理利用、加强管理"的古镇文化保护方针，坚持保护古镇文化遗产的原始性与系统性，坚持依法保护和科学保护相结合，正确处理好经济社会发展与传统文化保护之间的辩证关系，必将对古村落的历史文化遗产保护发挥重要的作用。《中华人民共和国文物保护法》是我国文物保护的根本法律，有法必依，违法必究，执法必严，坚决打击一切文物保护过程中的违法行为。凡是涉及文物保护事项的基本建设项目，必须依法在项目批准前征求文物行政部门的意见，在进行必要的考古勘探、发掘并落实文物保护措施以后方可实施。这是一条基本的"红线"，是文物保护规划建设的

前置条件。不幸的是，当前许多古镇的重点工程建设忽略了《文物保护法》的存在，藐视文物行政部门的行政审批。千年古镇改造风波折射出地方政府的"急功近利"，他们打着"古典与现代相融合"的幌子，欲行破坏古镇传统文化遗产与历史遗存之实，对中国历史文化的传承带来了万劫不复的严重后果。古村落的住房、桥梁、道路等传统建筑的拆毁并新建不同风格的建筑物，虽然在一定意义上可以看出是古村落的经济发展，如果没有经济的发展，便没有道路、房屋的改建扩建，但是从文化的角度来看，这是古村落的一大损失，因为有很多古建筑是永远不可复制的，即便仿建的古建筑从外观上来看极为相似，和传统的古建筑没有太大区别，但是新建的房屋、道路、寺庙等失去了原有的文化内涵。每一个古村落都是物质文化和非物质文化的综合体，没有脱离物质文化的纯非物质文化的古村落，同样也不可能存在脱离非物质文化和只有物质文化的空壳古村落，而且有很多非物质文化是依托物质文化而存在的，因此一旦古村落的物质文化遭到破坏，非物质文化也会相应地遭到破坏。

按常理来说，豆沙关古镇既有深潭峡谷的地理优势作为基础，同时又有僰人悬棺和五尺道的人文背景撑腰，豆沙关古镇作为古代南丝绸之路上的一颗非常闪亮的明珠，理应成为云南省昭通市最炙手可热的旅游热点，但事实并不是如此。豆沙关古镇古朴而优雅，参天大树荫蔽着那条蜿蜒起伏的古街，游走在这个古色古香的小镇街头，可以一边欣赏美景，一边听着当地人介绍唐代题刻和千年马蹄印，就像是沐浴在历史的温泉之中，心里滚烫。尤其是这里的高速公路修通以后，来豆沙关旅游的游客与日俱增，败落的古镇重新焕发出活力。但是非常不幸的是，开发集团引进以后，古镇遭遇了惨不忍睹的破坏。2006 年万泰集团入驻豆沙关，他们进来豆沙关的第一件事就是砍掉具有历史意义的百年大树，拆掉百年木结构建筑老屋，撬掉特具历史韵味的青石板马路，取而代之的是用钢筋混凝土浇筑起来的一排排如厂房般整齐划一的仿古建筑。这到底算开发还是破坏？很多古建筑研究学者不解。曾经的千年古镇业已荡然无存，破坏之彻底，远超过盐津地震破坏的程度之深。

五、 古村落旅游过度开发造成的村落文化破坏

在中国幸存的历史文化遗产中，古镇和古村落无疑占据了非常重要的地位。现代社会中的古村落已出现逐渐消失的迹象，被称为"中国传统文化的明珠"

和"民间收藏的国宝"。近些年，随着网络媒体的宣传和介绍，许多古村落凭借深厚的历史文化底蕴，一时成为人们关注的焦点，掀起了古镇旅游观光热潮。[①]随着旅游业发展趋势的不断变化，民间土特文化、风俗民情、度假村旅游越来越受到游客的青睐。从心理学的角度来讲，求新求异是旅游者的最主要心理需求，在喧嚣城市生活很久的人们向往淳朴的古村落人民、极富地域特色的各种风俗民情等，而古村落正好弥补了这一群体的旅游心理需求。地域特殊文化是吸引游客的主要引力之一，政府部门为了扩大旅游辐射半径，不断加强对地方文化的挖掘和开采，并将其作为特色旅游资源向游客展示，从而促进文化交流和传播。但是文化交流的本质是不断促进本土文化与外来文化反复地接触、碰撞并发生潜移默化的改变，可是文化的相互作用力大小不是对等的。旅游虽然促进了语言的标准化和统一化，却丢失了语言文化的多样性；过度开发旅游活动，还可能会引起古镇传统风俗民情的变质。旅游虽然打开了古镇封闭的大门，扩大了本地居民与外界的交流学习，丰富了居民娱乐生活，但同时再也不能保持传统古镇的宁静与优雅环境，更为严重的甚至可能导致地方文化传统丧失。

古村落凭借其悠久的历史、丰富的人文资源越来越成为旅游开发的焦点领域，但是有关领导干部对古村落的保护意识严重不足，对于古村落的传统建筑价值认识仅仅停留在旅游业的开发层面，而对传统建筑背后隐藏的历史文化价值知之甚少，地方政府片面追求古村落乡土建筑的旅游经济价值，导致许多具有重要历史文化价值的古建筑、古文物管理不善而遭到破坏。许多古村落政府想利用当地资源大力发展旅游来推动经济发展，不可否认，古村落旅游资源的合理开发和利用对古村落的保护具有一定的促进作用，但是如果过度开发则会适得其反，景区游客的大量涌入，超过了古村落的人口承载力，将会严重破坏古村落的生态环境，尤其是打扰了其宁静和谐的生活气息。更为严重的是，旅游业开发后本地文化会不可避免地受到现代文明的冲击和异地文化的入侵，古村落特有的民风乡俗正受到外来观念的威胁和破坏，这种现象在我国的很多古村落中都有加强的趋势。[②] 豆沙关自 2008 年开关迎客以来，带来了大量的游客，引入了异地文化，加之旅游需求对古村落文化的不恰当利用，以及规划不科学的旅游景点设置、旅游接待设施等对豆沙关古镇的传统文化造成了严重的破坏。旅游虽然可以刺激古村

---

① 刘华领. 古村落保护与旅游开发研究 [D]. 华中科技大学硕士学位论文，2004.
② 刘歆，徐良. 新农村建设中古村落文化遗产保护问题研究 [J]. 河北工业大学学报（社会科学版），2010，2（2）：84-88.

落的经济振兴，但是过度的旅游开发和不合理的旅游发展规划都将会对古镇传统文化带来毁灭性的影响。

六、 地质灾害对古村落文化带来的毁灭性破坏

地质灾害，是指在自然或者人为因素作用下形成的，对人类生命安全、财产安全及其周围环境造成破坏和损失的地质作用或现象。常见的地质灾害有崩塌、滑坡、泥石流、地裂、水土流失、土地沙漠化及沼泽化、土壤盐碱化等，以及地震、火山、地热灾害等。[①] 地质灾害往往发展速度很快，如果我们对其防治疏忽或不当则很有可能引起二次灾害的发生，次生的地质灾害会进一步加重损失程度，地震灾害最具有典型性。如果在地质灾害发生前没有进行古建筑的加固，在地形比较复杂的山区，往往会导致滑坡、崩塌，如果再遇到暴雨还会引起泥石流、堰塞湖等多种灾害同时发生。山区交通道路条件比较差，救援难度较大，如果多种地质灾害同时发生，对古村落的破坏性极强，很可能使整个小镇毁于一旦。况且还有很多地质灾害是不具有预见性的，在人们猝不及防的情况下发生。尽管地震灾害发生以前有些征兆，但也不可能完全避免地震灾害带来的巨大损失，最多只能把损失的程度降到最低。山区古村落大多位于高山深谷、河流汇集的峡谷地带或者是经河流冲刷形成的盆地谷地中，古村落的地理位置布局决定了村落极易受到洪水、河水暴涨以及因此引发的滑坡、泥石流等地质灾害的破坏。[②] 而且山区古镇一个地区可能由多种地貌特征组成，地质灾害具有连带性，多种灾害可能接连发生。2006 年，昭通市盐津县豆沙镇曾先后遭受了"7·22""8·25""8·29"三次破坏性地震的重创，造成全县 5000 余户 2 万余人遭遇不同程度的灾难，导致 17 人死亡、145 人受伤，直接经济损失高达数亿元，处于震中的豆沙关古镇更是遭受到毁灭性的重创，导致千年古镇被毁。经历了三次大地震以后，豆沙关古镇政府和当地居民经过了长达 9 年的努力，才使豆沙镇取得了重建家园与恢复经济社会发展的双丰收，但是千年古镇的历史因此被中断，即便新建古镇模仿得再逼真，重建毕竟是重建，也无法全面恢复古镇的真实面貌。

---

① https：//baike. so. com/doc/5015855-5241326. html.
② 张昊. 山区传统乡村聚落地质灾害安全与防治体系研究 [D]. 北京建筑大学硕士学位论文，2014.

豆沙关古镇历史文化信息丰富，传统建筑具有较长的历史，古村落中的历史文化信息体现了祖先的智慧，因此对古村落历史文化信息的保存非常重要。对于像豆沙关古镇这样具有特殊战略地位的古村落，整体搬迁易地保护是不可能实现的。对于地处山区的古村落而言，独特的地理环境孕育了深厚的历史文化，但是这种特殊的地理环境极易发生地质灾害，而且由于地质灾害发生的频率比较高、破坏力超强、预测控制比较难，灾害一旦发生，对古村落的影响都将是毁灭性的，加之传统农村地区的分布比较广泛、地形特征非常复杂、自然环境比较恶劣，在地质灾害防御和应对上还存在很多欠缺的环节，地质灾害对古村落的影响将是不可估量的。

另外，地震、滑坡、泥石流等地质灾害除了对古村落物质文化遗产会造成直接的经济损失以外，还可能在很大程度上对旅游经济活动产生间接的负面影响，减少游客量。一个地区如果频繁发生地震，可能会阻碍旅游业的发展，大大减少游客量，从而间接影响到古镇的经济发展。相反，一个安全稳定的自然地理环境有利于促进旅游业的发展，可以减少游客的心理担忧，消除游客的畏惧心理，又进一步对文化的交流和传播产生影响。旅游业活动是古村落文化传播的重要媒介，如果旅游业发展受阻，就会减少文化传播的渠道，同时也不利于文化交流与融合。关于古村落地质灾害对古村落及其文化的影响过程，如图7-1所示。

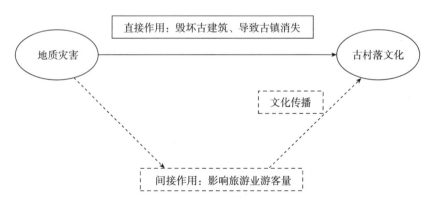

图7-1　地质灾害对古村落文化的影响过程

从图7-1中可以看出，地质灾害可以通过直接作用和间接作用对古村落文化产生影响。直接作用影响的是古镇的物质文化遗产，地震直接破坏古镇建筑物、古道、古树、古井等基础设施。间接作用则通过旅游活动这一媒介影响古镇的非物质文化遗产，通过影响游客量来影响区际之间的文化交流。对非物质文化的影响，首先，可能导致与古建筑有关的文化随着古建筑的消失而消失。其次，可能阻碍外来文化的进入，豆沙关古镇的地壳板块运动活跃，地质灾害频发，加大了古镇游客的心理成本，游客在做出旅游决策时首先要考虑的是一个旅游景区的安全性，如果连最基本的生命安全都难以保障，还会有谁敢来旅游？所以，地质安全是开展旅游活动的基础。如果没有外来游客的异地文化的引入，就不可能促进本地文化的更新，也不可能把古镇内部的文化带出去。最后，地质灾害带来的大量人口死亡，将可能导致古村落文化传承后继无人，熟知本地古镇传统文化的居民如果不幸受难于地质灾害中，就直接中断了文化的传承，导致文化的传播越来越窄，最终可能面临文化消失的危机，只有不断地一代一代往下传承，才有可能促进古村落文化的可持续发展。

七、 城镇化进程中传统村落文化传承的困境

（1）城镇化发展对传统村落的破坏。在当前城镇化进程中，传统村落文化传承面临的首要困境就是传统村落的破坏。从遗产学角度来看，传统村落是另一类遗产，它是一种生活生产中的遗产，同时又包含着传统的生产和生活。[①] 传统村落是我国最大的文化遗产，也是传统村落文化传承的主要载体。在城镇化进程中，一方面，由于自身的脆弱性，传统村落很难为传统村落文化的传承提供良好的经济支撑和物质保障，一旦遭到破坏就难以修复。千年传统村落获港，拥有大量古桥、古路、古建筑和古民居，这些承载传统村落文化的建筑年久失修，已无法满足居民的日常使用。城镇化的进程不仅改变了获港村这些原有的土地和建筑风貌，使之成为一个文明示范村、主题古村景区，更是打破了村落原有的平衡，撼动了村落的社会结构，让传统村落文化传承的物质载体遭到破坏。另一方面，随着城镇化对传统村落的影响越来越深入，传统村落的生产生活方式、风俗习惯、精神信仰、道德观念等所受到城市文化的冲击也越来越大，承载乡土文化和集体记忆的非物质文化遗产正逐渐消失。21世纪以来，年轻的获港人慢慢失去了对"耕读传家崇文尚礼"的家风家训怀有的敬畏之情，对古老的"桑基鱼塘"农业文化遗产也不再感到自豪与自信，民俗节庆活动只是在旅游旺季热闹一下而

① 冯骥才. 为了文明的传承关于传统村落整体保护的思考 [J]. 文明，2013（3）：8-9.

已，人们对于传统村落文化传承的自觉已逐渐流于表面，相比于仍有机会修复的物质文化遗产，非物质文化遗产的破坏或许是传统村落文化传承中需要克服的更大的难题。

（2）传统村落文化产业发展薄弱滞后。传统村落文化产业发展的薄弱与滞后使文化的传承与保护难以维系。首先，城镇化快速推进，市场经济对传统村落的农耕经济模式实现快速占领，传统村落内业态崩溃，文化产业缺乏有力根基，发展水平有限。其次，城镇化带来传统村落生活环境的改善，村民开始自发迁徙到城市谋生，村落内文化产业建设主体缺失，造成传统村落文化传承保护的处境更加艰难，主要表现在文化产品的制造能力不够、文化服务业比例弱小、文化资源无法对经济发展产生优势影响等方面。尽管获港村近年来在文化产业建设上下足了功夫，但这些问题始终是其发展村落文化产业的制约因素，无论是文化产品开发还是产业链的整体布局，对传统村落文化深层内涵的挖掘都远远不够。最后，文化资源流失和保护资金困难是影响获港村文化产业发展的另一大难题。城镇化进程中村落大量历史文化资源随着建设与开发流失，保护跟不上破坏的速度，修缮与维护缺乏资金，各方对于社会力量、社会资本投入传统村落保护虽有一定共识，但保护资金的供求矛盾依然突出①。近年来获港村政府以群众文化活动为载体，大力完善文体活动设施，组建不同文化团体，举办各种文艺活动，但这些投入对于村落文化产业的发展仅仅是一个开始，其文化产业在目前还难以成为传承与保护传统村落文化的支柱产业。

（3）传统村落文化生态日益恶化。文化生态的日益恶化深刻影响着传统村落文化的传承。传统村落的民俗文化活动，其本初的生发空间必然是依托自然条件的现实生产、生活环境②。而城镇化进程的不断加快所带来的城市文化扩张成为村落文化变迁的重要推动力量，导致传统村落文化与城市文明不断交融碰撞，原生态的村落文化产生新的发展形态，传统村落文化的维系力量被不断削弱。传统村落与旅游业仿佛正在完美融合。但在一片欣欣向荣的景象之下，出现的是村落原本整体和谐的人居环境不再、土地被强行分割、村落特色沦为旅游发展的陪衬，传统村落文化的价值被城市价值观念忽视。这种情况下的后果就是村民对传统村落文化的认同、虔诚、尊重逐渐淡漠，而保护制度与法规体系不完善造成政

① 保护传统村落留住文明记忆 [N]. 人民政协报，2014-12-15（003）.
② 王宁宇. 传统民俗文化空间的查勘与保护 [J]. 咸阳师范学院学报，2008（5）：90-93.

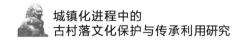

策缺失与控制乏力①，村民开始失去保护传统村落文化的自觉与自律。

八、 古村落文化资源面临的问题

一是传统村落文化资源处于老龄化、空巢化、自然性颓废状态。传统村落大多年代久远，散落在相对偏僻、贫困落后的地区，破败严重。除了极少数传统村落被列为历史文化名村得到较好保护外，大多数传统村落文化资源得不到有效保护。二是农村规划无序性和土地政策不完善导致拆旧建新自主性破坏。一些地区以统筹城乡发展、调整土地资源为名，进行大规模的行政村撤并、迁并活动，或整村推倒重建，或整村搬迁合并，使不少传统村落文化资源被破坏或消失。三是地方政府重开发轻保护和商业化过度开发导致旅游性破坏。由于体制弊端，部分地区对传统村落保护意识淡漠，地方建设片面追求传统村落乡土建筑的经济价值，一些具有重要价值的乡土文化资源因保护管理不善遭到损毁。四是法规不健全、政策制度存在弊端、产权不清，给传统村落文化资源保护带来困难。传统村落文化资源保护的法规制度建设相对滞后，各地的地方性保护法规都具有明显的局限性和地域性。村镇的建设规划、自然遗产由住建部管理，物质文化遗产由国家文物部门管理，非物质文化遗产由文化部门管理。传统村落具有物质和非物质文化遗产及自然遗产三重属性，三部门都应该管，实际上没有一个明确的部门专门负责。五是认识不足、保护乏力，造成村落文化资源自然性毁损。部分地区对传统村落文化资源的稀缺性和不可再生性认识不足，许多传统村落的格局风貌、生态环境不断遭受破坏，一些民间民俗文化濒临消亡，不少传统技能和民间艺术后继乏人，面临失传危险。

为此，我们需要加强对文化资源的保护：一是制定《传统村落文化资源保护利用规划》。按照高标准、高起点、有特色、规范化的要求，科学编制保护利用总体规划，规定传统村落保护、整治、更新的区域和范围，明确具体实施的政策和措施。二是出台传统村落保护法规。明确传统村落"有效保护、合理利用、适度开发、科学管理"的方针，强化"历史真实性、风貌完整性、生活延续性"的保护原则。完善土地置换"一户一基"的政策，加大传统村落文化资源保护用地的保障力度，支持村民通过城镇保障房建设进行易地搬迁或原地修缮等方式

---

① 孙九霞. 传统村落：理论内涵与发展路径［J］. 旅游学刊，2017（1）：1-3.

改善居住条件。三是加强政策支持力度。省市级在城市维护费中确定一定比例的传统村落文化资源保护费,逐年加大投入。旗县区级将传统村落文化资源保护经费纳入本级财政预算。通过土地、房屋产权的置换或租赁等方式,鼓励、吸纳多种资本参与传统村落文化资源的保护与开发。四是加强组织领导。建立传统村落文化资源保护领导小组,实行"保护责任追究制",将传统村落文化资源保护纳入政绩考核。探索保护与发展相互促进、相得益彰的双赢新路径。五是加强宣传教育。展开传统村落遗产的调查评估,建立传统村落文化资源名录制度,实行分类保护与分级管理。充分利用媒体进行宣传,增强全社会对传统村落文化资源的保护意识和责任感。政府应对辖区内传统村落文化资源进行"三不漏",即不漏村镇、不漏线索、不漏项目的全面普查。

九、 古村落保护面临的困境

近年来,我国提出了可持续发展原则和建设社会主义新农村的总要求,在这种大背景下,我国的古村落保护工作总体上不断进步,取得了可喜的成绩,但是,由于种种主客观原因,古村落的保护还面临许多困境,概括起来,主要有以下几个方面:①相关部门管理意识不强,保护意识淡薄,许多部门对于古村落的管理采取听之任之的方法,既不制定相关的法律法规,也不采取可行性措施予以保护。有的部门虽然制定了一些保护古村落的制度,但是由于种种原因,这些制度仅仅流于表面形式,并没有被落实到具体的行动中。②古村落不合理的开发现象严重。为了加快城镇化、建设社会主义新农村的步伐,许多地方政府在对古村落的改造开发过程中存在急功近利、急于求成的心理,在没有做好规划安排之前就任意拆迁,造成古村落破坏严重。有的地方政府为了追求经济效益,在将古村落开发为旅游景点的时候,没有注意对当地环境和原始建筑的保护,造成环境污染、古建筑改造严重等现象。③非物质文化遗产的保护没有引起足够的重视。古村落中的物质实体长期以来被人们关注,但是文化风俗等非物质文化遗产却常常被人们忽视。非物质文化遗产是村落的无形财产,但现实中,人们往往会忽视对它的保护。尤其是在一些远古村落,它们的非物质文化遗产非常有特色,比如有的村落有它们独特的方言,而随着现代化进程的不断加快与教育水平的不断提高,这些村落的人已经放弃了母语,从而转学普通话,这就造成了他们语言流传的中断。④居民对于当地村落文化价值没有清晰的认识。由于古村落一般情况下地处偏远地区，自然环境比较差，基础设施不完善，因此当地人，尤其是一些年轻人外出打工，不断涌入城市，导致这些古村落出现"空巢"现象，只剩下老人和小孩，由于他们能力有限，所以更不会去改善当地的环境，房屋等损坏后也无法进行及时的修复，最终出现建筑物破坏、房屋倒塌等现象。⑤村落保护的投入资金不足。由于这些古村落动辄上百年的发展历史，因此在对其进行保护的时候要投入大量的资金来修复古建筑、发展村落文化，培养村落文化的接班人和传承人。但就我国目前对于保护古村落投入的资金情况来看，虽然总额巨大，但由于我国古村落的数量较多，所以平均下来每个村落的保护金额仍然不足，如果这一问题不能及时解决，必然影响我国古村落保护工作的顺利开展。

未来一段时期，我国将持续推进城镇化、城乡一体化和社会主义新农村建设的步伐，因此我国的古村落保护工作面临重重困境，如不及时解决，将会造成严重的结果。为此，需要从以下三方面给出解决对策：①各级政府应加强对古村落的保护意识。政府是保护古村落的领头人，各级政府应设有专门的职能部门，安排相关的专职人员来管理古村落保护工作。定期去一些古村落进行视察，发现有破坏行为的要及时进行劝阻。与此同时，也要制定相关的政策法规，比如《古村落保护法》等，严厉打击随意拆除古村落建筑、任意开发古村落的行为。②相关的开发商在对古村落开发的时候要严格执行相关的法律政策，注意保留当地特色，不可任意改变。同时要注意保护当地的环境，使古村落的保护与旅游开发、文化产业、环境整治相协调，开发的时候要避免对当地的环境造成污染。③当地村民是保护古村落的关键，因此政府要对他们进行宣传教育工作，使他们意识到古村落的文化价值，自觉保护古村落。尤其是村落中的年轻人，不可一味涌入城市而忽视本地巨大的开发空间，他们应利用当地资源，进行开发保护工作，对于存在问题的古建筑及时进行修缮，对于当地的非物质文化要发扬光大。④加大政府部门的投资力度。古村落保护的一个重要瓶颈就是投资少，无论是就政府的保护投资还是相关企业的旅游开发投资而言，都是不足的。因此，相关政府部门应增加投入，改善古村落保护工作者的工资待遇，提高他们的工作积极性。相关的开发商也应增加开发资金，这样在开发过程中就有足够的资金对古村落进行保护。

古村落作为中华民族发展的源头和中国历史文化的载体，记录了中华民族几千年的发展历史，承载了先民们丰富的思想和智慧，蕴含着中国人几千年来形成的"天人合一"的思想内涵。因此，我们必须重视古村落的保护工作，对于其中存在的问题要认真分析、及时解决，只有这样，我国的古村落保护工作才能真正上升到一个新的台阶。

第八章 · 古村落文化的保护与利用

古村落是指拥有物质形态和非物质形态文化遗产，具有较高的历史、文化、科学、艺术、社会、经济价值的村落，也叫作传统村落，它承载着中华传统文化的精华，是农耕文明不可再生的文化遗产。传统村落凝聚着中华民族精神，是维系华夏子孙文化认同的纽带。传统村落保留着民族文化的多样性，是繁荣发展民族文化的根基。但随着工业化、城镇化的快速发展，传统村落衰落、消失的现象日益加剧，加强传统村落保护发展刻不容缓。据住建部有关负责人介绍，为促进传统村落的保护和发展，住建部、文化部、财政部于2012年组织开展了全国第一次传统村落摸底调查，在各地初步评价推荐的基础上，经传统村落保护和发展专家委员会评审认定并公示，确定了第一批共646个具有重要保护价值的村落列入中国传统村落名录。同时，为指导地方做好相关工作，住建部、文化部、财政部印发了《关于加强传统村落保护发展工作的指导意见》，要求各地对已登记的传统村落进行补充调查，完善村落信息档案，根据《传统村落评价认定指标体系（试行）》建立地方传统村落名录。各级传统村落必须编制保护发展规划，确定保护对象及其保护措施。

在市场经济体制下，市场在资源配置中起基础性作用。市场经济的竞争性，使资源的优化配置得以实现。因此，我们要保护并复兴古村落文化，必须引导古村落文化适应市场经济制度。只有在坚持古村落文化与中国特色社会主义市场经济体制相适应的前提下，古村落文化的保护与复兴才可能实现。要想保护并复兴古村落文化，我们必须开发古村落文化，实现古村落文化的经济价值和社会价值。因此，笔者抱着这一态度，展开了对我国古村落文化开发利用及保护情况的调研，以便得出保护、开发、复兴古村落文化必须坚持何种经济模式，同时在开发时要怎样才能丰富古村落文化的精神内涵，使之符合我国通行的社会主义价值观和道德标准。

中国共产党是建设中国特色社会主义事业的领导核心，中共要领导并长期推动古村落文化的保护与复兴。党要加强执政能力建设，特别是要不断提高建设社会主义先进文化的能力。党要坚持并完善科学执政方式，健全民主集中制，推动党在推进古村落文化的保护与复兴上的决策的科学化和民主化。党要积极制定并颁行有利于推动古村落文化保护与复兴的意见和决定。政府要积极引导古村落文化与市场经济制度相适应，加大财政投入，培养能够传承古村落文化的人和民间团体。要制定古村落文化的保护、开发与复兴战略，扎实稳步推进战略决策的落实。要加强立法，提高立法质量，运用法律手段推动古村落文化的保护与复兴。要加强宣传、教育，提高行政效率，彻底扫除制约古村落文化保护与复兴的观念、做法和体制等瓶颈。要坚决打击假借古村落文化之名宣传封建、资本主义落后意识的人和组织，及时向人民群众解释清楚保护与复兴古村落文化的原因和意义。积极实施"走出去"战略，向海外人民推广中国的古村落文化和价值观。全社会要形成以中国古村落文化为荣的观念，坚持了解古村落文化，自觉抵制西方落后思想和意识的侵蚀。要积极宣传古村落文化，提升古村落文化的知名度和认可度。要自觉学习并推广、传播古村落文化，坚持用古村落文化约束自己的行为，切实做到"立德立功立言"。在市场经济中，积极在与古村落文化相关的产品上消费，提升古村落文化产品的市场竞争力。要延长古村落文化的产业链条，对古村落文化要深加工、细加工，扩大其市场份额。要不断丰富古村落文化的内涵，坚持发展创新，坚持与时俱进。

各级党委、政府的高度重视是做好古村落文化传承与保护工作的前提。在开展古村落文化传承与保护工作中，将古村落文化保护与传承纳入各级党委、政府的规划之中，经费列入财政预算，职能部门尽职尽责，使文化遗产保护工作得到有组织、有计划、有目的的开展。只有把古村落文化的传承与保护工作列入重要议事日程，并积极规划实施，才能充分调动各有关部门的工作积极性和主动性，切实认真组织做好古村落文化的传承与保护工作。实践证明，各级党委、政府的高度重视是做好古村落文化传承与保护的前提条件。合理开发利用物质文化遗产，以传承为核心，以产业为纽带，培育一批物质文化遗产产业市场，实现物质文化遗产的振兴价值。通过实施文化经济政策保持民间艺术，特别是手工艺生产企业走向市场，吸引社会资本投资与开发物质文化遗产产业，促进物质文化遗产产业的发展。积极支持开发民族民间特色产品。

古村落文化传承与保护工作虽然取得了一定的成绩，但随着经济全球化趋势和现代化进程的加快，一些新的问题也逐渐产生，如投入不足、资金紧缺、人才匮乏、受外来文化的冲击、缺乏保护意识等。当前，古村落文化传承与保护工作面临着诸多需要解决的困难和问题。对古村落文化传承与保护工作的重要性认识有待进一步提高，古村落文化是不可再生的珍贵资源，是民族智慧的结晶，需要各级党委和政府、各行各业、社会各界倍加关爱和保护。在调查时发现,古村落文化传承与保护工作中还存在重视不够和工作不到位的问题,许多工作还停留在申报、命名和调查材料的存档上,工作相对滞后,一些珍贵的文化遗产已处于濒临消失的境地,文化生态正在发生巨大变化,文化遗产及其生存环境受到严重威胁。古村落文化的抢救、保护、传承形势十分严峻,缺乏整体性的保护规划。民族文化的传承与保护工作,由于涉及的部门多,加之没有统一的规划,造成了一定程度上的资源浪费。非物质文化遗产生存环境急剧恶化,依存于独物时空以口传心授方式传承各种文化的艺人、技艺、民间习俗等文化遗产已在不断消失,一些作为流传文化载体的语言文字正在消失。在经济全球化的趋势中,古村落文化受到了极大的冲击,民族民间文化(如民居、雕塑、民族民间设施、工具、服饰等)有失去原有的文化性和独特风格的趋势。尤其是以旅游业和文化产业发展为导向的文化资源的开发,对古村落民族文化的保护产生了不可忽视的负面影响,值得认真关注。

近年来,各级政府虽然对古村落文化的保护和研究提起了重视,但由于财政困难等诸多因素的制约,对古村落文化传承与保护方面的投入严重不足,制约了民族文化发展,特别是一些少数民族民间古村落文化挖掘、保护、研究、开发工作无法实施。文化遗产传承与保护工作是一项重大的社会系统工程,它不仅需要政府各职能部门和全社会的关注,更需要一批专业技术精湛的人才队伍,特别是具有一定业务理论水平和工作经验的文化专业人才,文化遗产保护与传承工作水平有待进一步提高。相关媒体对非物质文化遗产的生存状况、搜集整理、保护工作等方面的宣传力度还不大,特别是有关文化遗产的保护法规和政策、保护文化遗产的重要意义的宣传,在广度和深度上还不够。人民群众对文化遗产保护与传承工作缺乏应有的共识,从而破坏文化遗产的违法行为时有发生。

古村落文化是人类文明的瑰宝,是各民族的宝贵财富。人类文明只有代代相传、相互交流,才能不断丰富发展。加强对我国古村落文化的传承与保护,不仅要保护,也要继承发扬和创新。关键在于各级领导及相关部门的认识和重视程度,要实行依法保护,利用现代手段将文化创新与文化产业结合起来,加强古村落文化教育,利用各种媒体加大宣传力度,在全社会形成保护古村落文化的良好氛围。

中国要强,农业必须强;中国要美,农村必须美;中国要富,农民必须富。党的十九大将乡村振兴战略写入党章,使其成为新时代全党的共同意志、共同行动。古村落文化的保护,要注意解决好产权问题,统筹好新村与古村的建设,在维持古村整体风貌的同时要优化改善内部生活配套设施,重视古村文化建设,使其与现代文明相适应，在保护传承中迸发出新的活力。随着城市化进程和新农村建设步伐的加快，古村落保护工作的压力也越来越大。有些地方把新农村建设片面理解为新村建设，许多古建筑在大拆、大改、大建中惨遭破坏，而作为古村落灵魂的传统村落文化，则失去了赖以依附的载体。据不完全统计，目前全国在城市化建设热潮中遭到破坏和灭失的古村落达八九成之多，有的地方已难觅古村落踪影。豆沙关古镇也不例外，现存的古村寥寥无几。许多文保专家为此大声疾呼：如果再不把传统村落文化保护工作摆到应有的位置，我们的"根"将消失殆尽。目前，古村落保护与开发面临的主要问题有四个：一是盲目拆旧建新。富裕起来的农民认为乡村传统建筑过于土气，争盖高楼比富有，不中不洋的建筑充斥古村。二是保护意识淡薄。"有文脉没文化"，千村一面现象很普遍。乡村两级作为古村落的直接管理者和保护者，思想认识不到位，监管措施缺位。三是旅游开发过度。当古村落成为景区以后，大量有价值的文化遗产遭到破坏，许多宾馆餐饮设施和道路交通规划破坏了古村落的整体性。四是保护经费短缺。基层各级文化遗产保护专项经费捉襟见肘，一旦出现古建筑突发性破损，往往束手无策。

古村落是历史文化遗产的重要组成部分，是人类"传统文化的明珠"。从外在形态上来说，古村落是以建筑为载体的物质文化遗产，包括民居、祠堂、庙宇、戏台、碑廊、牌坊、桥梁等建筑形式；从本质功能上来说，古村落是居民以农业为经济活动基本内容的一类聚落的总称，这类生产生活的空间追求村落与自然环境的和谐；从衍生意义上来说，古村落蕴含了大量的非物质文化遗产，包括民俗风情、婚丧嫁娶、信仰崇拜、民间传说、神话故事、谚语歌谣、戏剧舞蹈、工艺制作等，它所承担的传播和存续传统文化的功能远远超越了其作为居民集聚的功能。因此，古村落既是以建筑为载体的物质文化遗产，也是以文化为灵魂的非物质文化遗产，是物质和文化融合的生产生活空间，具有丰富的文化价值和它所衍生的社会价值、旅游开发价值。随着国家乡村振兴战略的深入推进，传统古村落的开发和利用迎来了千载难逢的发展机遇。

城镇化是中国现代化发展的必行之路，但传统村落文化是传统村落的价值本质，绝不能在城镇化的推进过程中丢失传统村落文化。新型城镇化建设代表了一种乡村之外的强大力量。这种力量的植入，应注意与原有传统中的组织系统有效兼容①，把城市生活与传统村落文化尽可能地兼容，是在城镇化进程中传承和保

---

① 薛正昌，郭勤华. 城镇化与传统村落文化遗产保护——以宁夏为例 [J]. 北方民族大学学报（哲学社会科学版），2015（5）：11-16.

护传统村落文化的破解思路。在城镇化进程中，由于城乡经济、文化的差异，传统村落受到冲击和破坏等在所难免。传统村落作为传统村落文化的载体，只有协调好传统村落自身的保护与发展，才能形成村落的文化安全，发挥传统村落文化的价值和作用。城镇化进程中传统村落的保护与发展并非一对相互矛盾的关系，保护不是简单的修旧如旧，发展也绝不止对传统村落现有价值的利用。保护传统村落，即在城镇化过程中，既要保护村落的固态建筑、文化遗产等物质外壳，又要保护原住村民的生产生活环境、文化空间等精神场所。以豆沙关古镇为例，应按照村落内在的发展规律，顺应城镇化肌理，破解以往"城镇空壳化"和"人的城镇化"的难题，避免简单粗暴地拆迁重建或将新建筑仿造为古旧建筑；同时应注重营造具有时代特色的传统村落文化空间，展现相对完整的街巷格局、建筑风格等传统村落风貌。在此基础上，正视村民的主体地位，激发村民对传统村落的保护意识，扭转文化自卑的观念，让村民自发参与到村落的保护建设当中并使之获益，从而凝聚传承与保护传统村落文化的共识。发展传统村落，更重要的是延展、提升和创造传统村落的新价值，适应城镇化发展变化的需要，引导传统村落文化走向更丰富、更优秀的方向。发展的最终目标是让生活更好，追求经济增长或者效率优先都不是衡量传统村落发展情况的标准，有原则、有根基、有底线的发展才是传统村落的未来。城镇化进程中传统村落的保护与发展应相互促进，协调好这两者之间的关系，传统村落文化的传承与保护才能永葆生机。

文化是激活产业发展的动力，产业则是对文化再开发、再利用、再创新的过程。我国传统村落的文化产业发展普遍较为薄弱，文化经济作用力度不够，直接影响传统村落文化的传承和保护。传统村落的文化产业建设需要经济基础，而在农耕经济模式的桎梏下村民出走村落，人才外流和空间荒废使村落"空心化"程度加深，城乡差距扩大，而在城镇化进程中获益的村民却不愿再回归乡土，加上国家建设资金难以到位，传统村落文化产业发展陷入恶性循环。因此，当前传统村落文化产业的发展重点应在文化制度和经济动力两方面破题。一方面，结合城镇化发展机遇，通过合理开展旅游业、服务业等，挖掘各传统村落文化的潜在价值，形成支柱产业，将文化融入到经济创造中去，提高村民经济收入，以利益导向激发村民支持文化产业发展并保护传统村落的动机，再结合现有制度，进一步提升传统村落的文化软实力，夯实文化产业发展的基础，"留住人"并"兴好业"；另一方面，则要充分发挥自身传统村落文化资源的优势，加大文化产业的开发力度，让传统村落主体在村庄建设中孕育出"文化主导权"，在传统经济发展上培养起"自生能力"①，使传统村落的文化产业成为城镇化建设的动力，推进"就地城镇化"，进而提升村民对传统村落文化传承与保护的文化自觉与文化自信，形成破解困境的良性循环，实现在城镇化进程中以文化产业带动传统村落文化的传承与保护。

在城镇化进程中，文化冲击造成的文化缺失和变异是传统村落文化的传承与保护无法避免的问题，因此恢复传统村落的文化生态就显得尤为重要。而恢复传统村落文化生态的首要任务就是竭力保持传统村落文化的真实性和完整性。文化生态日益恶化一方面表现为城市文化作用于传统村落从而改变原生态村落文化的发展形态，而传统村落文化的价值则恰恰体现在其不可复制的纯真与本原的特性上。近年来，一些地方的传统村落新建了大量的文化景观，但吸引力却有限甚至受人诟病，根本原因就是没有文化的真实性。要保护传统村落物质文化的真实性和非物质文化的原真性，就要踏踏实实还原传统村落原有的文化生态，做到不走样、不夸张，而非形成一种肤浅的、以传统村落文化外壳包裹的功利的商业营销②。另一方面，应重点关注传统村落"空心化"的问题，其造成村民失去传承与保护传统村落文化的自觉自律是文化生态日益恶化的潜在问题。"空心化"归根结底是由城镇化外援吸引力和村落自身离心力所造成的，传统村落留不住人，也留不住村民对传统村落文化的敬畏之情，文化主体缺失使传统村落文化走向衰落成为必然。应对传统村落"空心化"现象，应在宏观机制创新、微观发展力度加大的基础上，积极探索政府、企业、村落原住民、游客等多方协作的传承与保护的新路。坚持"以人为本"的导向，新建村落与文化保护的价值观，挽回村民的文化保护自觉。只有对传统村落文化有了更深入的理解和认识，才能增强文化传承与保护的自觉性。只有让传统村落文化与村民同生息、共命运，才能形成持续发展的良好生态。

传统村落承载着的是社会进步和发展的文化根脉，而传统村落文化则是传统村落存在的根基和灵魂。城镇化是我国当下发展的趋势，但传统村落文化的传承保护与城镇化发展之间的矛盾并非不能化解③。正确认识城镇化，把传统村落的自然环境、历史传统、民俗风情、生产生活方式等文化内涵与城镇化进程中的机遇结合起来，合理保护与发展传统村落，发展壮大文化产业，并致力于恢复传统

---

① 保护传统村落留住文明记忆 [N]. 人民政协报，2014-12-15（003）.
② 伽红凯，何静霞等. 古村落旅游开发利益相关者研究 [J]. 农村经济与科技，2016（19）：102-105.
③ 伽红凯. 中国传统村落保护的矛盾与模式探析 [J]. 中国农史，2016（6）：136-144.

村落的文化生态,是本书提出的在城镇化进程中传承与保护传统村落文化的破解思路。除上述论点之外,传统村落文化的传承和保护其实还面临着很多不同的困境,对这一课题的研究仍然有很长的路要走。但必须明确的是,我国要走具有"文化传承"内涵的新型城镇化道路,对于新形势下的传统村落文化,既要传承和保护,又要适应时代加以发展;既要守护村落文化的原真性,又要融入创意文化产业,形成文化经济。城镇化建设与传统村落文化传承保护是可以做到共生共荣的,这两者间的关系、矛盾和协调措施,是一个值得重视的研究方向。

古村落是中国乡土社会的缩影,也是民族文化遗产的重要组成部分。随着国家城镇化和经济市场化的逐步推进,孕育在古村落背后的传统文化也面临着新的挑战,甚至可能遇到消逝的危险。因此,地方政府部门和相关学者以及整个社会需要加强对古村落的保护。但是古村落具有丰富的历史文化价值和科学研究价值,如果仅仅为了保存而不敢加以利用,则会降低古村落的价值,相反,如果一味地追求古村落的经济价值,忽视古村落蕴含的历史文化意义,则很可能会缩短古镇文化的寿命。如何权衡古村落的保护与利用之间的动态关系,找到一个恰当的均衡点,促使古村落经济价值与文化价值达到最大化,这是本书的出发点和最终落脚点。每一个古村落中的文化之所以能够长期得以保存,是因为这些区域与外界具有较好的隔离性,交通的闭塞阻碍了异地文化的入侵,从而使古村落本地的文化处于一种与世隔绝的封闭状态,不受任何外来文化的入侵。但是随着我国现代化的发展和科学技术水平的不断提高,这种封闭聚落环境越来越少,全国的各省份都有通往省内各州市的高速公路,城市与乡村之间的交往鸿沟也被填充,古村落与外界的联系越来越密切。在古村落逐渐打开与外界环境之门的过程中,古村落的居民往往会选择放弃原有的文化传统转而接受现代的生活方式,这不仅使大量文化景观遭遇破坏,而且还由于城市生活的吸引,带走了大批农村年轻人口搬离农村,古村落中仅存一些年迈体弱的老年人,古村落的空心化特征比较明显,最终导致古村落传承下来的风俗民情、宗教文化等传统文化断流。此外,还有大量游客带来的异地文化入侵,使豆沙关古镇的本地文化流逝等,这都给古镇的文化保护提出了严峻的挑战。因此,探寻一条古村落文化保护与利用的发展道路,对我国的古村落文化传承与发展具有重要的理论价值。

对于豆沙关古镇的文化保护与利用关系,不同的人站在不同的角度得出的结论也不一样。一部分人比较反对经济主义,他们认为一味地开发利用会对文化遗产造成巨大的破坏,但是也有人支持开发利用,他们认为可以利用文化遗产促进古村落经济发展。本书认为上述两种观点各有道理,但也都有失偏颇。因为古村落文化遗产是各历史时期的人类对自然环境适应的结果，反映了不同时期的社会、经济、文化和生活状况，从这个意义上看，我们需要保护文化遗产，也需要分享人类的文明成果。因此，古村落文化的保护与利用并不是对立的二选一的问题，而是如何做到二合一的问题，古村落文化遗产的利用和保护两者相辅相成、相得益彰，既要坚持文化遗产保护的原则，同时也要创造各种优势条件让更多的人能够分享到文化遗产的价值。在现代社会背景中，文化遗产不可能脱离社会而孤立保存，那样也只能面临文化的消亡，只有不断地为这些文化遗产提供生存发展条件和生长的土壤，才有可能实现文化遗产的持续发展。当前，豆沙关古镇以经济利益为核心的旅游开发活动确实威胁到村落的文化遗产保护，古镇的过度开发以及不合理开发都将会导致古村落的历史文化遗产遭受严重的破坏，因此非常有必要制定一个合理的保护与利用对策，只利用不保护和只保护不利用的极端思想都是不科学的文化遗产保护战略，只有在合理的利用中保护文化遗产才是最佳的保护路径。保护古村落时应坚持两个大的原则：一是以人为本的原则。在对古村落进行保护的过程中，必然会关涉村民自身的利益，因此在进行古村落保护的时候，要注意保护村民的利益。无论国家有多么重视对于古村落的保护，也无论政府和相关部门采取何种保护方式，古村落保护的关键还是在于村民，我们必须坚持以村民为主，增强村民的主人翁意识，调动他们的保护积极性，从而降低保护难度，改善保护效果。因此，我们需要始终坚持以人为本的原则，这是保护古村落的关键原则。以人为本的原则要求我们，要了解和满足村民的现实需要，提升他们的幸福指数。我们不能在建设新农村或者开发古村落的时候不顾及这些村民的感受，忽视对于传统建筑和风俗的保护。二是整体性保护原则。古村落不仅是一个物质实体，更是一个非物质集合体。所谓的物质实体是指古村落包括许多独特的古建筑、自然景观等。非物质集合体是指古村落中蕴含的文化传统、风俗习惯等。因此，对于古村落的保护是一个系统性工程，不可顾此失彼，忽视对其中某些非物质文化的保护。

一、 豆沙关古镇村落文化的保护

豆沙关古镇历史悠久，非物质文化遗产丰富，这些文化遗产都是古镇的文化精髓，代表着这里的每一个民族的智慧，非常值得保护。截至目前，豆沙镇现有非物质文化遗产保护项目 28 项，如表 8-1 所示。从物质文化遗产的类别来看，这28项分别是马帮文化，古镇民间文学，古镇民间音乐、戏曲和杂技，古镇民间书画和艺术，古镇手工，古镇服饰，古镇节庆与民俗，古镇民间体育，古镇美食，古镇八景，古镇古风，僰人历史，僰人民间传说故事，僰人宗教，僰人民间音乐、曲艺和杂技，僰人美术，僰人饮食，僰人手工艺，僰人习俗等。每一个文化类别里面又包括很多细的文化特质，如马帮文化包括头马、马褂、毡衫、草鞋、储水竹筒、铜锅、马帮锣（前锣和后锣）、马帮旗、马锅头、斗笠、马灯和马刀等。

表8-1　豆沙关古镇现有非物质文化遗产保护项目

类别		序号	文化内容
马帮文化		1	头马、马褂、毡衫、草鞋、储水竹筒、铜锅、马帮锣（前锣和后锣）、马帮旗、马锅头、斗笠、马灯和马刀等
古镇民间文学		2	民间故事、民间传说、民间谚语、民间谜语、民间对联、民间歇后语
古镇民间音乐、戏曲和杂技		3	关河号子、川剧、傩戏、圣语、耍猴戏、皮影戏、打连枪、说春、变换魔术等
古镇民间书画和艺术		4	国画、春联、书法、篆刻、剪纸、年画、毡烙画、石刻石雕、木器、银器等
古镇手工		5	火纸制作、蜡染、刺绣、织布、木工、打铁、篾匠、裁缝等
古镇服饰	大人	6	青帕、白帕、土布、尖口鞋、围腰、瓜儿帽
	少女	7	头饰、耳饰、衣饰、闺饰、嫁妆等
	小孩	8	长命锁、兔儿帽、狗头帽、虎头鞋、虎头枕
古镇节庆与民俗	春节	9	耍灯笼、耍车灯、耍牛灯、打连枪、点灯杆（长寿灯和子孙灯）、说春（春官）、贴春联、走亲戚等
	清明节	10	吃清明草粑、干盘子，上坟扫墓
	端午节	11	吃粽子、包子等
	二月初一	12	龙抬头理发
	七月十三	13	七月半，鬼节（烧纸钱、泼水饭）
	中秋节	14	香香宝、吃月饼、敬月亮等
	祈雨	15	水把龙泼水
古镇民间体育		16	丢沙包、跳方、踢毽子、打连枪、放风筝、斗鸟
古镇美食	小吃及特产	17	桐子粑粑、猪儿粑、黄粑、草粑、苦荞粥、燃面、粉条、鲜笋、红豆腐、黄瓜、苦荞茶、庙坝酒、石缸贡茶
	菜肴	18	乌骨鸡、洋芋、野菜、粉条等

类别	序号	文化内容
古镇八景	19	雀笼高挂、僰人悬棺、金鸡高唱、仙人指路、猪头祭庙、犀牛望月、草履高悬、将军卸甲
古镇古风	20	夫妻打更、巡逻、赌咒、娇子、滑竿等
僰人历史	21	武王伐纣牧野之战、僰侯国、叙难起义、斩杀270寨主、九丝天堑、十二次剿僰、平蛮碑记、破僰十一方略、平蛮善后十事
僰人民间传说故事	22	改阿姓何、荆棘丛穿梭的民族、会飞的民族、活捉哈家三兄妹、哈吆妹退郭开、诸葛亮南征、僰人后裔、僰奴、僰僮*
僰人宗教	23	太阳崇拜
僰人民间音乐、曲艺和杂技	24	僰人古乐、弯刀舞、攀崖舞、鼓舞、部落篝火舞、对歌、僰人耍杂、神歌、丧歌、连枪、清音、酒歌
僰人美术	25	僰人岩画、舞蹈、体操、杂技、刑术、击剑、赛骑、踢毽子、球戏、钓鱼、狩猎、征战和各种动物以及刀矛、车轮、日月、太极图、各种纹饰图案等
僰人饮食	26	白酒、烤全羊、烤鸡、杀猪饭、八大碗
僰人手工艺	27	竹编、刺绣、雕刻、僰银饰品、铜鼓等
僰人习俗	28	僰人悬棺、剽牛、九月九日赛神节、击铜鼓、镶狗牙祭大耳

注：*指封建时代受奴役的未成年人。

资料来源：笔者根据实地调研资料整理而得，调研时间 2017 年 8 月。

豆沙关古镇建镇选址具有特殊的地理位置，这种特殊的地理位置与环境孕育了独特的地域文化，地域文化和非物质文化共同构建起了豆沙关古镇文化。目前，豆沙镇地域文化遗产保护项目有 9 项，分别是寺庙、秦五尺道、僰人悬棺、石门关、五道并行、石门大堰、唐代袁滋题记、摩崖石刻、散落民间文物、散落民间的其他可移动文物，如表 8-2 所示。

表 8-2　豆沙镇地域文化遗产保护项目

类别		序号	基本情况描述
建筑	寺庙	1	观音阁，位于豆沙镇石门关北崖峭壁的清莲洞口，原寺庙建筑年代非常久远，现在仅存遗址。现存的观音阁则重建于清代乾隆三十二年（1767 年），系如意斗拱装饰的三重檐歇山顶式建筑，是滇东北少有的古建筑之一

类别		序号	基本情况描述
历史遗迹与文物	秦五尺道	2	是连接云南和内地的最古老的官方通道，位于豆沙镇石门关口，一段约350米的石头路上留下243个深深浅浅的马蹄足迹，其中约10厘米深的有39个，是迄今为止秦五尺道上保留最长、最完好、马蹄印迹最多的古驿道
	僰人悬棺	3	石门关对面的千仞壁巨型石壁的石缝中储存9具僰人悬棺，是汉代僰人留下的千古之谜，创造的文化奇迹
	石门关	4	是关隘文化的标志性建筑，是桥头堡的活化石，千仞壁被关河一劈为二，形成一道巨大的石门，锁住了古代滇川要道。悬崖峭壁上刻有"滇南枢纽""其险也若此"等，这是通往南方丝绸之路的第一关，关内为中原地界，关外则为蛮夷之地
	五道并行	5	五尺道、水路航运、国道、铁路、高速公路并存并行，是天然的交通博物馆和交通的时光隧道
	石门大堰	6	北有红旗渠，南有石门堰。是中华人民共和国成立以后，盐津人民不畏艰险、大力发展农业生产、自力更生的精神丰碑
	唐代袁滋题记摩崖石刻	7	唐贞元十年（794年），御史中丞袁滋奉命赴滇，册异牟寻为南诏王，途经石门，为纪其行，特摩崖题记，文物价值非常大，是国家级的重点保护文物，它有"维国家之统，定疆域之界，鉴民族之睦，补唐书之缺，正在籍之误，增袁书之迹"的重大历史意义，1981年被国务院公布为国家级第三批重点文物保护单位
	散落民间文物	8	
其他可移动的文物	散落民间的可移动文物	9	历史上各时代的重要实物、艺术品、文献、手稿和图书资料等

资料来源：笔者根据实地调研资料整理而得，调研时间2017年8月。

目前，我国古村落的传统文化保护工作才处于起步阶段，还有很多保护工作措施不到位。就豆沙镇的文化遗产保护而言，同样存在很多的问题。保护传统文化是全社会每一个公民的责任和义务，不仅需要豆沙镇当地居民的积极主动参与，也需要当地政府的正确引导。虽然，豆沙镇本地的群众和相关部门需要承担主要责任，但也离不开其他群体和部门的介入，比如外来游客的介入。古村落旅游开发过程中给文化保护带来了新的问题，也需要游客的积极参与。同时，除了其他群体的参与，还需要其他部门的参与，古村落虽然属于地方，但是地方没有权利制定相应的保护法律，目前我国的古村落文化流失与法律的空白存在很大的关系。因此，还需要国家通过立法的形式来加强古村落传统文化的保护。在经济社会快速发展的背景下，当前中国的许多古村落生存状况非常令人担忧，而且现行有关古村落保护的法律制度不仅在数量上还比较少，在结构上也不完整，相关立法工作还需进一步提升。当前的古村落保护还主要以《文物保护法》为依据确定的文物保护制度为基础，这种单一的保护机制存在诸多问题：①文物保护法律体系建设问题。现行的古村落文物保护立法体系中，高层次的立法还处于空白状态。②在制度设置方面也存在较大的问题。当前古村落的认定与保护附属于其他类型的文物形式之中，这种保护制度从古村落地域覆盖面上来看，肯定存在很多"漏网之鱼"，因为古村落的分布比较广泛，而且数量众多。古村落的这种"托管"机制不可能在现行的行政制度下被文物主管部门全部发现并认定。而且现行的认定结果是"终身制"，即一次认定终身有效，其结果就是古村落一旦被认定后，上级部门就开始只管人不管村，或者下面的人因为已经获得认定而开始消极履行保护义务。而没有被认定的古村落，毁坏速度更快，加速了文化遗产的消失速度。正是由于现行的法律和制度存在诸多问题，所以非常有必要加强法律体系的建设。

（一）古村落传统文化保护法制体系建设

1961~2008年，我国出台了一些有关古村落保护的相关法律，如1982年出台的《文物保护法》、2002年的《中华人民共和国文物保护法》，但是现有的法律主要偏重古村落的物质形态保护，而对于古村落的非物质文化形态保护还非常少。古村落不仅从景观上看具有较为丰富的物质文化，同时还有蕴藏其中的大量非物质文化遗产，对非物质文化遗产的保护也不可忽略。因此，古村落传统文化遗产的保护应当是一个完整的法律体系，其中既有物质文化保护立法，也有非物质文化保护的相关立法。

从古村落的保护实情来看，应当明确国家立法在整个古村落保护体系中的重要地位，《古村落保护法》在其中起到主导的作用，为古村落保护整体布局和个体层面的制度建构提供权威性和明确性。地方立法与国家的立法并不是相互冲突对立的，地方立法是国家立法的具体化，在国家立法的主导下地方积极发挥"零距离"作用，每个地方结合自身的情况做到无缝对接，才能体现国家立法的模式价值，构建一个相对完善的古村落法律保护体系。首先，应该构建由全国人大颁布的《古村落保护法》作为古村落保护领域的基本法，以此为根本来统筹行政法规以及地方立法。其次，在地方层面，可以赋予具备立法权的省级机关（包括行政立法机关）以及新修订的《立法法》更多的立法职能，考虑到古村落的保护立法实践还远远不够，省级立法机关立法对于地方古村落的保护更具有针对性和可操作性。最后，可以综合考虑地方社会经济情况，进一步加快市级机关立法工作，建立一个从国家到省区再到地方的完整法律保护体系，实现古村落保护的三级法律体系建设。

对古城古镇古村立法保护的几点建议如下：

（1）当前，我国缺乏专门针对古城古镇古村及其文化保护的系统性、权威性法律，我国现行与古城古镇古村保护相关的法律法规有《历史文化名城名镇名村保护条例》《中华人民共和国文物保护法》《中华人民共和国非物质文化遗产法》《中华人民共和国城乡规划法》等。笔者在山西省"古城古镇古村立法保护"的调研中发现，现行法律法规很难涵盖古城古镇古村保护中的具体问题，例如因相关法律法规尚未对基层政府行为进行授权与监督，山西省古城古镇古村的保护规划在实施过程中存在政府公信力欠缺及执行力不足的问题。为遏止古城古镇古村频遭破坏的现象蔓延，防止对古城古镇古村的无度、无序开发，避免国家历史文化遗产成为永久的"文化遗憾"，专门立法保护古城古镇古村迫在眉睫、意义重大，笔者建议尽快制定出一部适用于我国古城古镇古村及其文化保护的国家特别法，并由相应的监督监察机构专司此事，以形成长效机制。

（2）明确保护对象，实施分级保护。中国传统村落的区域内，存在文物建筑、古建筑、历史建筑与传统建筑等多种类型的物质文化遗产。然而，不同的建筑保护类别所对应的法律法规，其保护的法益及其重要程度、保护力度虽不同，但法益的载体在本质上的差异却并非泾渭分明，彼此交叉的面较大，同时各级财政保护资金的投入比与政策支持力度也因各自被定义的法益不同而存在较大区别。因此，在制定古城古镇古村特别法时，应厘清不同类型建筑的保护力度。为明晰保护对象的界定，增强法律法规的可操作性，笔者建议可将建筑保护分为文物建筑和非文物建筑两级，将文物建筑以外的历史建筑、传统建筑、古建筑划分至非文物建筑，针对文物建筑和非文物建筑两级制定不同力度的保护法律法规和保护措施，进而科学地推动保护规划的制定与落实。

（3）文化的保护需坚持可持续性原则，这就要求立法保护应进一步明确古城古镇古村"保护什么""怎么保护"的核心问题。特别是目前全国古村落数量较多，各级政府投入古村落保护的财政资金和资源有限，如何利用有限的资金资源集中力量办重中之重之事，如何集中力量保护最需要保护的濒危古村落，是立法在确定保护内容时应着重考量的问题。针对这一问题，建议进行全国古城古镇古村的全面排查建档，不能"眉毛胡子一把抓"，特别是进一步推进古村落评级制度，区分哪些是急需保护对象，哪些是重点保护对象，哪些是一般保护对象，有轻重缓急地，有计划、分阶段、实事求是地明确立法保护对象，实现立法保护的合理性规划。

（4）历史建筑与文化生态立法保护并驾齐驱。古城古镇古村的保护必须是"活态"的。因为"古"也并非是一个完全封闭、固定的概念，它也是"活"的，所以我们的保护不能只是将对象"冷冻"起来，严防死守。保护的目的是为了发展，因而既要保护历史建筑，也要正视文化生态。完整独特的建筑文化遗产是古城古镇古村立法保护的重点是毋庸置疑的，但也不能忽略对非物质文化遗产等活态文化的保护。例如，平遥古城文化生态的活态传承与古城原住民的现实生产生活息息相关。让当地百姓享受文化红利，利用古城建筑文化遗产发展旅游业是一件惠及民生的好事，但不能"一条腿走路"，应重视当地人文环境建设，在让世人感受到古城精美的历史建筑的同时，也能感受到古城的人文关怀。现行法律法规中，对历史建筑的保护进行了明确的规定和要求，但缺乏对非物质文化遗产和文化生态保护的关切。虽然我国于 1997 年颁布实施《传统工艺美术保护条例》，2006 年出台《国家级非物质文化遗产保护与管理暂行办法》，2011 年颁布《非物质文化遗产法》，但是目前出台的相关法规对手工艺的保护多数局限在物化样态，对与手工艺相关的传统知识、遗产资源、民间艺术形态以及文化环境和空间的保护相对空缺，亟待完善。笔者建议在古城古镇古村立法保护中加强对传统工艺和非物质文化遗产等知识财产的保护力度，突出知识财产在国际竞争中的重要价值和地位。同时，只有保护好了知识财产，才能更好地将知识财产转化成文化红利帮助老百姓改善民生。建筑是传统文化的载体，建筑离开赖以生存的文化生态便丧失了其作为文化载体的活性与生机，因此笔者建议在立法保护内容上，既要注重历史建筑的保护，也要加强文化生态的保护，重视非物质文化遗产的保护，重视历史建筑所在的村落的自然环境的保护。文化存在的生态性有时间性与空间性，时间上要避免出现文化断裂，空间上不能封闭自己的文化，要与其他文化互动，吸取其他文化的精华而优化自身文化。文化在物质文化、制度文化和精神文化这三个层面上具有有机联系，构成有机的生命体才有可能生存，因此还需要优化政治、经济和自然环境等生存空间，进而形成历史建筑与文化生态立法保护并驾齐驱的"活态"保护机制。

（5）以人为本，兼顾立法的合法性和合理性原则。古城古镇古村的保护要有法可依，但立法不能只顾古城古镇古村而忽视百姓，顾此失彼的"法"，难以实现保护的可持续性。所以，立法既要顾及集体利益，也应以人为本，正视群众诉求。行政机关做出具体行政行为应受到两大基本原则支配，即合法性原则和合理性原则。比例原则属于合理性原则的范畴。行政法意义上的比例原则，是指行政权力的行使除了有法律依据这一前提外，行政主体还必须选择对相对人侵害最小的方式来进行。笔者建议在古城古镇古村保护中适用比例原则，原因有以下几个方面：首先，比例原则来自权利的基本性质。现代法治以人民权利为本位，人民谋求生存、自由以及幸福的权利应当得到国家最大限度的尊重。其次，比例原则是公平正义的具体化。正如古希腊先哲所言："公正，就是合比例；不公正，就是破坏比例。"行政手段与目的之间的均衡比例实际上就是公平正义观念的量化体现。最后，依比例行政是依法行政的应有之义，国外学界甚至将比例原则称为是"行政法中的'帝王条款'"。

另外，在古城古镇古村立法保护中，既要规范公权，也要保护知识产权等私权。由于两者之间存在较大的差别，因此公权与私权在行使时难免相互冲突。私权的界定本身就规范了公权的行使。因此，需对公权与私权的冲突进行有效调和，鼓励群众参与合作，将公共利益与私人利益统一起来，相互影响、相互促进、相辅相成，以达到合作共赢的文化生态保护目标。

（6）落实行政分层保护，发挥属地保护优势。建议建立并完善从中央到地方再到基层的分层立法保护体系，中央宏观把握古城古镇古村立法保护思路，省、市政府需针对各省、市情况进行有针对性的地方立法补充，明确县、乡镇等基层政府的保护职能和具体保护工作，探索创新行政分级分层管理模式。深化古城古镇古村保护体制机制改革，探索垂直管理新模式，整合行政力量，明确各级政府监督管理的职能。遵循"违法有成本、守法有效益"的准则，解决执法成本高、违法成本低的突出问题。应适当强化违法成本的约束，让违法分子依法受到应有的处罚，从源头上杜绝古城古镇古村的违法行为。

在立法保护古村落时，应兼顾村一级作为非完全政府的职能和属地优势，发挥村规民约的村落自治作用。充分发挥乡镇基层政府和村集体的能力，发挥基层人员优势，补充解决执法成本高的问题。综合考量文化保护同地方经济发展、改善民生、脱贫致富的矛盾，要结合各地实际情况，利用古城古镇古村资源，探索政府、社会、个人开展文化旅游的共赢新模式。当前，我国传统村落中的历史建筑不仅遭受着物质性老化和功能性衰退的现实，更令人惋惜的是，自然损坏基础上"又添人祸",除出现修缮性破坏、置换性破坏、清洗性破坏外,一些古宅民居甚至被随意改变原有平面布局和结构,致使历史建筑的原有风貌毁坏殆尽。现行法律法规中对于古城古镇古村中人为破坏历史建筑的违法行为处罚力度较低,导致违法者违法成本低,直接影响古城古镇古村的保护效果,无法有效遏止违法行为,法律法规的震慑力得不到合理体现。要避免类似情况发生,有必要构建起行政、民事、刑事责任"三责并举"的古建筑保护法治模式。

行政执法是基础。当下,古城古镇古村落中的古建筑保护难度大,随意破坏现象十分严重。笔者走访山西省平遥县多个与古建筑保护有关的行政部门,几位负责人均谈到"有些居民私自拆改古建筑,我们给予行政处罚,对他们进行罚款,但居民用私拆改造后的房屋发展旅游商业的收益远远高于我们的罚款额度"。显然在行政执法方面根据现行行政处罚法,在众多以旅游业为主要产业的古城中存在行政违法成本远远低于其所得收益的现象。行政执法破局力不从心,因而从司法方面突破不失为一个可行办法。

民事公益诉讼是保障。原民事诉讼法第55条规定"对污染环境、侵害众多消费者合法权益等损害社会公共利益的行为,法律规定的机关和有关组织可以向人民法院提起诉讼",此条文规定了公益诉讼制度。所谓"公益诉讼",是指针对违反法律、侵犯国家和社会公共利益的行为,有关机关和组织有权向法院起诉,由法院追究违法者法律责任的活动。公益诉讼针对的是损害社会公共利益,而不是直接损害原告利益的行为,是与起诉人自己没有直接利害关系的诉讼。而保护古建筑正是关系到国家利益和社会公共利益,因此,建立古建筑保护的民事公益诉讼制度当属题中应有之义。通过古建筑保护公益诉讼,可以要求有关责任人为损毁和拆改古建筑承担民事侵权责任,支付无上限的"天价"赔偿,与行政法最高限额仅50万元的罚款相比,对惩治破坏古建筑的违法行为更有力度,也会让违法者感受到违法成本更高。

刑事责任是底线。古建筑保护不能单算经济账,还需施以重典。按照刑法第324条第2款,故意损毁国家保护的名胜古迹,情节严重的,处五年以下有期徒刑或者拘役,并处或者单处罚金。而2015年起实施的由最高人民法院、最高人民检察院发布的《关于办理妨害文物管理等刑事案件适用法律若干问题的解释》明确,风景名胜区的核心景区以及未被确定为全国重点文物保护单位、省级文物保护单位的古文化遗址、古墓葬、古建筑、石窟寺、石刻、壁画、近代现代重要史迹和代表性建筑等不可移动文物的本体,应当认定为刑法规定的"国家保护的名胜古迹"。由此看来,只要损毁古建筑,无论古建筑的保护级别是"国"字号的,还是省市县乃至乡镇一级的，都应处以更为严厉的刑罚，而非单纯的经济处罚。

事实上，古建筑一旦损毁，就不可能再恢复原状，其价值正在于它的唯一性和不可复制性。构建起行政、民事、刑事责任"三责并举"的古建筑保护法治三维模式，多管齐下才能更好地发挥好法治这把"达摩克利斯之剑"的作用，才能更好地保护古城古镇古村落中的古建筑。

（7）规划先行，法规优先，完善古村落保护制度。一是加快制定古村落保护规划。建议将古村落保护和发展纳入市里的"十三五"规划，尽快编制保护规划，以加强规划控制，杜绝建设性破坏现象发生。二是建立古村落保护体系。对已评上国家或省级历史文化名村、中国传统村落的古村落，由市及相关区共同组织实施重点保护；对于具有一定历史文化价值和特色的古村落，由相关区及乡镇政府组织实施常态保护；对于村庄形态风貌、建筑风格已被破坏，但积淀着丰富历史内涵和别具地方特色的传统文化、传统技艺、民间风俗的古村落，由有关部门组织实施活态保护，进行非物质文化遗产抢救保护。三是建立古建筑产权置换制度。支持村民以原地修缮方式改善居住条件，政府给予适当补助维修经费；鼓励和支持企业、事业单位、社会团体和个人采用出资、捐资、捐赠、设立基金或者租用古建筑等方式参与古村落保护和利用；探索实行"产权转移，公保私用"模式，可将产权转移给村集体或由政府收购产权，由村集体或政府垫资修缮古建筑，原业主享有看管居住权；探索古民居产权交易制度，对未列入各级文保单位、濒临倒塌、个人无力保护利用的古建筑开展收购，转宅基地为国有土地，允许收购的古建筑在完成修缮后，采取公开拍卖形式进入市场交易。四是建立古村落保护联动机制。建立以区政府为属地责任主体，街道办事处、镇政府为日常巡查、现场保护主体的古村落文化遗产保护联动机制，国土规划部门、住建管理部门、文物部门等行政管理部门和城市管理综合执法机关应根据有关规定落实日常监管和保护工作；将古村落保护工作作为本级政府考核的重要内容；对现有村落进行文化遗产普查；实施严厉的责任追究办法。

（8）传承地方传统文化，保护好古村落精神家园。一是改善古村落的居住环境。合理增加卫生间、医疗卫生场所等生活设施，妥善解决老房子光线不足、年久失修等问题，完善老房子内部现代服务功能，提高居住质量和安全性。二是保留传统文化活动。对重要纪念物、宗祠等精神文化空间场所等进行维修、保护；在特定时间组织、展示村民传统文化、祭祀活动，再现传统文化精神；通过引入创意文化公司、资金补贴、技术指导与活动评选等形式带动部分村民从事传统技艺；注重保持古村落日常生活场景，保留富有乡土气息的生活用具、生产工具及手工艺品，增添古村落的传统魅力。三是挖掘古村落典故传说。统一编排好豆沙关古村落的典故传说，提升古村落的社会影响。

（9）加强引导，积极谋划，增强豆沙关古村落的吸引力。一是以民为本调动村民积极性。要切实引导和鼓励全体村民参与古村落保护与发展，让社会经济发展的成果惠及全体村民。二是推动古村落保护与发掘研究相结合。建立多学科专家发掘、研究、保护体系，举办各种专业培训班，将优秀文化遗产内容和保护知识纳入教育计划，特聘业余文保员、公众保护监督员、古村落志愿队伍参与古村落保护。三是加强社会宣传引导力度。利用广播、电视、报纸、网络等多种新闻媒体，多角度、多层次地反映古村落的历史文化价值、景观价值、教化价值。四是精心设计古村落旅游线路。以成熟景区为龙头带动古村落发展，形成"周边看风景，村中品文化"的特色旅游。五是适度进行经营开发。可吸引文化素养较高的艺术家群体进驻，逐步形成艺术创作基地，提升古村落的整体文化层次；可引进有长远规划、懂文化创意的运营公司进行长期、有效的开发，将古村落打造成集观光、休闲、体验等为一体的度假旅游目的地。

（二）地方发展规划

对古村落及其文化进行科学、合理的规划是实现有效保护与充分利用的基础。具体而言，古村落发展规划方案应彰显出古村落特色，整个规划内容应当覆盖旅游开发、村民安置及保护等内容，规划人员需深入古村落，与当地村民进行面对面沟通，以全面了解古村落文化保护主体（即村民）的意见与建议，规划方案应该征得村民的认可。一旦古村落传统文化保护利用方案确定下来之后，就应严格依照规划内容一一落实。在古村落规划的保护区中，如果村民需要新修建房屋，必须先向相关管理部门递交申请，得到批准之后才能进一步开展建设工作。古村落文化是村落建设的基础，应该制定专项发展规划，加强顶层设计。为了贯彻和落实省第十次党代会和第十二届人大五次会议精神，加快特色小镇的建设，2017 年 4 月 1 日，在《云南省人民政府关于加快特色小镇发展的意见》（以下简称《意见》）①中指出了发展特色小镇的重要意义，为特色小镇建设提供了强有力的政策支持，包括用地支持、财税支持、融资渠道等方面的政策支持，为特色小镇文化保护提供了坚强的后盾。除了省级相关政策的支持外，2016 年 12

---

① 云南省人民政府办公厅. 云南省人民政府关于加快特色小镇发展的意见［EB/OL］. 2017 年 4 月 1 日, http://www.yn.gov.cn/yn_zwlanmu/qy/wj/yzf/201704/t20170401_29000.html.

月 29 日，昭通市盐津县县委、县政府领导也批复了《盐津县豆沙关古镇深度开发实施方案》。

特色小镇是指聚焦特色产业和新兴产业，具有鲜明的产业特色、浓厚的人文底蕴、完善的服务设施、优美的生态环境，集产业链、投资链、创新链、人才链和服务链于一体的小镇。

该《意见》明确了云南省建设特色小镇土地、财税、融资、项目四类支持性政策：在建设用地方面，2017~2019 年，省级单列下达特色小镇建设用地 3 万亩。在财税支持方面，最终验收合格后，创建全省一流特色小镇的省财政总共给予每个特色小镇 2000 万元的奖补资金，创建全国一流特色小镇的省财政给予每个特色小镇 2 亿元的奖补资金。同时，给予特色小镇相应的税收减免和支持。在融资方面，通过财政资金引导、企业和社会资本投入、政策性银行和保险资金项目贷款以及特色小镇居民参与等多种渠道筹措项目建设资金。在项目支持方面，《意见》提出了"三个优先"，即特色小镇申报符合条件的项目，优先支持申请中央预算内投资和国家专项建设基金，优先列入省级统筹推进的重点项目计划和省"十、百、千"项目投资计划和相关基金支持，优先安排城镇供排水、"两污"、市政道路等城镇基础设施建设专项补助资金。

《云南省豆沙镇保护条例》第一章总则第十条里面规定："豆沙关古镇内的建设、维护和修缮活动应当符合保护规划和保护详细规划的要求，不得改变其传统格局和历史风貌，不得损害历史文化遗产的真实性和完整性。"在建筑方面也做了详细的要求，规定："豆沙关古镇内经批准新建、改建、扩建建筑物、构筑物，其性质、体量、高度、色彩以及形式应当与相邻区位的建筑风貌一致，应当使用与古建筑风貌相互协调的建筑装饰材料，维护、修缮核心保护区的历史建筑物、历史构筑物，应当按照历史状况原样修复。"（第二章第十一条）①

为了实现豆沙镇经济社会的持续、协调发展，科学开发与合理利用资源，指导镇域土地使用、交通系统组织和基础设施建设，突出城镇特色，保护生态环境，先后编制了《盐津县城总体规划修编（2011—2030）》《盐津县全域旅游发展总体规划（2016—2025）》《豆沙镇镇区旅游开发控制性详细规划》《豆沙关景区总体规划及修建性详细规划》《豆沙镇提质改造总体规划》《盐津县豆沙镇总体规划（2011—2030）》《盐津县豆沙镇乡村旅游发展总体规划（2016—2030）》《豆沙镇汇同溪民俗新村 4A 级景区总体规划》及《盐津县豆沙关南丝路历史文化特色小镇

① http://www.docin.com/p-571297830.html.

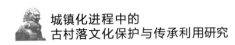

总体规划》等，豆沙镇已编制规划方案，如表8-3所示。

表8-3　豆沙镇已编制规划方案

序号	规划名称	规划定位	规划面积
1	盐津县城总体规划修编（2011—2030）	以生态旅游为主	41.11平方公里
2	盐津县全域旅游发展总体规划（2016—2025）	国家AAAAA级旅游景区，大乌蒙旅游集散中心之一，乌蒙景区引爆核心，盐津县文化旅游核心，文化探秘、生态休闲、度假三合一聚集高地	41.11平方公里
3	豆沙镇镇区旅游开发控制性详细规划	中国历史文化名镇，中国僰人文化恢复区，中国交通文化的桥头堡及关隘文化圣地，中国云南养生度假目的地，滇川、滇渝、滇黔旅游线路大结点	3.67平方公里
4	豆沙关景区总体规划及修建性详细规划	打造集文化体验、民俗风情、户外探险、休闲娱乐于一体的南丝路关隘文化国家AAAAA级旅游景区	5.33平方公里
5	豆沙镇提质改造总体规划	在现有的古镇资源基础上，全面提升整个豆沙镇的整体品质，建设为集商贸、观光、度假、休闲、美食、居住、民俗体验为一体的旅游小镇	1.9平方公里
6	盐津县豆沙镇总体规划（2011—2030）	依豆沙镇优美的生态环境和现存的历史人文景观，拟引进企业通过对原豆沙关古镇进行提升改造，打造集文化体验、休闲娱乐、户外探险、商务会议、农业观光、康体养老于一体的特色古镇	3.67平方公里
7	盐津县豆沙镇乡村旅游发展总体规划（2016—2030）	豆沙镇政治、经济、旅游、文化中心，云南各地进入盐津县第一镇，云南各地进入盐津县第一镇	146.7平方公里
8	豆沙镇汇同溪民俗新村4A级景区总体规划	利用现保存的古道、古建筑、僰人民俗文化等开发特色乡村游，打造集生态休闲、餐饮购物、山水田园、风情会演于一体的特色滨水山地生态旅游度假基地、特色民俗文化体验基地	0.18平方公里

资料来源：云南省昭通市盐津县人民政府，2017年6月。

在规划编制上，盐津县进一步健全规划决策机制，坚持"科学规划、统一管理、严格保护、永续利用"的基本原则，建立了较为完备的政策体系，形成了切实有效的管理体系，坚持和完善专家评审、部门审查、规委会审议和政府审批的审查审批机制，充分发挥对建设项目方案专家把关和县规委会决策作用。同时，为确保规划实实在在落地，盐津县强化规划编制引导和精细化管理，出台相应的规章制度，进一步明确设施配套，坚持规划指标预控。豆沙镇已编制的规划方案定位为"千年南丝路 中国豆沙关"，目标为打造和申报"全国一流南丝路历史文化特色小镇""国家 AAAAA 级旅游景区""世界文化遗产"，经专家咨询、多方论证，均认为以上规划规模适宜、重点突出、管控有效，具有一定的战略高度和时代特征，可操作性强。

上述一系列的意见和发展规划，为豆沙关古镇的发展提供了一个良好的政策环境，但是仅仅有一些良好的政策并不意味着古村落的保护就可以落实，从政策到实践还有很多环节，才可以将宏观的政策转化为具体的成果。在此转化过程中，还需有关部门制定科学合理的发展规划，以及相应人士的积极参与，尤其是豆沙关古镇居民的参与，当地的居民才是古镇的主人，他们最具有发言权，如果在古村落的保护过程中忽略了古镇居民这一主体，将是一个严重的错误。2006年万泰集团入驻豆沙镇，他们进豆沙关开发的第一件事就是砍掉百年大树，拆掉百年木结构老屋，撬掉独具历史韵味的青石板，取而代之的是用钢筋混凝土浇筑起一排排如厂房般整齐划一的仿古建筑。万泰集团的开发失败应当引起足够的重视，有关领导人也应该从中吸取教训，不管是万泰还是其他任何集团，在进行古镇开发过程中一定要把古镇当地居民纳入范围，不可忽视群众的智慧和力量。古村落文化具有主体性，古村落本地居民是乡村文化的创造者和传承者，这在很大程度上要求古村落在进行发展规划时必须考虑居民在古村落文化保护中的主体地位，在古村落文化的保护和传承过程中应当充分尊重农民的意愿，激发古村落居民的保护热情，促使当地居民的主体作用得以发挥。可是，长期以来，受我国体制障碍因素的影响，豆沙关古镇居民在传统文化保护中的主体地位一直没有充分体现出来，传统文化保护主体错位，虽然各级相关部门围绕古村落文化保护做了大量的工作，但是古村落文化的保护成绩却令人担忧，不但没有得到应有的保护，反而遭受了不可修复的破坏。如果古镇居民的利益得不到保障，再好的政策、再好的规划也将难以付诸实施。另外，在古村落文化保护中要加强政策的衔接性和时效性，形成国家、省、市、区县、乡镇各部门间的政策合力，统筹规划。下级要把上级的古村落发展规划进行量化分解，同时制订年度发展计划，最后将年度计划操作化为实际的项目，以项目的形式落实宏观的发展规划，结合豆沙镇的实际乡情，确保古镇传统文化得到有效的保护和利用。

（三）古村落文化保护利用的思路

古村落是城镇化和新农村建设过程中必须特殊保护的对象。但就目前的情况来看，我国的古村落保护情况不容乐观，必须引起有关部门的高度重视。当下城镇化的发展应该追求"望得见山、看得见水、记得住乡愁"的美丽图景，而古村古镇则是记住乡愁最好的载体。保护古村落能够彰显文化价值，传承民俗记忆。当下很多古村古镇建设取得显著成效，比如乌镇、西塘等都驰名海内外，但是也有一些古宅院、古村落等逐渐消失，令人扼腕，豆沙关古镇也不例外。因此，城镇化建设不能只算经济账、只算眼前账，更应该算好文化账、算好长远账，必须保护传统村落，留住文明记忆。保护古村落，一方面，要保护外在的"筋骨肉"。对于古村落而言，外在的物质载体在于建筑本身，而当下在物质载体保护中问题不在少数，比如部分地区存在大量违法建筑、部分地区重点古建筑缺少保护、部分地区古村落核心区遭到破坏、部分地区古建筑保存遇到难题、部分地区古建筑隐患颇多……这些都是保护外在物质载体的难题所在。鉴于此，必须做好物质载体的保护工作。首先，要防止"两个破坏"，即避免建设性破坏，抵制规划性破坏；其次，要明确"一个认识"，即政绩观念要让位于文化价值；最后，要做到"一个保留、三个控制"，即尽量保留基本格局、控制大规模拆迁、控制强制性拆迁、控制过度商业化。另一方面，也要传承内在的"精气神"，保护"物"的同时也要关注"人"的方面。当前在不少古村落保护过程中忽略了人的因素，具体来说，忽略了百姓的居住需求，存在老房子采光、通风、排污、修缮等问题；此外，部分地区古村落保护中直接进行居民迁移，导致没有人住、没有人气、没有活力、没有生机，自然而然缺少了本身的"人气"，也就体现不了古村落"物""我"两方面的魅力。简言之，必须以"人"为中心才能体现"物"的价值。冯骥才曾说过"岁月失语，惟石能言"，文化遗产对于文化传承而言重要性不言而喻，作为文化遗产中重要的一方面，古村落保护尤其重要。因此，既要算经济账也要算文化账，既要有物质方面也要有精神方面，既要有筋骨肉也要有精气神。只有这样，才能让文化记忆不会遗忘，让文化基因入脑入心，让文化传统根植大地。就豆沙关古镇而言，古村落文化的保护可以采取分区保护的思想。所谓的分区保护，就是根据豆沙关古镇的地理情况，由古镇的核心区向外围区分开保护的一种保护方法。具体而言，可以将豆沙关古镇分为三个功能区，分别是古镇核心保护区、古镇周边缓冲区、古镇外围发展区（见图8-1）。

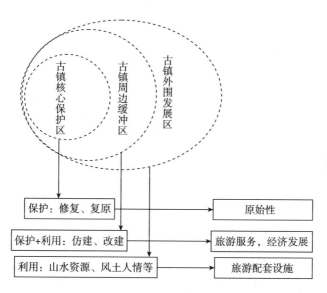

图8-1　豆沙关古镇文化资源保护与利用思路

　　古镇核心保护区在功能上属于纯保护区，遵循古村落传统文化的原始性，尽量做到文化的原始性保护，将一些遭到轻微破坏的传统文化尽力修复、复原，核心区应当限制旅游业的过度发展，以古村落的文化保护为主。

　　古镇周边缓冲区属于文化保护与旅游发展的缓冲地带，这一区域在功能上具有兼容性，一方面体现文化的保护，另一方面也可以适当地发展旅游业，促进区域经济发展。在缓冲区域可以对古村落文化采取边保护边利用的模式，比如可以在核心区外围仿建一些古建筑，将核心区的古村落建筑适当地在缓冲区仿建、扩建，主要目的在于分散核心保护区的游客容量，让游客可以在缓冲区体验到核心区的传统文化感知，这样一来就可以做到传统文化的保护和利用协同发展。古镇周边的缓冲区域，在功能上体现为旅游服务和经济发展。

　　古镇外围发展区在功能上属于发展区，这一区域由于处于新兴的发展区，缺乏传统的建筑文化，需要保护的传统文化较少，因此可以大力发展旅游业，依次带动整个古镇的经济发展，可以利用豆沙镇的山水资源和风土人情等资源积极发展旅游业，同时还可以进行旅游配套设施的建设，比如酒店业、餐饮业、娱乐服务业等。从强化景区文化和景观特色、丰富休闲娱乐旅游产品的角度出发，建设休闲游乐、文化体验、创意体验等休闲娱乐设施，形成动静结合的娱乐活动体系，从而丰富游客的娱乐活动，延长游客停留时间，最终提高景区的经济效益和品牌知名度。

实际上，古镇村落文化的分区保护坚持了保护和利用协同发展的原则，而且在古村落文化保护和资源利用之间找到了一个平衡点，这个平衡点就在古镇周边缓冲区，该缓冲地带弥补了许多古村落开发过程中面临的"只开发，不保护"和"只保护，不开发"的两种极端思想。本书提出的古村落文化分区保护思路，对于我国其他地方的古村落保护与利用具有重要的理论指导意义，消除了长期以来学术界一直在思考的问题：如何在资源的开发与利用中找到一个平衡点，既可以最大限度地开发资源，从而促进地方经济发展，又可以不损害古村落的传统文化资源？古村落传统文化功能的三个分区，恰当地处理好了两者之间的博弈关系。如果仅有古村落核心区的纯保护，则无法促进古镇经济的发展，如果仅仅一味地追求地方经济增长，忽略了一个古镇背后的历史文化底蕴，那么这个古镇的文化价值将会大打折扣，一个没有历史文化内涵的古镇就像一个失去了灵魂的"老人"。2006年万泰集团入驻豆沙镇，进行了一系列的开发工作，但是最终以失败的结果告终，其失败的主要原因就在于没有保护好豆沙关古镇的古文化，包括大量的古建筑、古树等具有历史意义的文化资源被大肆破坏。当然，如果仅有一些比较抽象的保护思路，而没有具体的保护措施，也难以将保护思想具体化，所以为了很好地保护古村落传统文化，还得做好一系列的具体措施。豆沙关古镇村落文化在自然与人为因素的双重作用下已经遭到了巨大的破坏。本书根据村落文化的破坏程度，分成了大量消失、少量散落、不定流量退化和微量保存四个层级，并针对不同层级的文化采取了相应的保护措施，具体如图8-2所示，在古村落文化保护过程中遵循以旅游开发来实现文化保护的原则。

本书针对不同破坏程度的文化提出了不同的措施，具有很强的针对性：①散落文化遗迹。由于古镇的历史非常悠久，有很多文化遗迹丧失，仅剩下一些散落的文化，这些文化不具有系统性，而且在地理空间上比较分散，因此可以采取收集的办法，将这些散落的历史文化遗迹收集到一起，采取集中保护的办法。②濒临消失的文化。该文化是由于文化的传承出了问题，人类祖先创造了许多优秀的历史文化，但是后代人并不一定能将所有的文化一一传承下来，从而导致大量的传统文化随着代际的更替逐渐消失。针对这些濒临消失的传统文化，一定要采取抢救的办法，一定不能让古村落的传统文化"断裂"，具体的抢救办法可以是培养传承人，将文化进行严格保存。③有原貌基础的文化。对于一部分破坏程度不是特别严重，而且有原貌基础的古村落文化，可以采用修补的办法让传统文化得

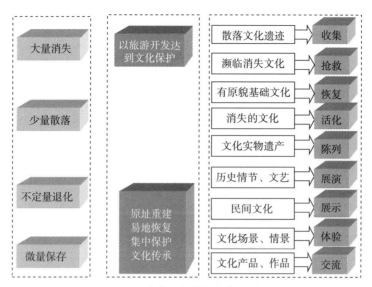

图 8-2 豆沙关文化保护具体对策措施

以恢复，可以根据原貌并加以新的想象力，让传统文化在传承的过程中还得到一定的发展。④已经消失的文化。对于这部分已经消失的文化，不可能通过保护的方式对其保护，而只能通过活化的方式让其重新活跃起来。豆沙关古镇在经历了2006 年的三次大地震以后全镇覆没，其中的很多古建筑都在大地震中消失，对于消失的文化可以采用仿建的方式，让其逐渐活跃起来，现在的豆沙关古镇是震后重建起来的新镇，景观外貌和原来的古镇还是有几分相似，但是仿建的古镇看不出其中的历史底蕴。⑤文化实物遗产。对于具有实体性的文化遗产，可以通过陈列的方式向外来游客展示，使外来游客对古村落文化产生很强的感知，而且他们离开以后还会进行文化的传播。⑥历史情节、文艺。历史情节和文艺文化可以通过展示和演出的方式，历史情节的展示如豆沙关的马帮文化，文艺演出如僰人舞蹈等。⑦民间文化。对于一些散落在民间的传统文化，则可以通过展示的方式进行保护。散落在民间的传统文化，缺乏政府的组织力量来进行保护，只能通过民间的自主保护，豆沙关古镇散落民间的文化也比较多，比如水缸、篾篮、石磨等。这些散落的民间传统文化可以通过展示的方式进行保存，或者培训这方面的石匠，重新打刻出类似的石器，让民间散落文化也可以得到应有的保护。⑧文化场景和情景。文化场景和情景可以直接通过旅游体验的方式来进行保护，豆沙镇的民族文化和历史文化比较丰富，可以建立一些文化体验区，让游客直接进行一次历史的穿越，可以在古村落体验一段时间的原始游牧生活，在云岭寨（僰乡古寨）的部落生活区设置原生态的住宿木屋，通过原始的森林木屋、野外体验的模式，让游客能直面清晰地感受滇僰部落原始、野性的部落风情。⑨文化产品和作品。对于文化产品、作品和其他文艺作品，可以形成电子、纸质书籍等文本形式进行交流和传播。尤其是在网络时代，可以充分利用网络媒体的传播作用，将一些具有历史文化价值的作品、艺术品等文艺产品通过网络进行展示和交流，提高文化产品的知名度。

（四）古村落文化保护与传承建议

一是加强领导，提高认识。我国文化遗产蕴含着中华民族特有的精神价值、思维方式、想象力，体现着中华民族的生命力和创造力，是各民族智慧的结晶，也是全人类文明的瑰宝。各级党委和政府、各行各业、社会各界要以高度的政治责任感，充分认识加强古村落文化保护工作的重要性，保持民族文化的传承，连接民族情感，增进民族团结，维护国家统一及社会稳定。积极开展对外文化交流，建设社会主义先进文化，落实科学发展观，实现经济社会的全面、协调、可持续发展。该保护的要全力保护、该扶持的要扶持到位、该投入的要加大投入、该给的政策要给足。按有关文件及指示精神，把传承与保护工作纳入到政府工作的重要议事日程上来。

二是建立长效机制，加大工作力度，明确责任，着力解决好古村落文化传承与保护中的突出问题。文化保护与传承，立法先行。以立法的形式加强对古村落文化的保护与传承，把各民族优秀的古村落文化逐步纳入法治化管理保护的轨道，是当前十分紧迫的工作任务。中央、省都相继出台了有关文化遗产传承与保护的法律法规，有的地方还出台了相应的地方性保护办法，成立由党委政府分管、领导挂帅、相关部门为成员的文化遗产保护领导小组，定期研究文化遗产保护工作的重大问题，统一协调文化遗产保护工作，加强领导，落实责任。抓紧制定和起草与文物保护法等法律法规相配套的地方性保护办法，严格依照保护文化遗产的法律、行政法规办事，依法抵制和制止违反有关法律、行政法规的决定和行为，严厉打击破坏文化遗产的各类违法犯罪行为。

三是采取切实有效措施，加强对民间艺人的保护，做好传承工作。民间艺人一直是传承民间古村落文化的主要载体。建立文化传承人（继承单位）认定和培训机制，通过艺人命名、帮助扶持、保护等形式，做好对传承人的激励机制。解除古村落单一保守的传承方式，定期或不定期举办培训班，加强培养民间艺术后备队伍，使民族文化传承工作做到后继有人，永不失传。

四是正确处理好开发与保护的关系。在处理古村落文化保护与开发利用的关系上，坚持以邓小平理论和"三个代表"重要思想为指导，全面贯彻和落实科学发展观，认真贯彻"保护为主、抢救第一、合理利用、加强管理"和"保护为主、抢救第一、合理利用、传承发展"的方针，做到政府主导、社会参与，明确职责、形成合力，长远规划、分步实施，点面结合、讲求实效，将合理开发利用摆到更加突出位置，把文化遗产的保护更好地与现代经济社会的发展结合起来，使之融入现代经济社会生活，在开发中加强保护，在利用中加快发展，确立可持续发展的思路，合理开发利用。

五是加大资金投入。要把保护和传承古村落文化工作作为社会主义现代化建设的重要内容，纳入国民经济和社会发展规划及新农村建设总体规划，将古村落文化保护与传承所需经费继续纳入地方财政预算，并逐年加大投入，同时调动社会团体、企业和个人参与文化遗产保护的积极性，多渠道募集资金，抢救保护，传承和开发民间文化资源。对古村落进行整体保护，以保存历史记忆，并加以传承和弘扬。在这样一个发展的时代，古村落文化的保护显得非常困难，中国的发展必须融入国际社会，融入国际社会便会受到国际文化的影响和制约，以至于使本国的古村落文化受到冲击和冷落。大部分年轻人对于中国的古典文化了解不多，有的对于中国的古村落文化的形成和组成方面不甚了解。从对社区青少年寒假期间活动的调查，以及题为"古村落文化的开发利用和保护"的网络问卷调查结果中可以看出，很多青少年寒假期间的主要活动内容以完成课外练习以及学校布置的寒假作业为主。也有相当一部分人认为上课外补习班甚至都比阅读古籍和了解古村落文化来得契合实际。目前的大部分年轻人对于中国古典文化如京剧等不感兴趣，对于中国文化的认识也是以了解较少居多。同时，大部分人表示平时并没有阅读古籍的习惯，由于生活节奏的加快，甚至偶尔的翻阅也成了奢望。然而值得欣慰的是，绝大部分的受调查者认为很有必要学习古村落文化。

二、 豆沙关古镇村落利用价值

古村落作为一种独特的旅游资源，蕴含丰富的价值。其建筑风格独特古朴、民风民俗淳朴、乡土人文气息浓厚、自然环境山清水秀、自然与人文交相融合，且因历史、自然、地理、民俗、秉性等不同，古村落呈现出多样化的人文特色。古村落作为一种传统的人居空间，有着悠久的历史、璀璨的地域文化，是历史的微缩景观，在历史、艺术、美学、建筑、科考、人类学等许多方面都具有重要的价值，是一种珍贵的历史遗存，应加以保护性的利用。不同的学者从古村落的不同方面阐述了其价值以及文化内涵。

古村落历史文化遗产属于不可再生资源，具有较高的历史、旅游、经济价值，一旦遭到破坏将会带来不可弥补的损失，豆沙关古镇的古树被砍、古建筑被拆都是永远不可恢复的巨大损失。村落历史文化遗产的保护与利用是两种不同的行为，有时候两者是一对矛盾，为了保护就不能利用，如果利用了就达不到保护的目的，但是保护和利用不是完全对立的，也可以同时发展，在保护中合理利用，以利用促保护。豆沙关古镇千年的历史，造就了一大批历史建筑、自然景观、民间手工技艺、民族传统节日、民间歌谣以及生产习俗等，具有极高的旅游开发价值。可是当前许多地方政府打着弘扬中国传统文化的幌子，不惜任何代价追求经济发展，不是在传承文化、保护文化，而是不断扭曲、滥用，甚至践踏古村落传统文化。古村落经济发展是目的，但是不能为了发展经济而无节制地过度开发历史文化遗产；同时，也不能为了保护而保护，采取博物馆展览式的保护也不是最佳的保护措施。从一定意义上来说，保护其实是为了更好地开发利用，以达到传统文化的可持续利用。在古村落的传统文化保护过程中必须处理好文化传承与文化资源开发利用之间的关系，这不仅关系到古村落文化自身的存亡问题，同时还会影响古村落的经济发展。在文化传承与保护中，首先要坚持保护优先、开发与保护并举、在保护中开发、以开发促保护的原则，在充分挖掘和保护古村落文化资源的基础上，适度开发以古村落历史文化资源为依托的旅游业，将传统文化与现代化相结合。豆沙关古镇历史悠久，文化资源丰富，具有较高的价值，适度开发可以促进豆沙镇经济发展。古村落能给人留下深刻印象，不仅在于它古朴的建筑，更因为它有源远深厚的文化积淀。古村落保护首先要了解文化，了解历史，这样才能在保护中恢复古村落、古建筑的"魂"。传统村落里的古建筑是活态的遗产，不仅要保留建筑，人也要留下来。

（一）历史文化价值

我国现有约 60 万个村庄，其中古村落大约有 5000 个，占全部村落数量的不足 1%。这些村落大多始建于明清时期，还有的可以追溯到南宋时期。这些由浓郁的历史风貌、优美的自然生态环境、科学合理布局的人文景观、民族特色异彩纷呈的物质和非物质文化遗产构成的历史文化村落，成为中国乡村社会中一个特殊的群体。它们是中国乡村社会的缩影，因其深厚的文化积淀、丰富的历史信息、意境深远的文化景观而具有"史考"的实证价值、"史鉴"的研究价值、"史貌"的审美价值。这些村落之所以能够历经沧桑巨变而保存至今，是因为它们有着独特的生命特征，究其生命特征之源，是中华文化基因。这些历史文化村落不仅是中华文化最后的瑰宝，还可以称为古代"资源节约型、环境友好型"社区的典范。保护这些历史文化村落，是我们这个时代对历史、对未来的一份使命和责任。但是，这些历史文化村落在现代化建设进程中正面临着毁灭性灾难，具体表现在：历史性老化造成老房子的自然颓败和无力修复；无序随意的抢占性新建、翻建，与乡土环境、历史风貌不和谐的各类现代建材破坏着村落的古风古貌；村民对现代城市生活方式和品质的合理追求、对原有居住环境的不满意构成古村落保护的内部压力；公路和高速公路的建设对村落景观的破坏；国家和地方水力发电站建设对流域下游古村落的冲击，大量古村落因此拆迁移址；旅游经济带来的开发性破坏；村民外出务工造成的空巢现象加速村落的颓败和老房子的倒塌；等等。为此，为解决这些矛盾和冲突，提出如下建议：加强舆论宣传，提高认识，从历史与未来的双向高度，认识这些村落的价值，下决心、付诸大力气进行全面的普查与调研，深入发掘其中的文化历史价值；组织综合学科领域内的专家学者团队，研究并建立历史文化村落保护的价值体系，有了价值评估体系，保护才有可能得到真正的落实，村民才有自觉保护与修复积极性，无度无序的开发才能得到适当的控制与防范；在价值体系标准的基础上对村落进行甄别、分类、评级，由此制定相应的保护规划；各地区可以根据本地实际情况制定地方性保护与发展的法律法规，这是保护的重要保障。

中国古村落扎根于中华的沃土，不仅是中华民族农民生产生活的基本载体，同时也是整个中国社会结构的细胞。古村落文化是中国传统观念、习俗、社会与家庭等多元文化孕育而生的中华本土文化，它是中国传统文化的根本，没有村落传统文化就不可能有中国灿烂辉煌的华夏文明。豆沙关古镇村落文化是在中国特定区域地理条件下产生的，它和中国的其他农业文化一样，在小农经济、宗法社会及伦理思想三大社会支撑条件下不断发展。古村落文化造就了"以农立国""小农经济为主体"的农业社会体制，树立了"天人合一"的人地关系。"天人合一"早在三千多年的周代就明确树立，强调人为营造的生存环境应与自然环境相协调、相适应，并纳入其中，与大环境和谐而统一。一个村落就有如一个小社会，形成了"勤劳自力""安居乐业"的价值观，缺乏开放性奋斗的精神，构建了中国古村追求安全、安静、功能完善的居住环境，形成极富地域性和乡土气息的古村落居住文化。古村落以血缘、地缘为人际关系脉络，构建了中国宗法社会，构建了以血缘为脉络的社会人文网络，强调家庭、家族、民族间团结、互助、共荣辱的观念，以血缘稳定支撑社会发展，甚至以血缘决定人的社会地位，以伦理与礼乐精神规范道德行为，以仁义礼智信为核心构建社会、家庭、个人行为规范、准则。古村落的发展过程体现了中国传统文化的发展脉络。古村落的文化价值极高，被世人称为传统文化的寄居地，是历史的"活化石"，是组成中国文化的"细胞"，这一系列的美誉体现了古村落独特的历史文化价值。

总之，不管是自然资源还是人文资源，也不管是古老的传统思想还是现代科技，如果不被人类利用，将会失去存在的价值。资源之所以有价值，就是因为该资源可以被人类有效地发掘利用。豆沙关古镇是先民村寨和古道驿站，在清朝乾隆时期居住着八省移民，移民的迁入带来了先进的思想、文化和技术，特别是建筑文化大放异彩，可谓八省建筑文化的博物馆。豆沙关古镇现存民居建筑 123 间，其中最早的房屋建于清康熙三十六年，距今已有 307 年历史。"五尺道"开凿于秦代的豆沙关，经历几代修筑置驿，便成了著名的南方丝绸之路的重要路段，是中原人进入云南的要冲。历经 2400 多年的沧桑巨变，古道至今犹存。豆沙关古镇在长期的生产和生活中留下了许多传统习俗和文化活动。这些非物质文化遗产不仅随着旅游的发展而获得了新生，而且成为豆沙关古镇独特的文化旅游资源，受到了外来旅游者的欢迎与青睐，也使当地人对自己的文化增添了自豪感；但同时，豆沙关古镇也受到了外来旅游者的生活方式和异地文化的影响。为了实现古村落文化价值，在开发过程中要对豆沙关古村落文化进行选择性开发，可以通过古村落性质、村落功能、景区级别和旅游功能上的四大转变来实现，如图 8-3 所示。

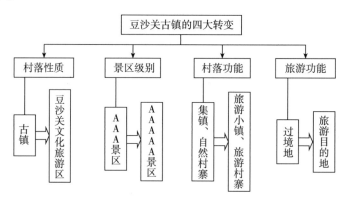

图 8-3 豆沙关古镇的四大转变

第一，村落性质的转变。豆沙镇的村落性质是一个普通的古镇，在实现古村落旅游开发过程中，将由一个单纯的古村落变为一个历史文化旅游区，性质发生了转变，村落的经济功能增强。古村落文化是静态的，如果仅仅是为了保护而不进行适度开发，虽然保住了村落的文化价值，但失去了古村落文化的经济价值。因此，在古村落开发过程中必须进行适当的选择开发，将古镇开发为文化旅游景区，但并不是将全镇全部开发。根据豆沙关景区的功能区划，将处于景区核心位置的豆沙关南丝路和古村落开发为文化旅游景区。

第二，景区级别的转变。豆沙关一直是一个旅游景点，但是当前的旅游景点景区建设和规划还存在诸多漏洞和不足，旅游景点还有待升级改造。豆沙关景区在2011年正式被云南省旅游局发文批准为国家AAA级旅游景区，现在的目标是将AAA级的旅游景区打造为AAAAA级旅游景区，充分利用国家政策优势，以国家新型城镇化发展为导向，借助大乌蒙山精准扶贫战略将豆沙关古镇提质改造成特色旅游小镇，同时以此为基础将豆沙关景区全面升级换代成国家AAAAA级景区，成为国内外知名的旅游目的地。以市场为导向，以文化为灵魂，充分利用本地优势文化及自然资源，提升景区现状。以优势关隘文化为核心，南丝路文化为演绎，丰富文化体验的内容，扩充景区的文化底蕴；同时通过招商引资、分期打造策略，逐步丰富景区相关休闲旅游项目，促使景区由AAA级成功升级为AAAAA级景区，实现由旅游过境地向旅游目的地的提升转变。中期发展目标为，到2020年按照国家AAAAA级旅游景区标准和住建部门《特色小镇规划建设技术导则》，建成全国一流历史文化特色小镇，做好申报南丝路世界文化遗产前期准备工作。远期目标是，借国家"一带一路"倡议，冲出亚洲，走向世界。

第三，村落功能的转变。豆沙关古镇的功能主要是生活居住功能，属于自然村寨。随着古镇旅游业的兴起与发展，自然村寨将转变为旅游小镇和旅游村寨，古村落的功能发生了变迁，将由生活居住功能向旅游景区转变，将会接受来自全国乃至全世界的游客。

第四，旅游功能的转变。就豆沙关古镇的旅游功能而言，在实现古村落文化价值的过程中也需要做出重要的调整，将旅游过境地转变为旅游目的地。通常认为，旅游目的地作为旅游活动的终点，地理区域内部含有直接吸引游客前往旅游的吸引物，而旅游过境地则指旅游者在整个游览过程中曾经到达或离开主要旅游目的地所经历的一些地方。在旅游线路中经过的旅游过境地，旅游者要么是单纯的过境而已，要么是在此短暂停留并参与相应的消费，如餐饮、休息、购买地方特产等，或者是就近游览附近的旅游景点，属于附属的旅游活动。旅游目的地与旅游过境地之间的关系犹如舞台上的"主角"与"配角"的关系，两者之间存在着相互博弈的利益关系。整条线路的旅游活动需要"主角"与"配角"齐心协力共同配合，但是"主角"与"配角"之间也存在明显的竞争关系。

在"十三五"期间，一方面要注意古村落传统文化的保护，另一方面也不能背离国家城镇化发展大趋势，应在城镇化进程中注意保护文化。要大力推进"产城共建"发展，产城共建产生的理论背景有两个方面：一是城镇化和工业化发展的需要。产业是城市发展的基础，城市是产业发展的载体，产业和城市息息相关，大城市的发展需要产业作为基础，防止城市"空心化"。需要协调好产业和城市发展空间的关系。二是过分强调功能分区已不能适应工业园区发展的需要，而是要求把产业园区作为城市的一个功能。以产业结合城市功能的模式打造区域产业集群，通过城市功能的完善带动产业集聚，通过产业的集聚推动城市的发展，以实现产城一体化发展。产业发展是建设现代化特大城市的重要支撑，产业与城市、产业与农村共同发展，是推进豆沙关古镇新型城镇化发展的主要举措。以"产城""产村"联动为基点，以人的发展为最终目标，以城市功能为载体，以村落文化为后盾，以产业高端化为动力，实现产业、城市/农村、人口之间协调发展。加快建立与"产城""产村"共建发展相适应的产业结构和人口城镇化布局等长效机制，探索一条"以产兴城、以城促村、产城促人"的新型城镇化发展道路。

豆沙镇历史底蕴厚重，对豆沙镇厚重的历史文化资源的发掘和丰富旅游资源的开发，必将使豆沙关南丝路历史文化产业发展的前景更加广阔。

古村落历史悠久，具有较高的历史文化价值，具体是指一个古村落及其周围的环境整体所内含的历史文化遗存，与历史上一些重要的事件、战役、人物等密切相关，古村落作为历史发展的阶段性产物，和特定历史时期的经济发展水平、社会制度、科学技术水平以及当地的生活水平高度吻合，从中可以反映出某一地区特定时期发展过程中的生产力水平和生活方式。古村落之所以备受关注，一个重要的原因就在于古村落的历史文化底蕴，承载着中国博大精深的物质文化和非物质文化，豆沙关古镇具有较高的历史文化价值。

（二）经济价值

古村落的经济价值大多是将古村落看作一种旅游资源来体现的。豆沙关古镇开发属于政府主导型，以政府的引导来带动地方经济的发展，目的是富民。旅游的兴起对当地居民的经济收入带来了较大影响。2012年1~5月豆沙关古镇实现旅游综合收入 1651 万元，"五一"小长假共计接待游客 12000 人，其中有来自德国、中国香港、中国台湾的游客 30 人，实现综合经济收入 287.26 万元。① 豆沙镇以旅游产业发展为龙头，积极推动产业结构的调整和升级，实现旅游产业收入再投资，用于调整产业结构，培育特色农业，大力发展服务业；以旅游兴业，以旅游促业，扎实推进"三产"的发展。深入落实盐津县委、县政府"调整思路、创新载体、理顺机制、激发活力"的工作措施，加大豆沙镇农业科技推广力度，把主要精力、工作重点集中在抓豆沙镇特色农业产业的培育和扶持上，建设了万古生态园区，着力推进了万古乌鸡养殖项目，全力打造了银厂肉牛养殖基地，加速推进了豆沙镇社区、石门四季果园的技术推广和品种改良。大力发展服务业，推动第三产业的发展。大力抓好文化旅游配套产业开发建设；加快地方名特小吃和文化旅游产品的开发；采取引进外资或鼓励社会能人投资的办法，在古镇周边发展集度假、观光、休闲于一体的农家乐、农家生态园；完善"吃、住、行、游、购、娱"旅游六大要素，积极推动旅游服务业发展和豆沙文化产业发展。

（三）科学研究价值

所谓科学研究价值，就是指某项成果对本学科领域、本专业现有的科学理论的创造、深化和发展，主要表现在研究者经过周密的逻辑推理和论证，对学科建设提出了建设性的意见、建议。古村落的科学研究的价值是多方面的，当前许多社会科学甚至自然科学的研究项目，调研的区域都选择古村落，主要涉及的学科专业有建筑学、规划设计、人文地理学、景观生态学、旅游管理学等。此外，古村落在经济、历史、民族、民俗、风土、人情、文学、艺术、哲学、人类学及社会学等领域也逐渐显现出重要的科学研究价值。

（四）教育价值

古村落蕴含着丰富的历史、道德、审美等多方面的教育价值，如豆沙关古村落集天地人和之大美的生态和谐，心造其境、形神兼备的建筑艺术及恬淡、安宁的生活情趣等都体现了一种审美的教育价值。此外，古村落是中国乡村社会的缩影，因其深厚的文化积淀、丰富的历史信息、意境深远的文化景观而具有"史考"

① 王倩，杨叶昆，王婧. 豆沙关古镇旅游资源开发优势研究 [J]. 旅游纵览，2012（11）：38-42.

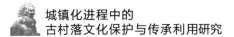
的实证价值、"史鉴"的研究价值、"史貌"的审美价值①。此外，豆沙关古镇古除了本身具有多方面的价值外，古镇的保护与发展对于保持文化身份的认同、村落文化的印象性和文化多样性也具有非常重要的意义。

（五）旅游价值

村落最基本、最原始的功能是居住和休憩，但是当代社会中的古村落已经不再局限于此，还有很多重要的经济功能。村落包括了以民居为主体，以街道、巷子、广场等基础设施为辅的一系列物质设施。古村落的外部空间格局的建设规划以及内部的修饰等都体现了人与自然和谐相处的理念。村落、周围的环境以及村民构成了一个统一的整体，实现了人与自然的整合。村落环境优美、历史底蕴深厚、民族习俗独特，为游客提供了不一样的旅游体验，可以让游客感受到博大精深的传统文化。豆沙关古镇为全国乃至世界各地的游客提供了"食、住、行、游、购、娱"一条龙服务，整个古镇全域都成为游客游览活动的物质载体。豆沙关古镇当地居民也通过各种方式积极参与其中，为游客提供导游、食宿等服务，开发集观光、休闲、文化体验、娱乐于一体的多功能旅游区。几千年的文明在中国辽阔的大地上留下了灿若星河的古村落，这些古村落有着悠久的历史，传承着中国的文化，是历史赋予的珍贵财富，当代人有责任保护好这笔财富。古村落具有独特的历史文化价值、建筑学与美学研究价值，同时也是一类重要的旅游资源。我国的古村落旅游发展势头迅猛。江苏周庄、江西流坑、云南束河、浙江西塘、芙蓉村、安徽宏村、西递等一批古村落吸引了成千上万的游客。西递、宏村古村落2000年"申遗"成功后，旅游人数每年呈100%增长。2006年"十一"旅游黄金周，"中国最美的乡村"婺源县共接待游客超过25.36万人次，同比增长9.28%；旅游综合收入4401多万元，比同期黄金周又上升17.56%。古村落旅游的发展，一方面可以带来较高的经济效益，但是另一方面无序的旅游开发也给古村落带来了破坏，使古村落的保护面临着"旅游性破坏"。专家们担心盲目地发展旅游业会掏空古村落的历史文化内涵，破坏遗产价值。

---

① 中国国土经济学会古村落保护与发展专业委员会官方网，http：//gucunluo.net/news/html/？487.html，2011年3月1日。

三、 豆沙关古镇村落文化的合理利用

古村落是人类祖先在生产力水平比较低下的时代就已经创建出来的美好生活环境，虽然人类已经进入了现代社会，但是古村落一直存在并处于历史文化遗产中的核心位置。可是，目前由于种种原因，导致许多地方的古村落及古村落传统文化日益走向衰败，甚至有一部分古村落已经消失或即将消失，使古村落与传统文化价值未能充分发挥出来。豆沙关古镇历史超过千年，具有重要的旅游经济价值、历史文化价值、社会科学研究价值、艺术价值等，可是在 2006 年因地震被毁，比较幸运的是地震后开始重建古镇，重建后的古镇虽然没有深厚的历史底蕴，但是具有重要的旅游价值，如果不能合理地利用，将会导致村落价值被埋藏。在城镇化建设过程中，虽然豆沙关古镇的经济和当地农民的生活都有了翻天覆地的变化，但是古村落及其传统文化却面临日益衰退的悲剧。如何有效保护并开发利用古村落与传统文化，是当前古村落发展中的一个重大实际问题。

在古村落的开发利用过程中，诸多学者达成了共识，他们大多认为应以古村落相关资源为依托开展旅游服务业。这方面国外已经有了比较成功的做法，如美国利用原先殖民阶段的典型村落，对其进行完善的保护，然后向全国各地的游客开放，以旅游促经济。① 国内学者在 2000 年以后对古村落旅游的研究越来越热。学者杨毅曾经提出了"展现风土魅力，开发旅游资源，发展农村经济，保护风土聚落"的古村落利用思想。② 实际上，适度开发旅游产业是现阶段古村落保护的一种可行方式，旅游活动开发可以促进古村落的良性循环。③ 旅游产业的开发也是古村落保护的一条捷径，但需要注意的是，古村落的保护必须建立在历史文化资源和利益平衡的前提下，才可以调动古村落居民的积极性。④ 豆沙关古镇在开发利用过程中也可以采取这样的思路，主要包括旅游节庆的策划和夜游策划，来实施古村落传统文化资源的合理利用。

---

① 郑亮. 湘南古村落的保护与利用研究——以郴州小埠村为例［D］. 湖南农业大学硕士学位论文，2010.

② 杨毅. 云南风土聚落更新中的旅游资源研究［J］. 规划师，2001，17（2）：84-87.

③ 王晓阳，赵之枫. 传统乡土聚落的旅游转型［J］. 建筑学报，2001（9）：8-12.

④ 刘源，李晓峰. 旅游开发与传统聚落保护的现状与思考［J］. 新建筑，2003（2）：29-31.

（一） 旅游节庆活动的策划

①南丝路国际文化论坛。在南丝路文化体验区内设置南丝路国际会议中心，每年举办一届南丝路国际文化论坛，为古老的豆沙关小镇注入生机与活力。②南丝路国际低空跳伞。在乌蒙古道历奇区内的乌蒙古道户外运动公园中的崖壁上设置跳伞平台，打造中国最高水平的国际低空跳伞赛事，吸引世界各国顶尖翼装飞行员或者低空跳伞专业选手相互比拼竞赛。③乌蒙山国际摄影节。定期在乌蒙地质科普区内的乌蒙地质公园中举办国际摄影大赛，通过赛事比拼搭建和国际接轨的平台。豆沙关南丝路特色小镇利用国际摄影的平台让世界深入了解了乌蒙山地质公园的山水风光、丰富物种，加深了与外界的联系并提升了对外的影响力。④南丝路民俗文化交流。在汇同溪民俗村中定期举办南丝路民俗文化交流会。各个文化村落的继承者相互介绍各自民俗文化的特色，如美食、服饰、习俗等，在交流会的促进下不断传承、发扬优秀的民俗文化，扩大南丝路民俗文化的覆盖面与知名度。⑤五尺道古代商贸文化交流会。在五尺关内定期举办古代商贸文化交流会。通过宣传古代五尺道的经济意义及周边环境崎岖险峻的悬崖峭壁，进而提升五尺道在游客心中的地位和知名度，并且传颂了古代人先进的智慧和吃苦耐劳、勇敢坚韧的精神。在古代，生产生活水平有限，五尺道能在当时的条件下修建出来，展现了当时的生产水平，可以通过微缩景观展现古代人民的智慧，再现古代关隘文化的整体面貌，为游客带来更为丰富、生动的直观体验。

（二） 夜游产品策划

豆沙关南丝路特色小镇打造五大夜游产品，分别是夜河、夜灯、夜宵、夜宿、夜演。夜游策划是豆沙关南丝路特色小镇的核心内容，夜游、夜间演艺、夜市、夜间景区和夜间活动五大模式对于豆沙关南丝路特色小镇和景区的发展起到重要的作用，可以帮助政府和开发商减少由淡旺季带来的资源使用不均衡、成本回收期拉长、可持续经营困难等问题。①夜河——湖畔观赏夜。在汉唐水街的临湖区域设置观景平台，供游客观赏夜间河畔风景与河畔演出活动。在河畔上停泊小画舫，表演与豆沙关特色民俗文化相关的戏剧或演出，灯火辉煌中倒映水光山色，观赏夜间河畔风貌。增设小舟供游客在湖畔之上摇曳观景，游览夜河与两岸风光。在河畔放置各色造型花灯，装饰河畔也吸引游客亲水近水。设置颜色不一、形态各异的花灯，供游客在湖畔放花灯祈福。②夜灯——绝壁灯光夜。在僰人悬棺的悬壁处，打造南丝路文化夜游的夜灯展示观光区。在悬崖壁镶嵌景观小夜灯，打造五光十色的炫酷效果。利用高科技手段、影音手段、3D 投影灯技术使崖壁在夜间呈现别样炫彩风貌，打造夜间绝壁风光的灯光幻影。③夜宵——豆沙美食夜。在豆沙关南丝路特色小镇的核心街区袁滋街上设置夜间特色小吃一条街模式，将特色美食汇聚于袁滋街。在豆沙关南丝路特色小镇的民族交融过程中，不断融入南丝路各地域的特色文化与美食，打造袁滋街夜间美食一条街的模式，使游客在白天紧凑地游览观赏后能在夜间放慢脚步细细品味地方美食。将各个地方的美食，如大理、瑞丽、缅甸、印度、本地马帮菜等分门别类地汇聚在小吃一条街，针对各色餐饮装饰不同风格的店铺，让游客在夜间散步于繁华核心街区的同时，也能休憩片刻体验与众不同的美食文化。④夜宿——部落风情夜。在云岭寨（僰乡古寨）的部落生活区设置原生态的住宿木屋，通过原始的森林木屋、野外体验的模式，让游客能直面清晰地感受滇僰部落原始、野性的部落风情。夜间在森林木屋外宽敞空地可举办篝火晚会，烘托夜宿神秘部落的气氛，游客围坐篝火旁观赏学习僰人舞蹈，增加夜宿乐趣，体验原始风情，感受以天为盖地为庐的肆意欢畅。⑤夜演——文化演艺夜。在豆沙关南丝路特色小镇街区的汉唐文化街举行夜间汉唐文化演出，展现汉唐风韵。在汉唐文化街设置文化演出戏楼、剧场，夜间安排专人穿上汉唐服饰、佩戴汉唐配饰并搭配汉唐不同的妆容发型，在剧场平台上交替展示，同时弹奏汉唐特色的配乐，给予游客别样的视听盛宴。以情景演绎的方式将汉唐闻名的汉赋、唐诗等特色文化展现给游客，寓教于乐，情景交融，给予游客别样的文化演出的观赏体验。

通过旅游活动的开发，让豆沙关古镇最终实现旅游与城镇、文化、生态融合发展，把豆沙关古镇打造成宜居、宜业、宜游的特色小镇，实现农文旅兼容、产城景一体、城乡村统筹融合发展。豆沙关 2015 年至 2017 年第一季度累计接待旅游游客 228.46 万人次，实现旅游收入 1.62 亿元，旅游业逐渐成为引领豆沙镇发展的第一大产业，占据豆沙镇 GDP 总量的近 2/3。旅游业的突飞猛进，也带动了当地各商贸企业的发展和就业人数的提高，2015 年至 2017 年第一季度全镇旅游经营单位促进直接就业 2000 余人，间接拉动就业 3000 余人。①旅游业对餐饮业的推动作用。就餐环境改善，菜品质量提升，餐饮就业人员增加。②对宾馆的推动作用。促进宾馆规模扩大，促进宾馆营业收入提高，提高了宾馆的质量，提高了宾馆的管理水平，酒店就业人员增加。③对批发零售行业的推动作用。豆沙镇当地的特产主要有石缸贡茶、清水竹笋、林下乌鸡、天麻等特色农产品，豆沙包、猪儿粑、桐梓叶粑、黄粑、糍粑等知名特色小吃，以及王清烙画、金丽剪纸等手工艺品。豆沙镇旅游业的发展，带动了当地特产销售，其中有专营各种旅游产品、当地土特产的超市。豆沙镇商业经营规模的扩大和各种特色旅游产品、土特产品的开发，不仅满足了游客的需求，同时也繁荣了当地的商品市场，带动了全镇经济的发展。

古村落的开发利用，除了大力发展旅游业以外，还可以在古村落建立教育实习基地，提高学生的人文素养。豆沙关古镇具有重要的历史文化意义，可以成立中学教育基地，让古镇周围的中学生到豆沙关实地参观学习，可以将其作为昭通市的中学生实践教育基地，每个学期由相应的老师带队进入古镇学习，并讲解与古镇有关的历史，比如豆沙关发展演变历史、丝绸之路的历史，还可以让学生亲身体会一下原始社会生活的感觉等。这对中学生具有非常好的教育意义。可是，目前豆沙关古镇的开发利用重在经济价值，而严重忽略了关隘文化、丝绸之路文化、朱提文化等文化教育价值。

四、 古村落旅游保护性开发的思路与重点

我国不同地域的古村镇由于受当地的历史、文化、地形、环境、气候等条件的影响，表现出不同的建筑风格。这些古民居因地制宜地将建筑环境、空间和造型上的内与外、虚与实、动与静、简与繁、私密与公共等做到对立统一，并强调和谐、秩序和韵律，游客置身其间，宛如在品读一幅幅古代建筑艺术的经典长卷。不仅古村镇的建筑风格和艺术让人惊叹，更为重要的是，古村镇整体的规划、设计、布局体现了古人的智慧和先进的人居环境意识。很多古村镇在布局上均考虑了建筑与自然景观的和谐，使之成为整体环境的有机组成部分，这对于现代社会社区及村镇的建设极具借鉴意义。在长期的生产、生活实践中，当地居民已形成了固有的生产、生活方式，其内容包括原居民的生产、劳作方式，婚嫁方式、饮食习惯、衣着服饰、语言习惯等，这些都是宝贵的旅游资源。古村镇所保留的传统文化习俗是历史文化遗产重要的组成部分，也是古老文明的灵魂所在，古村镇的传统文化渗透到各个方面。古村镇传统的节庆活动、嫁娶习俗、礼仪习俗、祭拜活动、戏曲艺术等传统文化均是旅游资源重要的组成部分，也是吸引游客的一个重要方面。

（一）注重对村落的整体保护

古村镇作为一种不可多得的人文旅游资源，是一个有机的整体，既有自然景

观，又有人文景观。众多民居建筑不是相互孤立的，而是被联系在传统村落格局之中，尽量维持其历史脉络的延续性和可读性。历史古迹的概念不仅包括单个建筑物，而且包括能从中找出一种独特文明、一种有意义的发展或一个历史事件见证的城市或乡村环境，它强调历史遗存的整体价值。古村落中的物质景观与精神文化景观相交织，因此必须坚持整体保护的原则。

（二）深入挖掘古村落的文化内涵

古村落中蕴含着深厚的文化，在旅游开发的过程中要充分挖掘古村落旅游资源的文化内涵，只有不为常人所熟知的文化才能吸引旅游者。古村落里的古建筑体现了先人对自然、对宇宙的认识。这些是旅游开发的不竭动力，在旅游开发的过程中只有深入挖掘其文化内涵，才能提高旅游开发的水平。在旅游产品设计的过程中，还要注意古村落旅游资源文化内涵的外化问题。文化内涵是旅游资源的灵魂，但它是无形的，只有将其外化出来体现到旅游产品中，让旅游者体会到它的存在，才能满足旅游者的文化要求、求知需求，才能长久地吸引旅游者。

（三）古村落开发中的政府主导作用

保护古村落是政府的责任，政府要意识到这种责任，并且切实担负起这种责任。政府应尽快制定古村落保护规划，一切保护活动都要在规划的指导下进行。在旅游开发中也要坚持政府主导的原则，在古村落进行旅游开发，古村落保护工作是否落实到实处也需要政府进行监督管理，古村落的旅游经营权转给了旅游开发商，但是保护古村落的责任却不能推卸。

（四）保护村民利益，引导村民积极参与旅游

古村落的保护和开发都需要当地村民的广泛参与，如此古村落中的传统文化才能更好地得以延续。在开发的过程中要保护村民的利益，在旅游经营的过程中为村民提供参与决策的机会。目前，贵州的天龙屯堡古村落堪称比较成功的典范，天龙村自旅游业开发以来，政府积极引导社区居民参与旅游开发。在该村，当地村民成立了自己的农民旅游协会。公司派相关员工对农户进行指导，公司每年从外面聘请相关专家对农户进行经营培训，以提高农户的从业技能。由此，天龙村也从一个默默无闻的村寨一跃而成为贵州西线的旅游亮点，成为众多经营贵州西线旅游线路的旅行社必定安排的景点之一。

五、 古村落旅游保护性开发应处理好的关系

由于对古村镇旅游开发的经验不足、理念落后，面对旅游大潮的到来，很多古村镇在开发利用旅游资源方面走入误区，有的导致对古村镇资源的直接破坏，有的因为不合理的开发而失去了古村镇原有的韵味，从而丧失了古镇原有的魅力，这些情况都不利于古村镇旅游业的长远持续发展。鉴于此，要保障古村镇旅游业的可持续发展需处理好以下几方面的关系：

（一）处理好资源保护和利用的关系

在对古村镇资源保护的前提下开发利用，做到保护和利用两者兼顾，并努力使两者的相互促进达到良性循环。旅游是现代社会人类追求高质量生活方式的必然选择。古村落旅游可以延续历史文化遗产，使濒临消失的资源得到重视和保护。与其他行业比较，发展旅游业对资源的损耗最少，只要合理规划、管理得当，对环境和资源的影响可以降到最小程度。对古村镇进行有效保护和利用，才能发挥文化旅游资源的价值。

（二）处理好古村落管理方与当地居民之间的关系

目前，我国对古村镇的管理形式多样，无论何种方式，在发展旅游的同时均要兼顾当地居民的利益，通过发展旅游有效带动当地村民走上致富之路。村民只有走上了致富之路，才能更深地体会到古村镇的价值和保护好古村镇给自己带来的相关利益，才能保障古村镇旅游业的长远、持续发展。

（三）处理好古建筑保护利用与旅游发展之间的关系

由于古建筑历史年代久远，作为历史遗存的一部分，这些建筑具有极高的文物价值。现在，很多地方居民为了眼前的经济利益而盲目地开发，使这些文化遗存遭到极大破坏。因此，在对古建筑的保护和利用时一方面可考虑按"修旧如旧"[①] 的原则进行重新加固和维修，以保持古村镇原有的风貌；另一方面，考虑到当地居民生活的需要和地方政府推进城镇化建设的要求，可另辟新址、建设新的村镇，这些

---

① 邹统钎.旅游景区开发与管理 ［M］.北京：高等教育出版社，2010.

新村镇外部的建筑式样应尽量秉承原有古村镇的规划设计风格，居民住宅和各项服务设施内部的功能、装修可采用现代化的手段。

（四）处理好旅游资源与旅游产品的转换关系

旅游资源是旅游业发展的基础，既包括有形资源，也包括民俗风情、口头文化遗产等无形资源。与旅游资源不同，旅游产品所提供的是一种综合体验，对景区来讲，它包含了管理者所提供的高质量的服务，旅游者所得到的则是一种全新的体验及自身知识和阅历的增长。因此，在发展古村镇旅游时，要正确处理好旅游资源与旅游产品的转换关系，要注重软硬条件的改善、服务质量的提高。

（五）处理好传统文化与现代文明之间的关系

不同文化之间的差异是促使人们前往异地旅游的重要原因之一。不可否认，旅游在保护、挖掘和利用当地文化方面起到了积极的作用，过去不被当地人所重视的传统文化艺术，由于旅游业的发展而体现出自身的价值并逐渐得到发扬光大。但也要注意到，由于旅游业的发展，当地文化很容易根据市场的需要进行任意修改，很多古村镇以现代形式包装传统文化和艺术，将其舞台化、程式化。应在确保其传统文化的完整性、历史性的基础上，通过各种手段展示并弘扬自身的文化。

六、 乡村振兴战略中的古村落保护与利用

"暖暖远人村，依依墟里烟。狗吠深巷中，鸡鸣桑树颠。"陶渊明笔下的乡村田园生活，令人向往。千百年来，中国人对于乡村的情怀，历久弥新，"看得见山，望得见水"是许多城市人内心最柔软的乡愁。乡村振兴是一盘大棋，而古镇、古村落的保护和创新发展是下好这盘棋的关键一步。如何加强传统村落保护？古镇、古村落的可持续发展路径是什么？怎样活化乡村历史文化遗产资源？关于乡村的话题总是媒体和社会关注的热点，尤其是乡村振兴战略实施以来，推动乡村文化传承与发展，让古村落留下来、活起来，就显得越发迫切。

传统村落是一个地域的记忆，古街、老树、祠堂、小河……这些都是人们心灵深处对乡愁的寄托。对于一辈子辛勤耕作的农民来说，村落是他们的家；对于奔走在城市钢筋混凝土中的人而言，乡村是他们最后的精神家园。传统村落，不

仅是国人"留住乡愁"的载体，也是追索"从哪里来"的途径。传统村落是中国人的"根"，有根才有生命，有根才会枝繁，有根才能振兴。2017 年，中国传统村落的数量为 4153 个，古镇古村落是当下实施乡村振兴战略的重要抓手，更是促进现代经济发展的重要资源和潜在力量。"城镇化越快，村落就消失得越快。"这是著名作家冯骥才对古村落处境的担忧。在疾驰的城镇化进程中，不少古镇、古村落面临两难的困境：要么持续衰败无人问津，在岁月的侵蚀下逐渐消逝；要么在过度的商业改造中，丢失了原有的文化脉络。中华文明源远流长，成千上万的古村落承载着中国千百年来的历史遗产和文化脉络。处理好古镇古村落保护和发展问题，对于理顺、衔接古今的中国乡村气脉具有极强的价值。"古建筑绝对是宝，而且越往后越能体现出它的宝贵。"如今，人们越来越深刻理解著名建筑大师梁思成这句话的含义。走好保护的第一步，接下来就是要深入挖掘古镇古村落中的文化基因，为传统村落注入"魂"，真正做到让古镇古村落"活起来"。任何一个民族的文明的创造都离不开这样一条轨迹，那就是如文献上记载的：古先民"穴居野处"，到后来的"掘土以营窟"或"架木以构巢"的居住方式；再到运用青铜、铁制工具开山劈土，垦地种植，选址造房，林圃有致、田土丰饶、人畜兴旺，于是聚族而居后形成一座一座的村落，构成一片一片的乡村。一座座传统村落就像一部部厚重的典籍，承载着先辈的智慧创造与文化记忆，传承着独具地域特色和民族风格的乡土文化。这些厚重的乡土文化是今天的文化之母，同时，也是当下实施乡村振兴战略的主要抓手之一，更是在新时代里推进乡村振兴战略不可忽视的极为重要的资源与潜在力量。

（一）乡村振兴战略中的文化潜在力

实施乡村振兴战略是党的十九大为中国特色社会主义进入新时代后深度解决"三农"问题制定的重大决策，是全党工作的重中之重。党的十九大特别强调"要坚持农业农村优先发展，按照产业兴旺、生态宜居、乡风文明、治理有效、生活富裕的总要求，建立健全城乡融合发展体制机制和政策体系，加快推进农业农村现代化"。这是乡村振兴的总任务和总目标。在乡村振兴战略中，文化潜在力对这一重大战略的实施与推进将起到巨大的内生动力作用。在实施乡村振兴战略中，广大乡村民众的文化自信是更基本、更深层、更持久的力量。在乡村振兴战略中文化潜在力可以分为两种：一种是政府行为的公共文化设施建设，为广阔的乡村构建公共文化服务体系，以加快解决乡村民众日益增长的美好生活需要和不平衡不充分发展之间的矛盾，让乡村民众有更丰富和更美好的文化成果获得感。另一种是乡土文化的复兴，这也是乡村振兴战略的内在要求和主要内容。

（二）古村落面临的问题不容忽视

党的十九大提出的"实施乡村振兴战略"的一节共有389个字，虽然没有直接提到传统村落保护与利用问题，但这本身就是实施乡村振兴战略题中应有之义。传统村落是乡村的乡土建筑与乡土文化的综合载体，这是千百年来历史铸就的。近年来，在经济全球化、工业现代化、城乡一体化、乡村旅游化的冲击下，古村落面临的严峻挑战是不容忽视的。

一是传统村落的青年人、中年人大部分都远离村落外出打工，村落里留下来的老、弱、病、残弱势群体根本无力进行村落管理和民居修缮，自然损毁严重。二是村民的传统村落保护意识淡薄，对传统民居拆旧建新，使洋房如雨后春笋般出现，对传统村落进行"旧村改造""涂脂抹粉"之风席卷山乡村落，使这些传统村落风貌面目全非。三是一些地方领导对建设"美丽乡村"存在误读，于是对交通沿线的传统村落进行统一的"穿衣戴帽"，致使这些传统村落变得"千村一貌""百户一色"，造成许多大美的村落传统风貌消失无影。四是乡村旅游的无序开发，使许多山乡的传统村落遭到建设性破坏，加之不断挤入的经商族带来的"洋文化"的渗透，使传统村落的原生态文化走了形、变了味。五是许多旅游开发者本来对发展乡村旅游的内涵和本质属性就十分模糊，因此在传统村落开发过程中忽略对村落原生风貌的保护与修复，无视村落乡土文化的基因呵护，往往走向掠夺式开发，甚至一开发就是一种破坏。六是传统村落保护利用是一项系统工程，现行的保护与利用方式还未走出"铁路警察各管一段"和"多龙治水"的怪圈，未能形成更好的整合发力。七是急需实施抢救、保护的传统村落量大面广，政府财政的资金投入可谓杯水车薪，难以应急。八是消防问题日益凸显，很多传统村落几乎都是木瓦结构式，难以抗拒火灾。这些问题是不容忽视的，保护工作还需加强。

（三）古村落保护与发展应释放出乡土文化的功力

古村落的保护与利用是整个乡村振兴战略在推进过程中十分重要的一个环节，要推进和深化这一环节，坚定文化自信、增强文化自觉尤为重要。一方面是公共文化设施建设、公共文化成果惠民有政府强有力的推进，乡村民众在接受与获得公共文化服务中，使公共文化功力得到了全方位的彰显。另一方面是乡土文化功力的彰显，这就需要对广大乡村民众开展乡土文化自信的教育，开展增强呵护乡土文化自觉的启迪。要把乡土文化的复兴融入到乡村振兴战略中，而不要也不能留下这块短板。乡土文化复兴与乡村振兴有如车之两轮、鸟之双翼，缺一不可。在实施传统村落保护与利用中，每一位领导人员、每一个参与人员，还有传统村落的民众都要坚定"乡土文化的根不能断"的文化自信，增强对传统村落保护与发展的文化自觉，才能更好挖掘和彰显出乡土文化特有的文化功力。而有了这些文化功力的彰显，才能为乡村振兴战略中的"乡风文明"提供厚重和坚强的文化功力。

（四）乡村振兴战略中的传统村落的文化视角

传统村落是全国各族人民的精神家园，在实施乡村振兴战略的过程中，传统村落保护与利用要始终坚持抢救保护、规划先行、合理利用、反哺村落、活态传承、共建共享的理念。只有这样，才能实现传统村落的可持续发展，实现对传统村落乡土文化资源的永续利用。实施乡村振兴战略，推动乡土文化复兴，要践行"积力之所举，则无不胜也；众智之所为，则无不成也"这一理念，需要更多的文化人与学者们积极参与，贡献智慧，以智慧创研的成果为实施乡村振兴这一伟大的战略提供科学的理论支撑。所有这些都是最为重要和最为关键的传统村落的文化视角。

（五）乡村振兴战略的新时代文化视角

传统古村落集中反映了古典美、建筑美、风格美，是美丽宜居村庄发展的基石，是建设美丽乡村的载体。实施乡村振兴战略，应把古村落美的东西展示出来，美的价值放大出来，呈现给世人，为"美丽中国"再添"美丽画卷"，让传统村落诗意地栖居在美丽乡村的土地上。借助乡村振兴战略的实施，科学合理开发和利用传统村落，让这些古村落真正得到发展。一方面，乡村振兴应注重挖掘和整合传统古村落旅游资源。传统村落不仅是文化和风景，更是一笔珍贵的旅游资源。随着人们生活水平的逐步提高，对乡村古色古香的村落和古建筑古民居具有浓厚的兴趣，能吸引更多人前来游玩和欣赏，在满足人民美好生活需要的同时，有力促进了乡村旅游发展和农民增收致富。另一方面，保护传统古村落。传统村落从古至今对人类生产生活有着深远的影响，发掘古村落历史文化价值，传承社会文明，让人们记得住乡愁、留得住乡情。实施乡村振兴战略，就传统村落而言，这是一个全面的、立体的战略，不仅要使传统村落以一种新时代的速度振兴经济，还要让积淀厚重的乡土文化实现创造性转化和创新性发展，为乡村振兴提供精神动力和文化支撑，促进乡村全面振兴，推动乡土文化繁荣兴盛。

新时代的新征程已开启，在实施乡村振兴伟大战略中，传统村落保护与开发是一项浩大的系统工程，绝不是轻轻松松、敲锣打鼓就能实现的。我们既然选择了这一时代性的课题，就必须准备付出更为艰辛、更为执着的努力，把理论探究做深、做细、做实、做大，使传统村落的乡土文化加倍发力，促进乡村全面振兴。以新时代文化视角，做到因势而谋，应势而动，顺势而为，深化乡村振兴战略背景下的传统村落保护与利用理论研究，不断形成创新的、科学的理论成果，增强人们的文化自信和文化自觉，为助推乡村振兴战略全面实施、推动乡土文化繁荣兴盛不懈努力。

"看得见山，望得见水，记得住乡愁"，这是我们对传统古村落共同的期待。如何让这些古村落在新时代重新焕发光彩，值得我们深思。历史是根，文化是魂。中华大地上拥有和保留着许多文化底蕴深厚的传统村落，它们就好像一块块深埋多年的珍宝一般，等待着重新被挖掘、发现，再次焕发出夺目光彩。古村落是老祖先留给我们的一笔宝贵财富，在当前乡村振兴进程中，它们同样也扮演着重要的角色。要让古村落在乡村振兴中留下来、活起来，让人们"看得见山，望得见水，记得住乡愁"。

不过，现实情况不容乐观。随着城乡一体化进程加快，除了为数不多的古村落被列为文物保护单位得到较好保护外，有些村落已呈现出衰落之相：大批农村青壮人员迁移进城，乡村逐渐失去生机；无序建设、过度开发导致老建筑慢慢消失，也带来巨大冲击。古村落保护和发展已经迫在眉睫。要让人们的乡愁真正有所寄托，一定要借助实施乡村振兴战略的重大历史机遇，科学合理开发和利用，让这些古村落真正"活起来"。首先，要加强保护工作。重点加强对古村落、古建筑、历史遗迹的保护，发掘其历史文化价值，传承社会文明。其次，要注重挖掘和整合旅游资源。现代人对古色古香的村落和古建筑、古民居具有浓厚的兴趣，能吸引更多人前往游玩和欣赏。最后，要活化建筑之美、风格之美。古村落集中反映了古典美学，是美丽乡村建设的基石和载体。可以把这些元素再度激活，融入现代气息进而把古典之美展示出来，让乡愁诗意地栖居在美丽乡村的土地上。如此，借力乡村振兴战略，让古村落真正留下来、活起来，让中华民族这一宝贵文化瑰宝在新时代绽放出璀璨光芒。

第九章 · 云南省传统村落的空间分布及发展规划

云南传统村落在州市分布上主要集中在大理、红河、保山、丽江、玉溪等地；在区际分布上主要分布在滇西北和滇南地区；在族际分布上有六成以上的传统村落分布在少数民族区域。运用空间分析法对云南已列入中国传统村落名录的615个传统村落进行分析，得出民族文化、自然地理环境、社会经济发展、政府重视程度四个方面是影响其空间分布的主要因素。结合云南的区域文化和社会发展背景，得出古村落的保护与发展需通过科学的空间布局物质基础保障模式和"政府主导+村民参与+专家指导+社会共享与监督"四位一体的社会经济模式两个维度来支撑。

　　我国传统村落盘点工作启动后，已有4153个村落（四个批次）从现存的11567个村落中脱颖而出，入选中国传统村落名录，入选率为35.9%。传统村落的确立对中国传统文化遗产、华夏千年农耕文化、地域文化及民风民情的保护有着重要意义。国内外学者对传统村落的研究主要从传统村落保护与开发、规划与景观、形态分布等角度开展个案研究，从空间分布的视角对传统村落进行系统性研究的只包含前两批传统村落名录，对传统村落数量遥遥领先的云南省传统村落的空间分布及发展路径的研究成果尚少。鉴于此，本书运用空间分析法对云南传统村落的空间分布进行研究，并提出云南传统村落发展的对策，以期为云南省乃至其他省份传统村落的宏观把控、合理开发与保护、科学规划与利用提供参考和借鉴。

一、 云南传统村落空间分布

　　在四批全国传统村落中，云南有615个，位居全国榜首，这些村落涵盖了历史、民族、地区等多元特色要素，建筑形态与样式多且保存较完整。

(一) 云南传统村落的州市分布

云南 16 个州市共入选 615 个国家传统村落，各州市入选传统村落的平均数为 38 个/州市。大理入选村落最多，有 111 个，占全省的 18.05%，紧跟其后的有红河 107 个，占 17.04%，保山 102 个，占 16.58%，三个行政地区共入选 320 个，占全省总数的 51.67%；丽江、普洱分别为 52 个和 39 个，均超过入选村落的平均数。可见，云南省超过入选村落平均数的只有大理、红河、保山、丽江和普洱 5 个州市，共 411 个村落，占总数的 66.83%；而剩下的 11 个州市均在平均值以下，共计 204 个村落，占总数的 33.17%，临沧、玉溪、楚雄、迪庆、昆明 5 个州市入选村在 20 个以上 (含 20 个)，文山、德宏、曲靖、版纳、昭通 5 个州市入选村落均超过 10 个，怒江地区入选村落最少，仅有 4 个。综上可见，云南各州市入选传统村落数量、分布密度均悬殊较大，超过 2/3 的州市入选村落数量和分布密度低于平均值，传统村落主要集中于大理、红河、保山、丽江、普洱等地，分布极不平衡。

(二) 云南传统村落区际分布

根据云南地理区位分布现状，将云南划分为 4 个区际，即滇中 (楚雄、玉溪、昆明)、滇东北 (昭通、曲靖)、滇南 (红河、文山、普洱、西双版纳、临沧)、滇西北 (大理、丽江、怒江、迪庆、保山、德宏)。云南传统村落在区际的分布上也极不均衡，滇西北地区集中了 49.76% 的传统村落，滇南地区紧随其后，入选 212 个，占 34.47%，滇中地区、滇东北地区分别入选了 70 个和 27 个，占总数的 11.38% 和 4.39%。在密度上，传统村落的区际分布呈现三个层级。滇西北地区以 25.55 位居第一，超过 20 属于第一层级；滇南地区 13.9，滇中地区 10.737，村落分布密度超过 10 属于第二层级；滇东北地区密度为 5.2，低于 10 属于第三层级。可见，从村落数目和密度两项指标看，云南省传统村落主要分布在滇西北和滇南地区。

(三) 云南传统村落的族际分布

分布在德宏、怒江、迪庆、大理、楚雄、红河、文山、西双版纳 8 个自治州的传统村落共有 313 个，占全省传统村落一半以上。从行政归属上看，有 88 个中国传统村落隶属于非民族自治州地级市的少数民族自治县。因此，云南共有 401 个传统村落分布在少数民族聚集地，占全省的 65.203%，其中滇中地区 37

个，滇东北地区 0 个，滇南地区 185 个，滇西北地区 179 个。这些地区主要生活着彝族、白族、藏族、苗族、哈尼族、傣族、纳西族、拉祜族、佤族等民族同胞，民族特色鲜明，村落传统文化保存较好。

二、 影响传统村落空间分布的因子

云南入选少数民族区域的村落占较大数目，在自然地理环境、民族文化、社会经济发展等因素中，民族文化是影响云南传统村落空间分布的首要因素。

（一） 民族文化因素

云南拥有 8 个地级市、8 个民族自治州、29 个民族自治县，拥有 25 个少数民族，民族文化资源非常丰富。云南 401 个传统村落分布在少数民族聚居地，这些民族聚居地拥有悠久的历史、灿烂的民族文化和多姿多彩的民俗风情，是民族文化习俗、传统、建筑、生活等多种民族特色的典型代表，易达到入选国家传统村落的必要条件。云南丰富的民族文化优势资源在传统村落评选中具有巨大的推动作用，同时也为云南传统村落保护与开发奠定了良好的基础，甚至是云南旅游业第二个春天的必要保障。

（二） 自然地理环境因素

云南地处中国西南地区边境的云贵高原，山区面积在 90% 上，整体平均海拔 2000 米左右。从地形上看，云南以山脉为骨架，从滇西北方向起呈掌状伸展出来。地貌类型在不同的内力和外力的作用下，形成错综复杂的地貌形态，横断山脉与高原湖泊、高原水流自然天成。总体地势北高南低，西北最高，东南最低，山高谷深，高差悬殊，使云南拥有从海南岛到东北的多种气候带类型。生活在云南的居民能较好地适应多样的气候、地理自然环境，还形成了干栏式建筑、井干式木楞房、土掌房屏楼、三房一照壁、一颗印建筑、平碉式建筑、茅草屋建筑等建筑形式，让云南传统村落既能与自然和谐相处，又有其独特的建筑特色。

（三） 社会经济发展因素

相较于其他省份，云南以高原、山地、丘陵为主，各民族大杂居、小聚居交会其间，大量传统村落坐落在高山、峡谷与深山崖边，交通可达性指数不高，经济发展几乎完全依赖传统农业生产。很多传统村落在低水平社会经济发展环境下有幸免于城镇化、现代化浪潮的影响，也较少受到外来文化的冲击，使其在相对封闭的环境中延续着固有的民族文化与生产方式，大量传统村落以活态形式原汁原味地流传至今。此外，云南拥有丰富的旅游资源，对旅游产业的投入也较大，重视程度较高，旅游业发展为云南传统村落的发展提供了有效动力，同时云南传统村落的保护与开发也为旅游业发展提供了后生力量。

（四）政府重视程度因素

对于拥有大批高质量国家历史文化名城、名镇和名村，同时是民族大省的云南而言，各级政府一直秉持着对历史高度负责、对民族文化高度重视的精神，在遵循传统村落评价体系的认定细则的同时，积极组建权威的专业机构和专职人员，统一协调传统村落的申报、保护和发展工作，组织、法制、资金和人才等保障机制方面也在不断地完善。在做好宣传的同时，政府还积极探索村民参与传统村落保护与发展模式，有意提升村民保护传统文化、建筑、民风民俗等的意识。

三、 云南传统村落发展模式

结合云南的区域文化和社会发展背景，笔者认为，传统村落发展模式需从空间布局和社会经济两个维度共同寻求，具体分析如下：传统村落的空间布局发展中现有互补型和共生型两种模式。互补型在空间上表现为村落保护区和新发展区的有机分离，互不干扰；共生型是在现有村落空间内实现更新、改造。云南615个传统村落自然地理条件、区位、历史发展背景、社会经济条件等要素均有所不同，选择何种空间布局发展模式，需根据云南传统村落各自实际情况而定。同时，需明确景观节点、文化遗产保护点、规划功能区域，对村民的生产生活空间发展进行指导；建筑风格需统一，彰显云南村落的民族特色及地方文化。

（一）政府主导

云南传统村落社会经济普遍滞后，村落发展与保护工作以政府为主开展。首先，政府需统筹传统村落发展保护资金，让古老建筑得到及时的修缮与维护，确保传统技艺、民风民俗等文化遗产顺利传承与保护。其次，政府需对云南传统村落进行统一规划管理，明确村落空间发展模式、文化遗产保护范围及要素；完善云南省传统村落的管理体制和法制体系，明确 615 个传统村落的宏观层管理要求，指导各村制定村落管理体制，实现各村的科学管理与发展。最后，以传统技艺、地方特色传承和保护为目标，制定并实施文化遗产保护人才培养计划，通过学习培训、表演展示等多种方式激励更多村民参与到传统村落的保护工作中来，发挥村民的积极性和主动性。

（二）村民参与

云南传统村落民族和地方特色最为突出，而村民在传承和保护地方特色中是核心角色。村民在政府的主导下，充分认识村落文化遗产的重要性，有在保护中提出自己合理愿望和诉求的权利，但更有义务积极地参与到本土文化系列活动和文化遗产人才培养计划中，传承当地文化遗产，将当地传统文化完美展现给社会。

（三）专家指导

由政府聘请传统村落保护相关领域的专家。专家能够结合云南传统村落的实际，在更高的理论角度上对村落保护与发展工作进行审视，吸取其他古村落开发模式的经验，提炼出适合云南传统村落发展路径的普遍若干模式，云南各个传统村落可参照这些模式，结合实际选择发展路径。专家指导还体现在对传统村落文化遗产的传承与保护方面，让更多当地村民知道如何保护好传统村落这一宝贵资源，并参与到文化遗产传承的人才培养计划中，让传统村落的文化遗产能够更科学、更有效地得到传承、保护与发展。专家还需要对传统村落的商业开发规划等关键节点进行评估，让传统村落在未来的发展道路上有科学指导。

（四）社会共享与监督

传统村落是人类宝贵的文化遗产，是人类不可多得的文明发展痕迹，云南作为拥有最多传统村落的省份，更应受到社会各界的关注。因此，在寻求适合的发展路径时需让各界既有权利分享人类文明痕迹，又有义务监督与保护传统村落。考虑到云南经济社会发展现实，也应鼓励社会多方力量积极参与到传统村落的保护与开发工作中，并呼吁社会自觉遵守相关管理规定，保护传统村落这一文化遗产不受破坏，做当代文明人。

四、 云南省传统村落保护与发展规划

为切实加强传统村落保护，促进城乡协调发展，根据《中华人民共和国城乡规划法》《中华人民共和国文物保护法》《中华人民共和国非物质文化遗产法》《历史文化名城名镇名村保护条例》《传统村落保护发展规划编制基本要求（试行）》《村庄整治规划编制办法》《村庄规划用地分类指南》等有关规定，制定《云南省传统村落保护发展规划编制细则（试行）》，适用于各级传统村落保护发展规划的编制。

（一） 规划任务

传统村落保护发展规划应当遵循科学规划、严格保护的原则，保持和延续其传统格局和特色风貌，维护传统村落的真实性和完整性，继承和弘扬中华民族优秀传统文化，正确处理经济社会发展和村落风貌保护的关系。传统村落保护发展规划必须完成以下任务：①调查村落传统资源、建立传统村落档案；②分析村落历史文化、人文地理与产业特色；③确定保护对象、划定保护范围；④提出产业发展目标和内容，规划发展项目；⑤制定保护和发展管理规定；⑥提出传统资源保护、村落发展及人居环境改善的措施。

（二） 总体要求

编制保护发展规划，要坚持保护为主、兼顾发展，尊重传统、活态传承，符合实际、村民主体的原则，注重多专业结合的科学决策，广泛征求政府、专家和村民的意见，提高规划的针对性和适用性，保证规划成果的整体质量。有条件的村落，要在满足本细则的基础上，根据村落实际需求，结合经济社会发展条件，进一步拓展深化规划的内容和深度。村落保护发展规划基本内容包括：①保护原则、保护内容和保护范围；②保护措施、开发强度和建设控制要求；③村落特色格局和风貌保护要求；④特色街区、特色村的核心保护范围和建设控制地带；⑤保护规划分期实施方案。传统村落规划期限应符合所处镇、城市总体规划要求；原则上与村庄规划的规划期限相一致（鉴于村庄规划的实际操作情况，可进行调整）。

（三）传统资源调查与档案建立

保护发展规划应对传统村落有保护价值的物质形态和非物质形态资源进行系统而详尽的调查，并建立传统村落档案。具体调查内容包括村域环境、传统村落选址与格局、传统建筑、历史环境要素、非物质文化、文献资料、保护发展基础资料等方面。调查范围包括村落及其周边与村落有较为紧密的历史、视觉、文化、产业关联的区域。调查内容、调查要求以及档案制作参照《住房城乡建设部文化部 财政部关于做好 2013 年中国传统村落保护发展工作的通知》（建村〔2013〕102 号）执行。有一定历史文化的村落，还应建立历史建筑档案。主要内容包括：①建筑艺术特征、历史特征、建设年代、稀有程度等的描述与评价；②建筑的有关技术资料；③建筑的使用现状和权属变化情况。

（四）传统村落特征分析与价值评价

对村落选址与自然景观环境特征、村落传统格局和整体风貌特征、传统建筑特征、历史环境要素特征、非物质文化遗产特征进行分析。通过与较大区域范围（地理区域、文化区域、民族区域）以及邻近区域内其他村落的比较，综合分析传统村落的特征，评估其历史、艺术、科学、社会等价值。对各种不利于传统资源保护的因素进行分析，并评估这些因素威胁传统村落的程度。重点强调对整体风貌、传统格局、历史风貌和空间尺度的保护。特别是对于山地环境中的云南传统村落，应强调不得改变与其相互依存的自然景观和环境。

（五）传统村落保护基本要求

一是明确保护对象。依据传统村落调查与特征分析结果，明确传统资源保护对象，对各类、各项传统资源进行分类分级保护。二是划定保护区划，传统村落应整体进行保护，将村落及与其有重要的自然、文化关联的区域整体划为保护区加以保护；村域范围内的其他传统资源亦应划定相应的保护区；要针对不同范围的保护要求制定相应的保护管理规定。保护区划的划定方法与保护管理规定可参照《历史文化名城名镇名村保护规划编制要求（试行）》。三是明确保护措施，明确村落自然景观环境保护要求，提出景观和生态修复措施，以及整改办法。明确村落传统格局与整体风貌保护要求，保护村落传统空间形态、空间肌理、公共开放空间和景观视廊等，并提出整治措施。保护有价值的传统建（构）筑物，参考《历史文化名城名镇名村保护规划编制要求（试行）》提出传统建（构）

筑物分类及相应的保护措施。保护传承非物质文化遗产，提出对非物质文化遗产的传承人、场所与线路、有关实物与相关原材料的保护要求与措施，以及管理与扶持、研究与宣教等的规定与措施。具体包括以下内容：①强调对整体风貌、传统格局、历史风貌和空间尺度的保护，不得改变与其相互依存的自然景观和环境；②合理控制人口数量，并为未来发展留有空间；③改善其基础设施、公共服务设施和居住环境；④确定保护发展的园林绿地、河湖水系、道路网络等；⑤保护核心范围内的建筑物、构筑物，控制建设控制地带内的新建建筑物、构筑物；⑥按有关消防技术标准和规范设置，规划完善消防设施、消防通道。四是提出规划实施建议，提出保障保护规划实施的各项建议。五是确定保护项目。明确三年内拟实施的保护项目、整治改造项目以及各项目的分年度实施计划和资金估算。提出远期实施的保护项目、整治改造项目以及各项目的分年度实施计划。

（六）传统村落发展规划基本要求

一是发展定位分析及建议。分析传统村落的发展环境、保护与发展条件的优劣势，提出村落发展定位及发展途径、时序的建议。二是人居环境规划。在保护原则下，逐步改善居住条件，提出传统建筑在提升其安全性、生态性、适用性、舒适性等方面的引导措施。完善道路交通组织，在不改变街道空间尺度和风貌的情况下，提出村落的路网规划、交通组织及管理、停车设施规划、公交车站设置、可能的旅游线路组织。提升人居环境，在不改变街道空间尺度和风貌的情况下，提出村落基础设施改善、公共服务提升措施，安排防灾设施。三是提出产业发展目标和内容。根据传统产业内涵，结合当前国际国内和本土产业发展趋势，明确产业发展目标与内容。四是规划发展项目，明确三年内拟实施的发展项目、整治改造项目以及各项目的分年度实施计划和资金估算。提出远期实施的发展项目、改造项目以及各项目的分年度实施计划。

从政策、人才、财经、产业等方面提出实施规划的保障措施，实现保护与发展同步、保护促进发展、发展支撑保护的目标。保护发展规划成果至少包括规划文本、规划图纸和附件、规划说明书、传统村落档案四个部分。其中，规划文本、规划图纸和附件、规划说明书的具体要求参照《历史文化名城名镇名村保护规划编制要求（试行）》。保护发展规划图纸要求如下：

（1）现状分析图。村域环境分析图，标明村域范围内的山川水系、地质地貌等自然环境以及文物古迹、风景名胜等；土地使用规划图，标明村落现状的土地性质及各类用地规模；村落传统资源分布图，标明村落现状总平面，村落内各类有形传统资源的位置、范围，非物质文化遗产活动场所与线路，村落各主要视觉控制点上的整体风貌等；格局风貌和历史街巷现状图，标明与村落的选址、发展紧密关联的地形地貌以及山川水系、村落形状、建筑肌理，主要街巷（道路）格局肌理、重要公共空间等；反映传统建筑年代、质量、风貌、高度等的现状图；基础设施、公共安全设施及公共服务设施等现状图。

（2）保护规划图。村落保护区划总图，标绘保护范围及各类保护区和控制界线，明确各级保护区规模及相应保护措施；建筑分类保护规划图，标绘保护范围内文物保护单位、历史建筑、传统风貌建筑、其他建筑的分类保护措施，其中其他建筑要根据对历史风貌的影响程度进行细分；建筑高度及视廊控制图，标绘各类建筑限高控制区及控制界线，标明村落的制高点、重点视觉廊道及景观视线控制区；生态保护规划图，明确村域范围内的山体、水体、田园等各类生态保护区，并提出相应的保护措施。

（3）发展规划图。土地使用规划图，标明村落的规划土地性质及各类用地的规模；发展结构规划图，标绘村落各类轴线，明确村落功能区及功能区界线；道路交通规划图，提出村落路网、交通组织及管理、停车设施规划、公交车站设置、可能的旅游线路组织等；市政设施规划图，绘制给水排水工程规划图及电力电信工程规划图，明确布局形式、管道管径、排污方式及污水处理方式，提出改善整治措施；公共服务设施及公共活动空间规划图；防灾减灾规划图，标明物资运输通道、主次要疏散通道及逃生方向，明确主要物资集散地、临时避难场所、应急医疗中心及应急指挥中心；建筑导则，明确民居建筑风格与形式，提出建筑整治措施，包括异化建筑改造、传统建筑传承和农村危房改造方案；分期实施规划图。

第十章 · 研究结论与讨论

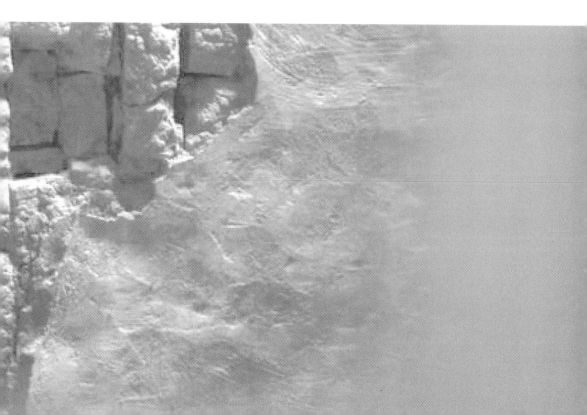

本书通过实地调研、部门座谈和个案访谈等方式，对云南省昭通市盐津县豆沙关古村落进行了深入的调查分析，主要以豆沙关古镇村落的物质文化和非物质文化为研究对象，首先分析了豆沙关古镇的基本概况，其次对豆沙关古镇的文化内涵及其传承进行深入的解析，再次从城镇化与现代化的角度分析了古村落传统文化与现代化的冲突与融合关系，并指出古村落文化保护中存在的重要问题，最后从古村落区划保护的角度，提出了古村落文化资源的保护与合理利用的思路与具体措施等，并得出了一些结论。

一、 研究结论

（一）人口流动和城镇化致使中国许多村落面临消失危机

一方面，农村人口大量的外出导致村落空心化和空巢化的趋势非常明显，青年人口外迁留下的老年人由于文化水平较低，在传承文化的过程中会遇到更多的障碍，导致文化传递可能出现中断，近年来许多村落由于全村人口外出已经名存实亡。另一方面，村落居民流入城市通常会遇到文化适应和社会融入的问题，农村居民进入城市会逐渐放弃原有文化，被城市新文化所替代，即便返乡回迁之后仍然会受到新的城市文化影响，豆沙关古镇人口外迁趋势也在不断加强。自古以来，昭通市盐津县豆沙关就是滇川商贸通道的重要驿站，它不仅是南丝绸之路的重要路段，也是中原地区进入云南、贵州等地的交通要隘。公元前4世纪南丝绸之路就从这里经过，尤其是先秦开僰道，秦开五尺道，汉武开南夷道，隋唐开石门道以来，更加速了这里的开发进程，人口流迁特征异常明显，不论人口外出还是流入都将对豆沙关古镇的传统文化产生重要的影响。

(二) 人口流动对古村落地域格局与文化的影响

人们往往习惯于认为人口迁移流动仅仅对文化传播及文化变迁有影响，而忽略了另外一个非常重要的影响。实际上，人口迁移流动不仅对既有文化会产生影响，同时对新文化的形成也有着深刻而广泛的影响。人口迁移流动要么形成了新的文化特质，要么形成了新的文化丛，要么形成了新的文化模式。人口迁移流动不仅可以对已有文化进行传播，而且当某个特殊的移民群体迁入新的环境后，会对原有文化模式进行改进和修正，从而产生新的文化。

(三) 人口外出与豆沙关古镇文化流失

豆沙关古镇正在经历着一场波澜壮阔的迁移浪潮。虽然豆沙关旅游经济相对发达，但是当地的许多年轻人仍然对外面的世界充满向往，渴望有一天能够走出农村，到外地去发展甚至安家落户。乡村人口自发的城乡社会流动，必然给豆沙关古镇的人口结构和生活方式带来翻天覆地的变化。豆沙关古镇每年都有大量的年轻人外出打工、经商等。当他们在大城市居住了一段时间之后，慢慢地开始适应城市新环境，喜欢城市喧嚣的生活方式，其中有一部分有经济头脑的年轻人开始考虑在城市创业，结婚成家，因此开始出现了大量人口外出流动或者长久搬离古村落，很多村落已是"人去房空"。留守老人、留守儿童、留守妇女等已成为现今豆沙关古镇的一个主要人口特征，而社区日常生活和交流需要常住人口来维系，大量的人口外出将导致村落的日常活动维护不足。

此外，人口大量外出还会促使古镇原本的血缘、地缘等村民间的基本关系遭到局部瓦解，而社区结构在重组的过程中又没有形成一个有效的社区发展机制，当村民面临的一些现实困难没有得到及时帮助和妥善解决，尤其是在村民的住房短缺问题得不到及时解决的情况下，村民们便开始对古村落传统民居产生抵触情绪，进而怀疑古村落保护的意义，这将导致古村落本地居民在村落保护过程中失去主体性和自觉性。

(四) 古村落地域文化出现了结构分层

通过对豆沙关古村落文化的理解分析发现，文化具体可以分为物态文化→制度文化→行为文化→心智文化四个构成层次；另外，还可以从其文化形成的地域范围大小及其组成相互联系的角度来理解，也可以分为四个层次，由影响地域范围从小到大分别是文化特质→文化丛→文化区→文化模式。本书以豆沙关古村落传统文化为对象，从文化构成的四个层次深入地解读了豆沙关古镇的文化内涵：第一个层次是文化特质。文化特质是组成文化的最小单位元素，一个国家或地区的文化就是各种文化特质构成的总和。文化特质在形式上可以表现为物质文化的形式，也可以表现为非物质文化的形式。豆沙关古镇的文化特质有五尺道、马帮文化、石门关、观音阁等。第二个层次是文化丛，就是指在功能上相互联系的一组文化特质，往往与人们的某种特定活动有关，而且是物质文化与非物质文化的组合。比如，自秦开五尺道以来，中原文化、荆楚文化、巴蜀文化、僰人文化和古滇文化，在这里交汇融合，形成了独具特色、独领风骚的朱提文化——"三川半"文化，就属于文化丛。第三个层次是文化区。文化区是指地理空间上不同区域中分布的特殊文化现象，在不同的区域可以发现集中、成片分布着的某些文化特质，比如僰人悬棺。考古学家在研究僰人悬棺文化时发现，僰人悬棺主要分布在中国南方的四川省宜宾市地区，在中国南方的许多地区，如金沙江流域、白水江流域都比较多。僰人悬棺在中国南方不同地区集中、连片的分布现象就属于文化区。第四个层次是文化模式，属于文化地域范围最大的文化层，是指一个社会所有文化内容组合在一起的特殊形式和结构。豆沙镇是南丝绸之路上最重要的节点，南方丝绸之路所经过地方的文化、商贸融为一体形成独特的千年南丝路文化，这是豆沙关古镇文化的主要脉络之一，而由五尺道、古驿站和石门关所组成的关隘文化，是一种集自然与人文为一体的边关文化，这是豆沙关古镇文化的主要脉络之二。另外，还有一条比较清晰的文化副脉络，即自秦开五尺道，在中原文化、荆楚文化、巴蜀文化、夜郎文化、滇文化融合基础上演绎出来的朱提文化。此外，还有一些独具特色的文化，如僰人文化、苗族文化、回族文化、白族文化等少数民族文化，古镇建筑文化、美食文化等人文现象，以及独特的喀斯特地貌奇观、红土地奇观、关河等山水峡谷文化。

（五）古村落文化的保护与利用并重

关于古村落文化的保护问题，要理清保护与开发利用之间的正确关系，在保护的基础上进行合理利用，不能为了保护而不敢开发利用，也不能为了利用而大肆破坏古村落文化。要正确认识保护与利用之间的辩证关系，通过找到保护与利用之间的平衡点，对古村落文化加以开发利用。对文化的利用本质上是对文化资源的开发利用，文化保护要与现代化发展相接轨，既要体现古村落传统文化古香古色之特征，又能够在文化的保护中最大限度地满足现代人的生活需要，以实现村落文化保护与开发利用的良性循环。

　　豆沙镇村落文化的保护可以采取分区保护的思想，就是根据豆沙关古镇的地理情况，由古镇的核心区向外围区分开保护的一种保护方法。具体而言，可以将豆沙关古镇分为三个功能区，分别是古镇核心保护区、古镇周边缓冲区、古镇外围发展区。古镇村落文化的分区保护坚持了保护和利用协同发展的原则，而且在古村落文化保护和资源利用之间找到了一个平衡点，这个平衡点就在古镇周围的缓冲区地带，该缓冲地带平衡了许多古村落开发过程中面临的"只开发，不保护"和"只保护，不开发"两种极端思想。在此研究基础之上，笔者提出了关于中国古村落文化保护和开发的思路以及具体的对策措施，以期能够抢救正处于衰落中的古村落文化，让中国的传统文化得以传承和延续。

　　针对文化传承与保护的问题，不同的人从不同的角度出发有不同的看法。一部分学者认为，在文化传承过程中，人们需要保持原汁原味的原文化。而有的人则持不同的观点，认为在文化传承的过程中应当加入时间的因素，把当前的流行文化与传统文化有机地结合在一起。笔者认为，这两种观点各自都有一定的合理之处，但是都过于片面，因为文化包含了诸多要素，具体有人们的思想观念、思维范式、价值取向、道德情操、生产生活方式、社会制度、礼仪规范、风俗民情等内容。因此，传统文化也是丰富多彩的，对于不同的传统文化，应该选用合适的方法来传承，笼统地说该原汁原味还是需要加入流行文化都不太恰当，中国传统文化的传承应当根据不同的文化内涵采取不同的方式和具体手段，豆沙关古镇古村落文化的保护和传承需要结合本地的实际情况来进行。目前，豆沙关文化传承方式主要有商业贸易交流活动、人口迁移流动、文化教育活动、家庭中代际传承和其他文化传承方式五种。文化自产生以来就不断地一代一代往下传，在其传承的过程中具有如下特点：选择性、创造性、变迁性、集群性、方向性。

（六）旅游业迅速发展对古村落文化产生了重要的冲击

　　豆沙镇是一个历史悠久的旅游胜地，近年来随着人们物质生活水平的提高，旅游活动越来越热，吸引了大量的国内外游客。旅游业推动了古镇的经济发展，解决了人口贫困问题，但是旅游业的过度开发也不可避免地对传统古村落文化产生了明显的副作用。游客引入对豆沙镇古村落传统文化产生了较大的影响，许多现代化经济对传统的文化产生了冲击，久而久之，文化的传承可能出现问题甚至断裂。

　　目前，豆沙关古镇的村落保护存在的主要问题有古村落的自然性毁坏、古村落处于空巢化的颓废状态、城镇化地域扩张和异地搬迁导致古村落消失、古村传统建筑拆旧换新带来的人为性破坏、古村落旅游过度开发造成的村落文化破坏、地质灾害给古村落文化带来的毁灭性破坏，因此豆沙关古镇文化的保护迫在眉睫。

二、 古村落文化保护模式探讨

针对不同破坏程度的古镇传统文化，本书建议可以采取以下保护模式：

（一）散落文化遗迹可以采取集中保护的办法

散落在民间的传统文化，由于缺乏政府的组织力量来进行保护，只能通过民间自主保护。豆沙关古镇传统散落民间的文化比较多，比如水缸、簸箕、石磨等。这些散落民间的传统文化可以通过展示的方式进行保存，或者培训这方面的石匠，重新打刻出类似的石器，让民间散落文化也可以得到应有的保护。费孝通在《乡土中国》里说，中国社会是乡土性的。但这里的"土"字，说的不是土气，而是指向了中华民族赖以生存的根基——泥土。而我们中华民族在从泥土里长出光荣历史的同时，也对土地有着最深刻的眷恋，换个词来说，就是乡愁。农村深厚的文化底蕴，是创建文化礼堂的基石。农民是农村物质文明的创造者，也是农村精神文明的创造者。一个村落的形成，大多有数百年历史，有的则更为久远。它忠实地记录了一个村落走过的足迹，也给未来的发展提供了启示。挖掘散落乡村的文化历史，是创建文化礼堂的一项基础性工作。一个村落经过长期的文化积淀，资源极为丰富，民间工艺、民间舞蹈、民间吹打、地方戏曲、神话传说、民间美术等扎根于农村的广袤土地。但随着城乡一体化进程的加快，一些生活在农村的村民走进了城镇，生活方式与土地的互动已经产生质的变化，而这种由千百年来与土地紧密联系的生活方式产生的民间文化、习俗等将面临传承危机。因此，在加强农村文化建设进程中，大力推进以创建村级文化礼堂为载体，充分挖掘保护各地的乡土文化便显得尤为必要。把散落乡间的"文化珍珠"捡起来、串起来，让农民群众在先进文化的氛围中感受时代的脉搏和社会的进步，让更多的人参与到挖掘保护文化建设之中，这样，建设社会主义新农村才会更富韵味。古镇的历史非常悠久，有很多文化遗迹已丧失，仅剩下一些散落的文化，这些文化不具有系统性，而且在地理空间上比较分散，因此可以采取收集的办法，将这些散落的历史文化遗迹收集到一起，采取集中保护的办法。

（二）濒临消失的文化必须进行严格的保护

地域广袤的中国千百年来创造了多姿多彩的精神文明和物质文明。儒气甚浓的齐鲁文化、悠然随性的巴蜀风情、大气深厚的中原气息、雅淡精巧的岭南风貌，皆因其本身的地域烙印而具有独特性。然而，中国历经千年沧桑形成的地域文化正在走向式微。例如，容易被大家忽视的各地域方言，不知不觉中发生着变化。北方语言是朴素坚实的坦荡平原，南方语言就是起伏回转的绕水青山。这比喻虽拙劣，但大概也能表述明白。北方的话语磨炼出了我同它一样"朴素"的耳朵，所以当我偶然机缘下走在上海的老巷子时，听到街头老阿婆们口中婉转别致的吴侬软语，竟突然心生欣喜。本为文化重要载体的方言却渐渐受到忽视，很多地方的小孩子甚至不会用自己地方的语言和老辈人交流，试想几十年之后，还会不会出现一闻乡音泪先流的景象？语言不应只是一个工具而已，它是一种纽带，连接故乡与记忆，承载着每个人内心深处的归属感与情怀。语言之外，诸如粤剧、沪剧、蜀锦、湘绣及各种民间小调等不同地区的传统文艺，也在淡出大众的视野。在随便哪个地方播上一首流行歌曲，丝毫谈不上地域辨识度，但若听上一曲激越粗犷的"秦腔"，眼前现出的便是大西北的"天苍苍，野茫茫"；若你见到台上昆曲"咿咿呀呀"伴着水袖翻飞，流转在脑海的定是江南精致的"小桥流水"。但是不得不承认，不断翻新涌现的流行文化，在毫不在乎地吞噬着这些美丽。地域文化的传承和保护是困难的。世界都在趋向"大同"，谁能保证一个小区域的文化不没落呢？我们国家现代化的发展程度令人欣慰，互联网时代的到来更是便利了信息交流。我们可以随时浏览各地的实时新闻，可以轻松地在众多连锁店品尝不同地区的美食。本来独具特色的文化因为要适应不同地区的口味，进行随意的改造，或与其他文化不断融合，好让"谁见了都喜欢"。再去注意不同信息背后的地域文化意义似乎是个麻烦事，与快节奏的现代生活不协调。但是，文化与城市互为依托，是一个地区向前发展的动力。当文化变得大同小异，区域发展想要保持长久的活力和吸引力也就困难了。文化需要差异性，就像一场众人大合唱，需要不同音符的跳跃起伏、不同声部的相互交织，才会美妙而精彩。文化"和而不同"，是全社会乃至全人类的财富。不同的地域文化汇聚成阳光，赐福于每个人，来享受着古老文化带来的绚烂美妙。从这个角度讲，每个人都是文化的拥有者，也应该像珍惜一切有价值的东西一样重视文化，对其投以关切的目光。空谈，水之泡沫；实行，金之点滴。更为重要的是，每个人应该用实际行动展开地域文化宣传和保护，身体力行，去成为中国丰富文化坚定的麦田守望者。

人类祖先创造了许多优秀的历史文化，但是后代人并不一定能将所有的文化一一传承下来，从而导致大量的传统文化随着代际的更替逐渐消失，针对这些濒临消失的传统文化一定要采取抢救的办法，一定不能让古村落的传统文化"断裂"，具体的抢救办法可以是培养传承人，将文化进行严格保存。

（三）具有原貌基础的文化可以进行文化修复与恢复

对于一部分破坏程度不是特别严重而且还有原貌基础的古村落文化，可以采用修补的办法，让传统文化得以恢复，可以根据原貌并加以新的想象力，让传统文化在传承的过程中还得到一定的发展。

最初"修复"的概念为拉丁语，原意是"寻找"，寻找原来的一部分，即恢复历史的功能性，恢复创作思维的一种动态性。人们普遍认为，旨在恢复人类活动产品功能的任何干预都是修复。在这种普遍的修复观中，人们发现其已经阐明了对人类活动产品干预的概念，即任何其他干预，无论是在生物界中还是在物理界中，都不属于普遍的修复概念。于是，修复从预想方案向概念的发展，不可避免地要对那些人类活动产品，即应对其进行称作修复的特殊干预的人类活动产品种类概念化。这样，就会有对工业制成品的修复和对艺术品的修复的区别，如果前种修复作为"修缮"或"复原"的同义词，那么后种修复则截然不同，这种不同不仅限于对艺术品进行修复的操作差异性。其实，只要是工业产品，人们都会从小手工艺品开始的庞大系列上理解它们，显然修复的目的是恢复产品的功能，因此修复干预的性质只同实现这种目的相连。我们知道，一件艺术品，我们必须要思考它要传达给未来什么意义，只要想到这一点，我们在实施修复这个行为之前，就会对这件艺术品的原始意义进行再认识，也就是说通过这件艺术品的物质性和艺术品所具有的两性，即美学价值、历史价值来进行再认识。所以，我们在修复过程中要有一个评价范围：第一，以美学性需求修复。不是适当改变预防性原状条件，而是艺术品所存在的特征以及我们所干涉的时代，如果保证形象的残留部分，就需要对支撑材料采取措施。第二，以历史性需求修复。其实修复是对艺术品的创作时间、地点和艺术家的互为联系性的行为。所以修复是继续评判的行为，能做的仅是我们对材料的补充。从中华文化城的规划角度来看，其规模之大、投入之多令人咋舌。其实这种一味追求数量上的多、大、全的文化发展模式在全国各地比比皆是。各种新建的民俗村、风俗园、影视文化城常常占地面积惊人，却并不受游客欢迎。这种文化发展的理念是值得反省和思考的，在某种意义上是反文化的。文化大发展不同于经济大发展，不是物质大繁荣、资金大投入、利润大回收。更何况片面追求发展速度、发展规模以及经济利润的粗放型发展方式，即使在经济领域也并不适合，对经济持久发展、社会和谐发展极为不利。我们对"发展"的概念一直有着根深蒂固的误解，似乎一提起发展就想起庞大的面积、惊人的数字、富丽堂皇的楼堂馆所。这种自杀式发展模式或许可以短时间内拉动 GDP，但是其代价则是能源的浪费、环境的破坏、人际关系的异化，还极大地败坏了人们的内心生活，损害人的身体和精神健康，其弊端已经引起中央、学界以及社会其他各界的高度重视和深刻反思。"和谐社会""科学发展观""又好又快发展"等新的概念和命题的提出就是证明。我们一直把"发展"理解为一个量的概念，而实际上发展更是质的概念。

对文化而言，粗放型的发展模式更是灾难性的。它不是建设而是破坏。那些人造的没有文化底蕴的文化城的真正建设动力和杠杆是经济、是 GDP、是所谓的"政绩"。这样看来，古建筑、古文物的"原貌""原样"不只是城楼、坟墓、牌楼等孤立的文物的原样，而是这些建筑物、文物的原样再加上它的周边环境的原样。打个比方，避暑山庄是一个文物群，各个建筑之间有很多空地，如果在这些空地建造新的建筑物，即使文物单体本身没有动，它们所处的环境却发生了变化，这同样是对文物环境的破坏，文物环境的破坏即广义上的对文物的破坏。所谓文物保护，应该是对文物及其周边环境的整体保护。

从古物古迹到文物再到文化遗产，从"修旧如旧"到"不改变原状"再到"保护文物环境"，从"坚决保护，严禁破坏""两重两利"（重点保护，重点发掘，既对文物保护有利，又对基本建设有利）到文物保护"十六字"原则（抢救第一，保护为主，加强管理，合理利用）再到"物质及非物质文化遗产"全面保护的理念，反映出了中国文化遗产保护理念和实践的历史进程。就单体建筑来说，应该保持古建筑在以下四个方面的原状，即建筑物原来的造型、原来的结构法式、原来的构件质地和原来的制作工艺。如果是保持一座建筑群的原状，还应该增加一条，就是必须保持原来建筑时期或历史形成的健康的内部环境与周围环境的面貌。1990 年，罗哲文先生在联合国教科文组织召开的亚太地区文物保护会议上所作发言，可进一步归纳为保存文物价值的四个方面，即保存原来的建筑形制、保存原来的建筑结构、保存原来的建筑材料和保存原来的建筑技术。保护必须按程序进行。所有程序都应符合相关的法律规定和专业规则，并且广泛征求社会有关方面的意见。其中，对文物古迹价值的评估应当置于首要的位置。研究应当贯穿在保护工作全过程，所有保护程序都要以研究的成果为依据。保存真实的记录，包括历史的和当代的一切形式的文献。保护的每一个程序都应当编制详细的档案。建立健全独立稳定的工作机制。要依法加强基层文物保管机构的管理职能。从业人员应当经过专业培训，通过考核取得资格。重要的保护程序实行专家委员会评审制度，委员会成员应具有本专业的高等资质和丰富的实践经验。

古建筑的修复和保护由于被保护建筑的自身历史价值、历史地位、建筑质量、被损程度和人文历史环境等因素的不同，而采取不同的修复方式。一般分为三类：第一类是最常见的做法——修旧如旧，即尽可能地恢复被保护建筑的原有风格，甚至使其焕然一新，这种做法一般用于寺庙和名人的故居等，原有的用途未被改变或作为参观等使用；第二类是新旧对比，强调修缮的时代痕迹，使修缮的部位可以明显地区别于原有部分，这种方式在欧洲的古老建筑中比比皆是，但在国内较少被采用；第三类是用现代的空间艺术语言与已存在的历史建筑进行对话，这种方式已越来越被普遍地接受，尤其在古建筑扩建、改建的过程中使用得较为广泛，最成功的应该是卢浮宫的扩建工程。而目前对古建筑的改建往往是旧瓶装新酒，即赋予历史建筑新的用途或增设现代化的功能和措施，使其能较好地适应现代社会和生活的需要。在现实生活中，恰当的维护能够使古迹更长久地得以保存，所以最大限度地关注古迹，对其进行预防为主的、不间断的监护和管理，可以避免侵蚀的加剧，也可使古迹免受更大程度的修复。需要注意的是，所有的修复措施都应遵循基本的保护规则，尊重后期添加的部分，避免翻新式或恢复式的修复。

古建筑保护修复必须原址保护，尽可能减少干预，定期实施日常保养，保护现存实物原状与历史信息，正确把握审美标准，必须保护文物环境，不存在的建筑不应重建，考古发掘应注意保护实物遗存，预防灾害侵袭。纪念建筑、石建筑、石窟寺壁画、造像、古碑石刻等修缮工程，应严格遵守不改变原状的原则。原状，系指始建或历代重修、重建的原状。修缮时应按照建筑物的法式特征、材料质地、风格手法及文献或碑刻、题铭的记载，鉴别现存建筑物的年代和始建或重修、重建时的历史遗构，拟定按照现存法式特征、构造特点进行修缮或者采取保护性措施；或按照现存的历代遗存；复原到一定历史时期的法式特征、风格手法、构造特点和材料质地等进行修缮。尽管现在古建筑保护方面从理论到实践都比以往有所进步，但在实际中仍然存在很多忽略保护理念和建筑特点的做法，诸如传统建筑工艺失传等，甚至一些传统做法盲目地被现代技术所取代，使一些维修工程的结果偏离了古建筑保护的初衷。加强古建筑保护基础理论的研究要与保护实践相结合，建立科学的古建筑保护研究体系是实现保护理念的重要基础。只有树立科学的保护理念，认真研究每一个保护对象，科学地选择更好的保护途径和方法，才可能促进古建筑保护科技水平的整体提高，才可能最大限度地使文化遗产得到更全面的科学关照和人文关怀。

（四）针对已经消失的文化可以采用活化的办法

很多传统文化已经脱离了其原来的文化语境和使用场景，变成了一种"死"的文化，因此我们才说要将其"活化"，重新赋予其文化意义或者使用场景，使其重新融入现代生活。这个时候就要把传统文化活化，核心有两个途径：一是让它有用，二是让它有新的文化意义，最好是兼而有之。传统文化，尤其是文化遗产、文物的原貌必须严格保护，否则我们将其活化甚至恶搞之后，找不到源头，就真的是以讹传讹了。这个保护不仅是保原件、保文献、保文化原真环境，也要保传播，公共机构有责任把传统文化的原貌和含义让文化的传承者也就是年轻人知道，尽管年轻人往往不爱看，但是也要尽量做得好看让他们看。活化则要放开，艺术的本源应该就是人的体验，人民群众拥有无穷无尽的想象力，愿意接触传统文化、改造传统文化、活化传统文化，甚至创新传统文化，是好事，要鼓励。比如，故宫和腾讯做 Next Idea 创新大赛，第一届表情包冠军是门海，也就是故宫宫殿前面的大水缸，这要是专家来做，十有八九不会选这个素材，但是创意者就不一样了。我们现在处于互联网时代，人人都是创意者，但是很多人诟病网上的创意不好，这在很大程度上是由于精神贫穷限制了想象力。我们中华民族博大精深的传统文化，很多都藏在深宫，藏在政府部门和一些社会组织的仓库里，如果能开放，让大家精神富裕起来，我相信那就是一个真的创意者的时代了。

对于这部分已经消失的文化，不可能通过保护的方式对其保护，而只能通过活化的方式让其重新活跃起来。豆沙关古镇在经历了 2006 年的三次大地震以后，其中的很多古建筑都消失了，对于消失的文化可以采用仿建的方式，让其逐渐活跃起来。现在的豆沙关古镇是震后重建起来的新镇，虽是仿建，但景观外貌和原来的古镇还是有几分相似，只是看不出其中的历史文化底蕴。

（五）文化实物遗产可以采取陈列的方式

文化遗产一般分为物质文化遗产和非物质文化遗产。物质文化遗产指的是历史遗留下来的文物，是具体存在的实物，突出的重点也是物品本身的历史和价值；而非物质文化遗产大多并不是以实物存在的，以现在的非物质文化遗产分类来说，民间文学，主要是诗歌和民间传说，并不存在实物，只不过这些诗歌和故事是以书本等作为承载；再如传统音乐、戏剧等，这些都是非实物存在的；还有一些比如传统工艺和美术中的一些作品，这些作品本身可以说并不是非物质文化遗产，只是载体，也可以说是其中的一部分。

传统工艺自然指的是制作这些作品的手艺，突出的是工艺。传统美术比如剪纸，剪纸是载体，剪纸本身的艺术价值才是非物质文化遗产的保护主题。还有一点很好区分的就是，物质文化遗产一般都是古时遗留下来的，现代人制造出来的自然不能算是。非物质文化遗产则是从古代一脉相承继承下来的以非实物形式存在的，但是可以通过现代人的手艺或者种种方式，让某些古代就存在的东西重现。比如瓷器，如果说某地出土了大量的古代瓷器，那么这就是文物，就属于物质文化遗产，但是，如果有人通过研究这些瓷器的制作工艺，重新制作了同样的瓷器，那么这门制作工艺就可作为非物质文化遗产。物质文化遗产主要是具有历史、艺术和科学价值的文物，包括可移动文物和不可移动文物。不可移动文物是指古文化遗址、古墓葬、古建筑、石窟寺、石刻、壁画、近现代重要史迹和代表性建筑。可移动文物是指历史上各时代的重要实物、艺术品、文献、手稿、图书资料、代表性实物等，分为珍贵文物和一般文物。珍贵文物分为一级文物、二级文物、三级文物。非物质文化遗产是指各民族人民世代相传的、与群众生活密切相关的各种传统文化表现形式（如民俗活动、表演艺术、传统知识和技能，以及与之相关的器具、实物、手工制品等）和文化空间。非物质文化遗产的范围包括：在民间长期口耳相传的诗歌、神话、史诗、故事、传说、谣谚；传统的音乐、舞蹈、戏剧、曲艺、杂技、木偶、皮影等民间表演艺术；广大民众世代传承的人生礼仪、岁时活动、节日庆典、民间体育和竞技，以及有关生产、生活的其他习俗；有关自然界和宇宙的民间传统知识和实践；传统的手工艺技能；与上述文化表现形式相关的文化场所；等等。对于这部分具有实体性的文化遗产，可以通过陈列的方式向外来游客展示，外来游客进入本地会对古村落文化有很强的感知，而且他们离开以后还会进行文化的传播。

（六）文化产品和作品宣传

（1）对于文化产品、作品和其他文艺作品，可以形成电子、纸质书籍等文本形式进行交流和传播。尤其是在网络时代，可以充分利用网络媒体的传播作用，将一些具有历史文化价值的作品、艺术品等文艺产品通过网络进行展示和交流，提高文化产品的知名度。

（2）充分挖掘古村落资源。豆沙关古镇有很多文物古迹、历史人物以及典故，要充分利用丰厚的地方文化资源，充实和丰富优秀传统文化宣传普及的内容。文化、民俗、文物、旅游、社科界等相关管理部门要组织专家挖掘、整理传统文化，将传统文化精髓归类，形成本土化传统教育系列读本，以群众喜闻乐见的艺术形式展示传统文化的魅力，以通俗明了的方式，如童谣、画册、民间故事、卡通等，将传统文化的核心要义展现在不同年龄层次、不同受众面前，使之得到熏陶、感染。

（3）充分利用传统节日。春节、清明节、端午节、中秋节等传统节日，是弘扬中华民族优秀传统文化的重要载体。在优秀传统文化宣传普及活动中，要紧紧围绕节日主题，突出传统文化的内涵，充分展现和传承中华民族的优秀文化传统，并注重提升文化内涵，通过举办具有浓郁民族特色和地方特色的民俗文化表演和民间艺术展示等活动，让人们在参与中亲身体验节日习俗，感受传统文化魅力。

三、 研究不足与展望

（一）不足之处

本研究虽然收集了大量的一手资料对城镇化进程中的古村落文化发展变迁进行研究，对古村落的物质文化和非物质文化构成进行了详细的分析论述，并以豆沙关为例对古村落的空间结构变动以及文化景观的保护提出了切实可行的对策建议，但是本研究中仍然还存在很多不足的地方，具体体现在以下几个方面：

（1）研究深度方面的不足。关于古村落的研究比较多，但是本书和以往的研究一样，重在描述分析，关于古村落的理论分析少且深度不够。首先，本书没有体现豆沙关的空间结构和类型分析；其次，本书虽然以地理空间结构为切入点，但是关于豆沙关古村落的村落变迁的时空对比分析比较薄弱，过去的和现在的空间结构没有深入讨论；最后，本书缺乏评价体系的构建，关于古村落的分析应当建立一套相对完善的评价体系，基于评价体系来谈古村落的保护与利用关系更有学术价值。

（2）数据资料方面的不足。本书主要采用问卷调查结合入户访谈的方法收集相关的资料。这些数据仅仅涉及古村落的当前状况，而关于古村落的历史特征和发展变迁过程几乎没有涉及，古村落的史料分析较为缺乏，直接制约着古村落的纵向对比分析。另外，数据资料由于调查的样本量较小，导致数据分析过程中可能缺乏稳定性。

（3）研究成果推广价值方面的不足。本书仅以云南省昭通市盐津县的一个小镇为例，对古村落文化空间结构变化及保护进行分析讨论，但是关于该村落的代表性如何，与全国其他古村落相比具有什么共性特征和独特性，并没有详细论述。研究结论是否具有推广价值，基于豆沙关古镇研究得出的结论是否可以移植到其他古村落还是一个值得深入讨论的问题。这些问题在本书中并没有得到解决。

（二）研究展望

鉴于本书中还存在诸多研究的不足，古村落的研究还有很多方面值得深入探讨。在中国快速城镇化的发展过程中，古村落成为被遗忘的角落，由于区域经济发展水平的差异，在经济利益和发展机会的诱导下，众多农村人口纷纷向城市和发达地区迁移流动，从而导致农村的发展面临着严重的危机，农村的文化传承遇到了困难。古村落在此过程中受到的冲击更大，但是目前学术界对此领域的关注远远不够。未来，学术界可以从以下几个方面不断努力：

一是妥善处理好城镇化与乡村振兴战略之间的关系。人类的发展既离不开城市，也离不开乡村，城市人口的很多消费资源都来自农村，没有农村的发展，不可能有城市的繁荣，过去可能因为过度强调城镇化，从而忽视了乡村的发展，乡村振兴战略的提出正是为了弥补过去的不足，因此未来需要处理好这一对关系。

二是不断完善古村落的价值评价体系。古村落具有多重功能，除了最基本的居住功能，还有重要的科考、艺术、历史等价值。但是目前学术界关于古村落的价值评价研究比较少，价值评价难以量化。如果可以在定量的角度将古村落的价值进行量化，就非常有利于古村落的价值评价。

三是加强古村落的调查工作。目前关于古村落的认识还不到位，一个主要的原因就是缺乏对古村落的调查，可以说连古村落最基本的数量都没有搞准，更难进行深入层次的分析，未来相关部门需要加强对古村落的调查。

参考文献

［1］ Gauthiez B. The History of Urban Mophology ［J］. Urban Morphology，2004，8（2）：72.

［2］ Kozlowski，Vass-Bowen. Buffering External Threats to Heritage Conservation areas：A Planner's Perspective ［J］. Landscape and Urban Planning，1997（3）：45-67.

［3］ Larkham. The Place of Urban Conservation in the UK Reconstruction Plans of 1942-1952 ［J］. Planning Perspectives，2003（18）：101-112.

［4］ Peggy T，Shirlena H. Tourism and Heritage Conservation in Singapore ［J］. Annals of Tourism Research，1995（6）：67-78.

［5］ Pendlebury. The Conservation of Historic Areas in the UK：A Case Study of "Grainger Town"，Newcastle upon Tyne ［J］. Citys，1999（16）：22-34.

［6］ Saleh M A E. The Decline vs the Rise of Architectural and Urban Forms in the Vernacular Villages of Southwest Saudi Arabia ［J］. Building and Environment，2001（4）：88-93.

［7］ Sauer C. O. The Morphology of Landscape ［J］. University of California Publication in Geography，1925（2）：19-54.

［8］ 白聪霞，陈晓键. 传统村落保护的研究回顾与展望 ［J］. 华中建筑，2016（12）：15-18.

［9］ 蔡晓梅，司徒尚纪. 中国地理学视角的饮食文化研究回顾与展望 ［J］. 云南地理环境研究，2006，18（5）：83-88.

［10］ 曹保明. 吉林古村落文化保护与发展现状 ［N］. 吉林日报，2011-10-20（013）.

［11］ 陈秋. 从婚姻、养老、人口的变迁谈古民居保护与古村落社区发展 ［J］. 温州大学学报（社会科学版），2013，26（5）：23-29.

［12］ 陈阳. 对我国传统村落文化建档式保护问题的思考 ［J］. 兰台世界，2017（7）：18-22.

［13］ 陈阳. 基于知识图谱的我国传统村落文化建档保护研究述评 ［J］. 北

京档案，2017（5）：14-18.

［14］陈征，徐莹，何峰等．我国历史文化村镇的空间分布特征研究［J］．建筑学报，2013（9）：14-17.

［15］陈志华．楠溪江中游古村落［M］．北京：生活·读书·新知三联书店，1999.

［16］程菲，李树茁，悦中山．文化适应对新老农民工心理健康的影响［J］．城市问题，2015（6）：95-103.

［17］程新宇．传统村落保护实践活动调研报告——以威海东楮岛村为例［J］．科技经济导刊，2017（12）：116-117.

［18］仇保兴．对历史文化名城名镇名村保护的思考［J］．中国名城，2010（1）：4-9.

［19］丁怀堂．新农村建设中加强古村落保护的思考［J］．徽州社会科学，2007（6）：34-42.

［20］董雷．传统村落保护与利用对策研究——以杭州为例［D］．杭州师范大学硕士学位论文，2016.

［21］豆沙关的由来．http：//www.doc88.com/p-990239999527.html.

［22］［法］阿兰·马利诺斯．法国"建筑、城市和景观遗产保护区"的特征与保护方法——兼论对中国历史文化名镇名村保护的借鉴［J］．国际城市规划，2011（5）：78-84.

［23］［法］阿·德芒戎．人文地理学问题［M］．葛以德译．北京：商务印书馆，1999.

［24］费孝通．乡土中国［M］．北京：生活·读书·新知三联书店，1985.

［25］冯骥才．保护古村落是文化遗产抢救的重中之重［J］．中国地产市场，2006（6）：14-25.

［26］冯骥才．传统村落的困境与出路——兼谈古村落是另一类文化遗产［J］．民间文化论坛，2013（1）：7-12.

［27］冯骥才．建设新农村要重视文化遗产保护［N］．文汇报，2006-03-06.

［28］冯骥才．文化遗产日的意义［N］．光明日报，2006-06-15（6-7）.

［29］庚钟银，赵功博．辽宁村落文化遗产保护与开发利用［J］．美术大观，2014（8）：134-135.

［30］龚胜生，李孜沫，胡娟，魏幼红．山西省古村落的空间分布与演化研究［J］．地理科学，2017，37（3）：416-425.

［31］顾朝林．国外城镇化主要经验启示［J］.城市，2010（10）：6-8.

［32］胡海胜，王林．中国历史文化名镇名村空间结构分析［J］.地理与地理信息科学，2008，24（3）：109-112.

［33］胡明星，邹兵，方必辉．基于GIS宏村世界文化遗产地保护规划修编中应用研究［J］.安徽建筑，2010（2）：31-35.

［34］胡庆龙，吴文浩．不完全契约下的我国古村落文化生态保护与开发研究［J］.财经理论研究，2017（4）：59-65.

［35］胡燕，陈晨，曹玮，曹昌智．传统村落的概念和文化内涵［J］.城市发展研究，2014（1）：10-13.

［36］黄明月，童正容．传统村落保护存在的问题与对策研究——以"闽安村"为例［J］.新西部，2017（6）：33-34.

［37］黄涛．古村落的文化遗产保护与社区发展——以浙江省楠溪江流域苍坡古村为个案［J］.温州大学学报（社会科学版），2009（5）：46-54.

［38］季鸿昆．我国当代饮食文化研究中的几个问题［J］.中国烹饪研究，1994（4）：45-51.

［39］江芳，郑燕宁．岭南古老村镇传统文化的传承性研究——以佛山为例［J］.城市建设理论研究，2017（10）：69-71.

［40］李伯华，尹莎，刘沛林等．湖南省传统村落空间分布特征及影响因素分析［J］.经济地理，2015（2）：189-194.

［41］李军，李贵阳．自贡釜溪河流域古镇名村保护与发展研究［J］.中华文化论坛，2017（5）：72-76.

［42］李凌．北京传统文化村落的保护与开发研究［J］.北京农业职业学院学报，2015（3）：68-72.

［43］李蕊蕊，苏桂霞，赵伟，李子蓉，毛茹茹．新型城镇化背景下传统村落的"死"与"生"——以泉州市蟳埔村为例［J］.泉州师范学院学报，2017（2）：87-92.

［44］李伟．云南院落式民居指导下的建筑创作实例浅析［J］.建筑论坛，2016（3）：210-213.

［45］李亚娟，陈田，王婧等．中国历史文化名村的时空分布特征及成因［J］.地理研究，2013，32（8）：1477-1485.

［46］李银河．生育与村落文化·一爷之孙［M］.北京：文化艺术出版社，2003.

［47］李智更．王路：帽子下的秘密［N］．中国房地产报，2006-01-02（023）．

［48］林艺，王笛．一份关于云南传统村落的调研报告［J］．学术探索，2015（2）：106-114．

［49］刘大均，胡静，陈君子等．中国传统村落的空间分布格局研究［J］．中国人口·资源与环境，2014，24（4）：157-162．

［50］刘华领．古村落保护与旅游开发研究［D］．华中科技大学硕士学位论文，2004．

［51］刘沛林．古村落：和谐的人聚空间［M］．上海：上海三联书店，1997．

［52］刘沛林，刘春腊，邓运员等．中国传统聚落景观区划及景观基因识别要素研究［J］．地理学报，2010，65（12）：1496-1506．

［53］刘沛林．论"中国历史文化名村"保护制度的建立［J］．北京大学学报（哲学社会科学版），1998（1）：81-88．

［54］刘沛林．新型城镇化建设中"留住乡愁"的理论与实践探索［J］．地理研究，2015，34（7）：1205-1212．

［55］刘歆，徐良．新农村建设中古村落文化遗产保护问题研究［J］．河北工业大学学报（社会科学版），2010，2（2）：84-88．

［56］刘源，李晓峰．旅游开发与传统聚落保护的现状与思考［J］．新建筑，2003（2）：29-31．

［57］卢国能．传统村落及其文化遗存的保护与开发研究——以漳州市为例［J］．福建省社会主义学院学报，2016（4）：65-70．

［58］卢荣轩．试论村落文化的基本特征及历史性变革［J］．社会主义研究，1993（1）：58-61．

［59］卢武策．传统村落空间形态更新与保护——以北海市水车村为例［J］．建材与装饰，2017（6）：87-90．

［60］陆林，凌善金，焦华富等．徽州古村落的景观特征及机理研究［J］．地理科学，2004，24（6）：660-665．

［61］陆林，凌善金，焦华富等．徽州古村落的演化过程及其机理［J］．地理研究，2004，23（5）：686-694．

［62］陆玉麒，董平．流域核心—边缘结构模式探讨——以赣江流域为例［J］．长江流域资源与环境，2005，14（1）：19-23．

［63］吕莎．古村落：学术研究不可忽略的角落［N］．中国社会科学报，

2011-09-27（006）.

[64] 罗荣渠. 从"西化"到现代化 [M]. 北京：北京大学出版社，1990.

[65]［美］蕾切尔·卡逊. 寂静的春天 [M]. 恽如强，曹一林译. 北京：中国青年出版社，2015.

[66]［美］威廉·菲尔丁·奥格本. 社会变迁——关于文化和先天的本质 [M]. 王晓毅，陈育国译. 杭州：浙江人民出版社，1989.

[67] 牟钟鉴. 宗教文化论 [J]. 西北民族大学学报（哲学社会科学版），2012（2）：33-40.

[68] 欧阳奎，杨载田. 试论中国的乡村古聚落文化旅游资源 [J]. 人文地理，1993（3）：48-53.

[69] 潘兵青，何泽盛，赵旖. 传统古村落保护与有机发展的策略研究 [J]. 现代园艺，2017（7）：94-95.

[70] 彭一刚. 传统村镇聚落景观分析 [M]. 北京：中国建筑工业出版社，1994.

[71] 皮桂梅. 古村落系统化保护问题研究——以江西婺源古村落为例 [J]. 江西社会科学，2012（5）：249-251.

[72] 荣盼盼. 太原市店头古村落的保护与利用模式探析 [D]. 太原理工大学硕士学位论文，2011.

[73] 阮仪三，黄海晨，程俐聪. 江南水乡巧镇保护与规划 [J]. 建筑学报，1996（9）：22-25.

[74] 世界环境与发展委员会. 我们共同的未来 [M]. 北京：世界知识出版社，1989.

[75] 束晨阳. 基于古村落保护的乡村旅游规划——以安徽绩溪龙川村为例 [J]. 中国园林，2008（8）：9-15.

[76] 宋佳蓉，刘扬庆，许利芳，吴秋云，陈耀，范贤坤. 六盘水地区传统村落旅游开发应用研究 [J]. 西部皮革，2017（8）：99-101.

[77] 谭鑫，朱要龙. 文化为基，文明为力，打造经典古镇——云南省盐津县豆沙镇调研报告 [J]. 创造，2013（8）：66-69.

[78] 田化. 土家村落文化的传承与保护——以彭家寨为例 [D]. 中南民族大学硕士学位论文，2009.

[79] 佟玉权. 基于 GIS 的中国传统村落空间分异研究 [J]. 人文地理，2014，29（4）：44-51.

[80] 佟玉权，龙花楼．贵州民族传统村落的空间分异因素 [J]．经济地理，2015，35（3）：133-137.

[81] 汪波．千年豆沙浴"火"重生 [N]．云南法制报，2015-01-23（001）.

[82] 王超．信息技术在古村落保护研究中的应用 [D]．西安建筑科技大学硕士学位论文，2007.

[83] 王笛．云南传统村落保护与开发研究——以昆明乐居村和大理诺邓村为例 [D]．云南大学硕士学位论文，2016.

[84] 王海军．豆沙关 [J]．中国公路，1999（13）：24-25.

[85] 王敬超．基于社会资本重构视角的内蒙古黄河流域传统村落保护研究——以呼和浩特市清水河县入选村落为例 [J]．内蒙古大学学报（哲学社会科学版），2016（6）：21-26.

[86] 王科，屈小爽．河北省太行古村落旅游开发模式研究 [J]．中南林业科技大学学报（社会科学版），2016（5）：85-89.

[87] 王玲霞．多元文化背景下旧村回族伊斯兰教信仰研究 [D]．广西师范大学硕士学位论文，2013.

[88] 王倩，杨叶昆，王婧．豆沙关古镇旅游资源开发优势研究 [J]．旅游纵览，2012（11）：38-42.

[89] 王全康，冯维波．人居环境科学视角下传统村落的保护与发展——以重庆市龙塘村为例 [J]．重庆第二师范学院学报，2017（2）：16-19.

[90] 王晓阳，赵之枫．传统乡土聚落的旅游转型 [J]．建筑学报，2001（9）：8-12.

[91] 王玉，尹欣馨．山东省古村落文化资源的保护与开发——以朱家峪为例 [J]．山东社会科学，2015（6）：188-192.

[92] 邬伦．地理信息系统、原理、方法和应用 [M]．北京：科学出版社，2000.

[93] 吴必虎，肖金玉．中国历史文化村镇空间结构与相关性研究 [J]．经济地理，2012，32（7）：6-11.

[94] 吴纪树．我国传统村落保护立法自议 [J]．牡丹江大学学报，2016，25（12）：16-18.

[95] 武淑莲．城市化进程中的传统村落——以宁夏古村落现状和保护为例 [J]．宁夏师范学院学报（社会科学），2016（5）：110-112.

[96] 西南风．古道雄关豆沙镇 [J]．民族论坛，2005（5）：51-52.

［97］夏鹏飞，刘杰．从雅庄村开发谈传统村落的保护与发展［J］．华中建筑，2009（10）：67-69．

［98］夏征农，陈至立．辞海［M］．上海：上海辞书出版社，2009．

［99］肖宝军，张群．乡村传统民居的保护与开发策略探析——以万州区罗田镇、太安镇为例［J］．美术大观，2016（11）：116-118．

［100］肖丽萍．古村落的保护发展与规划设计［J］．建材与装饰，2017（6）：62-63．

［101］新华社．习近平在云南考察工作时强调：坚决打好扶贫开发攻坚战，加快民族地区经济社会发展［N］．人民日报，2015-01-22．

［102］徐飞．让传统村落留住文化之根［J］．北京观察，2015（4）：22-25．

［103］杨锋梅．基于保护与利用视角的山西传统村落——空间结构及价值评价研究［D］．西北大学博士学位论文，2014．

［104］杨军．广西传统村落文化保护路径新探［J］．广西民族大学学报（哲学社会科学版），2017（2）：49-55．

［105］杨立国，刘沛林，林琳．传统村落景观基因在地方认同建构中的作用效应——以侗族村寨为例［J］．地理科学，2015，35（5）：593-598．

［106］杨晓．大理白族传统村落文化遗产保护开发对策浅析［J］．今日民族，2017（1）：50-51．

［107］杨毅．云南风土聚落更新中的旅游资源研究［J］．规划师，2001，17（2）：84-87．

［108］耀辉．千年豆沙关古镇开关迎客［N］．云南经济日报，2008-09-26（001）．

［109］殷俊峰，白瑞．西口移民影响下的内蒙古中部地区村落研究——以呼和浩特市托克托县河口村为例［J］．中国名城，2017（4）：77-82．

［120］［英］B. K. 马林诺夫斯基．文化论［M］．北京：华夏出版社，2002．

［121］［英］E. B. 泰勒．原始文化［M］．桂林：广西师范大学出版社，2005．

［122］余汝艺，梁留科，李德明等．旅游种群的入侵、继替与古村落空间秩序重组研究——以徽州古村落宏村为例［J］．经济地理，2013（8）：165-170．

［123］余英，陆元鼎．东南传统聚落研究——人类聚落学的架构［J］．华中建筑，1996（4）：42-47．

［124］苑利．黔东南古村落保护中常见的几个问题及对策［J］．凯里学院学报，2008（2）：1-9．

［125］曾令云．豆沙关（诗）［M］．北京：作家出版社，2005.

［126］张富利．在破与立中新生——传统古村落整体保护的实践与反思
［J］．西安财经学院学报，2017（2）：98-104.

［127］张昊．山区传统乡村聚落地质灾害安全与防治体系研究［D］．北京
建筑大学硕士学位论文，2014.

［128］张浩龙，陈静，周春山．中国传统村落研究评述与展望［J］．城市规
划，2017（4）：74-80.

［129］张甲娜，李明华．我国古村落保护的困境及出路［J］．中共济南市委
党校学报，2013（4）：61-64.

［130］张泉.GIS技术在徽州古村落保护规划中的应用研究——以安徽省祁门
县桃源历史文化名村保护规划为例［J］．城市发展研究，2014（2）：1-4.

［131］张晓桐．新型城镇化背景下的古村落保护与开发研究——以皖南西递
古村落为例［D］．云南大学硕士学位论文，2016.

［132］张松．文化生态的区域性保护策略探讨——以徽州文化生态保护实验
区为例［J］．同济大学学报（社会科学版），2009（3）：27-35.

［133］张天春、谭晶纯［N］．云南日报，2007-12-03（001）.

［134］张雅琳．邯郸宋家村古村落的保护与研究［J］．山西建筑，2017
（6）：14-15.

［135］张引等．浅析河北传统村落文化的发展路径［J］．经营管理者，2017
（4）：355-356.

［136］张玉春，江雨．豆沙关古镇——滇川线上的璀璨明珠［J］．经济与管
理，2012（1）：79-80.

［137］张玉柱．苏州古村落群吴文化保护与利用研究［D］．苏州科技学院
硕士学位论文，2014.

［138］赵克清．盐津——豆沙关（诗）［J］．云南林业，2008（6）：59-60.

［139］赵勇，张捷，李娜等．历史文化村镇保护评价体系及方法研究——以中
国首批历史文化名镇（村）为例［J］．地理科学，2006，26（4）：497-505.

［140］赵勇，张捷，章锦河．我国历史文化村镇保护的内容与方法研究
［J］．人文地理，2005，20（1）：68-74.

［141］郑昌江．中国菜系及其比较［M］．北京：中国财政经济出版
社，1992.

［142］郑杭生．社会学概论新修（第四版）［M］．北京：中国人民大学出版

社，2013.

[143] 郑亮. 湘南古村落的保护与利用研究——以郴州小埠村为例 [D]. 湖南农业大学硕士学位论文，2010.

[144] 周文华，徐桦. 豆沙关：川滇"五尺道"上的关隘古镇 [J]. 寻根，2014（5）：64-67.

[145] 朱晓明. 试论古村落的评价标准 [J]. 古建园林技术，2001（4）：53-55.

[146] 朱雪梅，林垚广，范建红，王国光. 广东省古村落现状与保护利用模式研究 [J]. 华南理工大学学报（社会科学版），2016（6）：105-113.

后　记

在城镇化进程中，大量的农村劳动力人口向城市迁徙，自然而然地导致村落人烟稀少，甚至出现了整个村落集体搬迁的现象。村落物质形态的变化必将对村落承载的意识文化形态产生影响。近年来，随着人口大规模的迁移流动和城市化发展，许多古村落发展面临着严峻的挑战，人口外出流动导致村落空心化。古村落居民迁入城市往往放弃原有的文化传统，被城市现代生活方式所替代。青壮年人口大量外迁留下的老年人由于文化水平较低、身体健康素质差、家务负担重等，在古村落文化传承的过程中将会遇到更多的障碍，因此导致文化传递中断。目前中国许多古村落正走向衰退，与这些古村落相关联的村落文化也将濒临灭绝。

中国城镇化过程中会产生各种各样的问题，虽然学术界对城镇化的相关问题研究已经非常丰富，但本书从一个全新的角度来阐释古村落的发展变迁以及文化保护问题。近年来，随着我国城镇化的快速推进，全国各地都越来越重视对古村落的保护。有关古村落文化的保护与传承更是成为学术界日益关注的重点问题，这也说明了古村落文化的保护与传承迎来了更多的机会，但在现代化、城市化过程中因为过度开发而产生的诸多问题如何解决，也成为了一项重大的挑战。豆沙关古镇古村落保护工作起步较早，经过几十年的发展，制定了合理的方针政策，以政府为主导组织实施了保护修复工程，取得了较为明显的成效。本书选取了云南省盐津县豆沙关古镇作为古村落的代表，具有较高的学术价值，对豆沙关古镇村落文化下一步的保护与传承工作进行深入分析研究，对我国其他古村落保护具有一定的启示。

本书能够顺利出版，首先要感谢的是我的家人。没有他们的帮助、理解和包容，我不可能静下心来安心地思考和撰写，本书不可能很快完稿。其次，还要感谢经济管理出版社的赵亚荣编辑和相关老师。赵编辑为本书的出版付出了辛勤的劳动，没有她的大力帮助，本书也不可能很快出版。

由于笔者水平有限，书中难免存在一些不足的地方，敬请各位同行批评斧正。

梁海艳

2019 年 3 月 1 日

曲靖师范学院